Research on Modern
Arbitration Law

作者简介

李乾贵（1952—）

四川乐山人。南京航空航天大学法律系教授、博士生导师、新西兰鸿鹄律师事务所法律顾问、美国-世界仲裁中心副主席、吉尔吉斯共和国国际仲裁院国际仲裁员。主编有《中国仲裁法学》、《仲裁法学新论》、《中国航空航天法律文库》（系列丛书）、《新西兰航空仲裁之我见》等论著。

胡　弘（1968—）

湖北武汉人。新西兰鸿鹄律师事务所主任律师、澳新双重执业律师、新西兰终身国际公证律师、澳新国际公证律师学院院士、新西兰湖北商业总会会长、新西兰新中了解协会主席、新西兰中国团体联合会等百余家社团组织法律顾问、新西兰路易艾黎研究院院长、湖北省及武汉市海外政协委员、河北科技大学及江汉大学法学客座教授。

吕振宝（1964—）

浙江金华人。中国-钦州仲裁委副秘书长兼钦州国际商事仲裁院副院长、中国仲裁法学研究会常务理事、仲裁规则研究中心高级研究员、广西仲裁协会专家委员会专家委员、世界仲裁交流中心秘书长、中国-史良法学院国际仲裁学院副院长、中葡法学院副院长、美国-世界仲裁中心主席、澳门一带一路法律服务研究会顾问，先后担任国内外几十家仲裁机构仲裁员。

现代仲裁法学研究

李乾贵
胡　弘
吕振宝
| 著 |

中国政法大学出版社
2018・北京

图书在版编目（CIP）数据

现代仲裁法学研究/李乾贵，胡弘，吕振宝著. —北京：中国政法大学出版社，2018.8
ISBN 978-7-5620-8422-8

Ⅰ.①现… Ⅱ.①李… ②胡… ③吕… Ⅲ.①仲裁法－法的理论－研究 Ⅳ.①D915.701

中国版本图书馆CIP数据核字(2018)第178144号

出 版 者　中国政法大学出版社
地　　址　北京市海淀区西土城路 25 号
邮寄地址　北京 100088 信箱 8034 分箱　邮编 100088
网　　址　http://www.cuplpress.com（网络实名：中国政法大学出版社）
电　　话　010-58908524(编辑部) 58908334(邮购部)
承　　印　北京中科印刷有限公司
开　　本　720mm×960mm　1/16
印　　张　32.75
字　　数　550 千字
版　　次　2018 年 8 月第 1 版
印　　次　2018 年 8 月第 1 次印刷
定　　价　98.00 元

序　一

习近平在党的十九大报告中，对国家治理体系和治理能力现代化提出了鲜明的要求，并要求我国积极参与全球治理体系改革和建设，不断贡献中国智慧和力量。在中华民族伟大复兴的过程中，需要不断提升社会治理能力、国家治理水平，增强国际交往的影响力，塑造中国在全球治理中的良好形象，而在这一过程中，仲裁不可或缺。

仲裁是人类智慧的结晶，是进行全球治理、维护社会和平民主的重要途径。仲裁业源于市场主体的行业自治要求，与仲裁打交道主要是通过立法来运行。我国1995年的《仲裁法》，是我国唯一的一部关于仲裁的独立法律，是一部市场经济的保障法，它成为了我国仲裁事业的一个重要里程碑。

作为我国的仲裁制度，它与诉讼制度有很多相近的地方。在仲裁中，可以借用司法机关的相关经验与做法，如在司法中经常运用的审判与调解相结合的做法，就被中国国际经济贸易仲裁委员会写入了仲裁规则，成为一条影响深远的仲裁原则。这一仲裁原则，后来还被推广到国际上，被称为“东方经验”。因此，在符合法律原则、尊重当事人意愿的前提下，在我国仲裁中运用调解的方式来解决争议，的确是一个好办法。

作为我国的仲裁制度，它最极力主张和倡导确保的是仲裁机构与仲裁员的独立性、民间性与国际性。只有这样，才能坚持中国仲裁的独立与公正，中国仲裁才能逐渐深入人心，并逐渐树立起中国仲裁的国际地位。从1990年代开始，中国仲裁的独立性、公正性，已发展成为中国仲裁业的最大特色。随着中国参与经济全球化的程度不断加深，尤其是在“一带一路”倡议、自贸区建设深入推进的背景下，客观方面对中国仲裁国际化的要求越来越高。仲裁公信力，作为仲裁赖以生存的价值基础，是中国仲裁国际化发展的核心助力。提高仲裁公信力，需要特别强调不断完善仲裁法律制度、不断优化仲裁司法环境、不断加强仲裁机构的自身建设、讲好仲裁故事，让当事人在每一起仲裁案件中都感受到公平正义。

作为我国的仲裁制度，中国仲裁的裁决书在一定意义上比法院判决书的效力还要大。可以说，在当今国际上，仲裁的效力实际上已经超过法院。目前，世界上的很多国家都已参加联合国1958年主持制定的《纽约公约》，承认并执行缔约各国的仲裁协议和仲裁裁决，这是公约所规定的国际义务。对于法院的判决而言，它在本国的执行效力是毋庸置疑的，但当一方当事人在国外且判决结果需要到国外执行时，如果两国之间没有签订相关的双边条约，对方可以不予执行。然而，仲裁裁决则不同，如中国国际经济贸易仲裁委员会的裁决就可以在世界一百多个国家和地区得到承认和执行。这也就是在国际商事活动中，当事人更愿意选择以仲裁的方式来解决争议的一个重要原因。

进入21世纪，特别是我国加入世贸组织后，国际商事仲裁更是一个重要市场，世界各国都在争夺这一市场。在当前经济全球化和中国“一带一路”的战略背景下，我国的仲裁机构应与国外相关仲裁机构不断拓宽合作领域、提升合作层次，充分发挥仲裁的优势，公平合理地解决相关经贸纠纷，以维护各国企业的合法权益，推动各国经贸的健康发展。这就要求我国的仲裁机构和仲裁员必须进一步现代化、国际化，不断提高仲裁服务水平；既要保住国内仲裁市场，还要“走出去”抢占国际仲裁市场，更要在国际仲裁市场树立自己的权威地位。而要实现我国仲裁事业这一重要的发展目标，当前迫切需要加强我国涉外仲裁机构的建设和培养一支适应现代化、国际化发展趋势的仲裁员队伍。尤其重要的是，为适应和服从我国“一带一路”发展战略的需要，我国目前迫切需要提高仲裁员的自身素质和法律水平，特别是要仲裁员掌握国际贸易方面的公约、法律、法规，包括投资、金融、货物交易、保险、海商、航空等方面的相关制度和惯例。同时，我国的仲裁法和仲裁规则也迫切需要进行相应的修改，以适应我国“入世”后的发展要求，特别是为我国“一带一路”的发展战略提供相关的法律保障与法律服务。

由我国仲裁界同仁新近撰写并即将出版问世的《现代仲裁法学研究》一

书，对于上述相关问题均给予了比较全面和深入的阐释，这对于我国仲裁机构、仲裁员以及相关人员学习了解仲裁与仲裁法的相关知识，特别是了解国际商事仲裁的机构、规则、程序等相关内容，无疑是一部理论内容丰富和具有学术研究价值的重要参考文献。对此，我非常愿意将这一有益于推动现代仲裁法学研究、促进仲裁法教学和仲裁法培训之佳作，特别推荐给我们仲裁界的人士阅读。是为序。

对外经济贸易大学国际商法研究所所长
沈四宝教授
2018 年 5 月 18 日

序　二

仲裁法是国际贸易和世界各国商事惯例的组成部分，其历史可谓久远。了解一国或组织单行法中规定的以仲裁解决纠纷的通用原则、程序及其特征具有重要意义。通过本书第一编的阐述，我们对此将会有清晰的认识。

全球化带来了贸易仲裁的复兴。中国对国际贸易的繁荣发展起到了主要的推动作用，其与世界其他国家的互动交往也不断增加。然而，人们对仲裁的观念和相关权利义务的理解却未能同步发展。在仲裁的地位、仲裁裁决的效力和执行方面人们观点不一，对于由国际组织而非国家处理解决纠纷的国际仲裁也存在一定的误解。当事人对于本国仲裁制度以外的程序以及仲裁的启动、举证、仲裁裁决的执行等规则的差异也颇有不适。就这些问题，本书第二编中分析了中国和其他国家的情况，读后可使人们有更好的理解。从中我们可以看到，通过不同的方式，仲裁所蕴含的观念可以得到验证，并未失去非司法程序的优势。

仲裁的性质，决定了它会产生协议一方当事人不合作的处理问题。有时，案件并无多大价值，申请人却对被申请人施以讼累，使其担心案件长年不决；又有时，被申请人由于害怕败诉遭受财产损失，会努力在责任裁定之前处置财产。这就需要有一种途径，使当事人能够确保程序的公正，通常是授权法院在程序失灵时进行监督。本书第三编对处理这些困难的程序也进行了探讨。

仲裁是一种非司法程序，解决纠纷靠当事人自费，而不同于依靠国家补贴的法院。有时，当事人会请求仲裁机构负责纠纷解决过程中的登记。中国有许多仲裁组织和仲裁委员会，承担了上述部分和与海外国际仲裁中心的联络等工作。所有这些服务，都会产生成本问题。

《现代仲裁法学研究》一书对上述种种问题提供了有价值的指导，说明了中国在国际贸易活动中如何通过协议包含仲裁条款来利于纠纷的解决，如何通过国际商事仲裁程序解决经贸纠纷。在此，我向仲裁员以及仲裁程序所涉人员郑重推荐此书。此书对于仲裁研究与教学人员同样也具有极大价值。

对此书的出版，谨表祝贺。

英国皇家特许仲裁员学会院士（FCIArb）、特许仲裁员
新西兰仲裁员及调解员学会院士［FAMINZ（Arb/Med）］
新西兰仲裁院前主席、梅西大学争端解决中心主任
罗杰·匹兹佛斯教授（Roger J. Pitchforth）
2018 年 5 月 18 日

目 录

第一编 总论

——仲裁法学基础理论

第一章

仲裁法学导论

第一节　仲裁法学的概念与研究对象

一、仲裁法学的概念

仲裁法学又称仲裁法律学，它是以仲裁法律现象及其发展规律为研究对象的一门法律科学。也就是说，仲裁法学是以社会经济生活中出现的仲裁法律现象及其发展规律作为研究的出发点，并以仲裁法、仲裁法律制度、仲裁法律关系、仲裁法的实施与保障以及仲裁法律意识等作为其具体研究对象的一门独立的法律学科。

仲裁法学是一门以仲裁法为其研究对象的独立的法律学科，它是法学的一个分支，是对仲裁法的理论概括和总结。仲裁法学和仲裁法是两个不同的概念，它们之间有区别也有联系。其区别在于，仲裁法学是一门法律学科，是理论体系，而仲裁法则是程序法律部门的一部重要的法律规范；其联系在于，仲裁法是仲裁法学的研究对象和基础，而仲裁法学则是仲裁法的理论概括和总结，是仲裁立法和司法的理论指导。

同时，仲裁法学又是一门交叉学科。因为它以“法”为核心，着重探讨民商事经济生活中出现的仲裁法律现象，所以它具有法律科学的属性；此外，它又与作为民商事经济社会科学的仲裁学有着密切的联系，它根据民商事经济生活中出现的仲裁法律现象，研究仲裁法的基本原理和基本原则，研究仲裁法律制度的内容和形式，研究仲裁法律关系的发生、变更和消灭，研究仲裁法的实施与保障以及仲裁法律意识的形成和发展，因而它又是研究仲裁法制理论与实践的一门社会科学。

二、仲裁法学的研究对象

仲裁法学作为一门科学，尽管它与仲裁学有交叉也有密切的联系，但由于它着重探讨民商事经济生活中出现的仲裁法律现象，所以它不同于仲裁学。归根到底，它是一门法律科学。

仲裁法学之所以不同于仲裁学是因为：仲裁学主要是研究民商事经济仲裁的概念、特点、性质、功能、作用和分类，同时研究民商事经济仲裁制度的产生和发展、民商事经济仲裁的管理体制与程序制度、民商事经济仲裁的运行机制、我国仲裁制度的现状与改革以及外国仲裁制度的现状与改革等。而作为仲裁法学，它的研究对象则是仲裁法。仲裁法学主要研究仲裁法的概念和调整对象、仲裁法律关系、具体仲裁法律制度以及仲裁立法的基本原则和基本制度等。所以，仲裁法学在其研究对象、研究体系和研究内容上都与仲裁学有所不同。因此，以仲裁法为其研究对象的仲裁法学，无疑是一门独立的法律学科。

具体说来，仲裁法学的研究对象，大致包括以下五个方面：

（一）仲裁法的概念和调整对象

1. 仲裁法的概念

一般来说，仲裁法是指调整仲裁关系的法律规范的总称。所谓仲裁关系，是指平等主体的公民、法人和其他社会组织之间在仲裁活动过程中所发生的社会关系，以及他们与仲裁机构和人民法院之间所发生的仲裁裁决关系和仲裁监督关系。而对这些仲裁关系的法律调整，即仲裁法。所以，我国仲裁法就是指调整作为平等的民商事经济主体的公民、法人和其他社会组织之间在仲裁活动过程中所发生的社会关系以及他们与仲裁机构和人民法院之间在仲裁裁决和仲裁监督过程中所发生的相互关系的法律规范的总称。

仲裁法有狭义和广义之分。作为狭义的仲裁法，在我国专指 1994 年 8 月 31 日由第八届全国人民代表大会常务委员会第九次会议通过，并于 1995 年 9

月1日起施行的《中华人民共和国仲裁法》（以下简称《仲裁法》），它是我国集中调整仲裁关系的统一的单行法。而作为广义的仲裁法，则是指包括我国《仲裁法》在内的所有调整仲裁关系的法律法规的总和，如我国民事诉讼法和其他法律法规中有关仲裁的法律规定、最高人民法院有关仲裁的司法解释、我国缔结或参加的国际公约和双边协定中有关仲裁的规定以及仲裁机构的章程和规则等。

2. 仲裁法的调整对象

既然仲裁法是调整仲裁关系的法律规范的总称，那么，毫无疑问，仲裁法的调整对象就是仲裁关系，即指仲裁法主体之间在仲裁过程中所发生的各种社会关系，具体包括仲裁当事人之间、仲裁当事人与仲裁机构和仲裁员之间、仲裁当事人与法院之间、法院与仲裁机构之间在仲裁过程中所发生的社会关系。

（二）仲裁法律关系

所谓仲裁法律关系，是指仲裁法主体之间在仲裁过程中形成的并由仲裁法所确认和调整的一种仲裁权利义务关系。也就是说，当仲裁法主体之间在仲裁过程中形成的仲裁关系受仲裁法确认和调整时，便形成了仲裁法律关系。

仲裁法律关系一般由以下要素构成：

1. 仲裁法律关系的主体

仲裁法律关系的主体，是指仲裁法律关系的参加者，即参加仲裁法律关系并在仲裁活动过程中享有仲裁权利和承担义务的组织和个人。而仲裁法律关系的主体资格，则是由仲裁法所确认和规定的。一般来说，仲裁法律关系的主体主要有以下三类：

（1）仲裁当事人。即依照仲裁协议参加仲裁活动的仲裁申请人和被申请人，包括发生合同纠纷和其他财产权益纠纷的平等民商事经济主体的公民、法人和其他组织。

（2）仲裁机构和仲裁员。即在仲裁过程中受理仲裁申请、进行仲裁裁决的专门机构和专业人员。这是仲裁法律关系中处于主导地位的主体，离开这一主体，任何仲裁法律关系都难以形成。

（3）人民法院。即依照仲裁法的规定参加仲裁法律活动，并依法进行仲裁监督的国家司法机关。这也是仲裁法律关系中必不可少的重要主体，它具有支持和监督仲裁活动、维护仲裁当事人合法权益的重要作用。

2. 仲裁法律关系的内容

仲裁法律关系的内容，是指仲裁法律关系主体之间由仲裁法确认并保证实现的仲裁权利和义务。

在仲裁法律关系中，不同的仲裁法主体均依法具有自己不同的仲裁权利和义务。

（1）仲裁当事人既依法享有申请仲裁、申请回避、申请财产保全、申请撤销裁决、申请执行裁决、选择仲裁机构和选定仲裁员等仲裁权利，同时也依法承担提供证据、交纳费用、赔偿损失和履行裁决等仲裁义务。

（2）仲裁机构和仲裁员既依法享有予以受理或不予受理仲裁申请、组织仲裁庭、开庭审理和进行仲裁调解、仲裁裁决等权利，同时也依法承担受理仲裁申请、提交财产保全和证据保全申请、组成仲裁庭、开庭审理和进行先行调解、部分先行裁决与及时进行裁决等义务。

（3）人民法院既依法享有受理撤销仲裁裁决申请、裁定撤销裁决或者驳回申请、裁定中止撤销程序和恢复撤销程序、裁定中止执行和终结执行裁决以及恢复执行裁决等权利，同时也依法承担执行仲裁裁决和裁定撤销裁决、不予执行裁决、中止执行裁决以及恢复执行裁决等义务。

3. 仲裁法律关系的客体

仲裁法律关系的客体，是指参加仲裁法律关系的主体之间的权利和义务所共同指向的对象。这也是构成仲裁法律关系的要素之一。由于仲裁法律关系的客体是仲裁法律行为的承载体，因而它具有法定性，即仲裁法律关系客体的内容和范围是由法律规定的。一般来说，仲裁法律关系的客体主要包括三类要素，即物、行为和智力成果；但在特定的仲裁法律关系中，则有时只包括物，有时只包括行为，有时只包括智力成果，也有时包括其中的两种客体。

作为仲裁法律关系的客体，具体可分为以下三种情况：

（1）仲裁当事人之间仲裁权利和义务所共同指向的对象是经济权利和其他财产权益，这是引起仲裁当事人之间发生合同纠纷和其他财产权益纠纷的根本原因。

（2）仲裁当事人与仲裁机构和仲裁员之间的权利义务所共同指向的对象，是查明案件事实真相和解决仲裁当事人之间在实体和程序法律关系上的争议。而仲裁当事人之间在实体和程序法律关系上的争议，又集中表现为仲裁当事人之间对具体的合同权利义务的争议和对其他财产权益的争议。因此，要解决仲裁当事人之间在实体和程序法律关系上的争议，就必须通过仲裁，查明案件事实真相，以便于争议的解决。

（3）人民法院同仲裁机构、仲裁员和仲裁当事人之间的权利义务所共同指向的对象，是仲裁案件的事实真相。因为只有查明仲裁案件的事实真相，人民法院才能依法对仲裁予以支持和进行必要的监督，即依法执行仲裁裁决和不予执行或撤销仲裁裁决，也才能切实保护仲裁当事人的合法权益。所以，人民法院与仲裁机构、仲裁员和仲裁当事人之间构成的仲裁法律关系的客体，仅仅只是仲裁案件的事实真相。

综上所述，仲裁法律关系与其他法律关系一样，也是由主体、内容和客体这三个要素构成的。它们是密切联系、不可分割的有机构成部分，三者缺一，就不能构成仲裁法律关系。仲裁法律关系也是国家意志的具体表现，它具有法律上的权利与义务关系的特征；而且，它是在仲裁活动过程中形成的一种程序性法律关系，是为解决仲裁当事人之间在实体和程序法关系中的争议服务的。仲裁法律关系的实质是一种以仲裁权利和义务为内容的关系，即是在仲裁过程中形成的并由仲裁法所确认和调整的一种仲裁权利义务关系。所以，要研究仲裁法学，其中一个重要内容，就是要研究仲裁法律关系。而研究仲裁法律关系，则是研究仲裁法学的理论基石和根本前提。

（三）仲裁法律意识

仲裁法律意识，是指人们对于仲裁法和有关仲裁法律现象的观点和态度的总称。其具体表现是：一是有关探索仲裁法律现象的各种法律学说；二是有关部门对现行仲裁法律的评价和解释；三是人们在仲裁方面的法律要求；四是人们对自己仲裁权利和义务的认识；五是人们对仲裁法和仲裁法律制度的了解、掌握和运用的程度；六是人们对仲裁行为是否合法的评价等。

仲裁法律意识作为一种社会意识，它同人们的世界观、伦理道德等具有密切的关系，在现实的民商事经济生活中居于统治地位并起着支配作用。同时，仲裁法律意识对于仲裁法的制定、执行和遵守，也具有直接指导性的意义和作用。所以，这也是我们具体研究仲裁法学必须加以考虑的一个重要内容。

仲裁法律意识作为上层建筑和我国社会精神文明的一个组成部分，它的基本内容是要求建立适应市场经济法制建设发展的仲裁法律规范体系和维护市场经济法制的尊严。因此，把仲裁法律意识作为仲裁法学的研究对象和重要内容，这不仅对指导仲裁法学的研究和确立市场经济条件下的仲裁法律法规体系，而且对指导我国仲裁法律规范的制定、执行、遵守和实现市场经济仲裁法制的统一，都具有十分重要的现实意义。

（四）仲裁法律制度

所谓仲裁法律制度，通常是指仲裁法和各种有关仲裁的法律制度。但具体来说，仲裁法律制度是由仲裁法律所确立，并将仲裁法律运用于民商事经济生活的实际，通过相应的仲裁机构、仲裁程序、仲裁规则和对各种民商事经济关系的法律调整，从而形成一整套系统的仲裁运行机制和独立的仲裁法制系统。在这一意义上说，仲裁法律制度是仲裁法的具体表现。它主要解决仲裁法的理论与实践问题。对仲裁法律制度的研究，主要应研究仲裁立法制度、仲裁范围制度、仲裁机构设置制度、仲裁规则制度、仲裁员规范制度、仲裁协议制度、仲裁回避制度、仲裁调解制度、仲裁裁决制度、仲裁监督制度、仲裁时效制度、仲裁保全制度、仲裁代理制度、仲裁费用制度、仲裁证据制度、仲裁责任制度等具体内容。

（五）仲裁立法的原则与制度

所谓仲裁立法，是指国家机关依照其职权范围，通过一定程序制定仲裁法律规范的活动。它既包括拥有立法权的国家机关立法活动，也包括被授权的其他国家机关制定从属于仲裁法的规范性法律文件的活动。仲裁立法与其他法的制定一样，它是国家的一项基本活动，一般也要经过提出法律草案、讨论法律草案、通过法律和公布法律四个立法程序阶段。同时，在仲裁立法的实践中，也必须遵循一定的基本原则和实行一些基本的制度。而这些有关仲裁立法的基本原则和基本制度，也是仲裁学必须研究的重要内容之一。

综上所述，作为以仲裁法为研究对象的仲裁法学，它主要包括了仲裁法的一般原理、仲裁法律制度和仲裁法的立法、实施与保障等内容。所以，仲裁法学是一门具有很强的实践性的法律学科，对它的研究，除了一般要以仲裁法律规范为主要研究对象外，同时还要广泛研究古今中外民商事经济发展实践中的具体仲裁制度和仲裁规则。只有全面地和历史地对仲裁法各方面的问题进行研究，才能对仲裁法进行正确的理论说明，同时也才能不断地总结和探索仲裁法制实践中的经验及其规律性，并对之加以科学地理论概括，从而正确指导我国仲裁法的制定、实施和完善，促进我国仲裁事业的进一步发展。

第二节 仲裁法学的内容与体系

一、仲裁法学的内容

仲裁法学的内容，一般来说，主要包括以下三个部分：

（一）仲裁法的一般原理

仲裁法的一般原理，如前所述，主要包括仲裁法的概念和调整对象、仲裁法律关系和仲裁法律意识等内容。由于仲裁法学以仲裁法为主要研究对象，所以，仲裁法的一般原理，无疑是仲裁法学研究的主要内容之一。

（二）仲裁法律制度

仲裁法律制度通常包括仲裁法和各种仲裁法律制度，这是仲裁法学研究的核心和主要内容。因此，研究仲裁法学要以研究仲裁法为核心。在研究仲裁法的同时，要特别注意研究各种有关仲裁的法律制度，因为对各种仲裁法律制度的研究，对改革和完善仲裁立法以及确立仲裁法律法规体系都有极其重要的意义。

（三）仲裁立法的原则和制度

要进行仲裁立法，必须遵守一定的原则和确立一定的制度。因此，仲裁法学研究的重要内容之一，就是对仲裁立法的原则和制度进行研究。而研究仲裁立法的原则和制度，这对进一步明确仲裁立法的指导思想、强化仲裁立法的基本原则，以及确立仲裁立法体系，具有重大的实际意义。

二、仲裁法学的体系

仲裁法学的体系，是指仲裁法学的整个理论体系，也就是仲裁法学全部理论应有的内在逻辑结构。由于仲裁法学是以仲裁法为其主要研究对象，因而仲裁法的体系是仲裁法学理论体系的基础。但是，仲裁法学体系与仲裁法体系这两者也不能完全等同，因为仲裁法学的内容大大超出仲裁法条文本身的内容；而且，仲裁法的体系本身也属于仲裁法学研究的内容之一。所以，仲裁法学体系是指由仲裁法学各个分支学科构成的有机联系的统一整体，它着重要解决的就是仲裁法学研究的范围和仲裁法学分支学科的划分问题。

由于世界各国统一完整的仲裁法的制定时间较晚，仲裁的实践也比较有限，所以，作为系统的、统一的现代仲裁法学理论体系尚在初创阶段。因此，本书也只能初步研究和构建现代仲裁法学的理论体系：

第一编是总论。即阐述仲裁法学的基本原理。着重阐述仲裁法学的概念和研究对象、仲裁法学的内容和体系以及研究仲裁法学的意义和方法；阐述仲裁的概念、性质、特征、功能与分类以及仲裁制度的产生与发展；阐述仲裁法的概念、特征与调整对象；阐述仲裁立法的范围、法律适用、基本原则、法律渊源以及仲裁立法的体系、内容和特点等。

第二编是分论。即阐述具体仲裁法律制度。着重阐述我国仲裁法律制度、外国仲裁法律制度、国际仲裁制度、国际商事仲裁制度、WTO 争端解决机制、ADR 纠纷解决机制以及“一带一路”发展的仲裁机制等。

第三编是附论。即阐述仲裁法的实施与保障制度。着重阐述仲裁规则制度、仲裁时效制度、仲裁证据制度、仲裁保全制度、仲裁代理制度、仲裁费用制度、仲裁责任制度、仲裁监督制度以及相关仲裁法律、仲裁规则、仲裁文书等内容。

第三节　研究仲裁法学的意义与方法

一、研究仲裁法学的意义

仲裁法学作为一门研究仲裁法和仲裁法律制度的法律学科，它是民商事经济法律体系中的一个重要组成部分。随着市场经济一体化和国际化的日益发展以及我国市场经济法律法规体系的日趋形成，我国的仲裁法学也在逐渐形成。特别是随着仲裁日益独立化、民间化和国际化，加之我国仲裁法和各项仲裁法律制度的不断建立与日益完善，我国必将出现一个前所未有的研究仲裁法学的新局面。

研究仲裁法学，这不仅是研究市场经济法律法规体系的需要，而且是研究仲裁立法和仲裁实践活动的迫切需要。在我国，开展对仲裁法学的研究，特别是对仲裁法和仲裁法律制度的研究，对于指导我国的仲裁立法和仲裁实践活动，改革和完善我国现行的仲裁制度，建立适合市场经济发展和我国国情的新型仲裁制度，推动我国仲裁理论和仲裁实践的发展，都具有十分重要的意义。因此，我国研究仲裁法学最主要的目的，就在于要以此推动仲裁法学理论体系的尽快建立，使之尽早成为一门独立的法律学科，来为我国仲裁立法和仲裁实践活动提供理论指导，进而使我国的仲裁法律制度能够在市场经济一体化和国际化的运作中充分发挥作用。

二、研究仲裁法学的方法

（一）研究仲裁法学的根本方法

要全面和深入地研究仲裁法学，就必须有相应的研究方法。以唯物辩证法这一科学方法作为研究仲裁法学的方法论基础，并结合仲裁法学的特点及其基本内容进行研究，是研究仲裁法学的根本方法。

（二）研究仲裁法学的一般方法

要研究仲裁法学，其一般的研究方法主要是：

1. 普遍联系、全面分析的方法

研究仲裁法学，必须从历史唯物主义关于上层建筑与经济基础的基本原理出发，正确认识仲裁法律作为社会的上层建筑的重要组成部分之一，不仅与上层建筑其他部分之间有相互作用的关系，而且与其赖以存在的社会经济基础之间存在着辩证统一的关系；此外，仲裁法律还要受到现实的、传统的种种因素的制约。因此，研究仲裁法学要求坚持普遍联系、全面分析的方法。只有这样，才能对现实社会经济生活中的仲裁法律现象做出全面正确的认识和理解。

2. 历史考查的方法

由于仲裁法律是一种社会历史现象，它与其他法律一样，有其产生、发展和消亡的规律，所以研究仲裁法学，也要求坚持历史考查的方法。

3. 定性分析与定量分析相结合的方法

由于仲裁法律作为上层建筑会随着社会生产方式内在矛盾运动的发展，呈现出由量变到质变的转化，因而这就需要在研究仲裁法学时对仲裁法律现象采用定性分析与定量分析相结合的方法。

4. 静态分析与动态分析相结合的方法

由于仲裁法律具有相对的稳定性和随着客观情况发展变化而发展变化的恒动性，因而研究仲裁法学需要坚持对仲裁法律现象进行静态分析与动态分析相结合的方法。

5. 理论与实践相结合的方法

研究仲裁法学，必须坚持理论联系实际、实事求是、一切从实际出发的认识路线。因为仲裁法学理论与仲裁法制建设实践的相互关系，要遵循实践——认识——再实践的规律螺旋式向前发展，这就要求研究仲裁法学时，必须坚持理论联系实际、实事求是、一切从实际出发的方法，并随时注意在仲裁法律制度改革过程中不断发展变化的现实，把仲裁法学理论与仲裁立法和仲裁实践活动结合起来，坚持从市场经济发展的客观需要和我国仲裁法制建设的实际出发，进而为尽快确立我国市场经济仲裁法律法规体系服务。

（三）研究仲裁法学的专门方法

1. 分析研究方法

分析研究方法，这既是中外自古有之的一门专门的学问，也是一门专门的研究方法。分析研究方法之所以作为研究仲裁法学的一门专门方法，是因为仲裁法律作为一种概括的普遍性原则要适用于千差万别的具体场合，这就必须对仲裁法律的含义、内容以及更深层次的立法意图进行分析论证，以指导整个仲裁立法和仲裁实践活动。

2. 比较研究方法

研究仲裁法学，有必要对仲裁法律进行比较研究。这种比较研究主要包括：①宏观与微观的比较研究；②纵向与横向的比较研究；③我国与外国的比较研究；④历史与现实的比较研究等。通过这些比较研究，既可以对仲裁法学进行全面和深入的研究，又可以对仲裁法学进行长期和持续的研究，从而促进我国仲裁法学早日成熟与完善。

3. 推理研究方法

推理研究方法是一种逻辑思维活动的具体运用。它主要包括类比推理、演绎推理、归纳推理等研究方法。我国在研究仲裁法学的同时，也应该研究和运用这些方法，以使我国仲裁法学的研究在深度和广度上都有所发展。

（四）研究仲裁法学的其他方法

研究仲裁法学的方法，除了要在唯物辩证法这一方法论基础的指导下不断进行开放和创新外，还要随着现代科学和社会生产的不断发展，随着人们对自然、社会和思维领域内在规律认识的发展而不断深化，对于一些新的反映客观事物本身发展的辩证法要不断发现，尤其是“老三论”（即系统论、信息论、控制论）和“新三论”（即耗散结构论、协同论、突变论）的现代科学方法和其他人文科学，要将这些适合法学研究的方法引进到仲裁法学领域，以开拓仲裁法学研究新的视野和领域，从而推动仲裁法学研究的全面展开和深入发展。

思考题

1. 仲裁法学的概念及其研究对象是什么？
2. 仲裁法律体系的构成要素有哪些？
3. 仲裁法学的主要内容有哪些？
4. 研究仲裁法学的意义何在？
5. 研究仲裁法学的根本方法、一般方法和专门方法有哪些？

第二章

仲裁及其历史发展

第一节　仲裁的概念、性质与特征

一、仲裁的概念

在人类社会历史发展的各个阶段，都有不同程度的社会交往存在。有交往就有可能产生纠纷。为了顺利进行交往，人们必须解决彼此之间的纠纷。随着人们相互间的交往愈益频繁、复杂，人们愈益重视寻找解决纠纷的方式。从法律的角度看，解决纠纷的方式主要有协商、调解、仲裁和诉讼等。其中，仲裁是一种非常重要和有效的纠纷解决方式，在民商事领域其作用尤为显著。

“仲裁”一词，从汉语词源分析，“仲”表示地位居中，“裁”表示衡量、裁决，两字组合在一起，意为立场居中的人对争议所作的裁决。根据《现代汉语词典》的解释，“仲裁”就是“争执双方同意的第三者对争执事项做出决定”。[1]

在我国历史上，通常所称的“公断”即为现在通用的“仲裁”一词。在国外也是这样。在英语里，与之相对应的词是“arbitration”。据称，该词源于拉丁文（见杨良宜：《国际商务与海事仲裁》），其基本含义也是居中裁决。

---

〔1〕 中国社会科学院语言研究所词典编辑室编：《现代汉语词典》（修订本），商务印书馆 1996 年版，第 1633 页。

作为一个法律概念，“仲裁”一词在学术界有不同的界定，但这只不过是在不同的历史阶段，人们对仲裁的理解有所差异罢了。一般认为，仲裁就是指纠纷当事人在自愿的基础上达成协议，将纠纷提交非司法机构的第三者审理，第三者就纠纷居中评判是非，并作出对争议各方均有拘束力的裁决的一种解决纠纷的制度、活动、方法或方式。根据这一定义，仲裁具有以下基本要素：

（1）各方当事人自愿达成解决相互间争议的仲裁协议；

（2）由非司法机构的第三者审理和对争议进行居中裁决；

（3）第三者作出的裁决对各方当事人都具有法律上的拘束力。

在民商事交往中，通过仲裁解决民商事争议这种方式受到人们的欢迎，已成为世界上得到普遍承认和广泛采用的替代司法诉讼的解决民商事争议的方式。

民商事仲裁，是指争议当事人基于仲裁协议，自愿将其争议提交第三者（通常是常设仲裁机构）居中评判是非，作出对当事人具有约束力的裁决的一种争议解决方式。仲裁的重要原则是当事人意思自治，即当事人可以通过签定合同中的仲裁条款或达成的仲裁协议自行约定或选择仲裁事项、仲裁地点、仲裁机构、仲裁员、仲裁程序、仲裁使用的法律、仲裁裁决的效力以及仲裁裁决的语言等。这种仲裁虽以当事人意思自治为特点，但它又可以得到法院适度的监督和支持，以保证仲裁裁决的公正性和有效性。例如，一方当事人不自动履行仲裁裁决时，另一方当事人可以请求有管辖权的法院强制执行该裁决；而法院对于基于无效的仲裁协议作出的裁决，则可以撤销或不予强制执行。

综合各国仲裁的内在特质，目前仲裁学界对仲裁趋于一致的理解是：仲裁是指发生争议的当事人双方根据争议发生前或争议发生后的有关协议或有关规定，将该争议交付有一定社会威望、无直接利害关系的第三方居中评判是非，并承认第三方作出的有约束力的明确双方权利义务的裁决的一种活动或方式。

二、仲裁的性质

仲裁的性质，是仲裁理论中不能回避而又较为复杂的问题，且和仲裁实务息息相关。近年来，国内外不少学者对此进行过广泛的研究，但众说纷纭。概括起来，主要有四种观点：一是司法权论（Jurisdictional Theory），认为国家对在其管辖范围内进行的所有仲裁都具有监督和管理的权力；二是契约论（Contractual Theory），认为仲裁员不是从法律或司法当局获得仲裁权，而是从当事人那里获取此项权力；三是混合论（Mixed Hybrid Theory），认为仲裁裁决介于判决和合同之间，当事人通过协议创造并固定了仲裁管辖权，仲裁的有效性来源于仲裁协议，直至裁决被执行，仲裁的程序、裁决的形式和内容均强烈地依赖于当事人的协议；四是自治论（Autonomous Theory），认为仲裁法应以满足当事人的愿望为目标，其功能是发展商人法，尽管还应保留最低限度的公共政策作为限制，但完全的当事人意思自治是仲裁充分发展所必须的。

仲裁作为一种制度产生、存在和发展，它赖以建立的基础是当事人的自由意志，因为是否将纠纷提交仲裁、提交哪个仲裁机构仲裁、仲裁庭如何组成、按何种规则进行仲裁程序，甚至适用何种法律，都是出于当事人之间的自愿协议，而不需要国家或者他人的强迫。所以，如果要全面地理解仲裁的性质，则可以认为仲裁是兼具契约性、自治性、民间性、国际性和司法性的一种争议解决方式。对仲裁进行综合性的理解，才更符合仲裁本身的特质以及仲裁制度的发展历史。特别是对于商事仲裁而言，它兼具了民间性与司法性因素，是以民间性为基础并融入了一定的司法属性的纠纷解决方式。而且，商事仲裁的民间性是商事仲裁的基本属性，这也是现代商事仲裁制度最显著的本质特性。

三、仲裁的特征

（一）仲裁与诉讼的联系和区别

1. 仲裁与诉讼的联系

作为解决民商事争议的法律制度，仲裁与诉讼之间具有许多相同之处：

（1）仲裁与诉讼都是在第三者主持下解决争议的活动；

（2）仲裁与诉讼都以法律、法规作为解决争议的依据；

（3）仲裁与诉讼都必须按一定的程序解决争议；

（4）仲裁与诉讼所作出的法律文书均具有拘束力，当事人必须遵守。

2. 仲裁与诉讼的区别

作为两种性质不同的解决民商事争议的活动方式，仲裁与诉讼相比，它们之间主要存在以下一些区别：

（1）受案的范围不同。仲裁的受案范围有一定限制，各国对此规定不完全一致。按我国《仲裁法》的规定，可仲裁的纠纷为平等主体之间发生的、当事人有权处分的合同纠纷和其他财产权益纠纷。而法院基于“司法最终解决原则”，一般没有范围的限制，几乎一切纠纷都可以诉讼到法院。

（2）管辖权的取得不同。仲裁机构一般都是民间性的组织，它的管辖权来自双方当事人的仲裁协议；而法院是国家的审判机关，是国家机器的重要组成部分，具有法定的管辖权。

（3）活动的方式不同。提交仲裁的当事人可以自由选择仲裁地点、仲裁机构、仲裁员以及仲裁形式和仲裁程序规则；而诉讼则是由法院依照诉讼法的规定所进行的审判活动，当事人不可以选择法官，也不可以选择程序法，法官依职权行使审判权。

（4）遵循的原则和制度不同。仲裁活动遵循自愿原则，诉讼活动遵守处分原则；仲裁活动以不公开审理为原则，实行一次裁决的制度，而诉讼活动一般要公开进行，实行两审终审制度。

（5）强制执行的方式不同。仲裁裁决和法院判决均具有强制执行的法律效力，如果当事人不自觉履行裁决与判决，一方当事人则可以向有关法院提出申请，要求予以强制执行。但是，两者强制执行的方式不同：法院的判决是法院自己实施强制执行；而仲裁的裁决不能由仲裁机构自己实施强制执行，必须通过法院来实施。

（二）仲裁的独特性质

仲裁作为一种解决民商事经济和财产权益纠纷的法律制度，它既不同于解决同类争议的司法、行政制度，也不同于当事人的自行和解与协商。尤其是与诉讼相比，仲裁自身主要具有以下一些独特的性质：

1. 自愿性

当事人的纠纷产生后，是否将其提交仲裁、交给谁仲裁、仲裁庭的组成人员如何产生、仲裁适用何种程序规则和实体法，这些都可以在当事人自愿的基础上，由当事人自主协商确定。所以，协议仲裁是民商事经济仲裁的本质特征，这种仲裁能充分体现当事人意思自治原则。就这一点而言，其他纠纷解决机制，即使是诉讼中的协议管辖也难以与之相提并论。

2. 专业性

作为民商事仲裁，它常涉及复杂的法律、经济贸易和专业性很强的技术问题，所以，各仲裁机构大都备有按专业设置的仲裁员名册，以供当事人选定仲裁员，而且仲裁员一般也是各行各业的专家。即使在有些不设仲裁员名册的仲裁机构或进行临时仲裁时，当事人也会从所涉行业的专家中指定仲裁员，进而能保证仲裁的专业权威性。

3. 灵活性

相对于诉讼制度而言，仲裁制度则比较灵活。仲裁在程序上不像诉讼那样严格，当事人享有较大的自主权，甚至还可以自定仲裁程序。在仲裁管辖上，仲裁不实行地域管辖和级别管辖。在仲裁程序上，很多环节可以被简化，有关文书的格式甚至裁决书的内容和形式，都可以灵活处理，包括时限乃至法律适用等方面也有很大弹性，仲裁当事人委托的代理人也可以不必具有本国律师身份。

4. 快捷性

由于民商事仲裁实行一裁终局制，它不像诉讼程序那样实行两审终审制甚至三审终审，因此有利于民商事纠纷在较短时间内得以解决。

5. 经济性

仲裁的经济性，其主要体现是：其一，由于仲裁程序的简便、灵活和时间上的快捷，因而各种费用的支出也就相应地节省了；其二，大多情况下的仲裁费用都要比诉讼费用相对低一些，这也使当事人的支出相对较少；其三，由于仲裁的自愿性、保密性特点，一般不会使当事人之间发生激烈的对抗并由此造成各种经济损失，而且能保守商业秘密和不影响今后的商业机会与经济交往。

6. 保密性

仲裁的审理一般以不公开为原则，对此各国有关的仲裁法律和仲裁机构的仲裁规则都规定了相关的保密义务与责任。这样，当事人的商业秘密不会因仲裁而被泄露。所以，仲裁具有极强的保密性。

7. 独立性

根据各国有关民商事仲裁的法律规定，商事仲裁机构属于民间组织，它独立于行政机关，而且仲裁机构之间也没有隶属关系。仲裁活动独立进行，不受任何机关、社会团体和个人的干涉。在有的国家和地区的临时仲裁中，这种独立性更是非常明显的。即使是机构仲裁，在仲裁庭审理案件时，也不受仲裁机构的干涉，从而突显出民商事仲裁的独立性。

8. 国际性

随着现代市场经济的一体化和全球化，民商事仲裁的国际性也愈益明显并呈现发展趋势，当事人之间的跨国仲裁也日益频繁。而且，有关仲裁案件的来源、当事人、仲裁庭的组成以及裁决的执行，其国际性的因素也越来越多。直至今日，已有一百多个国家参加了 1958 年的《纽约公约》，该公约保证了即使在一个缔约国作出的仲裁裁决，也可以很方便地到另一缔约国去申请强制执行。相对于法院的判决而言，仲裁的这一特点更是十分突出的。

四、仲裁的优势与局限性

（一）仲裁的优势

仲裁作为人类社会发展到一定阶段的产物，是因公民生活和生产实践需要而自发产生的一种纯民间性的自救方法，现已发展成为被国家认可的解决民商事争议的一种法律制度。它从道德和舆论力量逐渐成为一种习惯法并进而成为一种成文法，并从仅限于解决一国国内的民间商事纠纷发展成为包括解决国家与地区之间的经济争端和国际民商事争议。在这过程中，仲裁逐渐形成了自身的一些优势，主要是：

1. 自主性

自主性是当事人意思自治原则的具体体现。仲裁上的意思自治是从国际私法上解决法律冲突的意思自治原则发展而来的。意思自治原则的核心是允许当事人选择适用于他们之间法律关系的法律，进而有助于消除当事人之间及当事人与仲裁人之间的敌对情绪，有利于纠纷的解决。

2. 便利性

仲裁的程序简便、方式灵活、解决纠纷讲求效率与公正，而且仲裁一般是不公开审理，这对保守商业秘密和维护商业信誉是十分重要的，也有利于当事人之间及当事人与仲裁者之间的沟通。

3. 经济性

由于仲裁实行一裁终局的制度，因此仲裁解决纠纷的速度较快，其所需的费用也相对较少，进而当事人也更加趋向于选择仲裁这一方式。

4. 权威性

由于仲裁机构一般是由既具有社会威望又具备相关专业知识且熟悉法律的权威专家组成，因而其仲裁人员一般都具有一定的专业性优势，其审理的案件更具有权威性和说服力，从而有利于纠纷的顺利解决。

5. 国际性

仲裁较之于司法主权相对而言更具有国际性，它可以更多地参照国际间的有关公约、条约、议定书，乃至国际惯例，其相容性较大，适合于不同制度、不同国家与民族、不同社会政治经济文化传统背景下的当事人。

（二）仲裁的局限性

仲裁作为解决民商事争议的方式，也有其一定的局限性。其表现主要是：

1. 滥用仲裁程序

仲裁有自主性的特点，但它同时又是一柄双刃剑，有时当事人尤其是被诉方出于种种原因，如拖延履行债务、逃避责任等，不善意利用程序权利，形成程序侵权，而仲裁机构乃至仲裁庭对此却难以采取强有力的对策。可以说，如果一方当事人滥用程序，不仅仲裁庭的效率要大打折扣，而且另一方当事人必然会受到一些损失。

2. 仲裁协议不能约束第三人

仲裁中常有争议与第三人有利害关系，但仲裁法上通常没有类似于诉讼法上的第三人制度，因而不能一揽子平息全部争议。如常见的连环购销合同中，因某一环节发生争议而申请仲裁，尽管结果可能和前后手交易者有利害关系，但仲裁庭只能解决这一环节的争议。如江苏省物资集团轻工纺织总公司诉（香港）裕亿集团有限公司、（加拿大）太子发展有限公司上诉案中，江苏省物资集团轻工纺织总公司在答辩中提出，该案涉及第三人，只有法院审理才能查清事实，保护当事人的合法权益。但是，最高法院否定了这一观点，认为该案即使涉及第三人，仲裁协议仍是有效的，在仲裁庭不能追究第三人责任的情况下，仲裁当事人可以以第三人为被告向法院起诉以维护自己的利益。

3. 不是所有的民商事争议都适合仲裁

对于仲裁的选择，并不是所有类型的民商事争议都最适宜于仲裁。如国际借贷争议，案情不复杂但可能涉及复杂的法律问题，普通法国家的金融界通常认为仲裁裁决基于衡平而非严格的法律规则，仲裁员的优势在认定事实上，而这种优势在借贷争议中无关紧要；相反，贷款方利用自己在交易中的优势地位，择地诉讼可能更为方便。另外，如果有需要采取某种强制行动如人身强制才能解决的争议、多方当事人争议、可通过简易判决快速清理债务等情形，选择仲裁也未必总是合适的。

此外，仲裁的局限性还被认为可能具有以下缺陷：一是欠缺法的安定性和预测性；二是由当事人选定的仲裁员有成为该当事人代理人的心理倾向而影响公正裁决；三是仲裁无上诉制度使失误难以甚至无法得到救济。

第二节　仲裁的功能与分类

一、仲裁的功能

在人类社会的经济生活中，大致有四种不同的解决纠纷与争议的途径与方法：①协商；②调解；③仲裁；④诉讼。在这四种方式中，协商是争议当事人直接和解，调解则是由第三方参加的民间协调。两者的共同优点是，当事人有自由处分权，而缺点则是缺乏权威性；诉讼的优点是，有强制力作保证，而缺点则是程序不灵活；仲裁则介乎其间。

仲裁从古罗马产生至今，与人类文明相伴发展，由意思自治的民间道德力量逐渐演化为兼具契约性和准司法性的法律制度。其主要的本质特性是：①仲裁依当事人的协议而产生；②仲裁以自愿为原则；③仲裁裁决具有法律的约束力和强制执行的法律效力；④仲裁当事人有选择仲裁员的自由、自主权利；⑤仲裁原则上不公开进行，有助于保守商业秘密；⑥仲裁一裁终局，其程序比较简便灵活，费用一般也比较低。

仲裁的上述本质特性决定了仲裁的功能。作为一种法律制度，仲裁在现实社会生活中的功能主要是：

（一）调节经济关系

随着市场经济不断发展，经济关系日趋复杂化、多元化、民间化、国际化，仲裁作为解决民商事经济纠纷的一种法律制度，它可以通过对各种民商事经济纠纷的及时处理，从而对经济关系和经济活动起到一定的调节功能。

（二）弥补诉讼制度

仲裁制度与诉讼制度各有特点、各有所长。仲裁制度既要以诉讼制度为后盾，同时它又能弥补诉讼制度的某些不足。而现代仲裁法制的建立与健全，将使仲裁制度与诉讼制度衔接得更好。

（三）促进社会和谐

设立仲裁制度的根本目的，就在于促使民商事经济纠纷及时、公正地解决。在构建和谐社会的今天，仲裁对于及时、公正地平息纷争、化解矛盾和稳定社会正常的经济秩序与生活秩序具有十分重要的现实意义。所以，缓和社会矛盾和促进社会和谐，自然是仲裁制度最基本和最主要的一种功能。

综上所述，仲裁作为市场经济的基本制度和运行机制，它与公民、法人和其他组织的社会经济生活有着密切的关系，它对于公正、及时地解决经济纠纷，保护当事人的合法权益，维护市场经济秩序具有十分重要的作用。特别是随着我国《仲裁法》的实施和进一步修改，仲裁作为日益民间化和国际化的纠纷解决机制，必将在保证公正、及时解决日益增多的复杂的各种民商事经济纠纷和其他财产权益纠纷，保护当事人合法权益，维护市场经济秩序，促进市场经济快速健康发展等方面，发挥它更有效的功能与作用。

二、仲裁的分类

根据国际上各国和地区的仲裁理论与实践，依据不同的分类标准，仲裁大致可分为以下四种类型：

（一）临时仲裁（ad hoc arbitration）和机构仲裁（institutional arbitration）

依仲裁组织产生存续时间的长短，仲裁可分为临时仲裁和机构仲裁。

1. 临时仲裁

临时仲裁也称为特别仲裁，它是指由当事人各方通过事先的仲裁条款或事后的仲裁协议，选择仲裁员临时组成仲裁庭进行仲裁，争议裁决后仲裁庭即告解散的一种仲裁方式。

临时仲裁是指当事人自己依协议组建仲裁庭或即使常设仲裁机构介入，仲裁机构也不进行程序上的管理，而是由当事人依协议约定临时程序或参考某一特定的仲裁规则或授权仲裁庭自选程序，也就是说，凡是与仲裁审理有关的事项都可以由当事人约定。这种形式的仲裁，即为临时仲裁，又称特别仲裁或随意仲裁。

仲裁在产生初期是以临时仲裁的形式出现的，并且在以后相当长一段时间内都只有临时仲裁而无机构仲裁。临时仲裁是仲裁的初始形态，在当今世界各国都普遍设置常设仲裁机构的情况下，临时仲裁不仅没有消灭，反而发展得更为迅速，并在国际仲裁制度中占有十分重要的地位。当今世界各国普遍承认临时仲裁方式，并在有关国际仲裁公约中做出明确规定。由于其便利、公正的特点，临时仲裁在国际社会中得到了广泛的认同。临时仲裁在当今仍有很强的生命力，得到很多国家的承认，特别在国际海事的纠纷处理方面，临时仲裁是主流。

2. 机构仲裁

机构仲裁也称为制度性仲裁、常设仲裁，它是指当事人根据仲裁协议，将他们之间的争议交由一定的常设机构组成仲裁庭，并按照仲裁机构的仲裁规则进行裁决的一种仲裁方式。这种进行机构仲裁的仲裁机构，按专业不同可分为综合性仲裁机构和专业性仲裁机构；按区划的不同又可分为地区仲裁机构、国内仲裁机构和国际仲裁机构。

机构仲裁由双方当事人合意选择常设仲裁机构的仲裁员，依据既定的仲裁规则解决其争议，是当今世界最主要的仲裁方式。机构仲裁，就是由一个常设的仲裁机构进行仲裁。仲裁机构负责部分程序上的工作，当事人在仲裁机构的仲裁员名册中选择仲裁员。仲裁裁决除了由仲裁员签字外，还要加盖仲裁机构的印章。

作为仲裁的两种基本的形式，临时仲裁和机构仲裁犹如替代性纠纷解决机制（ADR）中的两朵“奇葩”，以各自的长处在仲裁体系中大放异彩，各领风骚。这两类仲裁形式，各有短长。临时仲裁的优点在于当事人享有较大的自主权，仲裁程序也有相当的灵活性，仿佛量体裁衣，能最大限度地给当事人以便利。但是，审视仲裁制度的发展历史，有一点是确定无疑的，即临时仲裁是仲裁制度的初始形式，机构仲裁是在临时仲裁发展的基础上产生的，是临时仲裁发展到一定阶段的产物，它的基本程序和内容与临时仲裁是一致的。[1] 尽管临时仲裁在解决经济贸易争议甚至于国家间的争端中发挥着不可或缺的作用，有着不替代的独立地位，但还未明确得到我国仲裁法的认可。因此，在我国实践中，仅呈现机构仲裁一枝独秀的景象。我国在立法上仅承认机构仲裁的单一模式，这显然忽视了当事人程序性的主体地位，限制了当事人选择纠纷解决机制的范围，从而压抑了仲裁制度本应有的生机与活力，不利于我国仲裁事业的发展，也不利于我国仲裁与国际的接轨。

（二）国内仲裁（domestic arbitration）和国际仲裁（international arbitration）

依仲裁机构的国别和纠纷主体的国籍及争议涉及国际商事利益的标准，仲裁可分为国内仲裁和国际仲裁。

国内仲裁是指没有涉外因素的国内民商事纠纷的仲裁，包括仲裁机构、仲裁案件的当事人及案件本身均在一国之内的仲裁。国际仲裁是指具有涉外因素的民商事纠纷或国际性民商事纠纷的仲裁，也称为涉外仲裁、国际商事仲裁。

现代仲裁法的显著特征之一，是对国际仲裁和国内仲裁作出区分。通常情况下，一国的仲裁制度是由国内仲裁和国际仲裁两部分组成的。从一个国家的角度看，仲裁可分为国内仲裁和国际仲裁；但从国际的角度看，各国涉外仲裁只构成国际商事仲裁的一部分，国际商事仲裁还包括一些国际组织的仲裁制度和区域性的仲裁制度，如解决投资争端国际中心（ICSID）、国际商会（ICC）仲裁院、美洲国家间商业仲裁委员会等机构的制度。而且，对国际

---

〔1〕 康明：《临时仲裁及其在我国的现状和发展（上）》，载《仲裁与法律》2000 年第 3 期。

性民商事争议进行的仲裁，一般情况下国际仲裁的规则比国内仲裁的规则更加自由，当事人享有更大的自治权，法院的审查也限制在最低限度。

在我国，现有的仲裁类型主要分为国内仲裁和涉外仲裁两大类。

我国国内仲裁的特点是种类繁多，以民商事经济合同仲裁为主，侵权性涉及财产权益纠纷仲裁为辅，且国内仲裁已由较强的行政性向民间性转化、国内性向国际性转化。

我国涉外仲裁有别于国际民商事仲裁，根据《仲裁法》第65条规定，主要指当事人一方或双方是外国的商人、公司或者其他经济组织在涉外经济贸易、国际运输和涉外海事中发生纠纷的仲裁。而且，对于住所地在中国大陆的中国当事人与住所地在国外或住所地在我国港澳台地区的当事人之间在中国涉外仲裁机构以及我国港澳台地区的仲裁机构中所进行的仲裁，也视为涉外仲裁。

（三）依法仲裁和依原则仲裁

依仲裁裁决的依据不同，仲裁可分为依法仲裁和依原则仲裁。

依法仲裁是指仲裁庭必须依据一定的法律对纠纷进行裁决。依法仲裁是世界各国和地区目前普遍适用的仲裁方式，是现代仲裁制度的主要形态，也是各国和地区对仲裁的一般要求。

依原则仲裁，或称友好仲裁（amiable composition）、友谊仲裁，是指仲裁庭依当事人的授权，不根据严格的法律规定而按照公平、善良原则和商业惯例对纠纷进行裁决。依原则仲裁或友好仲裁的采用，通常取决于当事人的明示同意，但不得违背仲裁地的公共秩序和强制性规定。与依法仲裁相比，依原则仲裁或友好仲裁所作的裁决主观性较强，缺乏依法仲裁的客观性和公正性，有一些国家包括我国，没有明确承认甚至排斥依原则仲裁或友好仲裁。但是，依原则仲裁或友好仲裁对产生于法律盲区的纠纷的处理有一定合理之处。况且在民商事领域，有时当事人也并不要求明确双方在法律上的对错，那么采用依原则仲裁或友好仲裁则更为灵活和简便。

因此，依法仲裁和依原则仲裁或友好仲裁可以优势互补而不必互相排斥，而且也能给予当事人在仲裁形式上以多种选择的好处。西班牙、法国、瑞士、荷兰、比利时、德国、瑞典、美国等国都明确承认依原则仲裁或友好仲裁。

1961 年《欧洲国际商事仲裁公约》第 7 条、1985 年联合国国际贸易法委员会制定的《国际商事仲裁示范法》第 28 条等国际性文件亦明确规定了依原则仲裁或友好仲裁。英国以前不承认友好仲裁，但《1996 年仲裁法》的颁布则为在英国进行友好仲裁扫除了障碍。

（四）民间仲裁和行政仲裁

按仲裁机构的法律属性，仲裁可分为民间仲裁和行政仲裁。

民间仲裁是指非官方的仲裁机构对纠纷所进行的仲裁，这已为世界上大多数国家和地区在进行民商事仲裁时所采用。如我国贸仲委和海仲委受理的相关经贸纠纷案件和海事纠纷案件所进行的仲裁，就属于民间仲裁。

行政仲裁则主要是指依据行政权力对纠纷所进行的仲裁，仲裁机构完全属于行政机关，如我国的劳动争议仲裁就不同于民商事仲裁，而是“行政裁决”。

第三节　仲裁制度的产生与发展

一、仲裁制度的起源

仲裁源于古老的年代，它具有悠久的历史。在日常生活中，以仲裁方式解决纠纷是人类的天性。当人们遇到争议或分歧，若不能自行解决，通常都会求助于彼此信任的第三者，比如氏族或村庄中产生纠纷时请年长者裁断。可以认为，仲裁作为解决民商事纠纷的一种有效方法，最早萌芽于人类社会的原始阶段。但是，作为法律意义上的仲裁，则起源于奴隶制的古希腊和古罗马时代。据考证，远在公元前 6 世纪，古希腊的城邦国家之间就尝试着采用仲裁的方法解决它们之间的争端。古希腊的雅典人发生债权债务等民事纠纷时，就常任命私人仲裁员从中裁断，这在以血亲复仇为基础、伴随着神明裁判的民俗习惯法时期，不啻为一种文明的进步。在公元前 451 年至 450 年，著名的古罗马《十二铜表法》第 2 表、第 7 表、第 9 表、第 12 表中，就有多处关于仲裁的记载。如古罗马《民法大全》“论告示”第二篇中，记载有保罗著述：“为解决争议，正如可以进行诉讼一样，也可以仲裁。”在仲裁的情况下，被告可以通过执行裁决而免受处罚。[1] 可见，随着商品经济的初步产生，古罗马以自由民集会的方式审理和解决纠纷的制度中已存在着仲裁的萌芽。

在那时，由于地中海沿岸一带海上交通比较发达，商品经济有了相当的发展。随着各城邦、各港口之间商事往来的增多，商人或商人社团之间的商事纠纷、海事纠纷也相应地增加。而在解决纠纷的实践中，纠纷的双方便在自愿协商的情况下，共同委托彼此信赖、德高望重、办事公道、熟悉情况的第三人对纠纷进行居中裁判。这种方法比较简便易行，因此逐渐为人们所接受。这样也就逐步自发地形成了由纠纷双方当事人共同约请第三者居中裁决其纠纷的习惯，这就是早期的仲裁。不过，那时候的仲裁从形式到内容都比较简单，主要用来解决债权、债务等民商事纠纷，并没有形成制度；而且，裁决的执行也主要是依靠当事人对裁决者的信赖和道德观念的约束而自觉履行，不受法律的调整。

二、仲裁制度的确立

随着生产力的发展，特别是商品经济的发展，仲裁中的一些做法也逐步定型化、制度化和法律化，而且随着在实践中的不断完善，这些做法形成为仲裁法律制度。仲裁一经形成制度，即显示出它极强的适应性和旺盛的生命力。

根据史料，到了13世纪至14世纪，随着意大利各城邦国间的贸易往来，这时出现了国际性商事仲裁的萌芽。当时，地中海沿岸各港口所采用的《海事法典》中就有关于以仲裁方式解决海事争议的记载。

公元1347年，在英国法中就有了关于仲裁的记载。14世纪中叶，瑞典的某些地方性法规也承认仲裁是解决纠纷的合法途径。16世纪至17世纪，某些从事对外贸易的公司，如英国东印度公司在其章程中，就有以仲裁方式解决公司成员之间发生争议的条款，规定对该公司成员之间的民事争执用仲裁方式解决。1697年，英国议会正式承认了仲裁制度，产生了第一个仲裁法案，

---

〔1〕 详见周楠：《罗马法原论》，商务印书馆1996年版，第937页。

并于1889年制定了第一部仲裁法，瑞典也于1887年正式制定了第一部有关仲裁的法律。在这些国家的影响下，其他一些欧洲国家如法国、德国等也都采用了仲裁制度并使之在本国得以发展。从19世纪起，这些国家通过专门立法或在民事诉讼法典中专章规定仲裁制度的方式，先后制定了仲裁法规，如法国1807年的《民事诉讼法典》、德国1877年的《民事诉讼法典》中都有关于仲裁的规定。另外，日本1890年的《民事诉讼法典》也有这种规定。但在这一时期，仲裁主要是解决国内民商事纠纷的一种法律制度。

三、仲裁制度的发展

近代以来，仲裁制度有了极大的发展。

（一）仲裁范围

就仲裁的范围而言，仲裁逐步由一国范围内的民商事仲裁扩展到国际经济贸易仲裁、海事仲裁、解决国家间争端的国际仲裁。

仲裁作为一种法律制度，它是随着商品经济的发展，逐渐获得国家的认可，并以法律的形式加以确认为标志的。进入近代以来，仲裁领域的拓展，主要以争议主体、争议性质以及争议的解决方式和程序的差异区分，逐渐形成了三种仲裁体系，即国际仲裁、国内仲裁和国际商事仲裁。

1. 国际仲裁

国际仲裁，是国际公法上和平解决国际争端的一种法律制度。它是指由各当事国选出一个或几个仲裁员来仲裁解决国家间争端的一种仲裁制度。也就是说，当国家之间发生争端时，当事国把争端交付给它们自己选任的仲裁人处理，相互约定接受其仲裁，这就是国际仲裁。

国际仲裁主要适用于解决主权国家的相互争端。在古代，仲裁多由君主或教皇充当仲裁人，依据的法律是从教会法和罗马法借来的原则和规则。在中世纪，国际仲裁常被用以解决边界争端、交换战俘和战争赔偿等问题。在近代，仲裁以1794年由美国特使杰伊与英国外交大臣格林维尔签订的《杰伊条约》为起点。进入20世纪，根据1899年《和平解决国际争端公约》于1900年在海牙成立“国际常设仲裁庭”成为了解决国家间争端的常设仲裁机构。按照1907年《海牙公约》第38条的规定，国际仲裁主要用于解决缔约国之间通过外交手段未能解决的关于法律性质的问题，特别是关于国际公约的解释或适用问题。二次世界大战以后，有些重大争端也由联合国秘书长独任仲裁员或会同著名法官组成临时仲裁机构裁决。在现代，国际仲裁还涉及政治方面和经济方面的争端，它是和平解决国际争端的方法之一，属国际公法范围。与国内仲裁和国际商事仲裁相比，国际仲裁最显著的特点是仲裁的双方都是国家。

2. 国内仲裁

国内仲裁是一种国家内部的经济仲裁制度。它是指所涉及的法律关系不含有涉外因素的仲裁。这种不含有涉外因素的国内仲裁，一是指争议双方是本国的法人或自然人，二是指争议产生于国内经济贸易活动中，三是指争议提交本国仲裁机构进行仲裁。

国内仲裁主要用于解决一国国内的经济、贸易、技术、服务、劳动等争议，主要包括合同争议仲裁、侵权争议仲裁、劳动争议仲裁和其他财产权益争议仲裁。

3. 国际商事仲裁

国际商事仲裁，是指在国际经济贸易活动中，当事人双方根据事先或事后达成的仲裁协议，将有关商事争议提交给某临时仲裁机构或常设仲裁机构进行审理，并作出具有约束力的裁决的制度。

近年来，国际商事仲裁呈现出了前所未有的繁荣景象。自 1889 年英国人为解决本国商人和欧洲国家商人的国际贸易纠纷而颁布实施了第一部仲裁法至今，经过近两个世纪的发展，尤其是第二次世界大战之后，整个国际社会已建立了一套完整的国际商事仲裁体系，使国际商事仲裁成为解决跨国商事纠纷的有效手段之一。目前，国际商事仲裁在解决和协调国际社会间的各种商事纠纷与经济关系方面，发挥着越来越重要的作用，已成为世界各国和国际社会普遍采用且行之有效的一种商事纠纷解决机制。

（二）仲裁机构

就仲裁组织的发展而言，也从初期的由享有一定声望的个人担任仲裁人，发展到产生了专司仲裁职能的组织机构，并由一国范围内的仲裁机构发展到产生了国际性的仲裁机构，如英国于 1892 年成立的伦敦仲裁协会（即现在的伦敦国际仲裁院的前身）。进入 20 世纪后，产生了一大批有国际影响的国际商事仲裁机构，如瑞典成立了斯德哥尔摩商会仲裁院（1917 年），美国成立了美国仲裁协会（1922 年），法国成立了国际商会［ICC］（1920 年）和国际商会仲裁院［ICCA］（1932 年）。

就世界上主要的国际商事仲裁机构而言，刚开始大多分布在欧洲，如国际商会仲裁院总部就在法国巴黎。而随着亚太地区经济的迅速发展，亚太地区国际商事仲裁也异常活跃，世界上主要的国际商事仲裁机构大都在亚太地区设立办公室，而且，亚太地区各国已先后设立了自己的国际商事仲裁机构，如美国仲裁协会、日本仲裁协会、韩国仲裁院、新加坡国际仲裁中心、澳大利亚国际商事仲裁中心、新西兰仲裁调解中心、中国国际经济贸易仲裁委员会等。特别是中国国际经济贸易仲裁委员会自 1999 年以来，每年受理仲裁案件达 200 件以上，已成为国际上主要的国际商事仲裁机构之一。

目前，世界上最著名和比较有影响的仲裁机构主要有：

1. 国际商会仲裁院（The ICC International Court Of Arbitration，ICC）

国际商会仲裁院设立于 1928 年，总部在巴黎，为国际商会常设仲裁机构。该仲裁院为目前世界上提供国际经贸仲裁服务较多、具有重大影响的国际经济仲裁机构。国际商会仲裁院起初并不直接处理争议案件，但目前不仅受理大量的国际商事仲裁案件，而且在国际上享有盛誉，已成为一个处理国际性商事争议的常设仲裁机构。

2. 瑞典斯德哥尔摩商会仲裁院（Arbitration Institute Of the Stockholm Chamber Of Ccnlmerce，SCC）

瑞典斯德哥尔摩商会仲裁院成立于 1917 年，为斯德哥尔摩商会内部机构，但在职能上独立。瑞典中立国的地位为其公平性提供了很好的保障，因此瑞典斯德哥尔摩商会仲裁院享有很好的国际声誉。该院与中国国际经济贸易仲裁委员会有业务联系。中国对外经济贸易促进委员会建议，我国当事人在选择第三国仲裁机构时，可优先考虑该仲裁院。

3. 英国伦敦仲裁院（London Court Of International Arbitration，LCIA）

英国伦敦国际仲裁院成立于 1892 年，为英国最有国际影响力的国际商事仲裁机构。由伦敦市政府、伦敦商会和女王特许仲裁协会共同组成的联合委员会管理。

4. 美国仲裁协会（American Arbitration Association，AAA）

美国仲裁协会为美国主要的国际商事仲裁机构，于1926年设立，总部在纽约，在全国主要城市设有24家分会，为独立的非营利性民间组织。该协会受理的案件，多数为美国当事人与外国当事人之间的争议。

5. 瑞士苏黎世商会仲裁院（Court Of Arbitration Of the Zurich Chamber Of Commerce，ZCC）

瑞士苏黎世商会仲裁院成立于1910年，设在瑞士的苏黎世，遵守《瑞士联邦苏黎世商会调解与仲裁规则》。仲裁院是苏黎世商会下设的常设仲裁机构，但在审理仲裁案件的时候是独立于苏黎世商会的。

该仲裁院既受理国内商业和工业企业之间的争议案件，也受理涉外经济贸易争议案件。由于瑞士在政治上是中立国，因此国际上较多的经贸纠纷都交给它仲裁。

6. 解决投资争端国际中心（Intenational Center for Settlement of Investment Disputes，ICSID）

解决投资争议国际中心（ICSID）这一机构是专门为解决国家契约——国家与外国私人投资者签订的“特许协议”或“经济开发协议”所产生的争议问题而设。该中心为专门性国际组织，具有国际法人地位。ICSID与世界银行关系密切。ICSID仲裁为完全自治的管辖体制，不受制于内国法律和内国法院。在该体制中，缔约国对本国国民和另一缔约国根据公约已同意交付仲裁的协议不得给予外交保护或提出国际要求。内国法院仅限于为ICSID裁决提供便利和给予司法协助。

7. 世界知识产权组织仲裁中心（World Intellectual Property Organization，WIPO）

世界知识产权组织仲裁与调解中心，位于瑞士日内瓦，成立于1994年。它是全球唯一一个专门性的国际知识产权仲裁机构。世界知识产权组织仲裁与调解中心于2010年在新加坡设立办事处，为私人当事方之间的国际商业纠纷提供非诉讼纠纷解决程序（ADR）。该中心旨在解决私人之间的知识产权商事纠纷，尤其是解决技术和娱乐方面的纠纷。中心的仲裁、调解和专家裁决程序由国际争议解决方面的一流专家制定，公认最适合于涉及知识产权的技术、娱乐和其他类型争议。其仲裁制度分为快速仲裁和仲裁两类程序，快速仲裁时间更短，费用也更少。

此外，中心还为艺术和文化遗产、能源、电影和媒体、特许经营、信息通讯技术、知识产权局、生命科学、标准必要专利、研发和技术转让、贸易展览会、体育等领域提供特别仲裁和快速仲裁服务。

8. 日本商事仲裁协会（Japanese Commercial Arbitration Association，JCAA）

日本商事仲裁协会，系一般社团法人的国际仲裁机构。它是日本以仲裁解决国际贸易争议为目的设立的非营利性的常设仲裁机构。1950 年 3 月，日本商工会议所作为中心，联合经济团体联合会、贸易会等单位，成立了国际商事仲裁委员会。1953 年 8 月改为现名。总部设在东京。

9. 中国香港国际仲裁中心（HongKong Interantional Arbitration Center，HKIAC）

中国香港国际仲裁中心于 1985 年设立。该中心为受限制担保并按香港地区公司法的规定设立的民间非营利性公司，受理香港地区内仲裁案件和国际商事仲裁案件。该中心无自己的国际商事仲裁规则，实践中依《联合国国际贸易法委员会仲裁规则》进行操作。

10. 新加坡国际仲裁中心（Singapore Interantional Arbitration Center，SIAC）

新加坡国际仲裁中心（SIAC）成立于 1991 年，它和中国国际经济贸易仲裁委员会都是世界上主要的常设仲裁机构。新加坡国际仲裁中心受理事会（由新加坡及国际仲裁领域人士组成）管理，它可为“临时”仲裁提供服务，并根据《新加坡国际仲裁法》（第 143 章 A）的规定，在当事人未对仲裁员指定达成一致时，担任仲裁员的委任机构。

11. 中国国际经济贸易仲裁委员会（China International Economic and Trade Arbitration Commission，CIETAC）

中国国际经济贸易仲裁委员会，简称 CIETAC（贸仲），是世界上主要的常设商事仲裁机构之一。它是以仲裁的方式，独立、公正地解决契约性或非契约性的经济贸易等争议的常设商事仲裁机构，是中国国际贸易促进委员会根据中央人民政府政务院 1954 年 5 月 6 日的决定于 1956 年 4 月设立的，当时名称为对外贸易仲裁委员会。中国实行对外开放政策以后，为了适应国际经济贸易关系不断发展的需要，对外贸易仲裁委员会于1980年改名为对外经济贸易仲裁委员会，又于1988年改名为中国国际经济贸易仲裁委员会，自2000年10月1日起同时启用“中国国际商会仲裁院”名称。

根据业务发展的需要，贸仲已经先后设立了华南分会、上海分会、天津国际经济金融仲裁中心（天津分会）、西南分会、浙江分会、湖北分会、福建分会，还设有贸仲委香港仲裁中心、江苏仲裁中心、域名争议解决中心（同时启用“网上争议解决中心”）、粮食行业争议仲裁中心、投资争端解决中心。总会设在北京。总会和分会使用相同的《仲裁规则》和《仲裁员名册》，在整体上享有一个仲裁管辖权。贸仲的受案范围为一切国内、国际仲裁案件。目前，贸仲执行的是2015年版的新《仲裁规则》（2014年11月4日经中国国际贸易促进委员会/中国国际商会修订并通过，自2015年1月1日起施行），并于2017年10月1日开始施行《中国国际经济贸易仲裁委员会国际投资争端仲裁规则》（这一仲裁规则已经填补了我国仲裁在国际投资仲裁领域的空白）。从《仲裁规则》和仲裁员的角度而言，贸仲也实现了国际化。贸仲第一套《仲裁规则》制定于1956年，之后进行了八次修改，其现行有效的《仲裁规则》自2015年1月1日起施行。贸仲现行的《仲裁规则》与国际上主要仲裁机构的仲裁规则基本相同，在现行《仲裁法》允许的范围内最大限度地尊重了当事人意思自治。此外，贸仲的《仲裁员名册》中有近千名仲裁员，均为国内外仲裁或其他行业的知名专家。其中，外籍及港澳台地区仲裁员三百多名，分别来自41个国家或地区。贸仲的受案数量居世界第一位，在国际上享有较高声誉。

12. 中国海事仲裁委员会（China Maritime Arbitration Commission，CMAC）

中国海事仲裁委员会（简称海仲委），它是我国唯一受理涉外海事纠纷、以海事海商、交通物流争议解决为特色的专业性常设仲裁机构。中国海事仲裁委员会是根据中华人民共和国国务院1958年11月21日的决定，于1959年1月22日设立于中国国际贸易促进委员会内受理国内外海事争议案件的常设仲裁机构，设立时名为中国国际贸易促进委员会海事仲裁委员会，1988年改为现在名称。2017年5月正式独立运营，主要以仲裁的方式解决海事、海商和物流争议，以及其他契约性和非契约性争议。中国海事仲裁委员会的总部设在北京，且在上海、天津、重庆设有分会，并设有宁波办事处、青岛办事处、辽宁办事处、广州办事处、天津办事处等办事机构。

2006年8月22日，经过中国国际商会批准，决定在中国海事仲裁委员会内成立中国海事仲裁委员会海事调解中心。作为首个试点单位，中国海事仲裁委员会上海海事调解中心在上海举行了揭牌仪式。

2014年11月19日，中国海事仲裁委员会（海仲委）香港仲裁中心设立仪式在香港会议展览中心举行，提供国际海事仲裁服务。这是海仲委设立的内地以外的首个仲裁中心。

2017年12月16日，中国海事仲裁委员会航空争议仲裁中心、航空争议调解中心在北京正式成立。

（三）仲裁立法

1. 外国仲裁法律制度的产生与发展

在早期，仲裁裁决的执行是单纯依靠当事人的自觉来履行的；后来，当仲裁制度被国家用法律形式确立时，仲裁裁决的执行就具有了国家强制力的保证。就仲裁的立法而言，英国议会早在1677年就制定了第一个仲裁法案，正式承认仲裁。1802年，英国又颁布了《学徒健康和道德法》，对国内劳动仲裁作了规定。1889年，英国还制定了单行的《仲裁法》。

瑞典于14世纪在一部地方法典中承认仲裁为一种解决纠纷的方式。1887年，瑞典制定了第一个有关仲裁的法律，并于1917年成立了全国性的仲裁机构——斯德哥尔摩商会仲裁院。1919年，瑞典又对《仲裁法》作了重要修改，在此基础上于1929年通过了《瑞典仲裁法》。

此后，世界各国先后制定了本国仲裁法，从而使仲裁得到了国际社会的普遍承认。比如，1809年法国制定的《民事诉讼法典》第四篇即为仲裁；德国1879年实施的《民事诉讼法典》第十篇即为仲裁程序；日本1890年的《民事诉讼法典》第八篇即为仲裁程序，并于1999年修改。

特别是进入20世纪以后，由于国际经济贸易的深化和扩大，仲裁制度在世界各国得到普及，许多国家纷纷制定或修改其仲裁法，以适应国际商事仲裁实践和发展的需要。如秘鲁1911年的《民事诉讼法典》第五编为仲裁程序，英国现行的《仲裁法》是1979年的修订本，瑞士1989年生效的《国际私法法案》第十二章即为国际仲裁，俄罗斯联邦于1993年实施了新的《国际商事仲裁法》。

同时，国际社会为缓和各国仲裁立法的冲突，也开始了统一的国际仲裁立法工作。最早建立的国际商事仲裁制度，就是从建立区域性的国际公约开始的。

1889年2月12日，南美的一些国家在乌拉圭首都蒙得维的亚签署了《关于民事诉讼的公约》，在其第5条及1940年的修正案中，均规定了有关仲裁裁决执行的条件和程序。

1923年，在国际联盟主持下，有关国家在日内瓦签订了承认仲裁条款的《关于仲裁条款的议定书》。该议定书第一次在国际上承认仲裁协议的效力，并规定当事人可以仲裁协议排除法院管辖，而仲裁程序及仲裁庭的组成，则根据双方当事人的仲裁协议或由仲裁机构所在地国的法律来确定，如果裁决是在某一缔约国境内作出的，则该国负有执行仲裁裁决的义务。

1927年9月26日，在国际联盟主持下，有关国家又在日内瓦签订了《关于执行外国仲裁裁决的公约》，规定了承认与执行他国仲裁裁决的条件，并规定了仲裁裁决的拒绝承认与执行以及撤销仲裁裁决的有关条件。

1928年2月20日，在哈瓦那举行的第六次美洲国家会议制定并通过了《布斯塔曼法典》，其中第432条规定了承认与执行外国判决的程序和条件，并将其适用于任何缔约国国内由仲裁员或调解人所作的裁决。

1958年6月10日，在联合国的主持下，在纽约订立了《承认及执行外国仲裁裁决公约》（《纽约公约》），该《公约》于1959年6月7日生效。该《公约》规定，缔约国应当承认和执行在其他缔约国领域内所作出的仲裁裁决，并且在承认和执行仲裁裁决时，不应当在实质上比承认和执行本国仲裁裁决提出更苛刻的条件或收取更高的费用。《纽约公约》的订立，不仅保证了仲裁裁决在145个国家和地区的相互承认和执行，而且效果也很好。该公约实际上代替了日内瓦两公约，已成为目前国际上有关执行外国仲裁裁决的一个主要国际公约。中国于1986年也正式加入联合国主持制定的这一承认与执行外国仲裁的公约。

《纽约公约》的主要内容是：①各缔约国应相互承认仲裁裁决有拘束力，并且按照裁决需其承认或执行的地方的程序规则予以执行。对承认或执行本公约所适用的仲裁裁决，不应该比承认或执行本国的仲裁裁决规定有实质上更繁的条件或更高的费用。②详细规定了拒绝承认和执行外国仲裁裁决的条件。③如果被请求承认和执行仲裁裁决的国家的管辖当局查明有下列情况，即争执的事项，依照这个国家的法律不可以仲裁方法解决者，或承认或执行该项裁决将和这个国家的公共秩序抵触者，被请求国可以拒绝承认和执行。

1965 年 3 月 18 日，国际社会为了适当、合理地解决各国与其他国家国民之间的私人投资争议，在华盛顿由世界银行赞助发起签署了《关于解决国家与他国国民之间的投资争端的公约》。该《公约》旨在规定以仲裁的方式解决各国与他国国民之间的投资争议，并对仲裁的申请、仲裁员任命、仲裁的地点、仲裁庭的组成、裁决的承认和执行作出了规定。根据该《公约》，于 1966 年成立的“解决投资争端的国际中心”（ICSID），作为专门处理国家和他国国民之间投资争议的仲裁机构，为各缔约国和其他国家国民将投资争议交付国际仲裁提供了便利。该中心是世界银行的独立机构，由行政理事会和秘书处组成，理事会的委员由各国代表组成，主席为世界银行行长。该《公约》自签订以来已成为国际上解决国际间私人投资争议的主要公约，大多数国家予以承认和批准，中国于 1992 年加入了该《公约》。

1976 年 4 月 28 日，联合国国际贸易法委员会制定了《联合国国际贸易法委员会仲裁规则》，并在第 31 届联合国大会上通过决议，向各国推荐使用。这是联合国国际贸易法委员会在统一国际贸易法律方面所做出的最重要和最成功的尝试之一。由于联合国没有设立常设仲裁机构，由此这套规则一般是供临时仲裁所使用的。但是，当事人双方也可以在仲裁协议中指定一个常设仲裁机构负责仲裁的事务性工作。同时，这套规则不仅适用于国际贸易争议的仲裁，而且在当事人双方协商一致的前提下也可以作为处理国内贸易争议的仲裁规则。

1985 年 6 月 21 日，联合国国际贸易法委员会又主持制定了《国际商事仲裁示范法》，旨在为推动和统一各国的仲裁立法。该示范法已被澳大利亚、加拿大、美国的一些州、中国香港地区、中国澳门地区等 40 个国家和地区采纳为本国和本地区的法律。在联合国的影响下，世界各国掀起了仲裁立法的改革运动。立法改革的浪潮率先在现代仲裁的发祥地欧洲兴起，欧洲各国分别修订了各自的仲裁法；而后，在亚太地区，仲裁立法改革也逐步展开，日本、韩国也各自参照《示范法》修订了本国仲裁法。迄今为止，与《示范法》基本接轨的国家占有仲裁制度国家总数一半以上。我国 1991 年修改和 2012 年新修订的《民事诉讼法》以及 1994 年制定的《仲裁法》，也都参考了该《示范法》。

此外，国际社会相互之间签订的司法协助条约，也涉及有关国际商事仲裁的内容。与我国签署司法协助条约的主要国家有：法国（1988 年）、波兰（1988 年）、蒙古（1990 年）、罗马尼亚（1993 年）、俄罗斯（1993 年）、白俄罗斯（1993 年）、西班牙（1994 年）、乌克兰（1994 年）、古巴（1994 年）、意大利（1995 年）、埃及（1995 年）、保加利亚（1995 年）等。而在这些司法协助条约中，也都涉及有民商事仲裁的内容。

2. 中国仲裁制度的产生与发展

仲裁，传统上称为公断。在我国，仲裁作为民间公断争议的历史悠久，但因受几千年封建统治的影响，加之自然经济长期居于主导地位，抑制了商品经济的发展，所以在很长时期里我国基本上没有形成完整的仲裁制度。

北洋军阀统治时期曾制定颁布了《商事公断处章程》和《商事公断办事细则》，并据此设立公断处。1927 年，当时的国民政府曾明令暂准援用，规定商事公断处附设于其所在地的各商会，以解决商人之间的争议。但是，该商事公断处主要是执行调解职能的一个机构。

在国民政府统治时期，1930 年国民政府颁布实施了《劳资争议处理法》，规定了劳动争议处理的调解和仲裁程序。第二次世界大战结束后，国民政府与美国共同成立了“中美商事联合仲裁委员会”，拟定了仲裁规则。但是，上述这些立法活动尚未在我国构建出清晰的仲裁制度。

在中华苏维埃时期，1931 年在江西瑞金召开的中华苏维埃工农兵第一次全国代表大会上通过，并于 1933 年 10 月 15 日修订后重新颁布的《中华苏维埃劳动法》，正式确立了用仲裁方式解决劳动争议的法律制度。

在抗日战争时期，晋察冀边区在 1943 年 1 月 21 日由第一届参议会通过，并在同年2月4日由晋察冀边区行政委员会公布了《晋察冀边区租佃债息条例》及《晋察冀边区租佃债息条例施行条例》，明确规定了租佃债息争议的仲裁和具体实施办法，仲裁机关为“仲裁委员会”。同年4月9日，晋察冀边区行政委员会颁行《关于仲裁委员会的工作指示》，全面规定了关于仲裁的若干问题，涉及“仲裁委员会的性质与任务”“仲裁委员会的权限”“仲裁委员会与政府的关系”“仲裁委员会的工作制度”“在仲裁工作中应注意事项”等内容。

在解放战争后期，1949年3月15日天津市人民政府公布了《天津市调解仲裁委员会暂行组织条例》；1949年8月19日上海市军管会颁布的《关于私营企业劳资争议调处程序暂行办法》等规范性文件，也不同程度地规定了仲裁内容。

中华人民共和国成立以后，我国逐步建立起全国统一的行业部门仲裁制度，不但设立了相应的仲裁机构，而且还配套制定了相应的法律规范和仲裁规则，从而使仲裁的运用范围不断拓展，日益发挥其重要作用，并逐渐发展形成了三种不同类型的仲裁制度体系，即劳动争议仲裁、国内经济合同仲裁和涉外仲裁。同时，这三种仲裁制度又各有其自己的发展历程与特点：

（1）劳动争议仲裁。建国初期，中央人民政府政务院劳动部于1950年6月发布了《关于劳动争议仲裁委员会组织及工作规则》。同年11月，劳动部经政务院批准，又发布了《关于劳动争议解决程序的规定》，规定了劳动争议仲裁的范围包括国营、私营企业和合作社的劳动争议。

党的十一届三中全会以后，随着民主与法制建设以及改革开放的发展，国务院于1980年7月发布了《合资企业劳动管理规定》，1986年4月发布了《关于认真执行改革劳动制度几个规定的通知》，1986年7月发布了《国营企业实行劳动合同制暂行规定》和《国营企业辞退违纪职工暂行规定》，1987年7月发布了《国营企业劳动争议处理暂行规定》，从而使中断了30年的劳动争议处理制度得以恢复。

1993年7月，国务院颁布了《企业劳动争议处理条例》，取代了《国营企业劳动争议处理暂行规定》，从而扩大了劳动争议仲裁的范围，包括中外合作经营企业、中外合资经营企业、外商投资企业的劳动争议和集体企业与私营企业的劳动争议。

1994 年 7 月 5 日，第八届人大常委会第八次会议通过了《中华人民共和国劳动法》，规定了劳动争议的仲裁问题，它与我国一些地方的劳动仲裁立法一起，形成了自身独特的制度。劳动争议仲裁制度的确立，对于我国保护企业经营者和职工双方的合法权益、稳定企业和社会生产生活秩序起到了良好的作用。

（2）国内经济合同仲裁。解放初期，随着我国经济建设的发展，合同制度普遍推广，社会经济组织之间的合同纠纷主要通过仲裁的方式加以解决。当时，确定专区经委为一级仲裁，省、自治区、直辖市的经委为二级仲裁，一般以二级仲裁为终局仲裁，重大项目的合同纠纷，不服省、自治区、直辖市经委仲裁的，可再由国家经委作出裁决。这类经济合同纠纷，不由人民法院审理，而由行政机关组织仲裁。这就是所谓的只裁不审阶段。这种情况，一直持续到 1966 年。

文革开始后，由于产供销各个环节基本上实行主管机关调拨制，对发生的经济纠纷采取的是行政手段，所以仲裁制度也不再存在。

党的十一届三中全会以后，随着全国工作中心转移到经济建设，强调以经济的、行政的、法律的手段管理经济，我国普遍恢复了合同制。国家制定了一系列对经济合同管理的办法，其中确定了“两裁两审”制度，即实行二级仲裁。当事人不服终局仲裁的，在一定时期内，可以向有管辖权的人民法院起诉，而人民法院审理民事、经济案件则采取两审终审制。这种“两裁两审”制度，花费时间长，不能及时解决争议，不利于发展生产。这一时期，仲裁制度发展的特点是“先裁后审”。

1982 年 7 月 1 日，我国开始实施《中华人民共和国经济合同法》。同年 9 月 22 日，国务院又颁布了《经济合同仲裁条例》，对仲裁制度进行了调整，把二级仲裁改为一级仲裁，并明确规定合同纠纷当事人可以申请仲裁，也可以直接诉讼至法院。对于仲裁的裁决，当事人不服，不能申请二次仲裁，但可以向人民法院起诉。也就是说，仲裁裁决没有最终法律效力，而且仲裁不是必经程序。同时，仲裁也实行级别管辖、移送管辖和指定管辖。

1990 年 7 月，全国人大常委会颁布了《铁路法》，规定铁路运输合同争议的仲裁实行协议仲裁、一裁终局、或裁或审的原则。

1993 年 9 月，全国人大常委会又通过了修改后的《经济合同法》，对经济合同纠纷的仲裁原则作了修改，明确规定了经济合同纠纷的仲裁实行协议仲裁、或裁或审、一裁终局的原则。同时，我国对于技术合同纠纷、房地产纠纷、著作权纠纷和消费纠纷，也制定了相应的部门法规和地方性法规，规定了仲裁的原则、仲裁程序、仲裁管辖权等制度，从而使我国国内的经济仲裁制度形成了一定的仲裁制度体系。

（3）涉外仲裁。中华人民共和国成立初期，由于西方资本主义国家对我国实行经济封锁，所以建国初期我国主要是与前苏联进行国际经贸往来。1950 年 4 月，我国与苏联就交货共同条件达成协议（议定书），明确规定因合同或与合同有关争议应提交仲裁，不得向法院起诉。

根据 1954 年 5 月 6 日中央人民政府政务院第 215 次会议通过的《关于在中国国际贸易促进委员会内设立对外贸易仲裁委员会的决定》，贸仲于 1956 年 4 月由中国国际贸易促进委员会（简称“中国贸促会”）组织设立，当时名称为对外贸易仲裁委员会。对外贸易仲裁委员会的成立，标志着我国涉外仲裁制度的形成。

1958 年 11 月，国务院决定设立海事仲裁委员会。1959 年正式成立了海事仲裁委员会，并制定了仲裁规则。海事仲裁委员会的受案范围包括：船舶救助报酬的争议；船舶碰撞争议和海上运输合同争议。海事仲裁委员会是我国唯一的涉外海事仲裁常设机构，其仲裁程序规则与对外贸易仲裁委员会的仲裁程序规则基本相似。

1979 年 7 月，全国人大通过了《中外合资经营企业法》，规定合营各方发生纠纷，董事会不能协商解决时，可以由中国仲裁机构进行仲裁，进而扩大了涉外仲裁的范围。

1980 年，国务院将对外贸易仲裁委员会更名为“对外经济贸易仲裁委员会”，其受案范围扩大到有关中外合资经营企业、外国来华投资建厂、中外银行相互信贷等各种对外经济合作方面所发生的争议。

1982 年 1 月，国务院发布《对外合作开采海洋石油资源条例》，将涉外仲裁扩大至合作开采海洋石油资源活动中外国企业与中国企业发生的纠纷。

同年 3 月，全国人大常委会通过了《民事诉讼法（试行）》，对涉外仲裁作了特别规定，并确立了协议仲裁、或裁或审、一裁终局的原则。同年 9 月，国务院决定将海事仲裁扩大到双方当事人协议要求仲裁的其他海事案件。

1983 年 9 月，全国人大常委会颁布了《海上交通安全法》，将海事仲裁扩大到因海上交通事故引起的民事纠纷。

1985 年 3 月，全国人大常委会颁布了《涉外经济合同法》，1988 年全国人大颁布了《中外合作经营企业法》，确立了涉外经济合同争议仲裁适用协议仲裁、或裁或审的原则。

1986 年，全国人大常委会第六届第十八次会议通过决议，中国正式加入 1958 年联合国主持制定的《承认与执行外国仲裁公约》，同时做出了两项保留，从而使中国国内仲裁制度与国际仲裁制度有机地结合在一起。

1988 年，对外经济贸易仲裁委员会更名为“中国国际经济贸易仲裁委员会”，1989 年设立了深圳分会（2003 年改为华南分会），1990 年设立了上海分会，其受案范围扩大至国际经济贸易中发生的一切争议。与此同时，海事仲裁委员会于 1988 年更名为“中国海事仲裁委员会”，现设立有上海分会和广州分会。

1991 年 4 月，全国人大颁布了新的《民事诉讼法》，规定了涉外仲裁的协议仲裁、或裁或审、一裁终局的原则，并且参照《国际商事仲裁示范法》，规定了涉外仲裁的财产保全和仲裁裁决的执行。

1994 年 8 月 31 日，中华人民共和国第八届全国人民代表大会常务委员会第九次会议通过和公布了《中华人民共和国仲裁法》，并自 1995 年 9 月 1 日起施行。我国正式实施仲裁法二十年多来，全国依法重组了二百多家仲裁机构，高质量地建立了一支由上万名专业人士组成的仲裁员队伍和仲裁工作人员队伍，公正、及时地仲裁上百万件民商事纠纷，标的额达上千亿元，为保障市场经济的健康发展、促进社会经济生活和谐发展发挥了积极作用。

2000 年，中国国际经济贸易仲裁委员会同时启用中国国际商会仲裁院的名称。贸仲在深圳、上海、天津、重庆、杭州、武汉和福州分别设有华南分会、上海分会、天津国际经济金融仲裁中心（天津分会）、西南分会、浙江分会、湖北分会和福建分会；同时，还在江苏设有贸仲江苏仲裁中心。此外，贸仲在香港地区还设有香港仲裁中心，该中心受理国际商事争议和香港地区内的争议案件。

我国的涉外仲裁机构，历经半个多世纪的发展，按照国际惯例，坚持仲裁的民间化、国际化，及时、公正、合理地处理了大量涉外纠纷，目前已日益发展成为国际上最有影响的仲裁机构之一。中国国际经济贸易仲裁委员会和中国海事仲裁委员会都有自己的仲裁规则，当事人也可以选择采用联合国国际贸易法仲裁委员会的仲裁规则。贸仲香港仲裁中心目前受理国际商事争议，主要采用联合国国际贸易法仲裁委员会仲裁规则，同时受理香港地区内的争议案件适用自己的仲裁规则。此外，根据国务院办公厅 1996 年文件规定，我国各地组建的仲裁委员会也可以凭当事人协议受理国际商事争议案件。

目前，我国的仲裁法还很不完善，相关仲裁法律制度包括仲裁范围、仲裁管理体制、仲裁运行机制、仲裁发展模式、仲裁监督、仲裁规则、跨国仲裁等方面还存在着不少的问题，而这些问题如果不被重视，如果不能妥善解决，将严重影响到我国仲裁事业的顺利推进和国际经贸的健康发展。对此，应加快我国仲裁制度的改革和对《仲裁法》的修改，以促进我国治理能力的提高和保障“一带一路”倡议的发展。

思考题

1. 法律意义上的仲裁起源于何时？
2. 世界上第一部仲裁法是由哪个国家于何时制定的？
3. 世界上比较有影响的仲裁机构有哪些？
4. 民商经济仲裁与劳动争议仲裁有哪些差别？
5. 我国大陆目前有几个涉外仲裁机构？

第三章

仲裁法与仲裁立法

第一节 仲裁法的概念、特征与调整对象

一、仲裁法的概念

仲裁法作为法律的一种部门法，它也具备法的一般属性，即由国家制定或认可，反映统治阶级意志的、以国家强制力保证实施的行为规范的总称。

所谓仲裁法，即指调整仲裁关系的法律规范的总称。它是规定仲裁的范围和基本原则、仲裁机构的地位及设立、仲裁员、仲裁庭的组成和仲裁程序的进行、仲裁参与人和仲裁机构或仲裁员在仲裁程序中的权利与义务、仲裁裁决的效力等内容以及调整由此而引起的其他仲裁关系的法律规范的总称。

仲裁法有广义和狭义之分。狭义的仲裁法，仅指以仲裁法为名称的单行法，如《中华人民共和国仲裁法》（以下简称《仲裁法》）；而广义的仲裁法，则指除仲裁法典外，还包括所有涉及仲裁制度的法律规范，比如《民事诉讼法》和《合同法》中关于仲裁的规定以及行政法规、规章中的有关内容。本书所述的仲裁法，主要取其广义。

二、仲裁法的特征

（一）仲裁法是调整一定领域的仲裁关系的法律规范

具体地说，仲裁法是调整平等主体的公民、法人和其他组织之间发生的

合同纠纷和其他财产权益纠纷产生的商事仲裁关系的法律规范。

（二）仲裁法是国家重要的基本程序法之一

仲裁法作为一种具有法律特性的活动，它与诉讼法一并构成一国的程序法。在我国，仲裁法主要规定了我国仲裁的组织机构，仲裁机构的活动原则和程序，仲裁机构和仲裁当事人及其他参与人的权利义务关系等等。同时，仲裁法也是仲裁机构审理仲裁案件时必须遵循的基本原则、制度和程序，是当事人和其他参与人进行仲裁活动时必须遵守的行为准则以及行使仲裁权利和履行仲裁义务的法律依据。

（三）仲裁法是市场经济的基本法之一

仲裁法与公民、法人和其他组织的社会经济生活有着密切的关系，它是保证公正、及时地仲裁经济纠纷，保护当事人合法权益，维护市场经济秩序，保障市场经济健康发展的重要的法律。

三、仲裁法的调整对象

仲裁法是调整一定领域的社会关系和社会秩序的行为规范，具体地说，就是调整平等主体的公民、法人和其他组织之间的合同纠纷和其他财产权益纠纷所产生的仲裁关系。

仲裁法是调整仲裁关系的法律规范的总称，其调整对象就是仲裁关系，即指仲裁法主体之间在仲裁过程中所发生的各种社会关系。其主要表现是：

第一，作为平等的商事主体的公民、法人和其他社会组织之间在仲裁过程中所发生的社会关系。即仲裁申请人与被申请人之间就双方已达成的仲裁协议而申请仲裁和选择仲裁机构与仲裁员等所发生的相互关系。

第二，仲裁当事人与仲裁机构和仲裁员之间在仲裁裁决过程中所发生的社会关系。即仲裁当事人与仲裁机构和仲裁员之间就仲裁的申请与受理、仲裁庭的组成和开庭、仲裁调解和仲裁裁决等事项所发生的相互关系。

第三，人民法院与仲裁机构之间在仲裁监督过程中所发生的社会关系。即人民法院在对仲裁的监督过程中，就仲裁裁决的不予执行和撤销等事项而与仲裁机构所发生的相互关系。

第四，仲裁当事人与人民法院在仲裁监督过程中所发生的社会关系。即仲裁当事人就仲裁裁决的执行和撤销等事项而与人民院所发生的相互关系。

上述仲裁关系，都属于仲裁法的调整范围，也构成仲裁法的调整对象。

第二节 仲裁法的适用范围、法律效力与法律渊源

一、仲裁法的适用范围

仲裁的法律依据是争议当事人对自己实体权利的处分权和仲裁机构根据法律规定对一定争议的公正裁决权。因此，可以仲裁的事项，应当是平等主体之间发生的权利争议，应当是当事人可以行使处分权的权利义务关系，应当是涉及经济和财产权益的争议。

然而，仲裁的适用范围与仲裁法的适用范围是不同的。仲裁的适用范围包括对纠纷的适用范围和对发生纠纷的主体的适用范围，故又称仲裁的对象；而仲裁法的适用范围，除了包括仲裁的对象以外（劳动争议和农业集体经济组织内部的农业承包合同纠纷除外），还包括时间上的效力、空间上的效力和对规范性文件的效力，因此又称仲裁法的法律效力。

（一）仲裁的对象

1. 仲裁对纠纷的适用范围

我国《仲裁法》第 2 条规定："平等主体的公民、法人和其他组织之间发生的合同纠纷和其他财产权益纠纷，可以仲裁。"该条款用概括方式规定了仲裁法对哪些纠纷发生法律效力，即合同纠纷和其他财产权益纠纷。

我国《仲裁法》第 3 条同时规定："下列纠纷不能仲裁：（一）婚姻、收养、监护、扶养、继承纠纷；（二）依法应当由行政机关处理的行政争议。"该条款用排除法指明了有些纠纷虽涉及财产权益，但也涉及当事人不能自由处分的身份关系；或者由行政管理层面引起的行政争议不适用仲裁，自然也就不属于仲裁适用范围。

我国《仲裁法》第 77 条又同时规定："劳动争议和农业集体经济组织内部的农业承包合同纠纷的仲裁，另行规定。"这是由于，劳动争议和农业集体经济组织内部的农业承包合同不同于一般经济纠纷，它们有着各自的特点，

因此排除在《仲裁法》适用范围之外，但它们仍属于仲裁的适用范围。

具体来说，按照我国《仲裁法》第2条的规定，下列纠纷属于仲裁适用范围：①《民法通则》债权部分的民事合同；②《合同法》中所列举的经济合同，主要有买卖合同，供用电、水、气、热力合同，赠与合同，借款合同，租赁合同，融资租赁合同，承揽合同，建设工程合同，运输合同，技术合同，保管合同，仓储合同，委托合同，行纪合同，居间合同等；③《商标法》中的合同纠纷，主要有许可使用合同等；④《房地产管理法》中的合同纠纷，主要有房地产转让合同、房地产抵押合同、房屋租赁合同等；⑤《著作权法》中的合同纠纷，主要有许可使用合同、委托创作合同、出版合同等；⑥《专利法》中的合同纠纷，主要有专利转让合同、专利许可合同等；⑦含有涉外因素的合同纠纷，主要有国际货物买卖合同、涉外保险合同、涉外技术转让合同、国际运输合同、船舶租赁合同、海上拖船合同等；⑧其他财产权益纠纷，多见于涉及财产权益的侵权纠纷，主要有涉及著作权的侵权纠纷、涉及工业产权的侵权纠纷 、涉及房地产的财产侵权纠纷等。

2. 仲裁对纠纷主体的适用范围

我国《仲裁法》第2条规定："平等主体的公民、法人和其他组织之间发生的合同纠纷和其他财产权益纠纷，可以仲裁。"该条款以概括方式，表明了仲裁法对哪些主体发生法律效力，即不论是对中国人或是外国人，仲裁法均适用。

二、仲裁法的法律效力

（一）仲裁法在空间上的效力

我国《仲裁法》在中华人民共和国领域内发生效力，凡在中国进行仲裁，都要适用《仲裁法》。我国实行"一国两制"政策，在台湾地区和香港、澳门特别行政区进行仲裁，应适用当地的仲裁法。

（二）仲裁法在时间上的效力

我国《仲裁法》第80条规定："本法自1995年9月1日起施行。"即1995年9月1日以后发生的仲裁关系，适用《仲裁法》。《仲裁法》不具有溯及力，1995年8月31日以前发生的仲裁关系，适用当时的有关规定。

（三）仲裁法对规范性文件的效力

我国《仲裁法》第78条规定："本法施行前制定的有关仲裁的规定与本法的规定相抵触的，以本法为准。"这样规定，使得那些与《仲裁法》相抵触的仲裁条款自1995年9月1日开始不具有法律效力，这有助于解决我国不同仲裁体系中有关法律规定矛盾和混乱的局面，有利于仲裁制度规范化、系统化。

三、仲裁法的法律渊源

关于仲裁法的法律渊源（即外延），不仅要包括现已施行的《仲裁法》，还要包括我国所有涉及仲裁的并与《仲裁法》不相抵触的法律规范和我国参加或承认的国际公约和司法协定。按其法律效力，其排列顺序如下：①《宪法》中有关规定；②我国承认的国际仲裁公约或缔结的仲裁司法协定；③《仲裁法》；④《仲裁规则》；⑤最高人民法院关于仲裁的司法解释；⑥《民事诉讼法》；⑦国务院及各部委制定的与《仲裁法》不相抵触的法规与规章；⑧地方性法规与《仲裁法》不相抵触的法律规范性文件等。

第三节　仲裁立法的过程、目的意义与基本原则

一、仲裁立法的过程

1991年8月，全国人大常委会法制工作委员会在总结建国以来我国仲裁理论与实践经验的基础上，着手《仲裁法》的起草工作，并多次召开有仲裁委员会和有关行政机关、法院、法律专家参加的座谈会，到全国各地调查研究，听取意见。之后，在各有关方面总结仲裁工作实践经验和提出问题、建议的基础上，根据建立社会主义市场经济体制的要求，借鉴国外仲裁制度的有益经验和国际通行做法，起草了《仲裁法（征求意见稿）》，于1993年3月印发部分地方人大常委会、中央有关部门、法律教学研究单位征求意见，根据各方面反馈意见又做了修改，形成了《仲裁法》草案。

1994年6月28日、7月26日至27日、8月24日至27日，全国人大常委

会法制工作委员会又将《仲裁法》草案先后提请第八届全国人大常委会第八次会议和第九次会议，分别进行了初步审议和审议，于8月31日由第八届全国人大常委会第九次会议以127票全票通过了《仲裁法》。1994年8月31日，中华人民共和国主席江泽民发布第31号中华人民共和国主席令，将《中华人民共和国仲裁法》予以公布，自1995年9月1日起施行。我国第一部单行的仲裁法从此诞生，这标志着我国仲裁法律体系已基本构成，仲裁制度进入了一个新的历史发展阶段。

二、仲裁立法的目的意义

仲裁在我国作为处理民商事纠纷的一种制度，是随着我国商品经济的产生而发展起来的。在《仲裁法》立法前，我国的仲裁制度体系不能完全适应市场经济发展的要求，还存在有许多结构性缺陷与弊端。为了克服以上这些缺陷，我国迫切需要通过仲裁立法来恢复仲裁民间性和国际性的本来面目，统一我国仲裁制度和扩大仲裁范围，建立健全仲裁机构和仲裁形式，进而达到公正、及时地仲裁财产权益纠纷、保护当事人合法权益、维护社会经济秩序、促进我国市场经济和国际经济贸易往来的发展之目的。《中华人民共和国仲裁法》，就是在这种情况下应运而生的。[1]

我国加强仲裁立法，就是因为我国的仲裁规则不统一，政策不完善，运作不规范等问题的存在。而加强仲裁立法和完善仲裁法制建设，主要就是要解决我国相关法律法规不一致的问题，要解决我国法律的缺失需要补充和完善的问题。

对此，我国《仲裁法》第1条就开章明义规定："为保证公正、及时地仲裁经济纠纷，保护当事人的合法权益，保障社会主义市场经济健康发展，制定本法。"可见，我国仲裁立法的目的在于改革、完善我国的仲裁制度，这既是市场经济需要多渠道、多层次的纠纷解决方式的必然结果，也是我国行政司法制度和审判制度在市场经济新形势下结构和功能调整的必然产物。

---

〔1〕 全国人民代表大会法律工作委员会副主任胡康生：《仲裁制度与中国仲裁立法概述》，载中国仲裁网，2001年6月10日。

从我国发展的现实需要看，在市场经济条件下，人们的经济关系和社会关系日趋复杂化，人们要求解决纠纷的机制也具有简捷、效率高、周期短、费用低等特点；同时，对涉及一些专业性和技术性纠纷问题，则需要更多的有关专家学者和专业技术人员参与；而且，还要求解决纠纷的机制更具有独立性、自主性和民主性，以便更能体现当事人的意思自治，从而使纠纷的解决结果更加公正和合理。

从当今国际的通行做法看，仲裁是审判外通过非诉讼途径解决民商事纠纷的重要方式，并且随着国际经济贸易的发展，仲裁的应用范围越来越广泛。仲裁已成为许多国家法律制度和市场裁判制度不可或缺的组成部分，是对法院审判、行政司法的重要辅助和补充。特别是随着我国改革开放的不断深入，国际经济交往日益频繁，客观上也需要建立与国际惯例接轨的国际经济贸易纠纷解决的仲裁机制。

三、仲裁立法的基本原则

仲裁立法的基本原则，是指在仲裁立法过程中反映仲裁的基本特点和精神实质，由仲裁法所规定的仲裁组织和仲裁参与人进行仲裁立法活动所必须遵守的基本准则。

仲裁立法的基本原则，一方面体现了仲裁法的指导思想，另一方面又是仲裁法一般理论的条理化、法律化，它为仲裁组织和仲裁参与人参加仲裁立法活动指明了方向，提出了总的要求。

仲裁立法的基本原则，可从不同角度归纳出多项原则。作为我国程序法律体系中的一个部门法的仲裁法，它与民事诉讼法具有一些共有的原则，如：当事人双方在适用法律上一律平等原则；以事实为依据、以法律为准绳原则；处分原则；先行调解原则；辩论原则；民族语言文字原则；回避原则等。同时，仲裁法又是独立的部门法和程序法，它有自己的调整对象，在仲裁程序法活动中有自己的特殊性，而这种特殊性的反映，则是仲裁立法的特有原则。对于仲裁立法的特有原则，本书着重阐述如下原则：

（一）协议仲裁的原则

我国《仲裁法》首先确立了协议仲裁的原则，这是仲裁最本质、最基本的原则，决定了仲裁的性质。当事人在自愿基础上达成共同仲裁的意愿是进行仲裁活动的基础和前提，这种在自愿基础上的一致意思表示，就是仲裁协议。这也是仲裁的前提。

协议仲裁的原则，又称为当事人自愿原则或意思自治原则，它是现代各国仲裁制度普遍遵循的基本原则。它根源于市场经济中的契约自由精神。协议仲裁原则，已被仲裁当事人普遍尊重和推崇，且该项原则已被世界诸多国家的学者誉为“仲裁的基石”，即当事人想通过仲裁方式解决纠纷，须有双方同意仲裁的意思表示，因而协议仲裁是世界各国仲裁制度统一的基础。大多数国家在仲裁立法中都规定了选择仲裁就不能再行诉讼，仲裁裁决具有一裁终局的法律效力。我国《仲裁法》也充分肯定了当事人这种自由选择权。

协议仲裁的原则，具体体现在以下方面：①当事人可以通过协议方式自主决定以诉讼或仲裁方式解决纠纷；②当事人可以自愿协议选择仲裁机构和仲裁地点；③当事人有权自愿选择审理仲裁纠纷的仲裁员；④当事人有权约定选择仲裁的事项。

（二）独立仲裁的原则

根据《仲裁法》的规定，仲裁不仅在组织机构上不能依附于行政机关，而且仲裁活动自始至终独立进行，不受包括行政机关在内的任何组织或个人的干涉。仲裁的独立性，主要表现为仲裁机构的独立性和仲裁员办案的独立性两个方面。

1. 仲裁机构的独立性

《仲裁法》第 8 条规定：“仲裁依法独立进行，不受行政机关、社会团体和个人的干涉。”仲裁依法独立进行，指仲裁委员会、仲裁庭各依职责独立行使仲裁权，仲裁委员会有权确认仲裁协议的效力，有权决定案件的受理，并行使《仲裁法》赋予的其他权利。仲裁庭行使调解权和裁决权；仲裁委员会和仲裁庭独立行使仲裁权，不受行政干预；仲裁委员会和仲裁庭行使仲裁职责享有豁免权，当事人不服仲裁，不得以仲裁委员会和仲裁庭为被告诉诸人民法院。可见，仲裁的独立性，不仅体现在仲裁机构与行政机关、司法机关之间的关系，而且体现为仲裁协会、仲裁委员会与仲裁庭之间存在着独立性。

2. 仲裁员办案的独立性

仲裁员办理仲裁案件的权力来源于当事人的选择与授予，这使得仲裁员办理案件具有相当的独立性。按照《仲裁法》的规定，仲裁员虽由仲裁机构聘任，但仲裁机构的管理层，如主任、副主任和委员与仲裁员之间并不存在领导与被领导或上下级之间关系。仲裁员能否参加一个仲裁案件的审理，多数情况下取决于当事人在仲裁员名册中的选择。仲裁员主要是依据自己丰富的专业知识和法律知识，独立进行各自的是非判断，某种程度上有一定的“自由裁量权”，由仲裁员组成的仲裁庭作出的生效裁决，仲裁机构无权变更或撤销。

（三）或裁或审的原则

在《仲裁法》颁布以前，国内仲裁，特别是经济合同仲裁，在裁决作出之后，当事人不服的，可以在裁决作出之日起 15 日内向人民法院起诉，法院作出判决后还可以上诉。这就是一裁两审制。这种制度在实践中逐渐显示出越来越多的缺陷，不利于快速解决争议，也不符合市场经济的要求。我国《仲裁法》还仲裁以本来面目，确立了或裁或审的原则，即当事人达成仲裁协议的，应将争议提交仲裁，一方向人民法院起诉的，除非仲裁协议无效，否则人民法院不予受理。

（四）一裁终局的原则

《仲裁法》第 9 条明确规定：“仲裁实行一裁终局的制度。裁决作出后，当事人就同一纠纷再申请仲裁或者向人民法院起诉的，仲裁委员会或者人民法院不予受理。”简言之，仲裁是“一锤定音”的解决纠纷的方式，它与法院诉讼有明显区别。一裁终局是仲裁法的一项根本原则，它不仅排除了一裁二审的可能性，同时也否定了一裁一复议和两裁终局的可能性，这是我国现行仲裁制度的又一进步。它意味着裁决作出后，仲裁裁决即具有法律效力，当事人一方可得到人民法院强制执行。裁决作出后，即使当事人对裁决不服，也不能就同一纠纷向人民法院起诉，或者再向仲裁机构申请仲裁（包括申请复议）。但是，如果仲裁裁决被人民法院依法裁定撤销或不予执行时，当事人就该纠纷可以根据双方重新达成的协议申请仲裁，也可以向人民法院起诉。

（五）不公开原则

《仲裁法》第40条规定："仲裁不公开进行。"在仲裁委员会审理案件，秘密进行审理几乎成为世界各国仲裁机构的习惯做法，否则将会视作"违背商事性质"而不受欢迎。仲裁多涉及商业信誉，当事人发生财产权益纠纷，往往不愿公示于众，为当事人保密，成为仲裁的显著特征。

（六）法院监督的原则

人民法院对仲裁不予干涉，但要进行必要的监督。人民法院对仲裁的监督，主要体现在以下方面：一是对于当事人申请财产保全或证据保全的，接受申请的人民法院有权审查和依法决定是否采取财产保全或证据保全措施；二是对于当事人申请撤销裁决的，人民法院经审查后可以依法撤销仲裁裁决；三是对于当事人申请不予执行裁决的，经人民法院组成合议庭审查核实，可以依法对仲裁委员会作出的裁决裁定不予执行。

目前，为加强我国仲裁立法，应本着"三个有利于"的原则要求来进行：一是有利于纠纷的解决；二是有利于仲裁的推广；三是有利于我国目前"一带一路"倡议的推进。这样，才能促进我国仲裁法制建设的完善与发展。

第四节　仲裁立法的体系、特点与内容

一、仲裁立法的体系

自改革开放以来，我国与国外的商务贸易交流愈加频繁。仲裁作为解决商事纠纷的重要方式，它具备了民间性、国际性和高度自愿性、便捷性等诉讼所不能替代的特性，在国际商事纠纷的处理中得到广泛运用，且显示出愈加强盛的生命力。

就我国商事仲裁法律制度的体系而言，其立法主要分布在专门性法律、规范性法律文件、相关司法解释和有关国际性条约中。如《中华人民共和国民事诉讼法》（以下简称《民诉法》）、《中华人民共和国合同法》（以下简称《合同法》）、《中华人民共和国仲裁法》（以下简称《仲裁法》）、联合国《国际商事仲裁示范法》（以下简称《示范法》）、《纽约公约》以及相关的司法解

释等。

具体而言，仲裁立法的体系可从以下方面阐述之：

（一）国外的仲裁法体系

仲裁法乃程序法的一种。纵观各国的仲裁立法，其仲裁法体系主要由下列三种构成：

1. 单行法典

即将调整仲裁关系的法律规范制定成单独的《仲裁法》。采用这种立法方式的国家主要有英国、美国和法国等。

2. 在《民事诉讼法典》中专篇规定仲裁制度

即将仲裁制度作为民事诉讼程序制度的一个有机部分。采用这种方式的国家主要有德国、法国和日本等。

3. 散见于各类法律法规之中

即将仲裁制度的有关内容分散规定在各类不同的法律法规之中。采用这种方式的国家主要有瑞士、卢森堡等。

（二）我国的仲裁法体系

《中华人民共和国仲裁法》是我国第一部关于仲裁制度的单行法规，是继我国《刑事诉讼法》《行政诉讼法》之后的又一部十分重要的程序法。在此之前，我国有关仲裁的法律法规散见在各类法律法规和法律规范性文件当中。

而要建立一个适应我国改革开放和市场经济体制需要的且与国际通行做法相接轨的仲裁法律新体系，则必须力求达到三个标准，即：①体系完整；②内容协调；③结构均衡。我国《仲裁法》正是在参照国际惯例和国外立法成果并结合我国具体国情、总结正反两方面的实践经验的基础上，将国内仲裁和涉外仲裁统一规定在一部单行法律中。《仲裁法》正式实施后，除劳动争议仲裁和农业承包合同纠纷仲裁以外，一切与《仲裁法》不一致或相抵触的规定都予以废止或修改。至此，《仲裁法》与《仲裁规则》、《民事诉讼法》以及其他配套法律法规一起，构成了我国仲裁法律新的体系，从而使我国正式建立起了比较完善的仲裁制度。

新的仲裁立法体系与仲裁法的法律渊源相一致，其构成主要是：

第一，《仲裁法》和《仲裁规则》《民事诉讼法》中有关条款以及最高人民法院的有关司法解释；

第二，劳动争议和农业集体组织内部的合同承包纠纷仲裁的特别规定；

第三，我国缔结或承认的国际公约、条约。

二、仲裁立法的特点

改革开放以来，随着我国《民诉法》和《仲裁法》的颁布及修改，我国的仲裁制度取得了长足发展，在仲裁立法方面与以往相比具有创新性的一些特点：

（一）统一了仲裁机构，确立了基本制度

第一，《中华人民共和国仲裁法》（以下简称“《仲裁法》”）第10条规定，只有在直辖市和省、自治区人民政府所在地的市，以及有必要设区的市设立一个仲裁机构，所有有关经济仲裁的案件均由该仲裁机构受理。这一规定基本统一了仲裁机构过去由工商、经贸等部门多家仲裁和按行政区划层层仲裁的局面。

第二，《仲裁法》第10条规定，仲裁委员会由市人民政府组织有关部门和商会统一组建。这一规定第一次明确了民间机构——商会参与组建仲裁机构，废除了以往仲裁机构完全由行政机构组建，成为行政机构一个部门的旧体制，从形式上结束了行政仲裁的历史。

第三，确定了或裁或审、一裁终局的制度。当事人解决经济纠纷，只能在仲裁和诉讼两种方式中选择其一，要么仲裁，要么诉讼，不能既选仲裁又选诉讼；且仲裁实行一裁终局的原则，裁决后不能向法院起诉。

《仲裁法》第5条规定：“当事人达成仲裁协议，一方向人民法院起诉的，人民法院不予受理，但仲裁协议无效的除外。”第9条规定“仲裁实行一裁终局的制度。裁决作出后，当事人就同一纠纷再申请仲裁或者向人民法院起诉的，仲裁委员会或者人民法院不予受理。”

《纽约公约》第2条第3款规定：“当事人就诉讼事项订有本条所称之协定者，缔约国法院受理诉讼时应依当事人一方之请求，命当事人提交仲裁，但前述协定经法院认定无效、失效或不能实行者不在此限。”我国《民诉法》第271条规定：“涉外经济贸易、运输和海事中发生的纠纷，当事人在合同中订有仲裁条款或者事后达成书面仲裁协议，提交中华人民共和国涉外仲裁机构或者其他仲裁机构仲裁的，当事人不得向人民法院起诉。当事人在合同中没有订有仲裁条款或者事后没有达成书面仲裁协议的，可以向人民法院起诉。”

（二）确立了当事人意思自治的原则

意思自治原则是合同制度的基本原则，其是指合同当事人有权协议选择解决争议的法律。在我国的仲裁立法中，也把当事人意思自治作为一项基本原则予以肯定。

当事人意思自治这一基本原则，主要体现在是否选择以仲裁方式解决纠纷、仲裁地点、仲裁机构、仲裁员以及协议管辖等方面：

第一，当事人采用仲裁方式解决纠纷，以双方自愿达成书面形式的协议为前提。《仲裁法》第4条规定：“当事人采用仲裁方式解决纠纷，应当双方自愿，达成仲裁协议。没有仲裁协议，一方申请仲裁的，仲裁委员会不予受理。”

第二，双方当事人共同约定仲裁事项、仲裁地点和仲裁机构。《仲裁法》第2条和第3条规定，当事人可以自行约定除婚姻、收养、监护、扶养、继承纠纷以及依法应由行政机关处理的行政争议以外的合同纠纷和其他财产纠纷。当事人还可以自行约定仲裁地点和仲裁机构。《仲裁法》第6条规定：“仲裁委员会应当由当事人协议选定。仲裁不实行级别管辖和地域管辖。”

第三，仲裁员由当事人选定和委托指定。《仲裁法》第31条规定：“当事人约定由三名仲裁员组成仲裁庭的，应当各自选定或者各自委托仲裁委员会主任指定一名仲裁员，第三名仲裁员由当事人共同选定或者共同委托仲裁委员会主任指定。”

第四，由当事人约定仲裁的开庭、公开。《仲裁法》第39条规定：“仲裁应当开庭进行。当事人协议不开庭的，仲裁庭可以根据仲裁申请书、答辩书以及其他材料作出裁决。”《仲裁法》第40条规定：“仲裁不公开进行。当事人协议公开的，可以公开进行，但涉及国际秘密的除外。”

第五，协议管辖。我国《仲裁法》明确规定了协议管辖制度。《仲裁法》第6条规定：“仲裁委员会由当事人协议选定。仲裁不实行级别管辖和地域管辖。”

与仲裁立法前的仲裁制度比较，我国《仲裁法》的特色主要表现在：①明确界定了仲裁的范围；②实行了或裁或审和一裁终局的基本制度；③仲裁机构独立于行政机关；④明确了法院对仲裁进行监督的具体方式。

三、仲裁立法的内容

我国的《仲裁法》，全文由八章80个条款及1个附件（《民事诉讼法》有关条款）组成。其中，第一章为总则，包括立法宗旨、仲裁范围、基本原则等；第二章为仲裁委员会和仲裁协会，包括仲裁委员会和仲裁协会之间的关系，仲裁员资格和聘任等；第三章为仲裁协议；第四章为仲裁程序，包括申请和受理，仲裁庭的组成，开庭和裁决；第五章为申请撤销裁决；第六章为执行；第七章为涉外仲裁的特别规定；第八章为附则，包括仲裁时效、仲裁费用、劳动争议和农业集体经济组织内部承包合同纠纷的仲裁、仲裁机构的重组、仲裁法产生的时间等内容。关于仲裁立法的具体内容，将在本书中国仲裁法律制度一章中详细述之。

思考题

1. 仲裁的概念与性质是什么？
2. 简述仲裁与诉讼的区别与联系。
3. 临时仲裁的概念是什么？它与机构仲裁有哪些区别？
4. 仲裁法的适用范围与仲裁的适用范围有哪些区别？
5. 仲裁法的基本原则有哪些？

案例分析题

案例一　李某和张某到底应选择哪种纠纷解决方式，仲裁还是民事诉讼？

[案情]

李某和张某是高中同学，多年来两人关系一直很好。2001年两人分别从单位下岗在家。为了一家人的生计，李某决定在家附近开一个小餐馆，但开餐馆的资金和人手都不够，于是李某想到找张某合作。张某下岗后，其妻也下岗在家，一家人正在为今后的生活发愁。李某找上门，要求合作开餐馆的事立即得到张某夫妻的赞同。于是，李、张两家合计各出资 1 万元，在李家附近租一个小店开快餐店。小店租下后，李妻的哥哥提醒李某说，亲兄弟还明算账，何况是同学，最好在做生意时分清责任，订立合同。李某想想也有道理，于是和张某商量订一个合同。两人约定如果发生纠纷首先协商解决，如果实在不能协商，就向某市仲裁委员会申请仲裁。后在经营过程中，两人因发生分歧产生矛盾，李某欲向法院起诉，张某认为应进行仲裁。

［问题］

1. 李某和张某到底应选择哪种纠纷解决方式，仲裁还是民事诉讼？
2. 作为两种不同的解决纠纷的方式，仲裁和民事诉讼的关系如何？

案例二　协议仲裁的原则不得违背法定仲裁范围

［案情］

张某于 1985 年通过法定程序收养了年仅 9 岁的李某，对李某尽其所能地照顾和抚养，李某长大后却不孝顺，且经常与张某发生口角，张某认为没有必要再维持收养关系了，二人经协商决定解除收养关系，签订了书面的仲裁协议，并于 1998 年 8 月向其住所地的某市仲裁委员会提出了解除收养关系的仲裁请求。

［问题］

该仲裁委员会能否受理张某和李某的仲裁申请？为什么？

第二编 分论

——仲裁法律制度

第四章

中国仲裁法律制度

第一节 仲裁主体制度

一、仲裁机构

（一）我国仲裁机构的性质与分类

仲裁机构是依法行使仲裁权，保证法律贯彻实施的机构，它对争议的解决具有一定的权威性。

仲裁机构的设置，各国因各自的法律规定、司法传统和社会、政治背景的不同而各具特色。按照我国的《仲裁法》的规定，我国的仲裁机构根据受案范围大致分为两大类：①国内仲裁机构。这类仲裁机构，如北京仲裁委员会、上海仲裁委员会、天津仲裁委员会、重庆仲裁委员会、南京仲裁委员会、广州仲裁委员会等，主要受理国内合同纠纷和其他财产权益纠纷。②涉外仲裁机构。这类仲裁机构，包括中国国际经济贸易仲裁委员会及其分会、中国海事仲裁委员会及其分会，主要受理涉外经济贸易、运输和海事中发生的纠纷。对于受理劳动争议仲裁和农业承包合同仲裁的仲裁机构的设置，《仲裁法》未作具体规定。其中，劳动争议仲裁机构的设置由《企业劳动争议处理条例》规定，而农业承包合同仲裁机构的设置问题，我国目前尚无统一规范。

（二）我国仲裁委员会的成立及特点

1. 仲裁委员会的成立

仲裁委员会是指依法成立，有权根据仲裁协议受理一定范围的经济或财产权益纠纷，进行法院外裁决的机构。它的职责是负责研究制定有关仲裁的工作制度，聘任仲裁员，按照不同专业设置仲裁员名册，组织仲裁庭对案件进行仲裁活动。新组建的仲裁委员会的主要职责是受理国内仲裁案件。涉外仲裁案件的当事人自愿选择新组建的仲裁委员会仲裁的，新组建的仲裁委员会可以受理；新组建的仲裁委员会受理的涉外仲裁案件的仲裁收费与国内仲裁案件的仲裁收费应当采用同一标准。

依照我国《仲裁法》第 11 条的规定，仲裁委员会的成立应当具备下列五项条件：

（1）有自己的名称、住所和章程。名称是独立民事主体的一种权利，具有专有性、标志性、排他性。名称产生后受法律保护，直到终止。名称的构成一般有三个要件：①地点，因仲裁委员会依直辖市、省和自治区人民政府所在地的市或其他设区的市设立，可以以该市地点署名；②财产权益类别，如民商事仲裁委员会、国际经济贸易仲裁委员会，海事仲裁委员会等；③组织形式，如仲裁委员会、仲裁院、仲裁中心等。

住所是机构的载体，没有住所，就不可能存在机构。住所一般指机构主要办事地点，可以是自有的，也可以是租赁的，但必须是固定的。仲裁委员会的住所，为该仲裁委员会主要办事机构所在地的固定地址。

章程是仲裁委员会的基本行为准则，仲裁委员会应当有自己的章程，章程由仲裁委员会制定。章程应载明的事项，大体如下：①名称；②宗旨；③注册资金和经费来源；④业务范围；⑤组织机构及主要职能；⑥仲裁委员会主任、副主任和委员会产生的程序和任务；⑦仲裁员资格及聘任方法；⑧章程修改程序。

（2）有必要的财产。必要的财产是业务活动所必须的，与业务活动相适应的财产。仲裁委员会的必要财产指适于仲裁工作需要的设施、装备和独立的经费等。如计算机、传真机、电话机、复印机、打字机等办公用具；桌椅等开庭设备；录音、录像等专用和鉴定设备及业务用车等。比照咨询服务法人，开业资金不少于10万元人民币。

（3）有该委员会的组成人员。仲裁委员会有组成人员才能正式开业。由于《仲裁法》是我国第一部调整仲裁法律关系的法律，对于重新组建新型的仲裁机构，国务院办公厅印发了《重新组建仲裁机构的方案》。根据该《方案》，依法可以设立仲裁委员会的市只能组建一个统一的仲裁委员会，不得按照不同专业设立专业仲裁委员会或者专业仲裁庭。

新组建的仲裁委员会的名称应当规范，一律在仲裁委员会之前冠以仲裁委员会所在市的地名。仲裁委员会由主任1人，副主任2～4人和委员7～11人组成。其中，驻会专职组成人员1～2人，其他组成人员均为兼职。仲裁委员会的组成人员由院校、科研机构、国家机关等方面的专家和有实际工作经验的人员担任。仲裁委员会的组成人员可以是仲裁员，也可以不是仲裁员。第一届仲裁委员会的组成人员，由政府法制、经贸、体改、司法、工商、科技、建设等部门和贸促会、工商联等组织协调推荐，由市人民政府聘任。仲裁委员会设秘书长1人，秘书长可以由驻会专职组成人员兼任。仲裁委员会下设办事机构，负责办理仲裁案件受理、仲裁文书送达、档案管理、仲裁费用的收取与管理等事务。办事机构日常工作由仲裁委员会秘书长负责。

我国仲裁委员会设立初期，其所在地的市人民政府参照有关事业单位的规定，大都解决了仲裁委员会的人员编制、经费、用房等问题。但是，仲裁委员会作为民间组织，它应当逐步做到自收自支。

（4）有聘任的仲裁员。仲裁员是独立办案的主体，没有仲裁员就无法进行仲裁工作。仲裁委员会应依照《仲裁法》第13条的规定聘任仲裁员，并按照不同专业设置仲裁员名册。仲裁员主要是兼职人员，符合《仲裁法》第13条规定条件的相关专家和权威人士，可以依法聘为仲裁员，但国家公务员及本仲裁机构的工作人员，不宜从事仲裁员工作。仲裁员名册应载明仲裁员资历和专长等基本情况。

2. 我国仲裁委员会的一般特征

在我国，仲裁委员会的一般特征是：

（1）第三者。也就是说，争议的双方当事人，自愿将他们之间的争议提交双方同意的第三者进行裁决，而仲裁委员会即该意义上的第三者。

（2）裁决者。我国仲裁委员会的实质和多数国家仲裁机构一样，是公断性质、非政府性民间仲裁的组织形式。它根据仲裁协议，依法对一定的民商事经济纠纷案件进行仲裁裁决。

（3）依法独立办案。我国《仲裁法》第8条规定：“仲裁依法独立进行，不受行政机关、社会团体和个人的干涉。”仲裁委员会独立于行政机关，与行政机关没有隶属关系，仲裁委员会之间也没有隶属关系，仲裁委员会按自己的仲裁规则办案，不受任何人干涉。

（4）实行协议管辖。仲裁委员会由当事人协议选定，仲裁不实行级别管辖和地域管辖。仲裁遵循当事人双方自愿的原则。

（5）实行一裁终局的制度。仲裁裁决作出后，当事人就同一纠纷再申请仲裁或者向人民法院起诉的，仲裁委员会或者人民法院不予受理。

（6）接受人民法院的司法监督。当事人提出证据，有《仲裁法》第58条情况或人民法院认定仲裁裁决违背社会公共利益时，可以裁定撤销仲裁裁决；被申请人提出证据，存在《民事诉讼法》第274条第1款规定的情况时，经审查核实，可以裁定不予执行。

（7）仲裁裁决的强制执行力。仲裁委员会的仲裁裁决，当事人若不自觉履行，另一方当事人可申请人民法院强制执行。

3. 仲裁委员会的设置与登记

根据我国《仲裁法》第10条的规定，仲裁委员会的设置有如下规定：

（1）在直辖市和省、自治区人民政府所在地的市和有需要的其他设区的市设立，即可在大、中城市设立。因为这类地方经济发达，人才集中，组织仲裁机构有需要也有可能。

（2）不按行政区划层层设立。仲裁不实行地域管辖和级别管辖，仲裁委员会之间也是相互独立的，彼此按不同的地域设立，没有上下级之分，也没有仲裁活动的空间范围，每一个仲裁委员会都可以面向全国。

（3）考虑实际需要。这些需要包括；①根据需要，在省、自治区、直辖市人民政府所在地的市之外设区的市设立。②对涉外仲裁的特别规定。目前，我国的涉外仲裁委员会即中国国际经济贸易仲裁委员会和中国海事仲裁委员会，均设有分会。《仲裁法》没有授权各仲裁委员会可以成立分会，仅对涉外仲裁作了特别规定。③劳动争议和农业承包合同纠纷的仲裁，另行规定。

关于仲裁委员会的登记，我国《仲裁法》规定由司法行政部门负责。在我国设立仲裁委员会，应当经省、自治区、直辖市的司法行政部门登记，这是从宏观管理上考虑的。登记是一种法律上的确认，只有具备法律条件的，才能被登记确认。

1995 年 7 月 28 日，国务院办公厅印发了《仲裁委员会登记暂行办法》。因此，仲裁委员会的设立和终止都应当依照《仲裁法》和《仲裁委员会登记暂行办法》规定的条件、程序来申请登记。省、自治区、直辖市的司法机关，应当按照司法部的要求，简化手续、免费登记。

二、仲裁员

（一）仲裁员的资格条件

仲裁员是仲裁财产权益纠纷的裁判官。实行一裁终局制度，就要求仲裁员有良好的业务素质。各国仲裁立法对仲裁员资格的限制主要有以下几方面：首先，要求仲裁员应具有完全的权利能力和行为能力，未成年人、其他无行为能力人和被法院剥夺了政治权利的人都不能充当仲裁员。其次，要求仲裁员必须品行端正，公正无私。所以，与本案当事人有亲属关系或利害关系的人，以及其他任何原因可能影响其公正裁决的人不能充当仲裁员。大多数国家通过回避制度满足了法律的这一要求。最后，要求仲裁员有某方面的专门知识和较高的社会声望。此外，一些国家对仲裁员资格有特殊限制。

2017 年修改之前，我国《仲裁法》第 13 条规定，仲裁委员会应当从公道正派的人员中聘任仲裁员。仲裁员应符合下列条件之一：①从事仲裁工作满 8 年，包括在仲裁法施行前设立的仲裁委员会中工作 8 年，或者在仲裁法施行前设立的仲裁委员会中工作，又在仲裁法施行后新组建的仲裁委员会中工作共 8 年。②从事律师工作满 8 年。③曾经担任审判员满 8 年。法院有监督仲裁的职能，因此，现职法院审判员不能担任仲裁员。④从事法律研究、法学教学工作又有副研究员、副教授以上职称的人员，具有仲裁员资格。⑤具有法律知识，从事经济贸易等专业工作且具有高级职称者。根据 2017 年 9 月 1 日第十二届全国人民代表大会常务委员会第二十九次会议《关于修改〈中华人民共和国法官法〉等八部法律的决定》，第二次对《中华人民共和国仲裁法》作出修改，将第13条第2款第1项修改为：“（一）通过国家统一法律职业资格考试取得法律职业资格，从事仲裁工作满8年的”；将第3项修改为：“（三）曾任法官满8年的”。

（二）仲裁员的法律地位

第一，对仲裁案件的管辖权。即在双方当事人自愿达成仲裁协议的前提下，仲裁员（或仲裁庭）依法享有对争议案件的管辖权。

第二，对有关仲裁事项的决定权。即对当事人请求延期开庭，仲裁庭（即仲裁员）依法有权决定。

第三，对仲裁案件的调查取证权。即仲裁庭对于有必要收集的证据，可以依法自行收集。

第四，对当事人不出庭的裁决权。即对被申请人经书面通知，无正当理由不到庭或者未经仲裁庭许可中途退庭，仲裁员有权依法进行缺席判决。

第五，对争议案件的裁决权。即仲裁员（仲裁庭）有权依法对案件做出处理，还可就该部分已经清楚的事实先行裁决。

（三）仲裁员的除名条件

我国《仲裁法》第38条对仲裁员除名的条件，作了以下严格的规定：

第一，仲裁员私自会见当事人、代理人，或者接受当事人、代理人的请客送礼，情节严重的，仲裁委员会应予以除名；

第二，仲裁员在仲裁案件时，有索贿受贿、徇私舞弊、枉法裁决行为的，应当依法承担法律责任，仲裁委员会应予除名。

仲裁员明知仲裁纪律而私自会见当事人和接受请客送礼，严重的可以构成刑事犯罪；索贿受贿、徇私舞弊、枉法裁决，已构成刑事犯罪。按《刑法》第154条和第185条规定，给敲诈勒索或受贿的人以5年或3至7年徒刑；司法人员徇私舞弊、枉法裁决的，严重的给以5年以上徒刑。

三、仲裁协会

仲裁协会是仲裁机构为共同发展和维护仲裁事业而组成的自我管理、自我教育和自我服务的社会团体，是接受政府对中介组织宏观管理、监督、协调内外关系的社团法人。在奉行民间仲裁的国家，仲裁协会具有十分重要的地位。是否设有仲裁协会，几乎已成为衡量一个国家和地区有无健全的民间仲裁制度的形式标志。

我国《仲裁法》第15条规定：“中国仲裁协会是社会团体法人。仲裁委员会是中国仲裁协会的会员。中国仲裁协会的章程由全国会员大会制定。中国仲裁协会是仲裁委员会的自律性组织，根据章程对仲裁委员会及其组成人员、仲裁员的违纪行为进行监督。中国仲裁协会依照本法和民事诉讼法的有关规定制定仲裁规则。”

（一）设立

中国仲裁协会如何发起设立，是实施仲裁法的一个至关重要的问题。中国仲裁协会可以先由法制、司法行政机关和已有仲裁机构的有关部门筹备，待各地设立仲裁委员会后，召开全国委员大会成立中国仲裁协会。

中国仲裁协会是全国性的社会团体。成立中国仲裁协会，应当向民政部申请登记。申请时应当提交下列材料：①由中国仲裁协会筹备组负责人签署的登记申请书；②有关部门的审查材料；③中国仲裁协会章程草案；④拟设的中国仲裁协会的住所；⑤中国仲裁协会筹备组负责人的姓名、年龄、简历；⑥会员状况。中国仲裁协会经民政部登记后成立，并取得社会团体法人资格。

（二）章程

中国仲裁协会应有自己的章程。中国仲裁协会章程应当载明下列事项：①名称，即中国仲裁协会；②宗旨；③组织机构；④中国仲裁协会会长的产生程序和职权；⑤职责；⑥对仲裁委员会的仲裁员的监督；⑦经费来源；⑧章程的修改程序；⑨其他必要事项。中国仲裁协会章程由全国会员大会制定。

（三）会员

中国仲裁协会实行会员制。各仲裁委员会是中国仲裁协会的法定会员。中国仲裁协会以团体会员为主，也可以接纳个人会员。会员应当向中国仲裁协会交纳会费，会费是中国仲裁协会的主要经费来源。

中国仲裁协会设在北京。中国仲裁协会根据需要可以在其他地区设立分会，如设立中国仲裁协会某省分会。

（四）职责

中国仲裁协会是仲裁委员会的自律性组织，具体负责指导、协调和监管仲裁委员会的工作。其职能主要是：

第一，依法制定仲裁规则、协会章程，以及其他规范性文件；

第二，组织会员培训，提高仲裁员素质，以及开展理论研讨、工作协调和对外交流合作等活动；

第三，依据协会章程，对仲裁委员会及其组成人员、仲裁员的违纪行为进行监督和处分。

四、仲裁规则

（一）仲裁规则的概念与特征

所谓仲裁规则，是指仲裁机构和仲裁当事人进行仲裁活动时所遵循的程序规则。它是仲裁活动中的基本原则，是仲裁主体的基本行为准则，是仲裁实践中非常重要的法律文件。

从性质上看，仲裁规则具有以下两方面的特征：一是契约性，即仲裁规则是当事人仲裁协议的一部分。当事人可以在仲裁协议中约定进行仲裁活动所应遵循的程序规则，也可以援引现成的仲裁规则，还可以通过选定仲裁机构间接确定仲裁规则；二是司法性，即仲裁规则对于当事人、仲裁机构、仲裁庭以及法院均产生约束力。如果仲裁裁决在仲裁活动中得以遵循，法院就应当承认仲裁裁决的效力，为仲裁提供相应支持；而如果仲裁机构或仲裁庭违反仲裁规则，则将为法院介入仲裁监督提供依据。

（二）仲裁规则的意义与作用

通常说来，仲裁规则是仲裁机构事先制定好的或由当事人在具体仲裁活动开始前约定或选定的，仲裁规则用于调整仲裁的内部程序，为具体的仲裁活动提供行为准则，直接制约着仲裁活动的顺利进行，无论是仲裁机构，还是仲裁员和当事人，任何不遵守仲裁规则的情势，都有可能产生严重的法律后果，甚至影响仲裁裁决的效力。另外，仲裁规则是否得当，对仲裁效率的提高至关重要，是外界衡量仲裁机构影响力的一个重要标志。因此，在实践中，仲裁机构、仲裁员和当事人以及相关的法院都十分重视仲裁规则的作用。

仲裁规则作为仲裁活动中必须遵循和适用的程序规范，它主要具有以下作用：

第一，为当事人提供一套科学、系统而又方便的采用仲裁方法解决其争议的程序。仲裁规则一般由仲裁机构组织仲裁方面的专业或权威人士在反复调查研究和总结经验的基础上制定，具有概括性、稳定性和较强的逻辑性，但又不失其应有的灵活性，便于当事人有效地解决纠纷。

第二，为仲裁机构、仲裁庭进行仲裁活动提供适用的程序规则。仲裁规则一经当事人选择适用，仲裁机构、仲裁庭应严格遵守以解决当事人之间的争议。有了仲裁规则，仲裁机构、仲裁庭在处理仲裁案件时有章可循，便于程序正义的实现。

第三，为当事人和仲裁机构、仲裁员提供了程序上的权利义务规范。仲裁规则的基本内容是规定当事人和仲裁机构、仲裁员在仲裁进行过程中的权利义务，以及行使和履行这些权利义务的方式。当事人及仲裁机构、仲裁员均应严格遵守，以便通过此种权利义务的实现而保证当事人实体权利义务关系的确立。

第四，为对仲裁的支持和监督提供了依据。商事仲裁的顺利进行，离不开法院或相关有权机构的干预。在对仲裁实施支持和监督时，需要参照甚至必须遵守仲裁规则的规定。如仲裁规则已得到全面遵守，仲裁极有可能得到支持，否则很可能甚至导致仲裁裁决的撤销、发回重审或不予执行。

（三）仲裁规则的制定及其依据

仲裁规则不同于仲裁法，它可以由仲裁机构或其他机构制定，也可以由当事人自行拟定或选定。一般而言，仲裁规则由仲裁委员会自己制定。根据《仲裁法》的规定，中国仲裁委员会的仲裁规则的制定分两种情况：国内仲裁机构的仲裁规则，由中国仲裁协会统一制定，在中国仲裁协会制定仲裁规则前，各仲裁委员会可以依照《仲裁法》和《民事诉讼法》的有关规定制定仲裁暂行规则；而涉外仲裁机构的仲裁规则由中国国际商会制定。但是，仲裁规则不得违反《仲裁法》中对程序方面的强制性规定。世界上绝大多数的仲裁机构都备有自己的仲裁规则，并在规则中规定，凡当事人同意将其争议提交本仲裁机构仲裁的，均视为同意按其机构的仲裁规则进行仲裁。也有为数不少的仲裁机构允许当事人另外选定或拟定仲裁规则。这方面最有名的例子是，联合国大会1976年通过的《联合国国际贸易法委员会仲裁规则》。虽然联合国国际贸易法委员会不是仲裁机构，但该《仲裁规则》既在临时仲裁中得到广泛应用，也受到机构仲裁的青睐。

世界上各仲裁机构的仲裁规则，甚至广而言之，各种仲裁规则，即使没有明确规定仲裁规则的制定依据，也都有一个默示前提，即不得与仲裁地或仲裁机构所在地的程序法，或者仲裁程序应适用的法律相冲突；如有冲突，则依照法律。如1976年《联合国国际贸易法委员会仲裁规则》第1条规定，仲裁规则的任何规定如与双方当事人必须遵守的适用于仲裁的法律规定相抵触时，应服从法律的规定。

中国的《仲裁法》和仲裁委员会的仲裁规则明确规定了制定仲裁规则的依据。就国内仲裁机构的仲裁规则而言，其制定依据是《仲裁法》和《民事诉讼法》的有关规定。就涉外仲裁机构的仲裁规则而言，其制定依据为《仲裁法》和有关法律的规定（主要指《民事诉讼法》）以及原中央人民政府政务院关于设立涉外仲裁机构的决定和国务院关于涉外仲裁机构的有关规范性文件。

（四）仲裁规则的主要内容与暂行仲裁规则

仲裁规则的主要内容应包括：仲裁管辖，仲裁申请和答辩，反请求，仲裁员选定和仲裁庭组成，仲裁程序的进行，保全措施，裁决，以及在相应程序中仲裁委员会、仲裁员和纠纷当事人的权利、义务等。另外，还有关于仲裁地、仲裁语言、翻译、送达、仲裁费用的收取、仲裁员的报酬等方面的内容。此外，一些仲裁规则也规定，当事人还可以通过协议对仲裁规则作出变更或补充。

就国内仲裁委员会仲裁规则而言，由于目前中国仲裁协会尚未成立，统一的仲裁规则还未颁行，而仲裁活动又须臾离不开仲裁规则。所以，《仲裁法》第75条规定："中国仲裁协会制定仲裁规则前，仲裁委员会依照本法和民事诉讼法的有关规定可以制定仲裁暂行规则。"仲裁委员会在制定暂行仲裁规则时，可参考国务院发布的《仲裁委员会仲裁暂行规则示范文本》。

思考题

1. 仲裁机构的性质与特征是什么？
2. 仲裁委员会的职责和成立条件有哪些？
3. 试述仲裁员的法律地位与资格条件。
4. 仲裁协会的性质与职能是什么？
5. 什么是仲裁规则？仲裁规则的主要内容有哪些？

案例分析题

案例一　仲裁庭在仲裁活动中具有独立性

［案情］

星星电脑公司和长江电子器材公司签订了购买电脑零配件的合同，双方约定日后若出现争议，提交甲仲裁委员会仲裁。后因发生争议，双方向甲仲裁委员会提出仲裁申请。两公司分别指定了一名仲裁员，并经协商共同指定了一名颇有经验的首席仲裁员组成仲裁庭。在仲裁庭进行仲裁过程中，该仲裁委员会副主任多次向仲裁庭的人员游说并施加压力，希望仲裁庭能接受他的意见，对星星电脑公司予以照顾。

［问题］

1. 该仲裁委员会副主任的做法是否正确？仲裁庭对此应采取什么态度？
2. 仲裁委员会及其内部成员和仲裁庭在仲裁过程中的关系如何？

案例二　仲裁当事人有权处分所享有的合法权益，仲裁庭无权干涉

［案情］

某进出口公司和某电子元件公司在履行双方共同签订的购销合同过程中，因货款价格问题发生争议。双方经过协商，约定将争议提交甲市仲裁委员会仲裁。在仲裁过程中，双方互不相让，争执得很激烈。仲裁庭经过调查核实，认为某进出口公司在履行合同过程中，负有较大的过错责任。多次劝说该公司作出让步，进行调解，而该公司却一直坚持认为对方应负有主要责任，不同意调解。仲裁庭为了方便，在没有做通该进出口公司工作的情况下，擅自

作出了调解书。某进出口公司也因担心若不同意调解，在裁决过程中会受到更不利的裁决，而被迫在调解书上签字。

[问题]

1. 仲裁庭的做法是否正确？为什么？
2. 在仲裁活动中坚持处分原则有什么意义？

第二节　仲裁协议制度

一、仲裁协议的概念、特征与意义

（一）仲裁协议的概念

仲裁协议是指双方当事人自愿将他们之间可能发生或者已经发生的依法可以仲裁解决的合同纠纷和其他财产权益纠纷提交仲裁机构进行裁决的意思表示。

在仲裁立法和实践中，各国一般都要求仲裁协议须以书面行式订立，所以，仲裁协议一般包括合同中规定的仲裁条款和其他书面方式在纠纷发生前或纠纷发生后达成的请求仲裁的协议。

（二）仲裁协议的特征

仲裁协议作为一种特殊的合同契约形态，它既具有一般契约的共性，又具有独立的个性，它是仲裁程序中的重要法律文件。

仲裁协议作为争议当事人之间处置实体权利义务的一种形式，它在法律性质上，主要具有以下法律特征：

1. 仲裁协议只能由具有利害关系的当事人或其合格的代理人订立

仲裁协议的当事人，是指已发生或将来可能发生争议的实体法律关系的当事人。如果有关当事人在仲裁程序开始时提出证据，证明他不是有关仲裁协议的当事人，或证明他订立仲裁协议时没有权利能力或行为能力，则该仲裁协议就不是一个有效的仲裁协议。仲裁协议的主体除当事人以外，还涉及第三方主体，即仲裁人。仲裁人不是仲裁协议的当事人，只是仲裁协议所涉及的“关系人”。仲裁协议对仲裁人的选定，实际上在当事人与仲裁人之间形成了授权关系。

2. 仲裁协议必须是双方当事人的合意

双方当事人将他们之间的有关争议提交仲裁解决的共同意思表示，必须是真正建立在自愿、协商和平等的基础之上。

3. 仲裁协议的客体是特殊行为

当事人双方既可以将业已发生的争议提交仲裁，也可以事先约定将他们之间将来可能发生的争议提交仲裁，并且按仲裁裁决履行义务。

4. 仲裁协议的内容具有同一性

在发生争议时，任何一方均有将争议提交仲裁的权利，同时又有将争议提交仲裁而不得向法院起诉的义务。

5. 仲裁协议的当事人双方对仲裁机构具有可选择性

当事人双方在订立仲裁协议时，可以选择他们都认为合适的仲裁机构。

6. 仲裁协议的当事人双方对仲裁协议的履行具有附条件性

这种附条件性，不仅意味着仲裁协议往往只在约定的纠纷发生后才有履行的必要，而且仲裁协议对仲裁机构仅为单方授权，在仲裁机构受理之前，当事人与仲裁机构之间不发生现实的权利义务关系。

7. 仲裁协议的效力范围所涉及的主体具有复合性

仲裁协议的效力范围所涉及的主体，不仅包括当事人及其合理代理人，而且还包括仲裁机构和法院。

8. 仲裁协议的效力性质具有双重性

就基于实体法产生的约束力而言，如当事人在争议发生后将争议提交仲裁，则表现为依据实体法而产生的合同约束力；就基于程序法上的效力而言，如果仲裁协议已经签订，则表现为对当事人行使诉权及法院行使管辖权的制约。

（三）仲裁协议的意义

仲裁协议是仲裁的前提，也是仲裁制度的基础。实行仲裁协议制度，充分尊重双方当事人的意愿，是意思自治精神的重要体现。仲裁协议的意义，具体表现在以下方面：

1. 有效的仲裁协议是仲裁机构和仲裁庭受理争议案件的前提和依据

如果没有仲裁协议，或者仲裁协议无效，则仲裁机构和仲裁庭不能仅依一方当事人的申请或者依职权启动仲裁程序。并且，仲裁机构只能受理当事人在仲裁协议中约定提出的争议事项，不能受理任何超出仲裁协议范围的事项。

2. 仲裁协议对法院具有排除其司法管辖权的效力

如果当事人已就特定的争议事项依法订有仲裁协议，法院就不能受理该项争议。任何一方当事人如果违反协议向法院提起诉讼，另一方当事人可以根据仲裁协议予以抗辩，要求法院停止诉讼程序撤销诉讼立案。

3. 仲裁协议是使仲裁裁决具有强制执行力的法律前提

如果仲裁裁决不是以有效的仲裁协议为基础而作出的，则该裁决在生效后就不能作为强制执行的根据。

二、仲裁协议的类型与形式

（一）仲裁协议的类型

根据不同的分类标准，仲裁协议可有不同的分类。

1. 按仲裁协议的外在形态和订立时间分类

（1）仲裁条款。指订立在民商事合同中的表示双方愿意将他们之间可能发生的纠纷提交仲裁裁决的协议。这种协议是作为合同的一项条款，订立在合同之中。仲裁条款一经有效订立，其效力即具有相对的独立性，它不受主合同是否有效的影响。仲裁条款，已成为国际上最为常用的一种仲裁协议的形式。

（2）请求仲裁的协议书。这是指独立于合同之外订立的，表示双方当事人愿意将他们之间已经发生的纠纷提交仲裁解决的协议。一般说来，仲裁条款只适用于合同纠纷，而仲裁协议书则既可以适用于合同纠纷，也可以适用于侵权等其他非契约性纠纷，这是仲裁协议书与仲裁条款的主要区别。仲裁条款订立于纠纷发生之前，依赖其主合同而存在，构成主从合同关系，具有备用性；而仲裁协议书一般订立于纠纷发生之后，是当事人为寻求争议解决而共同协商签订的，仲裁协议书在形式上是一个独立的契约。

（3）补充文件。指当事人自行发现或请求仲裁时被告知事先达成的仲裁条款或者仲裁协议不够完备，虽有明确的请求仲裁的意思表示，但对仲裁事项或者仲裁委员会没有约定或者约定不明确，此时双方当事人可以通过达成补充文件来完善。这类补充文件必须具备法律规定的各项内容，否则无效。与仲裁条款和仲裁协议书的形式相比较，这种补充文件所提交的仲裁的意思表示不是集中表现在某一合同的有关条款或某一单独的协议之中，而是分散在有关当事人双方相互往来的函件、电传、电报以及其他书面材料之中。

2. 根据仲裁协议的当事人分类

（1）国家间的仲裁协议。指两国之间或有关国际经济多边条约中规定的有关经贸往来的仲裁条款。

（2）国家或国际组织与私人订立的仲裁协议。这种仲裁协议当事人的特殊性表现为一方是国家或国际组织，另一方为私人，主要指外国投资者。

（3）私人之间订立的仲裁文件。指私人之间订立的国际民商事合同中的仲裁文件。它既包括纠纷发生前于合同中签定的仲裁条款，又包括纠纷发生后专门订立的仲裁协议书，还包括私人之间往来的函件、电传、电报中表示愿把民商事纠纷提交仲裁的各种文件。这类仲裁文件是最常见，数量最多的。

（4）平等主体的公民、法人和其他组织之间订立的仲裁文件。根据我国《仲裁法》第2条规定，就国内仲裁而言，具有仲裁当事人资格的社会主体包括公民、法人和其他组织。因此，它可以具体表现为公民与公民之间、法人与法人之间、其他组织之间以及公民、法人或其他组织的一方与另一方就合同纠纷和其他财产权益纠纷所订立的仲裁文件。它既包括纠纷发生前于合同中签定的仲裁条款，又包括纠纷发生后专门订立的仲裁协议书，还包括相互间往来的函件、电传、电报中表示愿意把合同纠纷和其他财产权益纠纷提交仲裁的各种文件。

（二）仲裁协议的形式

仲裁协议是仲裁程序之基础，各国法律一般都要求仲裁协议具有一定的形式，以明确表示当事人提交仲裁的愿望。在实践中，以当事人是否积极主动而明确地表达意志为标准，可将仲裁协议的形式用明示和默示两种情况表达。

1. 明示仲裁协议

明示仲裁协议，是指当事人通过书面或口头的方式积极、明确地表示仲裁意向的一种仲裁协议方式。根据我国现行法律的规定，仲裁协议采用书面的形式。我国现行法律不承认口头和默示的仲裁协议。

2. 默示仲裁协议

英国普通法允许默示仲裁协议，但以当事人一方提出仲裁申请之后，他方没有提出异议，并参加言词辩论为条件。由于《纽约公约》排除了默示仲裁协议的方式，所以已没有普遍意义。

三、仲裁协议内容与订立

（一）仲裁协议的内容

一份仲裁协议得以成立的有效要件，主要由仲裁协议的实质要件与仲裁协议的形式要件一起构成。而仲裁协议的内容，即是指一份完整、有效的仲裁协议应当具备的实质性的积极要件。一份完整、有效的仲裁协议，具体应当包括哪些内容，各国立法及有关国际条约的规定并不完全相同。按照我国《仲裁法》第16条的规定，仲裁协议应当具有的内容是：请求仲裁的意思表示、仲裁事项、选定的仲裁委员会。

1. 请求仲裁的意思表示

请求仲裁的意思表示，即当事人各方请求仲裁的意愿的明示书面行为。它是构成仲裁协议或者仲裁条款的基石，是提请仲裁的根本要素。

请求仲裁的意思表示，这是仲裁协议的最基本的内容。它表达了双方当事人对仲裁的选择。构成意思表示须有两个要素：一是须有效果意思，即当事人有设立仲裁法律关系的愿望。二是须有表示行为，即当事人将内在的效果意思以书面协议的方式表示出来。

2. 仲裁事项

仲裁事项是仲裁协议的必要内容之一。仲裁事项分为概括的仲裁事项和具体的仲裁事项。当事人协议仲裁的是全部财产权益纠纷，为概括的仲裁事项；当事人协议仲裁的是某项财产权益纠纷，为具体的仲裁事项。

3. 选定仲裁机构

仲裁实行协议管辖原则，不实行地域管辖。因此，当事人申请仲裁必须明确约定具体的仲裁机构（国际间存在的临时仲裁除外），否则仲裁机构无法受理。我国《仲裁法》第18条规定："仲裁协议对仲裁事项或者仲裁委员会没有约定或者约定不明确的，当事人可以补充协议；达不成补充协议的，仲裁协议无效。"可见，选定具体的仲裁委员会是我国仲裁协议有效的实质要件。

此外，当事人可以在仲裁协议中明确授权仲裁庭决定选择程序规则或者设计一套临时仲裁程序规则。如果当事人在仲裁协议中既没有指明仲裁地点，也没有指明应适用的仲裁规则，又没有授权仲裁员选择仲裁规则，那么，可以认为仲裁员已经得到当事人的授权，可以决定应适用的仲裁规则。

除上述仲裁协议的主要内容以外，仲裁协议还可视具体情况规定其他方面的内容，如仲裁的提起、仲裁员的任命、仲裁庭的权限、仲裁费用的承担等等。

总之，当事人可以通过平等协商，在法律允许的范围内就有关仲裁所作出的任何约定写入仲裁协议之中。

（二）仲裁协议的订立

订立仲裁协议，与订立其他契约性法律文件大致相同。当事人双方依法就仲裁协议的实质性内容协商一致，仲裁协议即告成立。

尽管各国仲裁立法和国际公约对仲裁协议的有效要件的规定不尽相同，但对构成有效仲裁协议的基本法律要件大致上是相同的，主要包括：

1. 当事人应具缔约能力

当事人的行为能力将决定仲裁协议的有效性。当事人应具缔约能力。因为仲裁协议涉及当事人诉权的处理，是重大权益处分的法律行为，只能由完全行为能力人作出。

事实上，绝大多数国家的法律，对缔约主体都有一定要求。在国际商事仲裁中，仲裁协议的当事人一方或双方在订立仲裁协议时无行为能力，该仲裁协议为无效。因为当事人无行为能力致使仲裁协议无效，仲裁庭作出的有关裁决也将无法得到有关国家法院的承认和执行。1958年《纽约公约》第5

条第1款甲项也规定，如果双方当事人在订立仲裁协议时，是处于某种无行为能力的情况下，被请求承认和执行裁决的主管机关可根据当事人请求，拒绝承认和执行有关裁决。

2. 意思表示真实

仲裁协议是当事人双方在平等、自愿、协商基础上作出的真实的意思表示。订立仲裁协议是一种民事法律行为，应当根据行为人的真实意思来判断其民事行为的合法性和有效性。意思表示真实，即要求仲裁协议的约定须为当事人内在的愿望与要求。

3. 争议事项具有可仲裁性

仲裁协议中约定提交仲裁的事项，必须是有关国家立法所允许采用仲裁方式解决的事项。否则，该国法院将裁定该仲裁协议为无效，并作出中止仲裁协议的实施和裁决的执行。1958年《纽约公约》第5条第1款戊项作了类似规定。

4. 具有合法的形式

仲裁协议必须符合法律规定的形式要件，大多数国家的立法和国际公约都规定仲裁协议必须采用书面形式，否则仲裁协议无效。我国《仲裁法》明确了仲裁协议必须具备明示的书面方式。

5. 不违背现行法律、国家利益和社会公共利益

仲裁协议作为一种法律行为，必须符合法律规定，才能产生法律效力。受到法律保护。同时，作为一种法律行为，仲裁协议也不得损害国家利益和社会公共利益。

四、仲裁协议的效力

（一）仲裁协议效力的概念及主要表现

1. 仲裁协议效力的概念

仲裁协议的效力，是指法律赋予它的在适用仲裁中的特殊作用、解决争议的约束力和对所要求事项的法律能力。

仲裁协议发生效力的依据，最根本的就是各国通过国内立法和缔结的国际条约赋予了仲裁协议以法律效力。

2. 仲裁协议法律效力的主要表现

仲裁协议不仅具有一般契约对当事人的约束力，而且对仲裁机构行使仲裁权及法院行使对特定争议的管辖权也产生一定的制约力，具体表现在：

（1）仲裁协议对双方当事人具有约束力。仲裁协议作为一种契约，其效力首先表现在为当事人设定了一定义务。仲裁协议一旦依法成立，则对当事人直接产生了法律效力，当事人因此丧失了就特定争议事项向法院提起诉讼的权利，而承担了不得向法院起诉的义务，除非双方当事人又另外达成协议不提交仲裁。如果仲裁协议的一方当事人违背了这一义务而就协议规定范围内的争议事项向法院提起诉讼，另一方当事人则有权依据仲裁协议提出抗辩，要求法院中止司法诉讼程序，把争议发还仲裁庭审理。

（2）仲裁协议对仲裁机构的法律效力。有效的仲裁协议是有关仲裁机构行使仲裁管辖权的重要依据。仲裁协议不仅对当事人产生一般契约之约束力，而且对仲裁机构也产生一定的效力。因为仲裁机构的管辖权来自当事人的仲裁协议和申请人的仲裁申请。仲裁机构只能受理有仲裁协议的案件，而不能受理没有仲裁协议的案件。

（3）有效的仲裁协议是执行有关仲裁程序的依据。仲裁协议中所规定的仲裁规则、仲裁方式等，仲裁庭（员）必须遵守。整个仲裁程序，必须依据当事人在仲裁协议中选择的仲裁规则进行仲裁。也就是说，仲裁协议对仲裁权的行使方面具有制约力。

（4）仲裁协议是保证仲裁裁决具有强制执行力的重要依据。因为当事人在仲裁协议中已经表示愿意服从仲裁裁决。因此，在裁决作成之后，一般情况下当事人都能自动执行，即使一方当事人不自动执行，另一方当事人也即可据此向有关的法院提出申请，请求法院给予强制执行。

（5）仲裁协议对法院的制约力。仲裁协议对法院的效力表现在，有效仲裁协议的存在可以排除法院对协议约定争议行使管辖权。即凡是达成仲裁协议的，当事人任何一方不得向法院起诉，否则另一方可依双方达成的仲裁协议予以抗辩，请求撤销立案。

（6）仲裁协议是取得司法监督的根据。我国《仲裁法》第58条规定，当事人提出证据证明裁决没有仲裁协议或裁决的事项不属于仲裁协议的范围，可以向仲裁委员会所在地的中级人民法院申请撤销裁决。《仲裁法》第63条规定，被申请人提出证据证明裁决有《民事诉讼法》第237条第2款规定的当事人在合同中没有订有仲裁条款或者事后没有达成书面仲裁协议，以及裁决的事项不属于仲裁协议的范围的，经人民法院组成合议庭审查核实，裁定不予执行。

（三）仲裁协议的无效

1. 无效仲裁协议的概念

无效仲裁协议，指不具备法律规定的有效条件，不受国家法律的确认和保护，不具有法律效力的仲裁协议。

2. 仲裁协议无效的情形

我国《仲裁法》第17条明文规定："有下列情形之一的，仲裁协议无效：（一）约定的仲裁事项超出法律规定的仲裁范围的；（二）无民事行为能力人或者限制民事行为能力人订立的仲裁协议；（三）一方采取胁迫手段，迫使对方订立仲裁协议的。"

仲裁协议无效的情形，主要表现为以下几种：①标的不能的仲裁协议；②当事人不能的仲裁协议。不具备签约主体资格的单位所订立的仲裁协议无效；③意思表示不真实的仲裁协议；④违反形式要件的仲裁协议；⑤对仲裁委员会没有约定或者约定不明，事后又达不成补充协议的仲裁协议。

3. 无效仲裁协议的法律后果

对于不可补救的无效仲裁协议，因违反法律规定而自始不能产生约束力，并且不能通过补救措施使其获得效力，当事人只能将其所涉及合同纠纷或财产权益争议提交有关法院进行审理。

对于可补救的仲裁协议，根据我国《仲裁法》第18条的规定，有如下法律后果：

（1）仲裁协议对仲裁事项或者仲裁委员会没有约定或者约定不明确的，当事人可以补充协议。能够达成补充协议的，仲裁协议才有效。

（2）仲裁协议对仲裁事项或者仲裁委员会没有约定或者约定不明确的，当事人达不成补充协议的，仲裁协议无效。

五、对仲裁协议的异议

（一）对仲裁协议异议的提出

当事人对仲裁协议的效力产生异议时，既可请求仲裁委员会作出决定，也可以请求人民法院作出裁定。但只能选择其中一种解决方式。我国法律赋予人民法院对此具有优先权，即如果一方请求仲裁，而另一方请求法院作出裁定的，则由法院受理并作出裁定。当事人对仲裁协议的效力有异议，应当在仲裁庭首次开庭前提出。

（二）提出仲裁协议异议的条件和解决途径

1. 提出仲裁协议异议的条件

根据《仲裁法》规定，对仲裁协议效力提出异议应符合下列条件：①应当由当事人自己提出；②应当向仲裁委员会或人民法院提出。

2. 仲裁协议异议的解决途径

（1）双方向仲裁委员会请求确认仲裁协议的效力，由仲裁委员会作出决定。当事人对仲裁协议的异议，应当在仲裁庭首次开庭前提出。仲裁委员会如果确认仲裁协议有效，则该决定是终局的，当事人不可再向人民法院提出确认仲裁协议效力之诉。

（2）双方向人民法院请求确认仲裁协议的效力，由人民法院适用特别程序，一审终局，作出裁定。如果法院认定仲裁有效，就可以继续进行仲裁；如果法院认定仲裁协议没有法律效力，就必须由人民法院进行管辖。

（3）一方请求仲裁委员会对仲裁协议的效力作出确定，另一方请求人民法院对仲裁协议的效力作出裁定，按照审判最终决定原则，应由人民法院受理，并作出仲裁协议是否有效的裁定。在这方面，仲裁机构不能有效地发挥其作用，一定程度上影响了我国仲裁制度的有效性和合理性。由此可见，我国的仲裁协议的防诉抗辩力明显小于国际仲裁制度中仲裁协议的法律效力。

（三）仲裁协议异议的法律适用

当事人协议仲裁以后，一方当事人向人民法院起诉的，人民法院应当不予受理，但仲裁协议无效的除外。

一方当事人向人民法院起诉时没有说明仲裁协议，人民法院受理后，另一方当事人在首次开庭前提交仲裁协议的，人民法院应当驳回起诉，但仲裁协议无效的，人民法院应当审理。

一方当事人向人民法院起诉时未说明有仲裁协议，人民法院受理后，另一方当事人应诉并进行实体性答辩的，视为放弃仲裁协议，人民法院应当继续审理。

我国现行的《仲裁法》在法院对仲裁的监督的规定上，赋予了人民法院对当事人仲裁协议是否有效作出最终裁定的权力，因而可能使仲裁制度的有效性和合理性无法体现出来。为避免这种不确定性，需要我国仲裁立法进一步加以明确界定，以完善我国的仲裁制度。

思考题

1. 仲裁协议的概念与特征是什么？
2. 仲裁条款与仲裁协议书有何区别？
3. 仲裁协议的法定内容有哪些？
4. 仲裁协议的独立性表现在哪些方面？
5. 仲裁协议的无效情形有哪些？

案例分析题

案例一　示范仲裁条款与仲裁协议的有效性

［案情］

A公司与B公司于1998年3月签订了一份《联营出口协议书》，该协议书中订明如下仲裁条款：“双方如对本协议发生争议，原则上应协商解决；协商不成的，则仲裁解决，仲裁机构为中国国际经济贸易仲裁委员会深圳分会。”后双方因合同履行发生争议，经协商未果，A公司于1999年1月向中国国际经济贸易仲裁委员深圳分会提出仲裁申请。深圳分会根据A公司的书面仲裁申请以及《联营出口协议书》中的仲裁条款，受理了本案。B公司收到A公司的仲裁申请以及仲裁通知书后，向深圳分会提出管辖权异议，认为

《联营出口协议书》中仲裁条款的规定不符合仲裁委员会仲裁规则中示范仲裁条款的规定，因此该仲裁条款无效，深圳分会对本案无仲裁管辖权。

［问题］

仲裁委员会的仲裁规则中示范仲裁条款对仲裁协议有效性是否有影响？为什么？

案例二　仲裁协议效力认定的有关法律问题

［案情］

1997 年 11 月 10 日，A 公司与日本 B 公司在中国西安市建立了中外合营企业 C 公司。后双方当事人在履行合营合同中，由于经营管理不善以及市场等原因导致合营公司严重亏损。双方当事人协议，终止了合营合同并成立了清算小组。

1999 年 11 月，B 公司以 A 公司为被申请人向中国国际经济贸易仲裁委员会提出仲裁申请，请求确认 A 公司实际出资额。A 公司于 1999 年 12 月向仲裁委员会提出管辖权异议，仲裁委员会于 2000 年 1 月作出决定，认定合营企业合同中的仲裁条款有效。

2000 年 2 月，A 公司向西安市中级人民法院提出确认仲裁协议效力之诉，认为：A 公司与 B 公司之间发生合营纠纷，在 B 公司向仲裁委员会申请仲裁之前，双方已经放弃了合营企业合同中的仲裁条款，故 A 公司请求确认仲裁条款已经失去效力。

［问题］

仲裁协议效力的认定权由谁来行使？为什么？

第三节　仲裁程序制度

仲裁程序（The Arbitration Proceedings），是指仲裁机构对平等主体的公民、法人和其他组织之间的合同纠纷和其他财产权益纠纷进行仲裁所适用的程序。

一、仲裁的申请与受理

（一）仲裁的申请

仲裁的申请是指平等主体的公民、法人和其他组织就他们之间发生的合同纠纷和其他财产权益纠纷，根据仲裁协议，以自己的名义请求仲裁委员会进行裁决的行为。

1. 申请仲裁的条件

《仲裁法》第 21 条规定："当事人申请仲裁应当符合下列条件：（一）有仲裁协议；（二）有具体的仲裁请求和事实、理由；（三）属于仲裁委员会的受理范围。"以上三个条件，申请仲裁时必须同时具备，缺一不可。

2. 申请仲裁的方式和仲裁申请书的内容

（1）仲裁申请的方式。依照《仲裁法》规定，仲裁协议必须是书面的。仲裁申请书，则是申请人向仲裁委员会提出的得以引起仲裁程序开始的文书。当事人在申请仲裁时，应当向约定的仲裁委员会递交仲裁协议、仲裁申请书及副本，并按照规定缴纳仲裁费用。

（2）仲裁申请的内容。仲裁申请书作为申请人明确向仲裁委员会申请仲裁的书面文件，应当载明下列事项：

第一，当事人（申请人、被申请人）的基本情况。当事人是公民个人时，应写明姓名、性别、年龄、职业、工作单位和住所。当事人是法人时，应写明法人的名称、住所，以及法定代表人的姓名和职务。当事人是其他组织时，应写明该组织的名称、住所，以及主要负责人的姓名和职务。如果作为当事人的公民为无民事行为能力人或限制民事行为能力人的，还应写明法定代理人的基本情况。如果委托了代理人参加仲裁活动的，还应写明委托代理人的情况。

第二，仲裁请求和所依据的事实、理由。由于仲裁请求是表示申请人想通过仲裁程序达到的目的，是对被申请人提出的权利主张，而事实与理由是双方当事人纠纷发生、发展的经过，是仲裁请求所依据的事实和理由，是对适用法律的意见所依据的事实和理由，因此应该说这部分内容是仲裁申请书的主要内容。这部分内容应明确、具体。

第三，证据和证据来源，证人姓名和住所。申请人提出仲裁申请应有事实根据，而申请人对自己主张的事实有责任提供证据加以证明，因此申请人应提供自己掌握的证据并写明证据来之于何处。如果有证人证言，还要写明证人姓名和住所，以便仲裁委员会核实调查这些证据，确定能否作为定案的证据，从而及时、公正地作出裁决。

仲裁申请书除了要求载明上述三项主要内容外，还应写明向哪个仲裁委员会申请仲裁，申请仲裁的时间，并由申请人签名或盖章。如申请人有法定代理人的，法定代理人应签名或盖章。

（二）仲裁的受理

1. 仲裁受理的概念与意义

仲裁的受理是指仲裁委员会对申请人提出的仲裁申请，经过审查，认为符合法律规定的条件的，决定予以仲裁的行为。仲裁程序始于申请，但仅有申请还不能开始仲裁程序，而只有经过仲裁委员会受理以后，仲裁程序才能真正开始。申请是受理的前提，受理是申请的结果。申请和受理的结合，标志着仲裁程序的开始。

2. 仲裁受理前的审查

仲裁委员会在收到仲裁申请人递交的仲裁协议和仲裁申请书后，应审查其是否符合申请仲裁的法定条件。仲裁委员会自收到仲裁申请书之日起 5 日内，认为符合受理条件的，应当受理，并将受理的决定通知当事人；认为不符合受理条件的，必须将不予受理的决定书面通知当事人，同时说明不予受理的理由。

另外，仲裁委员会在审查仲裁协议时，还应注意审查仲裁协议是否有效，如果仲裁协议无效，则不予受理。

3. 仲裁受理后的准备工作

仲裁委员会受理仲裁申请后，为了保证仲裁工作的顺利进行，应做好以下必要的准备工作：

（1）应在仲裁规则规定的期限内，将仲裁规则和仲裁名册送达申请人，并将仲裁申请书副本和仲裁规则、仲裁员名册送达被申请人；

（2）收到被申请人提交的答辩书后，应在仲裁规则规定的 15 日内，将答辩书副本送达申请人，以便申请人对答辩内容有所了解。

（三）仲裁申请中当事人的四项重要权利

1. 申请人放弃、变更仲裁请求的权利

在仲裁程序中，申请人因某些因素的变化，可以对仲裁请求行使处分权，即在提出仲裁申请后放弃自己原来仲裁请求中对实体权利的要求，撤回申请，或增加/减少自己对实体权利的要求。

2. 被申请人承认或反驳仲裁请求的权利与提出反请求的权利

被申请人可表示愿意接受申请人提出的实体权利的要求，也可以对申请人提出的仲裁请求予以否认或认为其理由不充足。这种反驳，既可以从实体权利上进行反驳，也可以从程序上进行反驳。同时，被申请人还可以提出反请求。反请求是在已经发生的仲裁程序中，被申请人通过仲裁委员会向申请人提出的仲裁请求，但这种反请求必须在仲裁委员会作出裁决之前提出。

3. 仲裁当事人有申请财产保全的权利

一方当事人因另一方当事人的行为或其他原因可能使裁决不能执行或难以执行，可向仲裁委员会提出财产保全的书面申请，即申请对发生争议的、与本案有关的财物采取临时性强制措施。仲裁委员会接到财产保全申请书后，应将当事人的申请依照《民事诉讼法》的规定提交被申请人住所地或其财产所在地的基层人民法院裁定。如果由我国涉外仲裁机构仲裁的，当事人申请财产保全时，由仲裁机构将其申请提交被申请人住所地或财产所在地的中级人民法院裁定。申请财产保全，一旦申请有错误，申请人应当赔偿被申请人因财产保全所遭受的损失。

4. 委托代理人的权利

仲裁当事人、法定代理人可以委托律师或者其他代理人进行仲裁活动。委托代理人以被代理的仲裁当事人的名义，为被代理人的合法权益，在当事人或法定代理人授予的权限范围内代为仲裁活动，代理行为产生的法律后果由被代理人承担。

当事人、法定代理人委托律师、其他代理人担任仲裁代理人进行仲裁活动的，应当向仲裁委员会提交授权委托书。授权委托书应载明仲裁代理人的姓名或名称、代理事项、权限和期间，并由委托人（当事人、法定代理人）签名或盖章。仲裁代理人代为承认、放弃或变更仲裁请求、提出反请求、进行和解、代为接受有关文书，必须有委托人的特别授权，并在授权委托书上写明。如果没有特别授权，就只能是一般代理。要注意特别授权时，不能仅写“特别授权”，而应明确具体地写明代理权限。在仲裁程序中，仲裁代理人的权限如果变更或解除，当事人、法定代理人应书面告知仲裁委员会，仲裁委员会也应转告对方当事人及其法定代理人。

至于当事人、法定代理人可以委托几个仲裁代理人，我国《仲裁法》未作规定，一般应以一至两名为宜。

二、仲裁庭的组成

（一）仲裁庭的组成形式

仲裁委员会并不直接仲裁案件，而是组成仲裁庭负责审理裁决案件。仲裁庭是代表仲裁委员会仲裁平等主体的公民、法人和其他组织之间的合同纠纷和其他财产权益纠纷的仲裁组织，是为仲裁某一具体案件而设置的临时性组织，一旦案件仲裁完毕，这一组织就不再存在了。

仲裁庭有合议庭和独任庭两种形式。当事人可以约定采取合议庭或独任庭。当事人没有在仲裁规则规定的期限内约定仲裁庭形式的，由仲裁委员会主任指定。

1. 合议庭

合议庭是由三名仲裁员组成的仲裁庭。其产生由双方当事人在仲裁规则规定的期限内各自选定或各自委托仲裁委员会主任指定一名仲裁员，再由双方当事人共同选定或共同委托仲裁委员会主任指定另外一名仲裁员担任首席仲裁员。合议庭相对独任庭而言，更适合于比较复杂疑难的案件。

2. 独任庭

独任庭是由一名仲裁员组成的仲裁庭。采用独任庭形式的，仲裁员应由双方当事人共同选定或共同委托仲裁委员会主任指定。当事人没有在仲裁规则规定的期限内选定一名仲裁员的，由仲裁委员会主任指定。采用独任庭仲裁案件，一般来说较为迅速及时，仲裁费用也相应低一些。

（二）仲裁员的回避

仲裁员的回避是指仲裁员遇有法定情况，可能影响案件公正仲裁的，按照法定程序，不参加对该案的仲裁，以确保案件仲裁的公正性。

1. 仲裁员回避的法定情形

依照我国《仲裁法》第34条的规定，仲裁员的回避有以下法定情形：①是本案当事人或者当事人、代理人的近亲属；②与本案有利害关系；③与本案当事人、代理人有其他关系，可能影响公正仲裁的；④私自会见当事人、代理人，或者接受当事人、代理人的请客送礼的。

以上四种情况，只要具备了其中之一，仲裁员就必须回避。同时，当事人也有权提出回避申请。

2. 仲裁员回避的方式

仲裁员的回避，主要有以下两种方式：①自行回避。即仲裁员认为自己遇有必须回避的情况，自己主动提出回避；②申请回避。即应当进行回避的仲裁员不自行回避的，由当事人口头或书面提出回避申请。当事人申请回避，应当说明理由，并在首次开庭前提出。如果回避事由是在首次开庭后知道的，可以在最后一次开庭终结前提出。申请回避是当事人的权利，但当事人不得滥用申请回避的权利以拖延时间影响案件的及时仲裁，从而最终达到拖延履行义务的时间的目的。

3. 仲裁员回避的决定

无论是自行回避还是申请回避，仲裁员是否回避，都要由特定的仲裁机构作出是否回避的决定。仲裁员是否回避，由仲裁委员会主任决定。仲裁委员会主任担任仲裁员的，由仲裁委员会集体决定。对于记录人员、翻译人员、鉴定人员是否适用回避的规定，《仲裁法》未作规定，但应当认为对他们适用回避的规定。

仲裁员因回避或其他原因不能履行职责的，应依《仲裁法》重新选定或指定仲裁员。在重新选定或指定仲裁员后，当事人仍然可以依法申请回避。

因回避而重新选定或指定仲裁员后，当事人可以请求已进行的仲裁程序重新进行，是否准许，由仲裁庭决定。当事人未请求重新进行，仲裁庭也可以自己决定已进行的仲裁程序是否重新进行。

三、仲裁的开庭与裁决

（一）开庭

1. 开庭的概念

开庭是指在仲裁庭的主持下和在当事人及其他仲裁参与人的参加下，对案件进行仲裁的活动。

开庭是仲裁员、当事人和其他仲裁参与人同时参加的仲裁活动。通过开庭审查和核实案件的全部证据，能保证当事人依法充分行使其权利，从而查明事实、分清是非，正确适用法律，解决纠纷，保护当事人的合法权益。

仲裁以开庭审理为主，辅之以书面审理。在仲裁中，一般情况下都应开庭。如果当事人协议不开庭仲裁的，可以由仲裁庭书面审理，即由仲裁庭根据仲裁申请书、答辩书及其他材料作出裁决。

2. 开庭的方式

《仲裁法》第40条规定："仲裁不公开进行。当事人协议公开的，可以公开进行，但涉及国家秘密的除外。"由此可见，开庭有两种方式：

（1）不公开开庭。仲裁庭开庭以不公开为原则，即指开庭时不允许旁听。此外，仲裁案件往往涉及商业秘密，因而也不便公开开庭。

（2）公开开庭。公开开庭，是指向社会公开开庭审理，允许公民旁听，允许记者采访和报道。公开开庭必须有当事人关于公开开庭的协议，否则不得公开开庭。涉及国家秘密的，即使当事人协议公开，也不得公开开庭。

3. 开庭审理的程序

对事实和权利义务关系比较复杂、争议较大的案件，一般应开庭审理。通过双方当事人在庭上对出示的证据进行质证，并由当事人对案件事实及适用法律进行辩论，使案情及法律关系逐步清晰，从而使仲裁庭能够作出公正裁决。

开庭审理，应首先确定开庭日期。开庭日期由仲裁委员会确定，确定后，由仲裁委员会在仲裁规则规定的期限内将开庭日期通知双方当事人。

开庭日期确定后，当事人应按仲裁委员会的书面通知到庭。如果当事人有正当理由不能到庭，可以在仲裁规则规定的期限内请求延期开庭并说明理由，经仲裁庭审查后决定是否延期。申请人如无正当理由不到庭的，可以视为撤回申请。

开庭时，申请人如遇有特殊情况要求中途退庭的，须报告仲裁庭并说明理由，是否准许，由仲裁庭决定，申请人不得擅自退庭。未经仲裁庭许可中途退庭的，可以视为撤回仲裁请求。

如果被申请人提出反请求，申请人无正当理由不到庭或未经仲裁庭许可中途退庭，被申请人经仲裁委员会书面通知，无正当理由不到庭或未经仲裁庭许可中途退庭的，可以缺席裁决。所谓缺席裁决，是指因一方当事人无正当理由不到庭或未经仲裁庭许可中途退庭的，仲裁委员会决定仅对另一方当事人询问、询查、核实证据，听其陈述对案件事实和适用法律的意见，经仲裁委员会审查核实，依法作出裁决。缺席裁决必须具备案件事实已经全部查清的条件，如果案件事实没有全部查清，就不能作出缺席裁决。尽管当事人一方无正当理由不到庭或未经仲裁庭许可中途退庭，放弃了到庭维护其合法权益的机会，但仲裁庭在缺席裁决时，仍要考虑缺席一方当事人的合法权益。

关于开庭地点，《仲裁法》未作规定。一般来说，开庭地点在仲裁委员会住所地进行，但经仲裁委员会批准，也可以在其他地方进行，具体由仲裁委员会视情况灵活确定。

关于仲裁使用的语言文字，《仲裁法》亦未作规定。《宪法》第 4 条第 4 款规定：“各民族都有使用和发展自己的语言文字的自由，都有保持或者改革自己的风俗习惯的自由。”因此，仲裁应使用中文，在少数民族聚居或多民族共同居住的地区，仲裁庭应当用当地民族通用的语言文字进行审理和发布法律文书。

关于仲裁庭开庭审理的程序，仲裁法的规定比较灵活。一般来说，在正式开庭前，应当宣布仲裁组成人员，核对当事人及代理人，询问当事人是否申请回避。在必要的准备工作后，可由首席仲裁员或独任仲裁员宣布开庭。开庭后，一般要经过调查阶段、辩论阶段、当事人最后陈述阶段、调解阶段和评议阶段，最后作出裁决。

（1）调查阶段。其主要任务是审查、核对各种证据，以查清案情，认定事实，为作出正确的裁决打下基础。一般应先由申请人提出仲裁请求，陈述案情和所持观点、理由，然后由被申请人陈述。仲裁庭就案情向当事人询问，当事人可以在庭上出示证据，并就证据进行质证。经仲裁庭许可，也可向对方当事人、鉴定人询问。

（2）辩论阶段。由当事人及代理人就已经调查的事实证据，分别提出自己的主张，就如何认定案件事实和如何正确适用法律提出各自的观点，并相互展开辩论。辩论一般由申请人及代理人先发言，接着由被申请人及代理人答辩，然后互相辩论。辩论是当事人的一项重要权利，应当保证其充分行使。

（3）当事人最后陈述阶段。在辩论终结后，为当事人各方能充分行使其辩论权和充分陈述其意见，首席仲裁员或者独任仲裁员应征询当事人的最后意见，给当事人最后一次阐述自己理由和观点的机会。一般应先询问申请人，然后再询问被申请人。

（4）调解阶段。仲裁庭在作出裁决前，可以先行调解。当事人自愿调解的，仲裁庭应当调解。

（5）评议和宣布裁决阶段。这是开庭的最后阶段。如果是组成合议庭仲裁的，在听完当事人的最后陈述后，对当事人不愿调解或调解不成的，合议庭应及时对案件进行评议。合议庭评议，实行少数服从多数的原则，裁决应按照多数仲裁员的意见作出。对于少数仲裁员的不同意见，也应记入笔录。仲裁庭形不成多数意见时，裁决应按照首席仲裁员的意见作出。裁决作出后，应向当事人宣布。

4. 仲裁证据

仲裁证据是指能够证明仲裁案件真实情况的客观事实。它必须具备三个条件：一是客观性，即证据必须是客观存在的事实；二是关联性，即证据必须与案件事实有着内在的联系；三是合法性，即证据必须为法律所允许，必须按法定程序提取。

仲裁法对仲裁证据的种类未作具体的规定，但一般说来，仲裁证据应当包括书证、物证、视听资料、证人证言、当事人陈述、鉴定结论和勘验笔录。对于仲裁证据，必须查证属实，才能作为认定案件事实的根据。仲裁证据应在开庭时出示，当事人可以互相质证，即由当事人或代理人对某一证据进行质询和辩论，其目的是帮助仲裁庭辨别证据的真伪及证据力的大小，从而保证仲裁庭根据仲裁证据正确认定案件事实。

作为仲裁证据的书证，一般应提交原件，物证则应提交原物。提交原件或原物确有困难的，可以提交复制品、照片、副本、节录本。仲裁庭对某些专门性问题认为需要鉴定的，可以交由当事人约定的鉴定部门鉴定，也可以由仲裁庭指定的鉴定部门鉴定。根据当事人的请求或仲裁庭的要求，鉴定部门应当派鉴定人参加开庭。开庭时，当事人经仲裁庭许可，可以向鉴定人提问。

关于举证责任，应在仲裁中实行谁主张谁举证的原则。也就是说，当事人对自己提出的主张有责任提供证据加以证明。当事人不论是对案件事实的主张，还是对实体权利义务的主张，都有提供其仲裁证据的责任。当事人提不出证据或所提供的证据不足以证明自己主张的真实性与合法性，而仲裁庭又无法收集到证据时，当事人则应当承担对自己不利的后果。仲裁庭审理案件，着重在于审查核实仲裁证据。如果仲裁庭认为有必要收集仲裁证据的，则可以自行收集。仲裁庭进行调查取证，也是在履行其职责。由于当事人的举证可能存在着片面性和虚伪性，对于当事人已提供的仲裁证据，仲裁员认为应辨别真伪核实证据的，仲裁庭则应当进行调查和收集证据。对于当事人因客观原因无法收集的仲裁证据，仲裁庭也应主动调查取证。这样，有利于查清仲裁案件的真实情况。

在仲裁证据可能灭失或者以后难以取得的情况下，当事人还可以申请证据保全。所谓仲裁证据保全，就是指由人民法院对仲裁证据加以提取或固定，以保存仲裁证据的证明力。申请仲裁证据保全，必须具备两个条件：一是实质条件，即证据存在灭失的可能或存在以后难以取得的可能；二是程序条件，即被保全的证据对诉讼标的有证明作用，而且当事人已申请仲裁，仲裁委员会已经受理但尚未进入调查阶段。当事人申请证据保全的，应向仲裁委员会提交申请书。申请书的内容，应包括证据的内容、申请保全的理由和该证据能证明的案件事实。仲裁委员会收到申请书后，应将当事人的申请书提交证据所在地的基层人民法院。人民法院收到申请书后，认为申请合理的，应作出证据保全的裁定，并及时采取保全措施；如认为申请不合理的，则不予受理。

5. 开庭笔录

开庭笔录，是指记录人员记载的反映开庭审理全过程的一种法律文书。

开庭笔录由仲裁员、记录人员签名或盖章后，应向当事人、其他仲裁参与人当庭宣读或交由其阅读。如当庭不能阅读，也可在一定时间内由当事人、其他仲裁参与人阅读。对于开庭笔录中的记录内容，当事人和其他仲裁参与人如果认为确有遗漏或差错的，则有权要求补正。仲裁庭认为申请无理的，可以决定不予补正，但必须将当事人和其他仲裁参与人的申请记录在案。而当事人和其他仲裁参与人申请开庭笔录补正的，一般以口头形式提出。

开庭笔录，应由仲裁员、记录人员、当事人和其他仲裁参与人签名或盖章。当事人或其他仲裁参与人拒不签名或盖章的，记录人员应将这一情况记入笔录。

（二）书面审理

《仲裁法》第39条规定："仲裁应当开庭进行。当事人协议不开庭的，仲裁庭可以根据仲裁申请书、答辩书以及其他材料作出裁决。"所谓书面审理，就是指仲裁庭根据当事人的协议不开庭，仅根据仲裁申请书、答辩书以及其他材料进行审理并作出裁决。

书面审理一般具有下列特点：

（1）书面审理的前提，必须是根据当事人达成的不开庭审理的协议。否则，仲裁庭不能进行书面审理；

（2）书面审理的仲裁案件，一般来说案情比较简单，权利义务关系比较明确，其争议金额也不大；

（3）进行书面审理，必须要求当事人在规定的期限内提供证据，并经对方当事人质证。这种质证，可由仲裁庭将一方当事人提供的证据函告另一方当事人，询问其意见；亦可由仲裁庭召集双方当事人，当面进行质证；

（4）进行书面审理，不排除仲裁庭召集双方当事人进行调解。如当事人不愿调解或调解不成时，再由仲裁庭作出裁决；

（5）书面审理在裁决作出前，仲裁庭一般应给双方当事人进行最后陈述的权利。

（三）和解

《仲裁法》第49条规定："当事人申请仲裁后，可以自行和解。达成和解协议的，可以请求仲裁庭根据和解协议作出裁决书，也可以撤回仲裁申请。"

和解是在仲裁庭不参与的情况下，由当事人双方经过自愿协商所达成的相互谅解的协议，也是双方当事人相互明确权利义务关系，行使其民事权利的体现。仲裁申请人可以放弃仲裁申请，被申请人也可以承认仲裁申请人的申请。同时，当事人双方还可以就其纠纷达成一致的处理意见。如果仲裁申请人放弃其申请仲裁的权利，则可以撤回申请。对于被申请人承认申请人的仲裁请求或双方就其纠纷达成一致的处理意见的，而且义务方也即时履行了其义务的，则可由申请人撤回仲裁申请；如果义务方不能够即时履行义务，权利方可请求仲裁庭根据和解协议制作裁决书，以促使义务方履行义务。如果义务方不能接受裁决书并履行其义务，权利方则可根据裁决书向人民法院申请强制执行。

仲裁庭根据和解协议制作裁决书时，应注意审查协议内容的合法性。如不合法，则不得制作裁决书。

如果当事人双方达成和解协议后，义务方不能即时履行其义务，权利方又没有请求仲裁庭制作裁决书，而是由仲裁申请人撤回了仲裁申请，撤回后，又在和解协议得以履行前反悔的，则可以根据原先达成的仲裁协议，重新向仲裁委员会申请仲裁。

（四）调解

1. 调解的概念及前提条件

《仲裁法》第 51 条第 1 款规定：“仲裁庭在作出裁决前，可以先行调解。当事人自愿调解的，仲裁庭应当调解。调解不成的，应当及时作出裁决。”

（1）调解的概念。仲裁调解，是指在仲裁庭的主持下，就当事人双方已经发生的合同纠纷或其他财产权益纠纷，通过平等协商、互谅互让，共同达成协议，从而解决纠纷的一种方式。

（2）调解的前提条件。调解不是每一个仲裁案件都必须经过的程序，是否调解视情况而定。同时，调解是有条件限制的。因此，仲裁庭调解解决纠纷，必须具备下列前提条件：

首先，仲裁庭调解解决纠纷，必须根据双方当事人的自愿。自愿调解包括两层含义：一是在仲裁过程中是否采取调解方式解决纠纷，必须由当事人自己决定。既可以由当事人主动提出要求仲裁庭调解，也可以由仲裁庭提出仲裁调解的意见，以征询双方当事人是否同意，而不是强迫；二是指调解协议的内容必须通过双方当事人协商并自愿达成。在仲裁调解过程中，仲裁庭可以提供参考意见，帮助当事人达成协议，但不得强迫当事人接受其意见。

其次，仲裁庭调解纠纷，必须在事实清楚的基础上，分清是非进行调解，不能“和稀泥”，致使当事人的合法权益受到损害。即只有在当事人对争议的事实陈述基本一致，又能提供可靠的证据，不需要仲裁庭再做大量调查，且引起纠纷发生的责任也明确的基础上，才能进行仲裁调解。

最后，仲裁调解活动和仲裁调解协议的内容必须合法，不得违反国家有关法律、法规，不得损害国家、集体或他人的合法权益，否则是无效的。

调解与和解，都是当事人自愿达成的协议，但是，调解是在仲裁庭主持下进行的，而和解则是在仲裁庭不参与的情况下进行的；调解达成协议后，仲裁庭应制作调解书或根据调解协议的结果制作裁决书，而和解达成协议后，当事人则可以申请仲裁庭制作裁决书，或撤回仲裁申请。

2. 调解书及其法律效力

调解达成协议后，仲裁庭应制作调解书或根据协议的结果制作裁决书。

调解书是指仲裁庭制作的记载双方当事人调解协议内容的法律文书，它是经双方当事人协商并经仲裁庭批准的协议。调解书和裁决书有同等的法律效力。

调解书应当载明仲裁请求和当事人协议的结果。调解书应由仲裁员签名，并加盖仲裁委员会的印章，送达双方当事人。调解书经双方当事人签收后，即发生法律效力。如果只有一方当事人签收，则不发生法律效力。调解书一经签收，当事人不得反悔，但在签收前，当事人可以反悔，包括拒收调解书。调解不成或调解达成协议后，当事人反悔的，则都表明调解不成，或没能调解结案。对此，仲裁庭应及时作出裁决，不应反复调解、久调不决，使当事人的权利义务关系长期处于不确定状态。

调解书经双方当事人签收后，即发生法律效力。因此，当事人应自觉履行调解书所确定的义务。如当事人一方不能在调解书规定的履行期限内自觉履行义务，另一方当事人则可申请人民法院强制执行。同时，如果调解书所确定的义务是给付金钱，只要一方当事人迟延履行，则应加倍支付迟延履行期间的债务利息；如果调解书确定的义务是其他义务的，只要一方当事人迟延履行，则应支付迟延履行金。

调解书生效后，仲裁案件即告终结，当事人不得就同一纠纷向人民法院起诉，也不得就同一纠纷重新申请仲裁委员会仲裁。

（五）裁决

1. 仲裁裁决的概念及其法律效力

（1）仲裁裁决的概念。仲裁裁决是指仲裁委员会通过对当事人之间的纠纷的审理，根据已查明的案件事实和法律规定作出的确认当事人之间的权利义务关系的仲裁决定。

（2）仲裁裁决的法律效力。由于仲裁实行“一裁终局”制度，因此裁决一经作出，即发生法律效力。裁决生效后，当事人不得就同一纠纷向人民法院起诉，也不得就同一纠纷重新申请仲裁。仲裁裁决生效后，具有强制性，负有履行义务的当事人应当自觉履行裁决中确定的义务；如不自觉履行，另一方当事人则可以申请人民法院运用国家强制力强制其履行义务。义务人未按仲裁裁决指定的期间履行给付金钱义务的，还要加倍支付迟延履行期间的债务利息；未按仲裁裁决指定的期间履行其他义务的，应当支付迟延履行金。

2. 仲裁裁决的作出与先行裁决

仲裁裁决应当按多数仲裁员的意见作出。仲裁庭不能形成多数意见时，裁决应按首席仲裁员的意见作出。裁决内容尽管由仲裁庭确定，但由于仲裁庭是代表仲裁委员会行使仲裁权的，因此裁决应以仲裁委员会的名义作出。

仲裁裁决大多是在查明整个案件事实后依法作出的，但在有些情况下，对其中一部分事实已经查清，则可以先就案件的这部分事实和当事人的这部分请求作出裁决，这就是先行裁决。先行裁决一经作出即具有法律约束力。先行裁决有利于加速仲裁进程，提高仲裁效率，及时保护当事人的合法权益。先行裁决一般在两种情况下作出：一是未查清的案件事实比较复杂，短期内不可能得出结论；二是应当事人的迫切要求，否则会使其生产和生活受到重大影响，造成重大损失。因此，作出先行裁决的前提条件，必须是这部分案件事实及法律关系相对独立，且这部分事实已经查清。

3. 仲裁裁决书

仲裁裁决书应当写明仲裁请求、争议事实、裁决理由、裁决结果、仲裁费用的负担和裁决日期。当事人协议不愿写明争议事实和裁决理由的，可以不写。仲裁裁决书还应由仲裁员签名，加盖仲裁委员会印章。对裁决持不同意见的仲裁员，可以签名，也可以不签名。

此外，对仲裁裁决书中的文字、计算错误或者仲裁庭已经裁决但在裁决书中遗漏的事项，仲裁庭应当补正；当事人自收到裁决书之日起30日内，可以请求仲裁庭补正。

思考题

1. 仲裁庭有几种形式？如何组成仲裁庭？
2. 仲裁审理主要经过哪些阶段？各阶段的任务有哪些？
3. 仲裁中的调解有哪些意义？
4. 如何理解缺席裁决？
5. 仲裁裁决是如何作出的？仲裁裁决书的法律效力如何？

案例分析题

案例一　自愿原则不得违背法定仲裁范围

[案情]

张某于1985年通过法定程序收养了年仅9岁的李某，对李某尽其所能地照顾和抚养。李某长大后却不孝顺，且经常与张某发生口角，张某认为没有必要再维持收养关系了。二人经协商决定解除收养关系，签订了书面的仲裁协议，并于1998年8月向其住所地的某市仲裁委员会提出了解除收养关系的仲裁请求。

[问题]

1. 我国仲裁法规定的仲裁适用于哪些事项？
2. 当事人的自愿能否改变法定的仲裁事项？
3. 该仲裁委员会能否受理张某和李某的仲裁申请？为什么？

案例二　仲裁庭应当充分保障当事人辩论权的行使

[案情]

某市东化六建公司与福华公司就该市的某小区3号住宅楼工程于1998年12月20日签订了《建设工程施工合同》，东化六建公司为发包方，福华公司为承包方。双方在合同解决争议条款中约定：双方发生纠纷协商解决不成时，向该市仲裁委员会申请仲裁。2000年7月3日，福华公司以东化六建公司拖欠工程款及其他费用为由，向该市仲裁委员会申请仲裁，要求东化六建公司支付工程款等共计189万元及逾期付款违约金110万元。

该市仲裁委员会根据福华公司的申请及当事人双方签订的《建设工程施工合同》中的仲裁条款，于同日受理了福华公司与东化六建公司之间建设工程施工合同项下产生的争议仲裁案。同年7月6日，该市仲裁委员会向东化六建公司发出受理通知，并将仲裁申请书副本及附件、仲裁规则、仲裁员名册送达东化六建公司。同年8月28日、9月19日，仲裁庭开庭审理了该仲裁争议案。仲裁庭第一次开庭时，东化六建公司要求出示书证原件进行质证，却被仲裁庭以默示的方式拒绝。并且，仲裁庭在两次开庭过程中，虽然形式上组织双方当事人对有关工程款和各自的过错程度的证据材料进行了辩论，但实质上并没有给予双方当事人充分地表达意见和交锋的机会，更没有征询东化六建公司的最后意见。同年11月15日，该市仲裁委员会作出了裁决。

［问题］

1. 仲裁庭的做法是否正确？为什么？

2. 在仲裁活动中坚持辩论原则有什么意义？

3. 当事人有什么救济途径？

第四节　仲裁裁决的撤销与执行制度

一、仲裁裁决的撤销

（一）撤销仲裁裁决的概念及意义

1. 撤销仲裁裁决的概念

仲裁裁决的撤销（The Dismissal of the Arbitral Adjudication），是指人民法院根据仲裁当事人的申请，经审查认为仲裁裁决具有应当撤销的法定情形，而依法裁定撤销仲裁裁决的法律行为。

2. 确立撤销仲裁裁决制度的意义

我国《仲裁法》规定当事人可以申请人民法院撤销仲裁裁决，其目的是要弥补仲裁中存在的缺陷，及时纠正错误的仲裁裁决，以维护法律的尊严。所以，我国确立撤销仲裁裁决制度，不是要否定一裁终局制，而是要加强对仲裁活动的监督，以切实保护当事人的合法权益，提高仲裁机构的信誉。

（二）撤销仲裁裁决的决定情形

在我国，仲裁裁决只能在法定情形之下，才能由人民法院予以撤销。《仲裁法》第 58 条第 1 款规定仲裁裁决具备下列情形之一的，经当事人申请，人民法院应予撤销。

1. 没有仲裁协议

有仲裁协议，这是当事人申请仲裁和仲裁委员会受理仲裁案件的前提条件之一。没有仲裁协议，仲裁委员会就无权受理，更无权作出裁决。因此，仲裁委员会在无仲裁协议的情况下作出的裁决，不能赋予其法律效力，经当事人申请，人民法院应当予以撤销。

2. 裁决的事项不属于仲裁协议的范围或者仲裁委员会无权仲裁

仲裁必须有当事人之间的仲裁协议，以及当事人在仲裁协议中必须明确请求仲裁的事项。而且，仲裁委员会只能就仲裁协议中约定的合同纠纷和其他财产权益纠纷进行仲裁，否则，即使是合同纠纷和其他财产权益纠纷，只要仲裁协议中没有约定，仲裁委员会就无权受理和裁决。同时，《仲裁法》明确规定，婚姻、收养、监护、扶养、继承、劳动纠纷和依法应由行政机关处理的行政争议，仲裁委员会无权仲裁，一旦作出仲裁裁决，也应当予以撤销。

3. 仲裁庭的组成或者仲裁的程序违反法定程序

仲裁庭的组成方式由当事人约定。仲裁员则由当事人选定或委托仲裁委员会主任指定。只有在当事人没有在仲裁规则规定的期限内约定仲裁庭的组成方式和选定仲裁员的情况下，才能由仲裁委员会主任依职权直接指定。同时，仲裁员有应回避的法定情形，必须回避。此外，对于违反以下法定仲裁程序而作出的裁决，应当予以撤销：一是没有将仲裁庭的组成情况、仲裁庭开庭的时间、地点等事项书面通知当事人；二是没有当事人不开庭的协议而没有开庭的；三是开庭时，当事人未能陈述、未能进行辩论、证据未能质证。

4. 裁决所根据的证据系伪造

证据必须具有客观性。只有在证据是客观存在的事实的情况下，仲裁庭才能够根据仲裁证据准确地认定案情，才能真正做到以事实为根据，从而正确地适用法律并做出公正裁决。如果证据是伪造的，根据其伪造的证据所认定的案情，必然与案件的真实情况相违背，而在此基础上所作出的裁决也就必然是错误的、不公正的，必然损害一方当事人的合法权益，因此应当予以撤销。

5. 对方当事人隐瞒了足以影响公正裁决的证据

一般来说，当事人于自己不利的证据，进而希望仲裁庭在证据不足的情况下作出于自己有利的裁决。而当事人对证据的隐瞒，又往往容易使仲裁庭作出不公正的裁决。如果当事人能够证明对方当事人隐瞒其证据，则可以申请撤销仲裁裁决。但是，对方当事人隐瞒的证据必须足以影响公正裁决，如果对方当事人隐瞒的证据不足以影响公正裁决，则不必撤销裁决。

6. 仲裁员在仲裁过程中有索贿受贿、徇私舞弊、枉法裁决的行为

仲裁员在行使职权时，应当遵守纪律，严格依法办事，公正地处理纠纷，不得利用职务方便，向当事人索要或收受贿赂，也不得利用职务，为袒护一方当事人或者报复一方当事人而故意颠倒黑白，作枉法裁决。如果仲裁员索贿受贿、徇私舞弊、枉法裁决，所作出的裁决必然是不公正的，所以应当予以撤销。

只要仲裁裁决具备了上述情形之一，当事人就可以申请人民法院予以撤销。同时，对于具备上述法定情形的仲裁裁决，只有在当事人申请撤销仲裁裁决的情况下，人民法院才会予以撤销，人民法院一般也不会在没有当事人申请的情况下主动撤销仲裁裁决。

（三）申请撤销仲裁裁决的法定条件

申请撤销仲裁必须具备一定的法定条件，不符合这些法定条件，即使仲裁裁决具有《仲裁法》第58条第1款规定的情形，也不能撤销。这些法定条件有：

1. 申请人条件

申请人一般只能是仲裁案件的当事人、法定代理人，有时也可能是其他

人。比如，作为当事人的公民在裁决生效后死亡，其继承人或受遗赠人视情况则可申请撤销仲裁裁决。又如，作为当事人的法人在裁决生效后发生变更或终止，其权利和义务的承受者则有权申请撤销仲裁裁决。

2. 证据条件

依照《仲裁法》第58条第1款的规定，当事人能够提出证据以证明仲裁裁决有上述六种法定情形之一的，则可以申请人民法院撤销仲裁裁决。但是，当事人申请撤销仲裁裁决，应当提出充足、确凿的证据，以证明仲裁裁决具有仲裁法规定的、应当予以撤销的法定情形。

3. 申请与管辖

依照《仲裁法》第58条的规定，当事人申请撤销仲裁裁决的，应当向仲裁委员会所在地的中级人民法院申请。我国《民事诉讼法》对申请撤销仲裁裁决的管辖未作规定，因此，当事人申请撤销仲裁裁决的，依照《仲裁法》的规定，应由仲裁委员会所在地的中级人民法院管辖，其他人民法院则无此管辖权。

4. 申请期限

当事人申请撤销仲裁裁决的，应在法定期限提出。依据《仲裁法》第59条的规定，当事人申请撤销仲裁裁决的，应当在收到裁决书之日起6个月内向人民法院提出。如果超过了6个月的法定期限，当事人即丧失了请求人民法院撤销仲裁裁决的权利。

如果当事人因正当理由没有能够在6个月内向人民法院提出申请，则以依照《民事诉讼法》第83条的规定执行，即："当事人因不可抗力的事由或者其他正当理由耽误期限的，在障碍消除后的10日内，可以申请顺延期限，是否准许，由人民法院决定。"

联合国《国际商事仲裁示范法》规定，当事人收到裁决书之日起，3个月后不得申请撤销裁决。一些国家也对撤销仲裁裁决的申请期限作了规定，如德国规定，对裁决的执行宣告已确定后，撤销之诉应于1个月的不变期间内提起；此期间从当事人知悉撤销原因之日起计算，但在执行宣告的裁决确定后已满10年的，则不得提起。我国台湾地区也规定，撤销仲裁裁决之诉，应在裁决书交付或送达的30日的不变期间内提起；在仲裁员有职务上的犯罪行为，裁决所依据的判决、行政处分已变更等情况下，可自当事人知悉撤销原因之日起计算，但在执行裁决后已逾5年的，则不得提起。

可见，当事人申请撤销仲裁裁决的，应当依法向人民法院提交申请书，载明申请撤销的理由，同时应当在法定期限内提出。

（四）撤销仲裁裁决的程序和效力

1. 撤销仲裁裁决的程序

人民法院受理撤销仲裁裁决案件的申请后，应按法定程序进行审理。

（1）组织合议庭，对当事人撤销仲裁裁决的申请进行审查核实。合议庭，是指3个以上单数的审判人员组成的集体审判组织。依据《民事诉讼法》的规定，合议庭有两种：一种是由审判员和人民陪审员组成的合议庭；另一种是由审判员组成的合议庭。对于当事人申请撤销仲裁裁决的案件，人民法院到底采取哪一种合议庭形式，我国《仲裁法》和《民事诉讼法》都未作规定。为慎重起见，人民法院对于当事人撤销仲裁裁决的申请，应当由审判员组成合议庭进行审理为宜。合议庭的组成人员确定以后，应由人民法院院长或庭长指定其中的一名审判员担任审判长，如果院长或庭长参加合议庭的，应由院长或庭长担任审判长。

（2）人民法院受理撤销裁决申请的审查程序。人民法院受理撤销裁决的申请后，认为可以由仲裁庭重新仲裁的，应通知仲裁庭在一定期限内重新仲裁，并裁定中止撤销程序，以给仲裁庭一个机会重新进行仲裁程序或采取仲裁庭认为可能消除请求撤销裁决的理由的其他行动。中止撤销程序，只是暂时停止撤销程序的进行，如果仲裁庭拒绝重新仲裁，或者重新裁决后，当事人提出证据证明未能消除申请撤销裁决的理由时，人民法院应当裁定恢复撤销程序。如果仲裁庭重新仲裁后，当事人申请撤销裁决的理由已经消除，人民法院则可终结撤销程序。

联合国《国际商事仲裁示范法》规定，如果法院认为适当而且当事人一方也提出要求，则可以在法院确定的期限内暂时停止进行撤销程序，以给仲裁庭一个机会重新进行仲裁程序或采取仲裁庭认为能消除请求撤销裁决的理由的其他行动。

（3）人民法院受理撤销裁决申请审查后的处理。人民法院对当事人撤销仲裁裁决的申请，经组成合议庭进行审查后，认为仲裁裁决确有《仲裁法》第58条第1款规定的情形之一的，应当裁定撤销仲裁裁决。经审查，认为仲裁裁决虽不具有《仲裁法》第58条第1款规定的情形，但如果裁定违反了社会公共利益，亦应裁定撤销仲裁裁决。经审查，仲裁裁定不具有应予撤销的法定情形的，人民法院则可裁定驳回申请。

（4）人民法院受理撤销裁决申请审查后的时效。人民法院应当在受理撤销裁决申请之日起两个月内作出撤销裁决或驳回申请的裁定。“两个月”是指撤销程序的期限，人民法院应当遵守，不得超过。如果人民法院曾裁定中止撤销程序，中止期间的时间则不计算在“两个月”内。

2. 撤销仲裁裁决的效力

仲裁裁决一经作出就生效，一方不履行仲裁裁决规定的义务的，另一方有权申请人民法院强制执行。如果执行完毕后，据以执行的仲裁裁决被撤销，则存在执行回转的问题。因此，一方当事人申请执行仲裁裁决，另一方当事人申请撤销仲裁裁决的，人民法院应当裁定中止执行。如果人民法院裁定撤销仲裁裁决，作为执行依据的法律文书既然已被撤销，执行则无需进行下去，因此，应由人民法院裁定终结执行。如果仲裁裁决被撤销，应当认为仲裁裁决从作出时就不具有法律效力，而不是被撤销后才不具有法律效力；如果已经按被撤销的仲裁裁决执行了，应执行回转，即恢复到执行前的状态。

如果仲裁裁决具有应当予以撤销的法定情形，人民法院则可以根据当事人的申请裁定撤销仲裁裁决。同时，人民法院认为仲裁裁决违反社会公共利益的，则应当裁定撤销仲裁裁决。但是，不论是在什么情形下撤销仲裁裁决，人民法院都不能作出判决以直接变更仲裁裁决书的内容，不能对当事人之间纠纷的事实认定和法律适用直接作出判决，而只能通过裁定撤销仲裁裁决以解除仲裁裁决的法律效力。

如果当事人在仲裁裁决被撤销后，经协商重新达成了新的书面仲裁协议，则可以根据新的仲裁协议申请仲裁委员会仲裁解决纠纷。新的仲裁协议，可以约定由原先的仲裁协议中约定的仲裁委员会仲裁，也可以约定由其他的仲裁委员会仲裁。按新的仲裁协议重新仲裁后，如果当事人认为新的仲裁裁决也具有应当予以撤销的法定情形的，仍然可以申请人民法院予以裁定撤销。

仲裁裁决被撤销后，当事人没有达成新的书面仲裁协议的，可以根据《民事诉讼法》的有关规定向有管辖权的人民法院提起诉讼，而不再通过仲裁来解决纠纷。

对于撤销仲裁裁决的，我国台湾地区和其他一些国家也有类似规定。如我国台湾地区规定，当事人提出撤销仲裁裁决的，可申请法院裁定停止执行仲裁裁决。德国规定，请求宣告执行的申请因裁决的撤销而予以驳回。德国、日本和我国台湾地区还规定，执行宣告在已确定仲裁裁决时，同时予以撤销执行宣告。此外，我国台湾地区规定，裁决经法院判决撤销的，当事人可以就争议事项提起诉讼。

二、仲裁裁决的执行

（一）仲裁裁决执行的概念和意义

1. 仲裁裁决执行的概念

仲裁裁决的执行（The Execution of the Arbitral Adjudication），是指人民法院依照法定程序，根据仲裁当事人的申请实施仲裁裁决，以保障当事人的权利得以实现的行为。

仲裁裁决的执行是人民法院的职务行为，它是由人民法院运用国家强制力强制被执行人履行仲裁裁决所确定的义务，且必须按照法定的程序和方式进行。

仲裁裁决的执行，不仅是确保仲裁制度存在的根本，而且也是世界各国的普遍做法。联合国《国际商事仲裁示范法》第 35 条第 1 款明确规定：“仲裁裁决不论在何国境内作出，均应承认具有约束力。而且经向主管法院提出书面申请，即应予执行。”因此，世界各国的法律，如《德国民事诉讼法典》《法国民事诉讼法典》《美利坚合众国仲裁法案》《日本民事诉讼法典》《韩国仲裁法》等，都对仲裁裁决可以强制执行这一问题作出了明文规定。

2. 仲裁裁决执行的意义

由于仲裁实行一裁终局的制度，因此仲裁裁决自作出之日起即发生法律效力，对双方当事人都具有约束力和强制执行力，当事人应当自觉履行仲裁裁决所确定的义务。如果一方当事人在规定的期限内不履行其义务，另一方当事人则可以申请人民法院强制执行。仲裁裁决的执行，是仲裁程序的最后阶段，但不是必经阶段，因为当事人如果能自觉履行仲裁裁决，则无须强制执行。只有正确、及时地执行仲裁裁决，保证生效的仲裁裁决所规定的内容得以实现，确保当事人的合法权益不受侵犯，才能使当事人之间的纠纷得以彻底解决。同时，也只有通过仲裁裁决的执行，才能维护仲裁裁决的严肃性和法律的权威性，进而达到制裁违法行为和教育公民自觉履行其义务之目的。

（二）仲裁裁决执行的申请

1. 申请执行的概念

仲裁裁决的申请执行，是指根据生效的仲裁裁决，享有权利的一方当事人在对方当事人不按规定的期限履行其义务时，请求人民法院强制执行，从而引起执行程序发生的行为。

申请执行的当事人，称为申请人或申请执行人，对方当事人相应地称为被执行人或被申请人。申请人和被执行人一般都是仲裁当事人，有时也可能是其他人，如作为当事人的公民死亡，法人或其他组织变更、终止后，由其权利义务承担人作为申请人或被申请人。

对于仲裁裁决，仲裁委员会没有执行权，人民法院也不能依职权主动执行。因此，只有经当事人申请，人民法院才能强制执行仲裁裁决。也就是说，当事人向人民法院申请执行，这是引起仲裁裁决执行程序开始的前提。

由于仲裁委员会制作的调解书与裁决书具有同等的法律效力，也具有执行性。因此，当事人依据仲裁调解书，也可以向人民法院提出申请，要求人民法院强制执行。同时，我国对仲裁裁决执行的有关规定，也同样适用于对仲裁调解书的执行。

2. 管辖

《民事诉讼法》第 237 条第 1 款规定：“对依法设立的仲裁机构的裁决，一方当事人不履行的，对方当事人可以向有管辖权的人民法院申请执行。受申请的人民法院应当执行。”

所谓“有管辖权的人民法院”，依照《民事诉讼法》第 224 条的规定，是指被执行人住所地或者被执行财产所在地人民法院。因此，当事人向人民法院申请强制执行仲裁裁决的，应向被执行人的住所地或者被执行财产所在地的人民法院提出申请。对于涉外仲裁机构仲裁裁决的申请执行，依照《民事诉讼法》第283条的规定，当事人应向被申请人住所地或者被执行财产所在地的中级人民法院提出申请。如果当事人分别向两个或两个以上的有管辖权的人民法院申请执行的，则由最先接受申请的人民法院执行。

3. 申请的形式

当事人申请人民法院强制执行时，应向人民法院提交申请执行书和据以执行的仲裁裁决书。申请执行书，是引起执行程序发生的一种文书和凭证。因此，当事人提交申请执行书，首先应当写明申请人、被执行人的基本情况，申请执行的根据以及作出仲裁裁决的仲裁委员会、文书标题、案件编号和案由；其次还要写明申请执行的事项以及被执行人没有履行的情况、被执行人可供执行的财产状况和申请执行的人民法院的全称；最后，申请人还应当签名或者盖章，并注明申请执行的日期。如果当事人提交书面申请有困难的，也可以提出口头申请，但要讲明申请执行的事项、理由等情况，并由执行人员记入笔录。当事人提出口头申请执行的，同时也应提交据以执行的仲裁裁决书。

4. 申请执行的期限

当事人在申请执行时，应注意申请执行的期限。如无正当理由，超过期限提出申请执行的，则不会产生预期的法律后果，对此，人民法院也应当驳回其申请，不予执行。依据《民事诉讼法》第239条的规定，申请执行的期间为2年。申请执行时效的中止、中断，适用法律有关诉讼时效中止、中断的规定。前款规定的期间，从法律文书规定履行期间的最后一日起计算；法律文书规定分期履行的，从规定的每次履行期间的最后一日起计算；法律文书未规定履行期间的，从法律文书生效之日起计算。

（三）裁决不予执行的法定情形

我国《仲裁法》第63条明确规定：“被申请人提出证据证明裁决有民事诉讼法第237条第2款规定的情形之一的，经人民法院组成合议庭审查核实，裁定不予执行。”

1. 可以裁定不予执行仲裁裁决的主要情形

根据《民事诉讼法》第237条第2款的规定，由被申请人提出证据加以证明，并经人民法院组成合议庭审查核实，人民法院可以裁定不予执行仲裁裁决的情形主要有：①当事人在合同中没有订有仲裁条款或者事后没有达成书面仲裁协议的；②裁决的事项不属于仲裁协议的范围或者仲裁机构无权仲裁的；③仲裁庭的组成或者仲裁程序违反法定程序的；④裁决所根据的证据是伪造的；⑤对方当事人向仲裁机构隐瞒了足以影响公正判决的证据的；⑥仲裁员在仲裁该案时有贪污受贿、徇私舞弊、枉法裁决行为的。

人民法院在执行仲裁裁决时，只要被申请人提出证明仲裁裁决有上述情形之一，或者认定执行该裁决违反社会公共利益的，应当裁定不予执行。如果仲裁委员会裁决的事项，部分属于仲裁协议的范围，部分超过仲裁协议范围的，对超过部分，人民法院应当裁定不予执行。

人民法院裁定不予执行的，应当制作裁定书，并送达双方当事人和作出仲裁裁决的仲裁委员会。仲裁裁决被人民法院裁定不予执行后，仲裁裁决即失去了法律效力，当事人则可以根据双方重新达成的书面仲裁协议申请仲裁，也可以依照《民事诉讼法》的规定向人民法院提起诉讼。

2. 对涉外仲裁机构的裁决可以裁定不予执行的情形

对于我国涉外仲裁机构作出的裁决，依照《民事诉讼法》第 274 条的规定，被申请人提出证据证明仲裁裁决有下列情形之一的，经人民法院组成合议庭审查核实，裁定不予执行

（1）当事人在合同中没有订有仲裁条款或者事后没有达成书面仲裁协议的；

（2）被申请人没有得到指定仲裁员或者进行仲裁程序的通知，或者由于其他不属于被申请人负责的原因未能陈述意见的；

（3）仲裁庭的组成或者仲裁的程序与仲裁规则不符的；

（4）裁决的事项不属于仲裁协议的范围或者仲裁机构无权仲裁的。

如果人民法院认定执行该裁决违反社会公共利益的，裁定不予执行。仲裁裁决被人民法院裁定不予执行后，当事人可以根据双方重新达成的书面仲裁协议申请仲裁，也可以向人民法院起诉。

我国《仲裁法》关于不予执行的规定，只能保护被执行人的合法权益，而且也只有在被执行人有证据证明有法定不予执行的情况下，才能向法院申

请裁定仲裁裁决不予执行；而关于撤销仲裁裁决的规定，则能保护双方当事人的合法权益，即双方当事人都可以对仲裁裁决提出异议，要求法院撤销仲裁裁决。尽管如此，不予执行的规定仍然是必要的。如果仲裁裁决确是错误的，当事人又未申请撤销，那么按错误的仲裁裁决执行则必然会损害当事人的合法权益。所以，不予执行程序的规定，给予了错误仲裁裁决一个补救的机会，从而确保我国仲裁法律能够得以正确实施。

（四）仲裁裁决执行的程序

1. 仲裁裁决执行程序的概念

仲裁裁诀执行程序，是指在仲裁裁决义务方不自动履行已生效的仲裁裁决所确定的义务的情况下，人民法院根据裁决权利人的申请，强制仲裁裁决义务人履行其义务的程序。简言之，仲裁裁决执行的程序，也就是指人民法院依照法律规定的程序具体执行仲裁裁诀的方法和步骤。

2. 执行开始

执行程序因当事人的申请开始。执行工作由执行员进行，必要时也可以由司法警察参加。执行员接到申请执行书后，应当向被执行人发出执行通知书，责令被执行人在指定期间内履行仲裁裁决所确定的义务，逾期不履行的，则强制执行。人民法院执行员在采取强制措施前，应当对执行申请进行审查，即审查提起执行申请的主体及手续是否完备，作为执行根据的仲裁裁决是否具有法律效力，是否有不予执行的法定情形以及当事人提出执行申请时是否已超过申请执行的期限。如果符合强制执行条件，被执行人又不能在指定的期间履行义务，人民法院则应开始强制执行。在采取强制措施时，执行员应当出示证件。执行完毕后，执行员应当将执行情况制作笔录，并由在场的有关人员签名或者盖章。

3. 执行措施

（1）查询、冻结、划拨被执行人的存款。被执行人未按执行通知履行仲裁裁决所确定的义务，人民法院有权向银行、信用合作社和其他有储蓄业务的单位查询被执行人应当履行义务范围的存款情况；有权作出裁定，向银行、信用合作社和其他有储蓄业务的单位通知冻结、划拨被执行人应履行义务范围内的存款。所谓查询，是指人民法院向银行、信用合作社和其他有储蓄业务的单位调查询问或追问有关被执行人存款的情况的活动。冻结，是指人民法院根据仲裁裁决所确定的义务，通知被执行人的存款单位禁止被执行人运用其存款。划拨，是指人民法院根据仲裁裁决确定的义务，通知被执行人的存款单位将被执行人的存款直接从账面上划归申请人。

（2）扣留、提取被执行人的收入。被执行人未按执行通知履行仲裁裁决所确定的义务，人民法院有权作出裁定，向有关单位发出协助执行通知书，扣留或提取被执行人的收入，暂时不许被执行人处理其收入以保存其收入在原储存单位或将其收入从原储存单位取出交申请人。

扣留、提取被执行人的收入应在被执行人应当履行其义务的范围内，同时应当保留被执行人及其扶养家庭的生活必需费用。

（3）查封、扣留、冻结、拍卖、变卖被执行人的财产。被执行人未按执行通知履行仲裁裁决所确定的义务，人民法院有权作出裁定，查封或扣押被执行人的财产，将被执行人的有关财产贴上封条，就地封存，不准任何人转移和处理，或者将被执行人的财产运至有关场所加以扣留，不准被执行人占有、使用和处分。采取查封、扣押财产时，被执行人是公民的，人民法院应通知被执行人或者他的成年家属到场；被执行人是法人的，应当通知其法定代表人到场；被执行人是其他组织的，应当通知其主要负责人到场。拒不到场的，不影响执行。被执行人是公民的，其工作单位或者财产所在地的基层组织应当派人参加。执行员对被查封、扣押的财产，必须造具清单，由在场人签名或者盖章后，交被执行人一份。被执行人是公民的，也可以交他的成年家属一份。如果被执行人隐匿财产的，人民法院可责令被执行人交出隐匿的财产或折价赔偿。被执行人拒不交出隐匿财产或赔偿的，人民法院可按被执行财产的价值强制执行被执行人的其他财产。人民法院也可以发出由院长签发的搜查令，对被执行人及住所或者财产隐匿地进行搜查，追回被隐匿的财产。搜查妇女身体的，应由女工作人员进行。

查封、扣押后，执行员可以责令被执行人在指定期间内履行法律文书所确定的义务，被执行人拒不履行的，人民法院则按规定交有关单位拍卖或者变卖被查封、扣押的财产。如果查封、扣押的财产是金银等国家禁止自由买卖的物品，应交有关单位按照国家规定的价格收购。

（4）强制交付法律文书指定交付的财物或票证。仲裁裁决指定交付的财物或者票证，由执行员传唤双方当事人当面交付或由执行员转交，并由被交付人签收。如果有关单位持有该项财物或者票证，人民法院可向该单位发出协助执行通知书，该单位应按通知转交并由被交付人签收。如果该单位拒不转交的，强制执行。有关公民持有该项财物或票证的，人民法院通知其交出，拒不交出的，强制执行。持有该项财物或票证的单位或个人致使指定交付的财物或票证被毁损或灭失的，人民法院可责令其赔偿，拒不赔偿的，强制执行。

（5）强制迁出房屋或退出土地。强制迁出房屋或退出土地，是指人民法院执行人员强制搬迁被执行人在房屋内或特定的土地财产，腾出房屋或土地交给被申请人。人民法院采取该措施时，由院长签发公告，责令被执行人在指定期间内迁出房屋或退出土地，如被执行人在指定期间未履行的，由人民法院强制执行。强制执行时，如被执行人是公民的，应通知被执行人或其成年家属到场，拒不到场的，不影响执行。被执行人的工作单位或房屋、土地所在地的基层组织，应派人参加。被执行人是法人或其他组织的，应通知其法定代表人或主要负责人到场。拒不到场的，不影响执行。执行员应当将强制执行情况记入笔录，由在场人签名或盖章。强制迁出的财物应逐件编号、登记、造具清单，由在场人签名或盖章。然后，将财物运至人民法院指定地点交给被执行人或者他的成年家属。被执行人或他的成年家属拒不接受的，由此造成的损失，由被执行人承担。

强制执行完毕，执行人员应将迁出的房屋或退出的土地及时交付申请人。

（6）通知办理产权证照转移手续。在需要办理房产证、土地证、山林所有权证、专利证书、商标证书、车辆执照等有关产权证照转移手续时，人民法院可向有关单位发出协助执行通知书，有关单位必须办理。

（7）强制执行仲裁裁决指定的行为。在有关加工承揽合同纠纷以及其他纠纷中，经仲裁裁决确定负责有义务的一方当事人必须完成的某种行为，当事人拒不履行的，经权利方申请，人民法院可强制执行；能够由有关单位或其他人代为完成的，人民法院可以委托其代为完成，费用由被执行人负担。

4. 执行和解

所谓执行和解，是指在执行程序中，双方当事人就执行标的物的一部分或者全部进行自行协商，自愿达成协议、解决纠纷，从而结束执行程序的活动。

执行和解，可能是当事人通过协商，一方自愿放弃一部分或全部执行标的物，也可能是一方当事人愿意满足另一方当事人的要求，或者是当事人互相让步，从而处分各自的实体权利。对此处分权，人民法院应予以保护。

执行和解的对象是生效的仲裁裁决确认的法律关系。在仲裁裁决执行过程中，仲裁委员会不参与，人民法院也不出面参与，完全是由当事人自行协商的结果。在执行程序中，双方当事人自行和解达成协议，由执行员将协议内容记入笔录，由双方当事人签名或盖章。和解协议必须是当事人自愿，是当事人的真实意思表示。同时，和解协议必须符合法律、法规，不得损害国家、集体和他人的合法权益。为保证和解协议的合法性，保护当事人的合法权益，人民法院应当进行监督，对和解协议进行审查。如合法，应予以批准；否则，不应予以批准。

在执行程序中，双方当事人和解达成协议的，可以结束执行程序，但和解协议不是法律文书，不具有强制执行力，不能撤销原来的执行文书，仲裁裁决的法律效力，也并未因此消灭。执行和解协议，只能由当事人自动履行。如果当事人一方不按照和解协议履行，另一方当事人则不能根据和解协议申请人民法院强制执行，而应当根据原生效的仲裁裁决，申请人民法院恢复执行程序。

5. 执行担保

执行担保，是指在执行过程中，被执行人或担保人为保证生效的法律文书（包括仲裁裁决在内）所确定的义务得以实现，而向人民法院提供的确保被执行人履行法律文书所规定的义务的保证行为。

被执行人向人民法院的担保有两种方式，一种是可以由被执行人向人民法院提供财产作担保，另一种是可以由第三人出面担保。担保应出具担保书，担保人应有代为履行或代为赔偿责任的能力。在执行中，被执行人向人民法院提供担保并经申请执行人同意的，人民法院可以决定暂缓执行及暂缓执行的期限。被执行人在人民法院决定暂缓执行的期限届满后仍不履行义务的，人民法院可直接执行被执行人的担保财产，或裁定执行担保人的财产，但执行担保人的财产以担保人应当履行义务部分的财产为限。

6. 执行中止

在执行过程中，因发生某种特殊情况而使执行程序暂时停止进行的，叫执行中止。依据《民事诉讼法》第256条规定，出现下列情况的，即应中止执行程序：①申请人表示可以延期执行的；②案外人对执行标的提出确有理由的异议的；③作为一方当事人的公民死亡，需要等待继承人继承权利或承担义务的；④作为一方当事人的法人或其他组织终止，尚未确定权利义务承受人的；⑤人民法院认为应当中止执行的其他情形。

此外，依据《仲裁法》第64条的规定："一方当事人申请执行裁决，另一方当事人申请撤销裁决的，人民法院应当裁定中止执行。"一方当事人申请撤销裁决，在作为执行根据的仲裁裁决可能被撤销的情况下，应暂时停止执行，以待人民法院对撤销裁决申请的处理结果。

人民法院确认应当中止执行的，应当作出中止执行的裁定。裁定书自送达当事人后生效。对中止执行的裁定，不得上诉。裁定中止执行后，人民法院应暂时停止一切执行活动。

中止执行是执行程序的暂时停止，不是执行程序的结束。执行中止前的一切执行活动，不因执行中止而失去效力。中止执行是由于某种情况造成的，这种情况消失后，应当恢复执行，例如中止执行后，当事人撤销仲裁裁决的申请被裁定驳回的，则应恢复对仲裁裁决的执行。

7. 执行终结

在执行过程中，由于发生某种特殊情况，执行程序没有必要或者不可能继续进行，从而结束执行程序，这叫执行终结。终结对仲裁裁决的执行，有下列五种情况：①申请人撤销执行申请；②据以执行的仲裁裁决被撤销；③作为被执行人的公民死亡；④作为被执行人的公民无力偿还借款；⑤人民法院认为应当终结执行的其他情形。

人民法院终结执行，应当制作裁定书。裁定书送达当事人后立即生效，当事人不得上诉。执行程序终结后，也不能再恢复。

思考题

1. 撤销仲裁裁决的决定情形有哪些?
2. 裁决不予执行的法定情形有哪些?
3. 执行中止与执行终止有哪些区别?
4. 执行和解与仲裁中的调解有哪些不同?
5. 什么是执行担保?它有哪些方式?

案例分析题

案例一 仲裁裁决的强制执行必须依靠法院

[案情]

国乐电器商场和某空调厂家就购买一批中央空调签订了合同,合同约定因履行该合同所发生的一切争议,提交乙仲裁委员会仲裁。事后因该空调厂家延期交货,导致国乐电器商场错过销售旺季而遭受损失。双方因违约赔偿问题不能达成一致意见而申请乙仲裁委员会仲裁。乙仲裁委员会经过审理,裁决该空调厂家赔偿国乐电器商场共计人民币 5 万元,1 个月内履行完毕。可是,1 个半月过去了,该空调厂家却迟迟不予履行。经过多次交涉,该空调厂家仍拒绝支付赔偿金。

[问题]

1. 国乐电器商场应如何保护自己的合法权益?
2. 这个案件反映出仲裁组织与法院在执行方面的关系如何?

案例二 法院有权通过撤销裁决对仲裁程序进行监督

[案情]

远方建设开发公司与龙腾技术经济开发公司于 1995 年 4 月 5 日签订《联合建设沙子口九号楼 A 座协议书》,并于同年 5 月 30 日续签补充协议书。按照双方当事人签订的协议及补充协议之规定,龙腾公司在支付相关费用后,获得沙子口小区九号楼的建设开发权。1998 年 7 月 3 日,在该工程竣工后,根据双方协议和工程结算的会议纪要，龙腾公司应向远方建设开发公司支付工程欠款人民币2 514 413. 82元。但经远方建设开发公司多次催要，龙腾公司仍未还款。远方建设开发公司根据协议向甲地仲裁委员会提起仲裁。1999年10月11日甲地仲裁委员会做出裁决，其中，裁决书第三项要求远方建设开发公司缴纳土地出让金取得土地使用权，为龙腾公司办理好产权证。

远方建设开发公司认为，此项裁决事项不仅超出当事人仲裁协议范围，违反了我国法律规定，也给远方建设开发公司带来了严重经济损失，请求法院依法撤销该裁决书第三项。具体理由如下：①仲裁裁决书第三项关于责令“远方建设开发公司缴纳出让金取得土地使用权”的裁决，不在合同双方当事人约定的仲裁协议之内。②“缴纳土地出让金取得土地使用权及办理产权证”是公民、法人与国家之间发生的行政法律关系，它与本案合同纠纷是两种性质完全不同的法律关系。③在以后的补充协议中，仲裁双方又明确约定：“远方建设开发公司负责协调好与京工房地产的关系，使龙腾公司及龙腾公司的联建单位能以京工房地产的直接联建方的名义办理产权，办理产权过程中，政府收取的费用由龙腾公司承担。”

龙腾公司在答辩状中辩称：①甲地仲裁委员会裁决书第三项是有合法依据的。1995年4月5日双方签订的合同中第1条载明：“土地使用权属远方建设开发公司享有。”经调查，远方建设开发公司不具有九号楼土地使用权，仲裁庭裁定由远方建设开发公司取得土地使用权符合合同规定。②双方签订的合同中第2条第3款规定：“远方建设开发公司负责将九号楼A座的产权过户给龙腾公司。”依据合同，龙腾公司的请求得到了仲裁庭的支持。③仲裁庭裁决“由远方建设开发公司缴纳土地使用权出让金”是有法律依据的，并未超出仲裁协议范围。综上，龙腾公司请求驳回远方建设开发公司撤销仲裁裁决申请。

远方建设开发公司对龙腾公司的答辩又作如下答辩：①龙腾公司的答辩明显违背了签约双方合同的明确约定，放弃了自己在合同中的承诺和应当履行的义务，其答辩理由不能成立。仲裁双方就联合开发建设房地产一事，先后订立协议书及补充协议，两份协议关于产权过户问题作出了截然不同的解释和规定，补充协议书第3条作了解决矛盾冲突的规定：“本协议与原协议具有同等法律效力，如有抵触，以补充协议为准。”龙腾公司无视这一客观事实，仍依原协议书中被废除条款作为己见，违背了在补充协议中的承诺。②交纳土地出让金是仲裁双方在合同之外的事项，不属于仲裁协议范围，合同中已明确载明，这是不争的事实。③交纳土地出让金，是土地开发者与政府间发生的法律关系，是土地使用者向国家（即国有土地所有人）履行法定义务的行为，仲裁庭无权代替政府职责，要求远方建设开发公司交纳土地出让金，同时也侵害了京工房地产应有的权利和义务。

经审理，法院认为：①本案中远方建设开发公司与龙腾公司签订的《联合建设沙子口九号楼A座协议书》中明确约定不含土地出让金，应认定关于土地出让金问题不在签约双方仲裁协议范围之内，裁决书中裁决由远方建设开发公司缴纳土地出让金，超出了仲裁协议的范围。②关于沙子口九号楼A座产权办理及归属问题，虽然《联建协议书》中第1条载明“土地使用权属远方建设开发公司享有”，第2条载明“远方建设开发公司负责将九号楼A座的产权过户给龙腾公司”。但在以后的补充协议中，仲裁双方又明确约定：“远方建设开发公司负责协调好与京工房地产的关系，使龙腾公司及龙腾公司的联建单位能以京工房地产的直接联建方的名义办理产权，办理产权过程中，政府收取的费用由龙腾公司承担。”该条款表明，龙腾公司对远方建设开发公司不具备九号楼A座的产权是明知的，而且该条款已否定了《联建协议书》中关于产权归属的约定。③此协议中的上述条款已经涉及仲裁当事人之外的第三方京工房地产的民事权利及义务，而京工房地产不是仲裁的当事人，裁决书第三项的裁决亦应认为超出仲裁协议的范围。

综上，法院认为仲裁委员会应依仲裁条款，在不超出仲裁协议范围的前提下审理仲裁案件。依据《中华人民共和国仲裁法》第58条第1款第2项之规定，裁定撤销甲地仲裁委员会关于该案的裁决书裁决主文的第三项。

[问题]

1. 法院的做法是否正确？为什么？
2. 法院对仲裁的监督主要体现在哪些方面？
3. 法院监督原则对仲裁制度有什么意义？

第五节　涉外仲裁制度

一、涉外仲裁的概念和特点

（一）涉外仲裁的概念

涉外仲裁（The Arbitration Concerning Foreign Affairs），简而言之，就是用以解决含有涉外因素的经济贸易争议的仲裁。其具体含义，根据我国《仲裁法》第七章关于“涉外仲裁的特别规定”的有关说明，是指对涉外经济贸易、运输和海事中发生的纠纷所进行的仲裁。即只要以上争议中的双方当事人在争议发生之前或发生之后已达成协议，自愿将争议提交中国的涉外仲裁机构进行审理作出裁决，这就是涉外仲裁。

作为涉外仲裁，一般来说须具备下列三种情况之一：一是争议的主体（包括自然人和法人）属于不同国家；二是争议的标的物位于外国或者跨越国界；三是争议的法律关系的产生、变更或消灭在外国，如合同的订立、履行和终止在外国，或者争议具有其他涉外因素。这也就是说，在我国，对一方当事人是中国公司企业，另一方是外国公司的仲裁，称为涉外仲裁；对双方当事人都是外国公司的仲裁，也称为涉外仲裁。此外，涉及我国港、澳、台地区的案件根据我国法律也参照涉外案件处理。

中国的涉外仲裁起步于1950年代，经过了一个从无到有、不断发展的过程。最早是中华人民共和国中央人民政府以行政法规的方式，决定建立中国涉外仲裁机构，并初步确立了中国涉外仲裁制度。1982年的《民事诉讼法》（试行）和1991年的《民事诉讼法》都列专章对涉外仲裁原则予以规定。1987年中国加入了《承认及执行外国仲裁决议公约》，这使中国的涉外仲裁制度开始与国际接轨。可以说，涉外仲裁多年来的理论与实践的一些重要原则，为1994年8月31日通过的《中华人民共和国仲裁法》提供了许多宝贵的理论素材和实践经验，并被《仲裁法》所吸收；而《仲裁法》的有关规定，又是对我国涉外仲裁理论和实践的积极肯定，成为涉外仲裁发展中的新里程碑。

（二）我国涉外仲裁的特点

涉外仲裁与国内仲裁比较而言，它具有以下特点：一是申请仲裁的当事人既可以是一方或双方为外国法人或自然人，也可以是一方或双方为中国法人或自然人；二是提请仲裁的内容只能是上述当事人等产生于国际或涉外的契约性或非契约性的经济贸易等争议和海事争议；三是这种争议是由我国涉外仲裁机构进行审理裁决的。

从我国涉外仲裁长期的实践中所体现的成功特色而言，应该说仲裁与调解相结合是我国涉外仲裁一个主要的特点。所谓仲裁与调解相结合，是指仲裁庭在进行仲裁程序过程中，可以对审理的案件进行调解。在涉外仲裁中，这一调解是在当事人完全自愿、案件事实和是非基本清楚的基础上进行的。仲裁庭可以通过灵活的方式促使双方当事人自愿达成和解协议，然后根据和解协议的内容作出裁决书，或者由申诉的一方根据执行情况申请撤案。可见，仲裁与调解相结合作为解决纠纷的一种特别方式，它与单独的调解具有根本的区别。在仲裁与调解相结合时，主持调解的调解员就是同一案件仲裁庭的仲裁员。同时，将仲裁方式和调解方式实行有机结合，即调解成功，则仲裁庭可以依据和解协议作出裁决书结案；调解不成，则仲裁庭可以恢复仲裁程序继续进行仲裁审理。因此，调解并非是仲裁的必经程序。此外，调解是以一定的基本原则为指南的，不能带有任何强制性。总之，仲裁与调解的合理结合和运用，已在我国涉外仲裁中体现了独特的优势，这对于涉外仲裁机构扩大受案数量，赢得国际声誉已起到了和将取得更为显著的作用。

二、涉外仲裁机构及其管辖

（一）涉外仲裁机构的组成与规则

1. 我国涉外仲裁机构的建立和发展

我国目前的涉外仲裁机构有两个：一是中国国际经济贸易仲裁委员会（简称贸仲）；二是中国海事仲裁委员会（简称海仲）。两个仲裁委员会都设在中国国际贸易促进委员会内，是民间性的常设仲裁机构，其总部都设在北京。

中国国际经济贸易仲裁委员会的前身是中国国际贸易促进委员会（以下

简称中国贸促会）所设立的“对外贸易仲裁委员会”和“对外经济贸易仲裁委员会”。

对外贸易仲裁委员会是根据1954年国务院通过的《关于在中国国际贸易促进委员会内设立对外贸易仲裁委员会的决定》于1956年成立的。当时主要是受理对外贸易合同和交易中所发生的争端，特别是外国法人或其他经济组织同中国法人或其他经济组织之间的争端。实行对外开放政策后，为适应我国对外经济交往新形势的需要，国务院于1980年2月决定将“对外贸易仲裁委员会”改名为“对外经济贸易仲裁委员会”，受理案件的范围扩大到了中外当事人之间在国际投资、国际技术转让、国际金融信贷、国际租赁等多种国际经济合作形式中所发生的争端。1988年6月，国务院又批准将“对外经济贸易仲裁委员会”改名为“中国国际经济贸易仲裁委员会”。其受理案件的范围进一步扩大为外国法人或自然人同中国法人或自然人之间，外国法人或自然人之间，中国法人或自然人之间产生于国际或涉外的契约性或非契约性的经济贸易等争议。1989年、1990年国务院又相继批准深圳、上海成立了中国国际经济贸易仲裁委员会的两个分会，使中国国际经济贸易仲裁委员会扩大到全国三地都可以受理和审理案件。

中国国际经济贸易仲裁委员会始终坚持独立性和民间性，实行与国际通行做法相一致的商事仲裁规则，以事实为依据、以法律为准绳，尊重当事人的合同规定，参照国际惯例，实事求是、公正、合理、及时地解决了许多国际经济贸易争端，有效地维护了中外当事人的合法权益。据报道，贸仲经过五十年的不懈努力，走出了一条符合国际商事仲裁发展的成功之路。五十年来，贸仲共审结涉外仲裁案件1万多件，当事人涉及四十多个国家和地区，并已经在英国、美国、日本、德国等二十多个国家和地区得到了承认和执行。从1990年起，受案数量已跃居国际知名仲裁机构的前列。贸仲已成为与国际商会仲裁院、美国仲裁协会、英国伦敦国际仲裁院、瑞典斯德哥尔摩商会仲裁院等齐名的国际商事仲裁机构。[1]

除此之外，中国贸促会还根据国务院决定，于1959年1月成立了海事仲

〔1〕 详见《法制日报》2006年10月19日，第3版。

裁委员会，受理涉外、国际海事方面的争议案件。1988 年 6 月国务院又决定将“海事仲裁委员会”改名为“中国海事仲裁委员会”。中国海事仲裁委员会在三十多年的海事仲裁工作中处理了大量的海事争议，在国内外赢得了良好声誉。由于我国海事仲裁在很多方面与我国国际经济贸易仲裁做法相同，以下将主要介绍我国国际经济贸易仲裁的有关内容。

我国《仲裁法》在肯定我国涉外仲裁经验的基础上，为有利于涉外仲裁事业的发展，对涉外仲裁机构的设立采取了不同于国内仲裁机构的原则。国内仲裁机构是由各省区的中心城市组建的，而涉外仲裁机构则被指定由中国国际商会组织设立。而众所周知，中国贸促会已从 1987 年起同时使用了中国国际商会的名称，即中国国际商会从此时起正式成立。因此，我国《仲裁法》关于设立涉外仲裁机构的规定，事实上正是肯定了中国国际经济贸易仲裁委员会和中国海事仲裁委员会是国内唯一不需重新组建的仲裁机构。纵观世界各国情况，国际商事仲裁机构根据惯例一般都设在商会内。我国《仲裁法》第 66 条关于涉外仲裁委员会可以由中国国际商会组织设立的规定，也是符合国际惯例的。这对于进一步完善中国的涉外仲裁机构将起到有利的作用。

关于涉外仲裁机构的组成，《仲裁法》第 66 条规定，由主任 1 人，副主任若干人和委员若干人组成，其主任、副主任和委员可以由中国国际商会聘任。对于仲裁员的聘任，则特别规定可以从具有法律、经济贸易、科学技术及专门知识的外籍人士中聘任。而对国内仲裁机构，则只允许从国内专业人士中聘任。

2. 我国涉外仲裁机构的仲裁规则

涉外仲裁机构的仲裁规则，是涉外仲裁机构在涉外仲裁过程中所应遵循和适用的程序规范。我国《仲裁法》第 73 条的规定：“涉外仲裁规则可以由中国国际商会依照本法和民事诉讼法的有关规定制定。”这与国内仲裁规则由中国仲裁协会制定，有所不同。

现行的我国涉外仲裁机构的仲裁规则，主要是 2005 年的《中国国际经济贸易仲裁委员会仲裁规则》和 2004 年的《中国海事仲裁委员会仲裁规则》。早在我国涉外仲裁机构成立初，中国贸促会就在 1956 年制定了《对外贸易仲裁委员会仲裁程序暂行规则》；1988 年中国贸促会曾对该规则进行了修改，该规则自1989年1月1日起施行。1993年3月17日，中国贸促会又制定了中国国际经济贸易仲裁委员会新的仲裁规则，新规则自1994年6月1日起施行。而1994年仲裁规则，应该说是一部具有国际先进水平的仲裁规则。它总结了中国涉外仲裁四十年的实践经验，并结合中国实际借鉴了国外仲裁规则的做法，既体现了当事人意思自治又易于操作，主体范围和受案范围也有了更广泛的延伸。但是，由于该《仲裁规则》在《仲裁法》于1995年9月1日生效之前已经施行，因而在某些问题上还存在着一个如何与我国《仲裁法》更好衔接的问题。为此，中国国际商会于1995年9月4日又重新修订并通过了新的《中国国际经济贸易仲裁委员会仲裁规则》。这一新规则于1995年10月1日起施行，它基本继承了1994年仲裁规则的内容，同时又按照我国《仲裁法》的规定进行了相应的修改，从而使我国国际经济贸易仲裁委员会仲裁规则得到进一步的完善。此后，《中国国际经济贸易仲裁委员会仲裁规则》又分别于2000年和2005年两次进行了修改。中国国际经济贸易仲裁委员会现行的仲裁规则，是于2014年11月4日由中国国际贸易促进委员会、中国国际商会修订并通过，并于2015年1月1日生效实施。

应该说，仲裁规则更应与国际通行规则衔接和一致。在国际投资日益活跃，经济交往愈发频繁的商事环境下，中国无论是作为东道国，还是中国企业、个人作为投资者参与的境外投资活动都迅猛增加。根据商务部条约法律司公布的数据，截至2016年，中国已与132个国家和地区缔结了149项双边投资协定。复杂的投资活动、活跃的投资环境、潜在的投资风险，都意味着中国将逐渐参与到投资者与东道国之间的投资争议解决程序中。为此，贸仲加强了对投资条约争议解决的研究，主动关注并积极参与投资争议解决，以便为中国企业和个人及政府未来参与投资争议解决提供服务。于是，贸仲又出台了《中国国际经济贸易仲裁委员会国际投资争端仲裁规则》，并于2017年10月1日起实施。同时，中国国际经济贸易仲裁委员会作为斯德哥尔摩商会仲裁院理事会的理事，还派员参与了其仲裁规则的修订工作。[1]

---

〔1〕 斯德哥尔摩商会仲裁院（以下简称SCC）新修订的仲裁规则（以下简称“《斯德哥尔摩规则》”）自2017年1月1日起实施。SCC成立于1917年，是瑞典最重要的常设仲裁机构，经过一百余年的积淀和实践，在国际仲裁界具有广泛的影响力，是解决国际商事纠纷的重要场所。

（二）涉外仲裁机构的仲裁管辖

1. 仲裁管辖的概念

所谓仲裁管辖，是指仲裁机构受理仲裁案件的权限。它所涉及的主要有两个方面：一是主体问题，即一个具体的案件究竟由法院审判解决，还是仲裁裁决解决，如果经由仲裁解决，具体又应由哪一个仲裁机构受理；二是客体问题，即仲裁机构能够受理哪些种类的案件，不能受理哪些种类的案件。

2. 仲裁管辖的来源

仲裁管辖的来源，主要取决于两个基本因素：

（1）当事人的共同仲裁意愿。当事人仲裁意愿的具体表现，就是当事人之间所达成的仲裁条款或仲裁协议。这应成为仲裁机构或仲裁庭取得仲裁管辖权的首要问题。

（2）国家法律的承认。国家法律作为国家意志的体现，对产生于当事人之间争议的可仲裁性承认与否，以及对仲裁机构管辖范围的授权与限制，是仲裁机构或仲裁庭取得仲裁管辖的另一基本因素。我国对涉外仲裁的管辖，在法律上是明确肯定的。我国《民事诉讼法》第271条规定："涉外经济贸易、运输和海事中发生的纠纷，当事人在合同中订有仲裁条款或事后达成书面仲裁协议，提交中华人民共和国涉外仲裁机构或者其他仲裁机构仲裁的，当事人不得向人民法院起诉。"我国《仲裁法》中，也有明确的肯定性和排除性规定。对仲裁机构而言，只能在法律承认的仲裁管辖范围内受理、审理和裁决争议案件，否则，即使当事人之间订有仲裁条款或协议，仲裁机构也不能将争议纳入自己的管辖范围之内。

3. 中国国际经济贸易仲裁委员会的仲裁管辖

中国国际经济贸易仲裁委员会作为我国涉外仲裁的民间性常设仲裁机构之一，其仲裁管辖的来源，从其历史发展过程看，首先来自我国国务院的一系列《决定》、《通知》及《批复》，即行政法规为其管辖权的确立提供了基本依据。其次，我国《民事诉讼法》和《仲裁法》又进一步确认了中国国际经济贸易仲裁委员会的仲裁管辖。而中国国际经济贸易仲裁委员会在依照我国法律法规的规定行使仲裁管辖权时，同样必须依据当事人的仲裁协议，才能取得对具体案件的仲裁管辖权。

（1）管辖范围。一是从主体上看，中国国际经济贸易仲裁委员会既受理外国法人及/或自然人同中国法人及/或自然人之间的仲裁案件，也受理外国法人及/或自然人相互之间的仲裁案件和中国法人或自然人之间具有涉外因素的仲裁案件。此外，来自我国香港、澳门或台湾地区的当事人为一方与大陆当事人为一方或外国当事人为一方的仲裁案件，也属于该仲裁委员会的管辖范围。二是从争议性质看，中国国际经济贸易仲裁委员会既受理契约性争议，即产生于某一合同关系的争议；也受理非契约性争议，即无合同关系的争议，如侵权争议。但对于非契约性争议，当事人应提交书面的仲裁协议。

除此之外，我国法律、行政法规对于仲裁委员会的受案范围另有特别规定或特别授权的，仲裁委员会可以按照该特别规定或特别授权的范围受理案件。另外，中国国际经济贸易仲裁委员会根据我国《股票发行与交易管理暂行条例》的规定和国务院证券委的指定，还对证券股票争议有仲裁管辖权。

（2）管辖权决定。仲裁的管辖权决定，是指仲裁机构或仲裁庭或仲裁员对于具体的争议案件作出的是否有管辖权的决定。

在一些西方国家，往往由仲裁庭或仲裁员作出仲裁管辖权决定，而我国国际经济贸易仲裁委员会的仲裁管辖权决定长期以来是由该仲裁委员会作出的。这是符合中国国情，并得到了我国法律和行政法规的确认的。

此外，当事人在向中国国际经济贸易仲裁委员会提出管辖权抗辩时，应当遵守仲裁规则关于抗辩的时限规定。即，对仲裁协议或仲裁案件的管辖权的抗辩，应当在仲裁庭首次开庭前提出；对书面审理的案件的管辖权的抗辩，应当在第一次实体答辩前提出。总之，在涉外仲裁中，仲裁机构针对当事人抗辩案件管辖权所提抗辩而作出的仲裁管辖权决定将涉及多方面情况，而仲裁协议的存在和有效性则是一个重要前提。

三、涉外仲裁的协议和基本程序

（一）涉外仲裁协议

1. 涉外仲裁协议的概念

涉外仲裁协议是指涉外经济贸易、运输和海事中的各方当事人自愿将他们彼此间已经发生或可能发生的争议，提交中国涉外仲裁机构裁决的一种协议。我国《仲裁法》第二章关于"仲裁协议"的有关规定，同样适用于涉外仲裁协议。而涉外仲裁协议的形式，根据我国《仲裁法》和联合国《承认执行外国仲裁裁决公约》（即《纽约公约》）及各国公认意见，则只有书面的才有效。

2. 涉外仲裁协议的种类

涉外仲裁协议的种类主要有以下三种：

（1）仲裁条款。专指合同中规定的仲裁条款。即在一份有双方当事人签字的合同文件（如外贸相式合同）中，专门规定将合同当事人之间的争议提交仲裁的一条规定。仲裁条款是最常见的涉外仲裁协议形式。尽管仲裁条款是整个合同的组成部分，但它被视为一项单独的合同，其有效性并不取决于合同其他部分的有效性，即在包含仲裁条款的合同变更、解除、终止、失效或无效后，该仲裁条款的规定对当事人依旧有约束力，除非通过对该条款本身的审查确认其是无效条款。

（2）仲裁协议。通常指在发生争议后达成的书面仲裁协议。这是一个单独的法律文件，也即通常所谓的"仲裁协议书"。这主要是为了区别于广义的仲裁协议。仲裁协议书的达成时间，不限于争议发生之后，也可以争议发生之前达成。

（3）当事人在争议发生前或后通过对另一个含有仲裁条款的书面文件的援引而达成的仲裁协议，这也是涉外仲裁协议经常出现的情况。这里所指的书面文件可以是由当事人所在国之间缔结的某种条约，如该条约其中规定了当事人之间的争议应通过仲裁解决，争议应提交被告所在国的仲裁机构仲裁等。虽然条约本身并不代表具体的贸易合同，但如果当事人在具体贸易合同中规定了这一条约也构成合同组成部分，或规定了合同中未规定的事宜依照该条约处理，则该贸易合同的规定就构成了对条约的援引，其中的仲裁条款则对双方当事人都具有了约束力。

3. 涉外仲裁协议的作用

涉外仲裁协议是涉外仲裁机构管辖案件的主要前提，其作用主要有：①订立仲裁协议的各方当事人均须受该协议的约束；②赋予涉外仲裁机构管辖权；③排除法院的管辖权。

4. 涉外仲裁协议的订立

目前，在解决国际经济贸易争议中，仲裁已越来越成为人们普遍采用的方式。因此，订立一个完善的仲裁协议显得十分重要，否则，就会导致仲裁机构由于当事人之间的仲裁协议不明确而无法受理案件，而法院又因有仲裁协议而不受理案件；或者一方当事人向仲裁机构提请仲裁，另一方当事人以仲裁协议不明确而向法院提起诉讼。其结果就有可能发生或者案件无人受理，或者仲裁机构和法院都受理同一案件的情况。

关于仲裁协议的具体内容与订立，可推荐以下仲裁协议标准格式：

“凡因本合同引起的或与本合同有关的任何争议，均应提交中国国际经济贸易仲裁委员会，按照申请仲裁时该会现行有效的仲裁规则，申诉一方选择由该会在北京或由该会华南分会在深圳或由该会上海分会在上海进行仲裁。仲裁裁决是终局性的，对双方均有约束力”；“仲裁费用除另有规定外，由败诉一方负担”。

“凡因执行本租船合同（或救助契约等）所引起的争议，均应提交中国海事仲裁委员会按照其现行仲裁规则进行仲裁。仲裁裁决是终局性的，对双方当事人均有约束力。”

至于在争议发生后双方所签订的仲裁协议并无固定格式，可以根据具体争议事项签订。

（二）涉外仲裁的基本程序

1. 仲裁申请

根据中国国际经济贸易仲裁委员会仲裁规则的规定，仲裁申请有以下要求：

（1）提交仲裁申请书。在仲裁申请书上应写明：申请人和被申请人的名称和地址、申请人所依据的仲裁协议、案情和争议要点、申请人的请求及所依据的事实和证据等。如果委托代理人办理或参与的，应提交书面委托书，并写明委托代理人的具体情况。在提交的仲裁申请书中，还应附具申请人的请求所依据的事实的证明文件。申请人在申请仲裁时，应按对方当事人和组成仲裁庭的仲裁员人数提交仲裁申请书、有关证明文件及其他有关文书的副本，以备被申请人答辩和仲裁员审查。在一般情况下，仲裁申请书为一式 5 份，若被诉人一方有两个或两个以上的当事人则还需增加。

（2）指定或委托代为指定1名仲裁员。当事人有权在仲裁委员会仲裁员名册中指定1名自己信任的、根据其争议性质认为在这方面有专长或经验的仲裁员。申请人也可以委托仲裁委员会主席代表指定一名仲裁员。

（3）预交规定的仲裁费。根据《中国国际经济贸易仲裁委员会仲裁规则》的规定，仲裁委员会除按照其制定的仲裁费用表向当事人收取仲裁费外，还可以向当事人收取其他额外的、合理的实际开支。

当事人申请证据保全的，中国国际经济贸易仲裁委员会应当将当事人的申请提交证据所在地的中级人民法院。

2. 受理

中国国际经济贸易仲裁委员会在收到仲裁申请书及其附件后进行审查，这种审查是对仲裁申请的表面审查，不涉及案件的实体事项。审查结果如认为合乎《中国国际经济贸易仲裁委员会仲裁规则》的要求，手续齐备的，即予立案；否则，将不予受理。

中国国际经济贸易仲裁委员会受理仲裁申请后，应立即向被申请人发出仲裁通知，并将申请人的仲裁申请书及其附件，连同中国国际经济贸易仲裁委员会的仲裁规则、仲裁员名册和仲裁费用表各一份，发送给被申请人。被申请人应当在收到仲裁申请书之日起20日内，在仲裁员名册中指定1名仲裁员，或委托仲裁委员会主席指定；被申请人应在收到仲裁申请书之日起45日内，向中国国际经济贸易仲裁委员会提交答辩书及有关证明文件。被申请人也可以放弃答辩。被申请人未提交书面答辩或申请人对被申请人的反请求未提出书面答辩的，不影响仲裁程序的进行。仲裁庭认为有正当理由的，可以延长此期限。

在反请求中，应写明其要求及所依据的事实和证据，附具有关证明文件，并应按申请人的人数及仲裁员人数提交副本。在提起反请求时，还应预缴仲裁费。对于逾期提出的反请求，仲裁委员会可以不予受理。

3. 仲裁庭的组成

（1）仲裁员的指定。首先，应由双方当事人在仲裁委员会仲裁员名册中各自指定或委托仲裁委员会指定1名仲裁员。然后，由双方当事人共同选定或者共同委托仲裁委员会主任指定第3名仲裁员。如果双方当事人在收到仲裁通知20日内没有共同选定或者共同委托仲裁委员会主任指定第3名仲裁员，则由仲裁委员会主任为被申请人指定第3名仲裁员担任首席仲裁员。

同时，双方当事人还可以在仲裁员名册中共同选定或委托仲裁委员会主任指定1名仲裁员作为独任仲裁员，成立仲裁庭，单独审理案件。如果双方当事人约定由1名独任仲裁员审理案件，但在被申请人收到仲裁通知之日起20天内未能就独任仲裁员的人选达成一致意见，则由仲裁委员会主任指定。

（2）仲裁员的回避。当事人对被指定的仲裁员的公正性和独立性产生具有合理理由的怀疑时，可以书面向仲裁委员会提出要求该仲裁员回避的请求，但应说明提出回避请求所依据的具体事实和理由，并举证。当事人对仲裁员的回避请求应在第一次开庭审理15天之前以书面形式提出，如果要求回避事由的发生和得知是在第一次审理之后，则可以在最后一次开庭终结之前提出。

当事人提出回避请求后，应由法院还是仲裁机构作出决定，各国对此做法不一，多数国家都由法院作出最终裁决，少数国家则规定仲裁机构的决定是终局的。按照我国《中国国际经济贸易仲裁委员会仲裁规则》的规定，仲裁员是否回避，由仲裁委员会主席作出决定。

此外，如果当事人在仲裁程序中享有的要仲裁员回避的权利及其他权利（如对仲裁申请提出反请求、对管辖权提出异议）在其行使期限内没有得到及时行使或当事人没有提出反对意见，而是继续进行仲裁程序，则应认为当事人已放弃这些权利。在仲裁裁决作出后，败诉方当事人便不得以上述权利未行使为理由而拒绝仲裁裁决。因此，上述条款有力地维护了当事人尤其是胜诉方当事人的合法权益。而这一放弃异议条款的规定，也几乎是国际上所有国际商事仲裁机构的一致做法。

4. 审理

（1）审理原则和使用语言。涉外仲裁的审理原则，即应当根据事实，依照法律和合同规定，参考国际惯例，并遵循公平合理原则，独立公正地作出裁决。在使用语言上，《中国国际经济贸易仲裁委员会仲裁规则》规定，仲裁委员会以中文为正式语文，当事人另有约定的则从其约定。这主要是因为涉外仲裁在大部分情况下都涉及外国当事人，允许双方当事人另有约定，既尊重了当事人意愿，也方便了当事人的仲裁活动，而且与国外大多数仲裁机构关于仲裁使用语言的规定相一致，也体现了我国涉外仲裁的国际化。

（2）开庭。涉外仲裁机构审理案件以开庭不公开审理为仲裁原则，但经双方当事人的申请或征得双方当事人的同意，仲裁庭也认为不必开庭审理的，可以不开庭审理，只依据书面文件进行审理并作出裁决。双方当事人要求公开审理的，由仲裁庭决定。

开庭审理，首先应确定开庭时间、地点。仲裁案件第一次开庭审理的日期，经仲裁庭与仲裁委员会秘书处商定后，由秘书局开庭前30日通知双方当事人（以后开庭审理的不受30天限制）。当事人有正当理由的可以请求延期，但必须在开庭前12天以书面形式向秘书局提出；是否延期，由仲裁庭决定。在仲裁庭开庭审理案件时，如果一方当事人或其代理人不出席，仲裁庭可以进行缺席审理或作出缺席裁决。

由仲裁委员会受理的案件应当在北京审理，经仲裁委员会出席批准，也可以在其他地点进行审理。由仲裁委员会分会受理的案件应当在该分会所在地进行审理，经分会主席批准，也可以在其他地点进行审理。根据《仲裁法》第七章关于涉外仲裁的特别规定，涉外仲裁的仲裁庭可以将开庭情况记入笔录，或作出笔录要点，笔录要点可以由当事人和其他仲裁参与人签字或者盖章。

仲裁案件的当事人如果在仲裁庭之外自行达成和解，可以请求仲裁庭根据其和解协议的内容作出裁决结案，也可以申请撤销案件。案件撤销，发生在仲裁庭组成之前的，由仲裁委员会秘书长作出决定；发生在仲裁庭组成之后的，由仲裁庭作出决定。当事人就已撤销的案件再次向仲裁委员会提出仲裁申请的，由仲裁委员会主席作出受理或不受理的决定。

（3）证据的收集和审定。在涉外仲裁审理中，有关证据的最重要问题是收集证据和对证据进行审查判断。首先，当事人对其申请或答辩的依据的事实有提供证据、予以证明的责任，对于当事人提供的证据，仲裁庭必须经审查核实，予以认定。其次，如果认为必要，仲裁庭也可以自行调查事实，收集证据，如就案件中的专门问题向专家咨询或指定鉴定人进行鉴定（专家和鉴定人可以是中国或外国的机构或公民），就争议事实向第三者调查或进行现场调查等。对于专家意见和鉴定结论，仲裁庭在审定之前应交给双方当事人评论，以便他们提出意见；必要时，专家和鉴定人可以出庭作出解释。调查取得的专家意见、鉴定结论和其他结论或信息，符合争议事实情况和本质属性的，由仲裁庭将之作为证据予以认定。

5. 调解

在仲裁程序中进行调解，这是我国涉外仲裁的重要特点。如果双方当事人有调解愿望，或一方当事人有调解愿望并经仲裁庭征得另一方当事人同意的，仲裁庭可以在仲裁程序进行过程中对其审理的案件进行调解。仲裁庭可以按照其认为适当的方式进行调解。仲裁庭在进行调解的过程中，任何一方当事人提出终止调解或仲裁庭认为已无调解成功的可能时，应停止调解。在仲裁庭进行调解的过程中，双方当事人在仲裁庭之外达成和解的，应视为是在仲裁庭调解下达成的和解。经仲裁庭调解达成和解的，双方当事人应签订书面和解协议；除非当事人另有约定，仲裁庭应根据当事人书面和解协议的内容作出裁决书结案。如果仲裁调解不成功，任何一方当事人均不得在其后的仲裁程序、司法程序和其他任何程序中援引对方当事人或仲裁庭在调解过程中发表过的、提出过的、建议过的、承认过的以及愿意接受过的或否定过的任何陈述、意见、观点或建议作为其请求、答辩及/或反请求的依据。

6. 裁决

即通过仲裁对争议所作的处理决定，是终局性的，仲裁庭应当在组庭后9个月作出仲裁裁决书。

（三）涉外仲裁的简易程序

简易程序是上述普通程序的简化程序，是我国涉外仲裁机构审理简单涉外经济贸易及争议等案件所适用的一种简便易行的仲裁程序。

由于中国国际经济贸易仲裁委员会受理的案件数量逐年上升，其中有一部分案件争议金额较小、案情较简单，或争议金额量大、但案情并不复杂，在此情况下，当事人都希望争议解决得越快越好，要求仲裁程序进行的时间能尽量缩短。为此，在中国国际经济贸易仲裁委员会的仲裁规则中，专就简易程序设立一章作出具体规定。

1. 简易程序的适用范围

除非当事人另有约定，简易程序一般适用以下两种类型的案件：一种是争议金额不超过人民币 50 万元的案件；另一种是争议金额数超过人民币 50

万元，但双方当事人书面同意适用简易程序的案件。

对于第一种，仲裁委员会一般可以自行决定适用简易仲裁程序，即在一方当事人向仲裁委员会提出仲裁申请后，经审查认为争议金额不超过人民币50万元，其他申请仲裁的手续完备可以受理的，仲裁委员会秘书局将立即向双方当事人发出该案适用简易程序的仲裁通知。对于上述第二种，在仲裁实践中主要通过以下方式实现，即一方当事人向仲裁委员会书面提出适用简易程序的要求，然后由仲裁委员会征得另一方当事人的书面同意。

2. 仲裁员的指定和审理

简易仲裁程序的仲裁庭由仲裁员1名组成，成立独任仲裁庭审理案件。仲裁员指定的方式，有以下规定：除非双方当事人已从仲裁委员会仲裁员名册中共同选定了1名独任仲裁员，双方当事人应在被申请人收到仲裁通知之日起15天内在仲裁委员会仲裁员名册中共同委托仲裁委员会主任指定1名独任仲裁员。双方当事人逾期未能共同选定或者共同委托仲裁委员会主任指定的，仲裁委员会主任应立即指定1名独任仲裁员成立仲裁庭审理案件。在涉外仲裁实践中，后一种指定独任仲裁员的方式运用较普遍。

在简易程序中，仲裁审理的方式可以是书面审理，也可以开庭审理。如果仲裁庭决定开庭审理，仲裁庭只开庭一次。确有必要的，仲裁庭可以决定再次开庭。开庭审理的案件，仲裁庭应在开庭审理或再次开庭审理之日起30天内作出仲裁裁决书；书面审理的案件，仲裁庭应当在仲裁庭成立之日起90天内作出仲裁裁决书。在仲裁庭的要求下，仲裁委员会秘书长认为确有必要和确有正当理由的，可以对上述期限予以延长。

总之，简易仲裁程序相对于普通仲裁程序而言，主要是程序的简化、方式的灵活，而仲裁庭审理案件所遵循的原则与普通仲裁程序则相同。

四、涉外仲裁的裁决与执行

（一）涉外仲裁的裁决

1. 裁决期限

根据涉外仲裁的基本程序，仲裁庭应在组庭后9个月内作出仲裁决书。在仲裁庭的要求下，仲裁委员会认为确有正当理由的，可以延长该期限。

2. 裁决形式

《中国国际经济贸易仲裁委员会仲裁规则》对裁决的形式没有作出明确的规定，但根据有关条文可认为，涉外仲裁裁决在形式上必须符合两点要求：其一，裁决必须是书面的；其二，裁决须经仲裁员签署。而且，仲裁裁决书应当由仲裁庭全体或者多数仲裁员署名（若仲裁庭由3名仲裁员组成）；如果少数仲裁员有不同意见，也可以不署名，但其意见可以作成记录附卷。当仲裁庭不能形成多数意见时，仲裁裁决则依首席仲裁员的意见作出，在此情况下，首席仲裁1人在裁决书上签署即可，其他两位持不同意见的仲裁员可以在裁决书上署名，也可不署名，但其意见可以作成记录附卷。独任仲裁庭的仲裁裁决，由该独任仲裁员署名即可。

3. 裁决内容

仲裁庭在其作出的仲裁裁决中，应当写明以下内容：①仲裁请求；②争议事实；③裁决理由；④裁决结果；⑤仲裁费用的负担；⑥裁决的日期和地点。

当事人协议不愿写明争议事实和裁决理由的，以及按照双方当事人和解协议的内容作出裁决的，可以不写明争议事实和裁决理由。

4. 裁决生效

作出仲裁裁决书的日期，即为仲裁裁决生效的日期。裁决一经生效，即为终局裁决，它对双方当事人均有约束力，任何一方当事人均不得向法院起诉，也不得向其他任何机构提出变更仲裁裁决的请求。

当然，裁决的终局效力是指裁决在实体上的终局性。如果裁决在程序上有缺陷，当事人可以依法申请撤销裁决，或者申请不予执行。根据《中国国际经济贸易仲裁委员会仲裁规则》的规定，只有在裁决有漏裁事项或者书写、打印、计算错误时，才可提出补充或变更裁决的实体内容，但当事人书面申请的提出和仲裁庭的补充或更正均受到严格的期限限制。

5. 中间裁决和部分裁决

如仲裁庭认为必要或者由当事人提出经仲裁庭同意时，可以在仲裁过程中的任何时候，就案件的任何问题作出中间裁决或部分裁决。任何一方当事人不履行中间裁决，不影响仲裁程序的继续进行，也不影响仲裁庭作出终局裁决。部分裁决往往构成最终裁决的一部分。

（二）涉外仲裁裁决的执行

我国涉外仲裁裁决的执行，得到了充分的法律支持。早在1987年4月22日，我国加入联合国《承认及执行外国仲裁裁决公约》（即《纽约公约》）后，涉外仲裁机构作出的裁决便在国际上得到了广泛的承认和执行。我国《民事诉讼法》第二十六章“仲裁”和第二十七章“司法协助”中有7条内容涉及仲裁裁决的执行。1994年的《仲裁法》对涉外仲裁的执行作了特别规定，其基本原则与《民事诉讼法》的规定都是一致的。中国国际经济贸易仲裁委员会的《中国国际经济贸易仲裁委员会仲裁规则》也依法对裁决的执行作了相应规定。所有这些，都从各方面完善了我国涉外仲裁的执行制度。

1. 涉外仲裁机构裁决在我国境内的执行

我国涉外仲裁机构作出的发生法律效力的仲裁裁决，根据我国《民事诉讼法》第273条的规定，“当事人不得向人民法院起诉。一方当事人不履行仲裁裁决的，对方当事人可以向被申请人住所地或者财产所在地的中级人民法院申请执行”。我国《仲裁法》第62条也规定：“当事人应当履行裁决。一方当事人不履行的，另一方当事人可以依照民事诉讼法的有关规定向人民法院申请执行。受申请的人民法院应当执行。”由此可见，涉外仲裁机构作出的裁决在我国境内执行，主要有以下三方面的法律规定：

（1）当事人应自动履行裁决。这是因为涉外仲裁机构受理案件，是以当事人的仲裁协议为前提的。仲裁庭按照仲裁规则确立的原则和程序，独立公正地审理仲裁案件，对其裁决当事人则应自动履行。根据《中国国际经济贸易仲裁委员会仲裁规则》的规定：“当事人应当依照仲裁裁决书写明的期限自动履行裁决；仲裁裁决书未写明期限的，应当立即履行。”这正是协议仲裁原则所产生的必然结果。

（2）一方当事人不自动履行时，另一方当事人可以申请强制执行。强制执行必须具备两个条件：一是败诉方当事人在规定的期限内不予自动履行；二是必须有胜诉方当事人的申请，否则，司法部门是不会主动予以强制执行的。此外，我国法院关于申请强制执行规定的期限是：双方或一方当事人是公民的为1年，双方是法人或者其他组织的为6个月。超过这个法定期限，视为当事人放弃行使申请的权利，有管辖权的法院将不再受理。

（3）申请强制执行的当事人必须向被申请人住所地或财产所在地的中级人民法院申请。这一规定在于有利于裁决的顺利执行，从而能更好地维护当事人的合法权益。《中国国际经济贸易仲裁委员会仲裁规则》也就此作出规定："一方当事人不履行的，另一方当事人可以根据中国法律的规定，向中国法院申请执行。"例如，《福建日报》2004 年 8 月 11 日报道，有两位台湾地区当事人发生债务纠纷，经台湾地区仲裁机构仲裁，一方当事人负有偿还债务的义务。可是该当事人可供执行的财产在厦门市。该案一方当事人向厦门市中级人民法院提出诉讼，请求法院确认该案仲裁的法律效力。2004 年 7 月 23 日，厦门中院依法裁定，对台湾地区中华仲裁协会裁决的效力予以认可。7 月 30 日，台湾地区申请人向厦门中院申请执行该财产。据悉，此类型案件在祖国大陆尚属首例。申请人和华（海外）置地有限公司法人代表翁俊谦与被申请人凯歌（厦门）高尔夫球俱乐部有限公司吴明秀，都是台北市人，两人因投资高尔夫球俱乐部发生了债权债务纠纷。该债权债务纠纷案业经台湾地区中华仲裁协会作出裁决：被申请人应给付申请人 390 万美元及自 1999 年 11 月 29 日起至清偿日止按年利率 5% 计算的利息，并承担 65% 的仲裁费。可是，因被申请人可供执行的财产在厦门市，申请人遂申请厦门中院认可该裁决的法律效力。厦门中院受理该案后，依据《最高人民法院关于人民法院认可台湾地区有关法院民事判决的规定》第 9 条和第 19 条规定，对台湾地区中华仲裁协会裁决内容的效力予以审查，认为该仲裁机构裁决的内容没有违反祖国大陆的法律规定，遂裁定对该仲裁机构裁决的内容予以认可。据介绍，随着海峡两岸民间相互往来的增加，特别是经贸关系的加强，涉台民商事案件日益增多。而及时、公正、有效地保护当事人的合法权益，这对促进海峡两岸民间关系的发展无疑具有重要意义。因此，法律人士指出，该案的审结对今后此类案件的审查将有一定的指导作用。〔1〕

我国法院对涉外仲裁的执行，按照有别于国内仲裁的执行条件予以执行，只作程序上的审查。这一做法，是得到我国法律的确认的。我国《仲裁法》

〔1〕 梅贤明、郑金雄、周红岩：《厦门中院审结祖国大陆首例认可台湾仲裁机构裁决案》，载《福建日报》2004 年 8 月 11 日。

第71条援引了我国《民事诉讼法》第274条的规定，即："对中华人民共和国内涉外仲裁机构作出的裁决，被申请人提出证据证明仲裁裁决有下列情形之一的，经人民法院组成合议庭审查核实，裁定不予执行：（一）当事人在合同中没有订有仲裁条款或者事后没有达成书面仲裁协议的；（二）被申请人没有得到指定仲裁员或者进行仲裁程序的通知，或者由于其他不属于被申请人负责的原因未能陈述意见的；（三）仲裁庭的组成或者仲裁的程序与仲裁规则不符的；（四）裁决的事项不属于仲裁协议的范围或者仲裁机构无权仲裁的。"以上规定，均不涉及实体上的审查而只针对程序问题。对此，当事人的举证是很重要的，如果当事人不举证说明，则法院不会主动对其要求进行审查。

对于涉外仲裁裁决被人民法院裁定不予执行的，我国《民事诉讼法》第275条的规定："当事人可以根据双方达成的书面仲裁协议重新申请仲裁，也可以向人民法院起诉"。我国《仲裁法》第9条中对此规定更为明确："当事人就该纠纷可以根据双方重新达成的仲裁协议申请仲裁，也可以向人民法院起诉。"即当事人只有在重新达成仲裁协议后才能向仲裁机构提出仲裁申请，否则，只能由人民法院管辖。

2. *涉外仲裁机构裁决在我国境外的执行*

根据我国《仲裁法》第72条的规定，涉外仲裁委员会作出的发生法律效力的仲裁裁决，当事人请求执行的，如果被执行人或者其财产不在中华人民共和国领域内，应当由当事人直接向有管辖权的外国法院申请承认和执行。而外国法院对我国涉外仲裁裁决的承认和执行情况并不一致：

（1）需要在1958年《纽约公约》成员国内执行的，当事人可以根据该公约向有关国家有管辖权的法院或其他主管机关申请执行。这一公约，在国际商事仲裁史上占有特殊的地位。它克服了各国法院对外国仲裁裁决设置的障碍，简化了承认和执行外国仲裁裁决的程序。目前，加入该公约的国家和地区已有一百多个，我国是于1987年4月20日正式加入的。这就意味着我国涉外仲裁机构的裁决能在世界上一百多个缔约国内以简便的手续和宽松的条件得到承认和执行。具体做法是：如果被申请承认和执行的国家是公约的缔约国，我国一方当事人就应按公约的规定，向对方有管辖权的法院提交仲裁条款或仲裁协议和经过认证机构认证的合同副本、仲裁裁决正本。这些文件都要翻译成执行国文字，有些国家还要求经其领事馆或公证机构对翻译本认证后才有效。向被执行人所在国司法部门申请强制执行，最好请对方国家的当地有经验的律师办理执行手续，因为他们熟悉本国法律及其运作程序，而且不少国家法律规定，只允许本地律师出面向法院申请执行外国仲裁裁决。所以，聘请当地律师在向外国法院申请执行中显得十分重要。

1958 年《纽约公约》对申请在外国强制执行仲裁裁决的期限问题未作规定，一般都取决于各国法律的规定，如美国规定的期限是 3 年，英国是 6 年，泰国是 1 年。超过了期限，外国法院则不再受理申请。

（2）需要在非《纽约公约》成员国申请执行的，则根据双方条约或协定中订有的仲裁裁决执行的内容予以办理。一般这些内容中都体现了司法协助和互惠原则，即双方相互承认与执行在对方境内作出的仲裁裁决。

而如果申请执行国与我国既无 1958 年《纽约公约》成员国关系，又非司法协助或互惠关系国，则根据我国《民事诉讼法》的规定，应通过外交途径，向对方国家法院申请承认和执行。

思考题

1. 如何理解涉外仲裁的含义？
2. 我国涉外仲裁主体有哪些特征？
3. 涉外仲裁的受案范围有何不同？
4. 涉外仲裁的法律适用原则有哪些？
5. 涉外仲裁如何执行？

案例分析题

案例一　涉外案件中约定由国外的临时仲裁机构进行仲裁的仲裁条款是否有效？

［案情］

A 公司是美国一家航运有限公司，B 公司是中国的一家物资进出口总公司。1999 年 5 月 10 日，B 公司与 A 公司签订了一份航运合同，约定由 A 公司根据B公司的要求，将B公司从加拿大购买的一批物资运往中国大连港。航运合同中订有仲裁条款，双方约定在航运合同履行过程中产生的一切争议或与航运合同有关的一切争议，在美国纽约进行临时仲裁，并在仲裁条款中，明确了选定仲裁员、组建仲裁庭的方法，制定了仲裁规则。1999年10月10日，B公司购买的物资被如期运到中国大连港。在B公司进行验货时，发现货物有损坏，于是因赔偿问题与A公司发生纠纷。A公司依据仲裁条款的规定在美国提请临时仲裁。B公司向人民法院提出管辖权异议，认为该仲裁条款中没有选定仲裁机构，不符合《仲裁法》对仲裁协议有效要件的规定，因此主张该仲裁协议无效。

[问题]

在涉外案件中，约定由国外的临时仲裁机构进行仲裁的仲裁条款是否有效?

案例二 法院驳回不予执行的申请，执行涉外仲裁裁决

[案情]

申请执行人（原仲裁申请人）：广州B装饰公司

被申请执行人（原仲裁被申请人）：荷兰A公司

1998年4月6日，荷兰A公司与广州B装饰公司签订了一份装修合同，双方约定由广州B装饰公司承包荷兰A公司租用的南海大厦210、212房间的室内装饰工程，承包方式为包工包料，工程造价为人民币33万元，由A公司先付2/3的工程款，即22万元，工程完工验收合格后1个月内支付其余1/3的工程款，即11万元。合同中订有仲裁条款，约定："产生于合同的一切争议，应由双方协商解决，协商不成的，提交广州市仲裁委员会进行仲裁。"合同签订后，荷兰A公司给付广州B装饰公司工程款22万元，此后B公司按照合同约定和A公司的要求如期完工，由A公司于1998年10月6日验收合格。之后，A公司一直未向B公司付清工程欠款。经协商未果，B公司于1999年1月15日向广州仲裁委员会提请仲裁，要求荷兰A公司还清工程欠款。广州仲裁委员会受理此案后，组成仲裁庭审理了此案。

经双方当事人充分举证、辩论后，仲裁庭依据事实和法律于1999年2月21日作出如下裁决：责令荷兰A公司在裁决送达后1个月内向B公司付清工

程余款。裁决送达后，荷兰A公司一直未履行义务，广州B公司于1999年5月18日向广州市中级人民法院提出执行申请，请求法院强制荷兰A公司向B公司付清工程余款。同时，荷兰A公司向法院提出了不予执行的申请，认为：双方在仲裁条款中没有选定明确的仲裁委员会，事后也未达成补充仲裁协议，受理装饰合同纠纷一案的仲裁委员会与协议选定的仲裁委员会名称不符。根据《仲裁法》第16条和第18条的规定，该协议书中的仲裁条款无效，根据《仲裁法》第71条和《民事诉讼法》第274条第1款第1项的规定，A公司主张法院不予执行该仲裁裁决。

广州市中级人民法院受理本案后，依法组成合议庭进行了审理。认为：广州B公司按照合同约定和A公司的要求如期完工，并由荷兰A公司于1998年10月6日验收合格。广州B公司履行了合同中的义务。因为广州市区只有一个仲裁委员会即“广州仲裁委员会”，尽管双方在仲裁条款中约定的仲裁机构为“广州市仲裁委员会”，但完全可以断定双方选定的仲裁机构与受理装饰合同纠纷一案的仲裁委员会是同一机构，因此荷兰A公司主张仲裁条款无效，进而不予执行仲裁裁决的主张缺乏事实和法律依据。法院作出如下裁决：驳回荷兰A公司不予执行的请求，责令荷兰A公司向B公司付清工程余款。

[问题]

人民法院执行涉外仲裁裁决是否合法？为什么？

第六节　港澳台地区仲裁法律制度

一、香港地区仲裁法律制度

（一）香港地区的仲裁立法

香港地区以1950年英国《仲裁法》为蓝本，于1963年7月5日颁布了香港第一部仲裁法——《香港仲裁条例》（Arbitration Ordinance）（以下简称《仲裁条例》）。该条例从内容到文字几乎完全照搬了1950年英国的《仲裁法》。随着英国1979年对其《仲裁法》的重大修改，香港地区亦在1982年对其《仲裁条例》进行了大幅度的修改。1982年，香港地区新的《仲裁条例》

既汲取了英国1979年《仲裁法》的精华，又有许多创新和发展，如增加了调解，适用联合国国际贸易法委员会仲裁程序等。[1] 此后，随着经济的发展和实际需要，又分别在1984年、1985年、1987年、1989年、1991年及1996年对有关条文作了修改和增减。特别是1996年新的《仲裁条例》，作了诸多重要修改，如放宽了对仲裁协议形式的要求、明确给予仲裁员责任豁免（immunity）、授权仲裁员去判断谁应承担官司费用等。现行的《香港仲裁条例》是《2000年仲裁（修订）条例》。目前，将仲裁制度作为独立的立法体例已成为世界的一种潮流和趋势，香港地区也正在积极酝酿仲裁独立立法。

（二）香港地区的仲裁法渊源

香港地区法律属普通法系（英美法系）。其法律渊源有普通法、衡平法、条例、附属立法和习惯法。根据1997年2月23日第八届全国人民代表大会常务委员会第24次会议通过的《关于根据〈中华人民共和国香港特别行政区基本法〉第160条处理香港原有法律的决定》的规定，香港原有法律是指“香港地区的普通法、衡平法、条例、附属立法和习惯法，而不是指英国制定的现在适用于香港地区的法律”。[2] 除同《基本法》抵触者外，均可采用为香港特别行政区法律。香港地区的仲裁法渊源，主要是经过多次修改了的《香港仲裁条例》。由于香港地区还是采用《联合国国际贸易法委员会国际商事仲裁示范法》（虽然该《示范法》在香港地区曾被修改）的地区，因此，该《示范法》也是其仲裁的法律渊源之一。

此外，香港地区还参加了1958年6月10日订于纽约的《承认及执行外国仲裁裁决公约》（以下简称《纽约公约》），因此，《纽约公约》也是香港地区仲裁的法律渊源。英国是《纽约公约》的缔约国，香港地区是以所谓的“英国属地”而适用该公约的，而英国在加入《纽约公约》时作了互惠保留。

（三）香港地区仲裁的种类

香港地区仲裁的种类主要分为港内仲裁与国际仲裁。

1. 港内仲裁

港内仲裁，是指凡仲裁协议中明示或默示地规定该争议不在香港地区以

〔1〕 董立坤：《香港法的理论与实践》，法律出版社1990年版，第288页。
〔2〕 肖蔚云主编：《一国两制与香港基本法律制度》，北京大学出版社1990年版，第43页。

外的任何国家或地区进行仲裁，并在仲裁开始，签署该仲裁协议或提出仲裁申请的人，如其为自然人，则都为香港居民，或居住在香港地区以内；如当事人为法人或公司，则其成立地或主要营业机构所在地均在香港地区。对港内仲裁，根据香港地区仲裁规定予以裁决。对“港内仲裁”作出的裁决当事人可以提起上诉，但同时规定，如果当事人约定了排除上诉程序和排除司法监督，这种约定也是有效的。这项规定保证了当事人意思自治的不可撼动性。香港地区通过对仲裁条例多次重大修改，在原有意思自治基础上又大大向前迈出了一步，如对仲裁协议效力的确认，完全摆脱了严格形式限制，只要有仲裁字样就为有效的仲裁协议。

2. 国际仲裁

国际仲裁，是指仲裁当事人中有一方或双方为外国国籍或居住在香港以内地区；如果提出仲裁申请的为公司或法人，则该公司成立地或者在香港以外地区，或者该公司的主要营业所在地在香港以外地区。它包括所有的国际贸易仲裁与海事仲裁。对国际仲裁，采用联合国国际贸易法委员会仲裁规则作出裁决，成立于1985年的香港国际仲裁中心既能接受国际仲裁案件，也受理港内的商业纠纷。

香港地区的港内仲裁与国际仲裁之间还独具一种相互转轨机制。根据《仲裁条例》的规定，对属于港内仲裁的，当事人可以达成协议要求适用该条例中关于国际仲裁的规定；对属于国际仲裁的，当事人亦可用书面形式选择适用关于港内仲裁的规定。上述规定，实质上尊重了当事人决定仲裁程序的意思自治权，符合国际商事仲裁立法的趋势。

（四）香港地区的仲裁员

1. 仲裁员的资格

在香港地区，对仲裁员的资格没有法定要求。任何人（包括外国人）都有可能被任命为仲裁员。“一个水平极低、莫名其妙的人被其中一方当事人任命为仲裁员是极有可能的。”〔1〕 但是，仲裁条例对高等法院法官、地方法院法官、地方裁判署法官及公职人员被指定担任仲裁员或首席仲裁员的情形作

〔1〕 杨良宜：《国际商务仲裁》，中国政法大学出版社1997年版，第236页。

了规定。另外，当事人可以在仲裁协议中约定对仲裁员的资格要求，如要求仲裁员是商业人士、律师等；或要求仲裁员由某一机构的主席来指定，如一般的商事、海事仲裁，指定机构应该是香港国际仲裁中心。

2. 仲裁员的指（选）定

在香港地区，指定仲裁员的方式主要有当事人选定和法院指定。当事人选定仲裁员应依据仲裁协议进行，而法院指定仲裁员是对当事人选定仲裁员规则重要的补充。但是，1996 年香港地区的《仲裁条例》还将部分原由法院指定仲裁员的权力交给了香港国际仲裁中心。因此，在特定情形下，香港国际仲裁中心也有权指定仲裁员。此外，《仲裁条例》还规定了依据仲裁协议规定由一位既非仲裁当事人也非现有仲裁员的第三人指定仲裁员或首席仲裁员的方式。

3. 仲裁员的责任

在英美法系国家，法官一般不对其职务上的行为负民事责任，法官在司法上的不当行为可以豁免于任何赔偿责任，即享受司法豁免。这一理论扩展到仲裁领域后就形成了仲裁豁免论。仲裁员因其仲裁行为而免于承担民事责任。香港地区 1996 年新的《仲裁条例》明确给予仲裁员豁免权（immunity of arbitrator），除非他被证明是“恶意”（bad faith）或“不诚实”（dishonesty）。

（五）香港地区的仲裁协议

仲裁协议是双方当事人自愿将他们之间发生的争议提交仲裁解决的一种书面意思表示。它既是当事人将争议提交仲裁的依据，又是仲裁机构和仲裁员受理争议案件的依据。仲裁必须具备仲裁协议，否则，法院也不能就无书面仲裁协议作出的仲裁裁决予以强制执行。因此，仲裁协议是仲裁活动的基石。

1. 仲裁事项

在香港地区不可裁的事项有：由于欺诈、涉及工业产权、专利、商标、外观设计权的有效性或侵权的争议事项；有关结婚、离婚、父母子女关系或非法交易中的争议事项等。而可以仲裁的事项通常是当事人有权处分的事项，如通过协议达成和解的任何民事问题。

2. 仲裁地点

依国际惯例，在仲裁协议中无其他规定时，仲裁通常适用仲裁地法。因此，仲裁地点的选择至关重要。在香港地区，仲裁地点的选择有三种：在香港地区仲裁、在被诉方国家仲裁、在双方同意的第三国仲裁。

香港地区为顺应国际商事仲裁制度的国际化和统一化的趋势，对其《仲裁条例》作过多次重大修改，以最充分地尊重当事人意思自治，尊重仲裁条款的合意性。

（六）香港地区仲裁裁决的效力及司法监督

在香港地区，国际商事仲裁裁决是终局的，对双方当事人有拘束力。在港内仲裁中，当事人对仲裁裁决可以提起上诉。法庭在决定该等上诉时，可以发出下列命令：①确认、更改或者撤销原裁决。经过更改的裁决应视为是仲裁员或首席仲裁员作出的裁决；②将案件发回仲裁员或首席仲裁员重新考虑，并附上法庭对上诉事宜以及由此产生的法律问题的意见。除非得到香港高等法院或高等法院原讼法庭的允许，任何仲裁当事人的上诉只能向高等法院提出。对高等法院的决定，当事人不得再向高等法院原讼法庭提出上诉。但是，双方当事人可以订立排他协议以排除法院的司法干预。签订有排他协议的仲裁，各方当事人不得对仲裁裁决向法院提出上诉。在香港地区，双方当事人订立排除上诉权利的协议的内容范围是不受限制的。排他协议可以明确针对某些具体裁决、根据协议提交仲裁所作出的裁决或任何其他裁决，无论这些裁决是不是在同一次仲裁中作出的。不过，《仲裁条例》又规定，如果排他协议的各方当事人其后又达成其他书面协议，借以取消排他协议，排他协议便不再有效，直到各方当事人再次订立排他协议为止。

（七）关于仲裁裁决的承认与执行

关于仲裁裁决的承认与执行，主要可分为以下三种情况：

1. 港内仲裁裁决在香港地区的执行

此等裁决与法院判决或决定具有同样的法律效力。在法院的许可下，可以用执行法院判决或决定的同样方法保证其执行，或将裁决的内容转变为法院判决而予以执行。

2. 港外仲裁裁决在香港地区的执行

它可分为“外国仲裁裁决的执行”与“公约裁决的执行”。其中，“外国仲裁裁决”是指香港以外地区或国家仲裁机构作出的裁决，它必须是在1924年7月28日后作出的裁决，且该裁决必须是根据《日内瓦仲裁条款议定书》

所适用的仲裁协议而作出的裁决，并且请求执行裁决的当事人所属国与英国有执行裁决的互惠协议。“公约裁决”是指根据香港地区以外的国家或地区达成的仲裁协议所作的裁决且作出上述裁决的国家或地区必须是1958年《纽约公约》的缔约国或地区。但1997年后，1923年《日内瓦仲裁条款议定书》、1927年《日内瓦执行外国仲裁裁决公约》将不再适用于香港特别行政区。[1]因此，此后的港外仲裁裁决就是指公约裁决。

香港地区对内地涉外仲裁机构的仲裁裁决视为“公约裁决”。香港地区法院执行的第一起中国涉外仲裁机构在内地作出的仲裁裁决，是将裁决条款列为判决的条款，然后按执行香港法院判决同样的方式执行的。

自1989年首起中国涉外仲裁机构在内地作出的仲裁裁决在香港地区得到承认和强制执行以来，已有一百多个中国国际经济贸易仲裁委员会仲裁裁决在香港地区得到了强制执行，只有2个仲裁裁决因程序方面的问题被拒绝执行。[2] 到目前为止，香港地区法院还没有以“公共秩序”为理由拒绝执行中国涉外仲裁机构裁决的判例。实践证明，“香港地区与内地目前在相互承认与执行仲裁裁决方面的合作，可以说是迄今为止两地最为正规、最有法律保障的司法协助形式”。[3]

从1997年香港回归祖国后，两地间以往的那种按《纽约公约》来相互承认与执行仲裁裁决的形式已不再适用。目前，两地有关部门正在就此问题做积极的协商。“香港律政司司长梁爱诗最近表示，为维持人们对本港作为金融、贸易和仲裁中心的信心，政府将作出适当安排，使内地与香港特区能相互执行仲裁裁决。为此，律政司已开始与内地有关当局商讨，并打算在达成协议后，建议修订《仲裁条例》，确保内地所作的仲裁裁决可循简易程序在香港执行。”[4]

---

〔1〕 徐宏：《国际民事司法协助》，武汉大学出版社1996年版，第394页。

〔2〕《香港高等法院资料》，1995，MP1274；《香港上诉法院资料》，1995，NO.213，转引自邹立刚：《国际商事仲裁裁决的承认和执行》，载《国际私法与比较法年刊》（创刊号），法律出版社1998年版，第410页。

〔3〕 徐宏：《国际民事司法协助》，武汉大学出版社1996年版，第391页。

〔4〕《使香港与内地能相互执行仲裁裁决、香港律政司建议修改〈仲裁条例〉》，载《中国律师报》1998年10月10日，第4版。

3. 香港地区仲裁裁决在内地的执行

中国国际经济贸易仲裁委员会香港仲裁中心，系国内仲裁机构在内地以外设立的第一家分支机构，近日因其一纸裁决在内地的执行而受到业内广泛关注。

贸仲香港仲裁中心，依据香港地区法律在香港地区设立，其机构所在地是香港地区。在“一国两制”的原则下，贸仲香港仲裁中心受香港地区法律的规管。2015 年 1 月 1 日起施行的《贸仲仲裁规则》专门设立了“香港仲裁的特别规定”一章。依据该章的规定，贸仲香港仲裁中心接受并管理以下两类仲裁案件：①当事人约定由贸仲香港仲裁中心仲裁的案件；②当事人约定由贸仲在香港地区仲裁的案件。除非当事人另有约定，贸仲香港仲裁中心管理的案件仲裁地是香港地区，仲裁程序适用法是香港地区《仲裁条例》及相关法律，仲裁裁决是香港地区裁决。

在上述的这起案件中，南京中院裁定执行的是贸仲香港仲裁中心编号为“HKSC20150003 号”案的裁决书。该案双方当事人分别来自美国和中国内地，双方的代理人均为中国内地律师，均指定了内地的专家为仲裁员，首席仲裁员由香港地区律师担任。仲裁庭在仲裁规则规定的裁限内，即组庭后 6 个月内审结案件。裁决作出后，败诉方当事人主动履行了部分裁决事项，胜诉方遂申请强制执行裁决的其余部分。

该案是当事人首次向内地法院申请强制执行贸仲香港仲裁中心的裁决。南京中院的裁定，从司法层面上肯定了贸仲香港仲裁中心的裁决是香港地区裁决，执行依据是《最高人民法院关于内地与香港特别行政区相互执行仲裁裁决的安排》，对贸仲及其香港仲裁中心具有重要意义。

本案的特殊性则在于，中国内地法院承认和执行了中国内地仲裁机构作出的，仲裁地在中国内地法域之外的香港地区法域的仲裁裁决。目前，在“一带一路”政策背景之下，中国仲裁界对于中国国内的仲裁机构如何“走出去”，积极受理世界范围内的国际商事案件，讨论十分热烈。

本案作为贸仲香港仲裁中心的“第一案”，其意义至少有以下六点：一是中国仲裁机构施行“离岸仲裁”或者“审管分离”仲裁模式，既有了该案仲裁机构的实务结果参照，也有了该案例的司法指引参照。二是中国各仲裁机构正在积极参与“一带一路”各种仲裁示范条款的制定工作，纷纷向仲裁机构所在地的国有企业、民营企业以及个人投资者推荐本机构。三是本案执行所持依据只是涉及两地安排，但可以此类推《纽约公约》，中国仲裁机构以新加坡等《纽约公约》成员国作为仲裁地的仲裁裁决，将在中国内地得到承认和执行。四是南京市中级人民法院裁定执行中国国际经济贸易仲裁委员会香港仲裁中心（“贸仲香港”）所作出的裁决，表明了内地法院对贸仲香港仲裁裁决质量的认可。五是本案所涉裁决，虽然由内地仲裁机构中国国际经济贸易仲裁委员会设在香港地区的分支机构作出，但由于仲裁地在香港地区，该裁决属于香港地区仲裁裁决，而非内地仲裁裁决。所以，南京市中级人民法院执行该裁决的依据是《最高人民法院关于内地与香港特别行政区相互执行仲裁裁决的安排》。六是这一案例明晰了我国法院对“仲裁地”这一法律概念的认可，将以仲裁地作为判断裁决“国籍”的标准这一原则，在涉外仲裁裁决执行领域具有典型意义。今后，中国仲裁机构受理的案件，如果仲裁地在境外，有关裁决也应该会被认定为境外仲裁裁决，其在中国法院的强制执行将按照《纽约公约》的规定来进行，或者按照执行我国港、澳、台地区仲裁裁决的特别程序来进行。

二、澳门地区仲裁法律制度

（一）澳门地区仲裁法律制度的建立

澳门地区自 16 世纪中叶以来，逐渐成长为一个繁荣的商业社会，并一直在东西方交流中起着桥梁作用。中国实行改革开放后，澳门地区在南中国地区经济圈中的重要地位得到进一步加强。如今，澳门地区不仅域内商业交往频繁，而且与中国内地、香港地区和台湾地区乃至世界各国和地区均有广泛的商业联系。在这种背景下，在澳门地区产生或者与澳门地区有关的各种民商事纠纷自然会日益增多。过去，澳门地区的民商事纠纷除了在民间用中国传统的方式加以解决外，主要通过诉讼解决，尽管在 1962 年澳门地区施行的《民事诉讼法典》第四卷也有仲裁制度的规定，但长期有名无实。如果澳门地区仍然固守自己的传统，仅依赖司法诉讼途径去解决民商事争议，显然不能满足实际的需要。

因此，澳门地区有必要尽快建立自己的民商事仲裁制度和机构。直到1991年8月29日，第112/91号法律所通过的《澳门司法组织纲要法》第5条第2款才规定："得设立仲裁庭，并得设非司法性质之方法及方式，以排解冲突。"然而，上述规定亦仅仅是纲要性质，还不能算是一套完整的仲裁法律制度。

到了1996年，当时的立法会在《司法组织纲要法》的基础上制定了《仲裁法律制度》（即第29/96/M号法令），在澳门地区建立了新的本地仲裁制度。该法规一共44条，规范了仲裁的标的、适用之法律、仲裁协议之形式、仲裁庭之组成、仲裁员人之指定、仲裁员及参与人之报酬、仲裁之程序、裁决及上诉等，为自愿仲裁的进行创造了必要的法律条件。但是这一法令，仅是对《民事诉讼法典》第四卷所规定的仲裁制度的修正，是澳门地区解决民商事争议的新尝试。而且，这一法令是就澳门地区本地仲裁作出的规定，并不适用于国际仲裁。

考虑到以机构形式长期进行仲裁工作，将更有利于当事人利用自愿仲裁解决争议。澳门地区政府又于同年7月制定了第40/96/M号法令，确立了机构自愿仲裁的法律制度。事实上，借仲裁解决大部分因国际或涉外商事关系产生的争议，是全球化的趋势。为此，立法会于1998年11月核准了第55/98/M号法令（即《涉外商事仲裁专门制度》），该法规几乎完全参照联合国国际贸易法委员会于1985年通过的《国际商事仲裁示范法》。

（二）澳门地区仲裁法律制度的主要内容

澳门地区政府第29/96/M号法令共有三章44条。第一章（第1条至第39条）规定自愿仲裁；第二章（第40条）规定强制仲裁，即特别法规之仲裁，它要求特别法规定的仲裁依特别法支配，无特别法规定的仲裁依自愿仲裁之规定；第三章（第41条至第44条）为最后及过渡规定，规定了机构自愿仲裁、废止、修改和该法令的生效等问题。

该法令第一章关于自愿仲裁的规定是其本体，其内容主要是：

1. 当事人意思自治原则

当事人意思自治是第29/96/M法令的首要原则。该法令第1条规定：争议当事人，无论是自然人还是法人，都可以通过缔结仲裁协议将其争议提交1

名或数名仲裁员仲裁解决。这一原则，还在该法令的许多其他条款中得到体现。例如，根据该法令第 4 条第 1 款，当事人可以约定通过仲裁解决争议，甚至包括正在受法院审理的争议。另外，对仲裁过程中的许多事项，该法令都规定先由当事人通过仲裁协议约定，在无约定时，才要求当事人依该法令的有关规定。

2. 仲裁的对象

仲裁的对象，即可仲裁的事项或争议。按第 29/96/M 号法令，涉及可处分权利的争议均可作为仲裁的对象，这意味着涉及不可处分权利的争议不得进行仲裁。不可处分的权利是指主体不能转移或消灭的权利，如配偶之个人权利、人身权、亲权等。另外，下列争议也不得通过仲裁解决：①特别法规定应由法院和通过强制制裁处理者；②已经确定裁判的争议；③导致检察院参与诉讼之争议。该法令关于仲裁事项的规定是较为广泛的，不仅包括商事争议，也包括许多一般民事争议。

3. 仲裁的法律适用

第 29/96/M 号法令第 3 条规定，仲裁员应依据现行法律，即澳门地区现行法律进行仲裁。这意味着，当事人没有权利选择非澳门地区法律支配其争议。但该条同时肯定，当事人可以在仲裁协议中或者订立的其他书面协议中明示准许仲裁员依公平或衡平原则仲裁。这也就是说，当事人可以授权仲裁员抛开法律依公平或衡平原则仲裁。

关于仲裁程序的法律适用，按照第 29/96/M 号法令第 21 条的规定，当事人可以在仲裁协议或随后的书面协议中约定仲裁应遵守的程序规则。当事人也可以约定适用某一专门机构所制定的仲裁规章，在当事人未就仲裁所适用的程序规则约定时，则由仲裁员确定。

4. 仲裁协议

争议当事人可以通过仲裁协议将其现存或将来可能发生的争议提交仲裁。仲裁协议应是书面的，既可以在合同中以仲裁条款的形式出现，也可以以单独的仲裁协议为之。如果仲裁协议载于合同中，主合同无效并不导致仲裁协议无效。仲裁协议应明确规定争议事项，指定仲裁员或最低限度地指出指定仲裁员的方式。当事人对有关争议事项不一致时，由仲裁庭决定。当事人还可以在作出仲裁裁决之日前签署文件废止仲裁协议，并通知仲裁庭。

5. 仲裁庭

仲裁庭由当事人指定的独任仲裁员或单数之数名仲裁员组成。当事人在仲裁协议中无仲裁员人数的约定时，仲裁则由 3 名仲裁员组成。当事人指定双数仲裁员时，则由被指定之仲裁员协商选定另一名仲裁员，不能达成协议时，由澳门地区普通管辖法院作出有关任命。仲裁庭的首席仲裁员，由当事人选定或以当事人书面确定的选定方式选择，否则，由仲裁员互选产生，仍不能选时，由澳门地区普通管辖法院选定。关于仲裁员的指定，当事人应在仲裁协议中指定一名或数名仲裁员，或者确定仲裁员的方式，如无指定或约定，则由每一方当事人指定一名仲裁员；如约定每一方当事人指定一名以上仲裁员，则双方所指定的人数必须相同。

第 29/96/M 号法令要求仲裁员具有完全行为能力。同时，当事人也可在仲裁协议中指定一个法人作仲裁员。该法人按其规章筹组仲裁工作。而在设立仲裁庭之前曾担任同案调解人者，不得再担任仲裁员，除非当事人另有约定。

对于仲裁员的指定，被指定者可以自由接受或拒绝指定。接受指定后，基于嗣后发生之原因而不担任仲裁员的，可以自行回避。但是，接受仲裁员指定后无合理理由推辞担任职务时，应对由此造成的损害负责。当事人或被指定的仲裁员还可按民事诉讼法的规定申请回避或自行回避。仲裁员还可以因被指定后所出的原因而被拒绝。任何仲裁员死亡、自行回避、被拒绝或不能担任职务或因任何理由使指定无效时，应按照适用于指定或任命之规则进行替换，当事人可以约定不得替换。

6. 仲裁程序

第 29/96/M 号法令要求，在仲裁程序中，当事人应获绝对的平等对待，且任何一方当事人应有行使权利的机会。就争议及仲裁程序中所出现的问题，在确保适用辩论原则的前提下，任何一方当事人应有充分机会支持其主张及表述其观点。被诉人需被传唤作出答辩，且可以在仲裁协议范围内提出反诉。在作出终局裁决前，应听取双方当事人口头或书面意见。而且，在向当事人发出有关仲裁庭审查证据之听证及讨论解决法律问题之会议日期及地点的通知，以及所有陈述书、申请书、所提交的文件及裁决书时，应提前足够时间并以挂号信或其他约定的方式为之。

7. 仲裁裁决

在无仲裁协议明确规定的情况下，仲裁庭应在6个月内作出仲裁裁决，但这一裁决期间可以经当事人书面协议延长一次或多次。在一般情况下，如仲裁庭由1名以上的仲裁员组成，仲裁员之裁决取决于表决之多数。但是，仲裁协议或随后签署的书面协议可以规定由特定多数作出决议，或者不能取得必要的多数时，则由首席仲裁员自行决定。仲裁员的终局裁决必须是书面的，并由仲裁员签名。属1名以上仲裁员参与之仲裁程序，有关裁决应载有仲裁庭多数成员之签名，并应有其他成员不签名的原因。仲裁裁决除载明通常的内容外，还应说明裁决的理由。

仲裁裁决作出后，如无约定其他期间时，任何一方当事人得自终局裁决通知日起30日内，有一次机会请求更正任何错漏、误算或相同性质的错误，或者澄清裁决依据或裁决部分含糊或模棱两可之处。仲裁庭也可依职权更正上述错误。在听取当事人意见之后，仲裁庭应对更正或澄清之请求作出决定，该决定为仲裁裁决的补充及组成部分。

仲裁庭将仲裁裁决通知当事人后，如无任何更正或澄清之请求，仲裁庭首席仲裁员应命令将裁决书正本存于澳门地区普通管辖法院办事处，并将有关事宜通知当事人。而仲裁员的权利在裁决通知发出后终止。

仲裁裁决作出后，在一定条件下，当事人可以上诉。根据第29/96/M号法令第34条规定，当事人可以在仲裁协议或随后签署的书面协议中确定一上诉仲裁审级，但必须订明提起上诉的条件及期间、上诉的方式及审理上诉之仲裁实体之组成，否则其规定无效。不过，当事人引用的仲裁机构规章对上述事宜已有规定者不受此限制。另外，当事人也可以在仲裁协议或在随后签署的书面协议中确定。仲裁裁决上诉应向澳门高等法院提出，且在程序上适用《民事诉讼法》的相应规定。但无论如何，约定允许仲裁员按公平或衡平原则进行裁决时，不得就仲裁裁决提起上诉。

在澳门地区，仲裁裁决一经确定，也即仲裁裁决不能请求更正、澄清或上诉时，即具有与普通管辖法院判决相同的执行效力。仲裁裁决的执行，由澳门地区普通管辖法院按规定进行。被执行人可以按照民事诉讼法的规定反对仲裁裁决的执行。

8. 仲裁裁决的无效及撤销

仲裁裁决在下列情况下被视为无效：①有关争议不是涉及当事人可处分权利的争议，不能通过仲裁途径解决；②未传唤被诉人答辩，且被诉人未参与有关程序；③仲裁庭审理不属其管辖权范围内的问题或未对应审理问题进行审查；④裁决违反公共秩序原则。

在澳门地区，任何利害关系人或检察院可以随时主张裁决无效，所作出的裁判得向高等法院提起上诉。

在当事人未约定可以对仲裁裁决上诉时，仅澳门地区普通管辖法院可以在下列任何一情况下撤销仲裁裁决：①当事人一方无缔结仲裁协议的能力，或者就非常仲裁争议进行裁决；②裁决由无管辖权或不符合规则设立的仲裁庭作出；③没有遵守仲裁程序的一般原则；④裁决不是书面的并欠缺仲裁员签名，或者仲裁员不签名原因；⑤裁决未说明理由。

就申请撤销仲裁裁决，任何一方当事人可以在裁决通知之日起 30 日内向澳门地区普通管辖法院提出。撤销之诉待决，不妨碍根据仲裁裁决无效提起执行之诉。而且，对撤销之诉的判决可以向高等法院提起上诉。

（三）澳门地区仲裁法律制度展望

1996 年澳门地区制定的两部法规虽然设定了澳门地区仲裁制度的基本框架，但是却没有处理涉外仲裁的问题。

第 29/96/M 号法令的颁布，意味着在澳门地区建立了较为现代化的本地仲裁制度。这也可以说明是澳门地区法制的一大进步。但是，仅有此法令是不够的，现在的问题的关键是有关方面应积极行动起来，以保证该法令的贯彻实施。尽管载有仲裁制度的葡萄牙《民事诉讼法典》早于 1962 年延伸适用于澳门地区，但澳门地区后来三十多年事实上一直没有民商事仲裁的事例和机构。第 29/96/M 号法令颁布以来，尽管澳门地区报刊对该法令有所报导，也有个别组织表示将依此法令建立仲裁中心，如澳门消费委员会计划设立“消费自愿仲裁中心”，但从总的情况来看，各方面的反映并不强烈。

鉴于此，澳门地区政府应指定一机构或设立一仲裁委员会来推动开展仲裁工作。在政府的推动和协助下，澳门地区应尽快成立一常设性民间仲裁机构，可称之为“澳门仲裁中心”或“澳门仲裁院”。该仲裁机构，应根据当事人在争议发生之前或者在争议发生之后达成的将争议提交该仲裁机构进行仲裁的仲裁协议和一方当事人的书面申请，既受理产生于国际民商事交往中的争议案件，也受理产生于澳门地区本地的民商事争议案件，而且在1999年后还应受理跨中国内地、澳门地区、香港地区和台湾地区等区际民商事争议案件。该仲裁机构最好以第29/96/M号法令为根据，借鉴《联合国国际商事仲裁示范法》和《联合国国际贸易法委员会仲裁规则》，并参照其他国家或地区的仲裁实践，制定自己的仲裁规则，可以有选择地聘请世界上特别是东南亚及中国内地、香港地区、台湾地区和澳门地区本地的知名专业人士和法律专家担任备选仲裁员，建立自己的仲裁员名册。尤其重要的是，澳门地区应尽快制定自己的国际仲裁法，以此健全自己的仲裁制度，推动和规范本地区涉外仲裁活动的开展。[1]

目前，澳门地区正在以《联合国国际商事仲裁示范法》为范本草拟另一国际仲裁法，以建立国际仲裁制度。这表明，澳门地区将对本地仲裁和国际仲裁分别进行立法。

三、台湾地区仲裁法律制度

（一）台湾地区的仲裁立法

台湾地区的现代商事仲裁制度肇始于20世纪60年代。1961年1月20日，台湾地区颁布了“商务仲裁条例”，但其内容颇为简陋，且仲裁的适用以商事争议为限。1970年代末以来，随着外向型经济的发展，涉及“外国”仲裁裁决申请在台执行的案件逐渐增加，但所谓“条例”却缺乏此类规范。为因应经济发展的需要，在1982年6月和1986年12月，台湾地区对所谓“条例”作了两次修正，增订承认与执行“外国”仲裁裁决以及当事人得以书面约定仲裁判断可迳行强制执行，无须法院为执行裁定等。同时，明定仲裁判断（即仲裁裁决）应在3个月内作出；仲裁判断经法院撤销后，当事人可以

〔1〕 黄进：《澳门本地仲裁制度初探》，载中国仲裁网，2004年2月27日。

就争议事项提起诉讼；仲裁契约（即仲裁协议）当事人依所谓“民事诉讼法”申请假扣押或假处分时，不适用“民事诉讼法”第259条规定，仲裁契约当事人也可以依所谓“民事诉讼法”的规定保全其请求；仲裁判断前的和解与仲裁判断有同等效力等。

随着各个国家和地区仲裁制度的相互借鉴，尤其是在《联合国国际商事仲裁示范法》（下称“《示范法》”）的推动下，各国、各地区仲裁制度的趋同化进程大大加快，所谓“条例”已明显落后于时代潮流，为此，台湾地区法律事务主管部门决定参考《示范法》及英、美、德、日等国家的仲裁立法，全面修正“条例”，制定新的“仲裁法”。[1]

1998年6月24日，台湾地区颁布了“仲裁法”。该法自1998年12月24日正式施行。这次“仲裁法”的修正，强调“国际化与自由化”，并加强对仲裁当事人权益的保障，尊重当事人自治，确保仲裁人及仲裁程序的公正性。新“仲裁法”共56条，分为8章：第一章仲裁协议；第二章仲裁庭之组织；第三章仲裁程序；第四章仲裁判断之执行；第五章撤销仲裁判断之诉；第六章和解与调解；第七章外国仲裁判断；第八章附则。[2]

2002年7月10日，台湾“仲裁法”又经修正，仍是8章56条，但其更为完善且与国际接轨。

（二）台湾地区仲裁法律制度的特点

台湾地区的“仲裁法”，不仅广泛借鉴英、美、德、日等国的仲裁制度，而且注重吸收《示范法》的先进立法经验，其立法思想和具体规范均基本符合仲裁制度的最新发展趋势，尤其是确立了效率优先的基本价值取向，既注重扩大当事人意思自治的范围与程度，又赋予仲裁庭较大的权力；在法院与仲裁庭关系上，强调“更多之协助”与“更少之干涉”，发挥仲裁制度之功能，维持仲裁机制中权利与权力的平衡，保障仲裁程序的快捷进行。

台湾地区的仲裁法律制度，主要有以下特点：

1. 实行任意仲裁制度

在台湾地区，仲裁有任意仲裁和强制仲裁之分。任意仲裁，系指有关可

---

〔1〕 林俊益：《论仲裁法之修正》，载《法令月刊》1998年第12期，第16～27页。

〔2〕 吴庚等编纂：《月旦六法全书》，台湾元照出版有限公司2001年版，第2354～2358页。

仲裁纠纷是否以仲裁的方式解决取决于当事人之间的自由协议；而强制仲裁，则指不论当事人的意思如何，依据法律规定，当发生某种纠纷时，必须以仲裁方式解决，仲裁员的权限不是来源于当事人的合意，而来自法律规定的授权。根据台湾地区 1998 年“仲裁法”的规定，台湾地区主要实行任意仲裁制度。

2. 承认临时仲裁的效力

以仲裁的组织形式为标准，可将仲裁分为机构仲裁和临时仲裁。机构仲裁，是指在常设的仲裁机构管理下进行的仲裁。[1] 临时仲裁，则指不要常设仲裁机构的协助，直接由双方当事人指定的仲裁员自行组成仲裁庭进行的仲裁。[2] 目前，台湾地区只有一个常设的仲裁组织，即“商务仲裁协会”（该协会于 1999 年 6 月 1 日更名为“中华仲裁协会”），属于民间团体。但是，台湾地区“仲裁法”和原“条例”都明确承认临时仲裁的效力。在台湾地区，临时性仲裁亦为法令所允许。

3. 规定可仲裁事项的范围较广

继中国加入 WTO 后，中国台湾地区于 2002 年 1 月 1 日以独立关税区的名义也迈进 WTO 的大门而成为其第 144 个成员方。入世后，商事仲裁一直是台湾地区解决经贸纠纷的最佳途径。

目前，台湾地区“仲裁法”规定的可仲裁事项的范围较为广泛，为“有关现在或将来依法得和解者之争议”，即凡属于当事人有权自由处分的事项，只要不违反社会的善良风俗和法律的禁止性规定都可以申请仲裁。

4. 承认临时仲裁

仲裁起源于临时仲裁，从世界范围来看，通过临时仲裁解决的纠纷要多于机构仲裁。查台湾地区所谓“仲裁法”，仲裁的形式可以分为“仲裁协会办理的仲裁”（即机构仲裁 Institution Arbitration）和“非经仲裁协会办理的仲裁”（即临时仲裁 Ad Hoc Arbitration）这两大类的。

临时仲裁，又称特别仲裁，是指双方当事人在纠纷发生后共同选择仲裁

〔1〕 韩健：《现代国际商事仲裁法的理论与实践》（修订版），法律出版社 2000 年版，第 29 页。

〔2〕 沈达明、冯大同、赵宏勋：《国际商法（下册）》，对外贸易教育出版社 1982 年版，第 199 页。

员组成临时仲裁庭进行仲裁，在裁决作出后仲裁庭即告解散的仲裁方式。相比机构仲裁而言，临时仲裁具有办案快、费用低、程序更灵活、对当事人的意愿更为尊重、更能提高效率和减少开支等优势。因此，当事人约定通过临时仲裁方式解决争议，在国际上已得到普遍尊重。与此相适应，台湾地区所谓“仲裁法”明确承认临时仲裁的效力。依台湾地区学者的观点，认为“依商事仲裁协会组织及仲裁费用规则第38条‘非经商务仲裁协会所办理之仲裁事件其仲裁费用之收取，得准用本规则’之规定观之，台湾临时仲裁亦为法令所允许”。可见，我国台湾地区的“仲裁法”承认临时仲裁，这是与国际通行惯例接轨的。

5. 任意选择仲裁员

台湾地区的“仲裁法”在规定了仲裁人的资格以后，给予了当事人更大的选择空间，即可以在仲裁协会仲裁员名册中选定一名仲裁员，也可以在符合法定仲裁人资格的人员当中任意选择，即机构仲裁员名册是推荐性的，而不是强制性的。

6. 优先适用台湾地区有关规定

在台湾地区，“两岸关系条例”专门规定了涉及两岸民事案件的法律适用原则。其主要的原则与大陆《民法通则》是一致或相近的，但在许多情形下，附加了优先适用台湾地区有关规定的要求。同时，“两岸关系条例”还规定了一些禁止性的法律条文，如第69条“取得或设定不动产物权、承租土地之集中”、第70条“大陆地区法人等为法律行为之禁止”、第71条“连带责任”和第72条“大陆地区人民等为台湾地区法人成员之禁止”。这些禁止性的规定，不仅限制了法律适用的范围，而且对大陆和台湾地区本地的仲裁裁决的认可和执行，作出了实体内容的制约。如果仲裁裁决与这些规定冲突，台湾地区法院可以“违背台湾地区公共秩序”为由拒绝认可其效力。[1]

在台湾方面，据了解，台湾地区最主要的仲裁机构“仲裁协会”，尚未受理有关两岸经贸纠纷的仲裁案件，也还谈不上在大陆申请认可和执行。

目前在台湾地区，对于台湾地区内仲裁裁决一般情况下须在法院作出执

〔1〕 详见郭晓文：《海峡两岸之间经贸仲裁的发展和前瞻》，载《仲裁与法律》2002年第1期。

行裁定后才形成执行力。虽然台湾"仲裁法"规定在一定情形下可以直接申请强制执行，但总体上对仲裁裁决的执行力作了严格的限制，特别是对于域外仲裁裁决，台湾"仲裁法"规定须法院承认其效力并于裁定执行之日起才形成执行力。

台湾地区1992年颁布的台湾"台湾地区与大陆地区人民关系条例"第74条第1项规定："在大陆地区作成之民事确定裁判，民事仲裁判断，不违背台湾地区之公共秩序及善良风俗者，得申请法院裁定认可。"据此，大陆仲裁机构作出的仲裁裁决，当事人可以向台湾地区法院申请承认和执行。这一规定，在海峡两岸区际仲裁裁决的执行方面也较具创造性，受到大陆和台湾地区各界基本肯定。

7. 赋予法院对仲裁裁决的审查权

从台湾地区"仲裁法"的规定来看，法院对仲裁裁决的司法审查，并没有区分涉外仲裁和本地仲裁，但台湾地区"仲裁法"仍然赋予法院一定的审查权。其"仲裁法"第38条规定，"有下列各款情形之一者，法院应驳回其执行裁定之申请：①仲裁判断与仲裁协议标的之争议无关，或逾越仲裁协议之范围者。但除去该部分亦可成立者，其余部分，不在此限。②仲裁判断书应附理由而未附者。但经仲裁庭补正后，不在此限。③仲裁判断，系命当事人为法律上所不许之行为者。"可见，这些规定均仅要求就程序问题进行审查，不涉及对实体问题的审查。在这一点上，台湾所谓"仲裁法"赋予了法院较小的审查权。

8. 承认与执行仲裁裁决可能的解决方式

目前，台湾地区仍然承认在香港地区所发生的仲裁，并且对于香港地区的仲裁裁决有较强的执行力。

1958年《纽约公约》第2条第1款规定，仲裁协议应以书面形式作成；1985年联合国《示范法》第7条第2款规定，仲裁协议应是书面的。台湾地区"仲裁法"与当前的仲裁立法趋势大体一致，也明确要求仲裁协议采用书面形式。

（三）仲裁协议的生效要件

根据台湾地区"仲裁法"，仲裁协议包括合同中订立的仲裁条款和以其他书面方式在纠纷发生前或者纠纷发生后达成的请求仲裁的协议。其仲裁协议的生效要件是：

第一，仲裁协议是当事人申请仲裁的基础，也是仲裁机构进行仲裁活动的依据。

第二，仲裁协议必须以其有效为前提条件；否则，仲裁协议对当事人就不产生法律效力，不能作为仲裁机构行使管辖权和进行仲裁程序的依据，不可以排除法院的管辖权，以及不能申请强制执行仲裁裁决。

第三，仲裁协议除了需具备一般契约的成立和有效要件外，更需具备所谓“仲裁法”所规定的关于仲裁协议的特别要件。

台湾地区所谓“仲裁法”第1条和第2条对仲裁协议的特别要件也作出了规定。概而言之，仲裁协议应具备以下三个特别要件：①仲裁协议的标的须是“依法得和解者”之现在或将来的争议；②仲裁的标的须是“关于一定之法律关系，及由该法律关系所生之争议”；③仲裁协议的形式要件。台湾地区所谓“仲裁法”与当前的仲裁立法趋势大体一致，也明确要求仲裁协议采用书面形式。

同时，台湾地区的仲裁立法，对仲裁协议的“书面”形式仍有严格的限制。例如，就台湾地区海事仲裁而言，似乎并未能彻底改变台湾地区“最高法院”关于“载货证券系运输人或船长‘单方’签名的证券”的见解。而根据国际航运实践，仲裁条款一般都已在提单中明确规定，且仅有船长签字。所以，台湾地区很大一部分提单中仲裁条款的效力将成为不确定的问题。因此，台湾地区有关仲裁立法在仲裁协议的形式要件方面，还有待进一步明确。

（四）仲裁员的资格

台湾地区所谓“仲裁法”第6条规定：“具有法律或其他各业专门知识或经验，信望素孚之公正人士，具有下列资格之一者，得为仲裁员：①曾任实任推事、法官或检察官者；②曾执行律师、会计师、建筑师、技师或其他与商务有关之专门职业人员业务5年以上者；③曾任台湾岛内、外仲裁机构仲裁事件之仲裁员等；④曾任台湾教育事务主管部门认可之台湾岛内、外大专院校助理教授以上职务5年以上者；⑤具有特殊领域之专门知识或技术，并在该特殊领域服务5年以上者。”可见，台湾地区的“仲裁法”，更多强调的是仲裁员的综合素质。

同时，台湾地区“仲裁法”还从消极资格方面对仲裁员提出了资格要求。该法第7条规定：“有下列各款情形之一者，不得为仲裁员：①犯贪污、渎职之罪，经判刑确定者；②犯前款以外之罪，经判处有期徒刑1年以上之刑罚确定者；③经褫夺公权宣告尚未复权者；④破产宣告尚未复权者；⑤受禁治产宣告尚未撤销者；⑥未成年人。”这实际上是作为仲裁员的一般资格要求，即仲裁员必须是具有完全民事行为能力、具有人身自由的人，且必须是未曾受过刑事处分或被开除公职的人。仲裁员具有完全的民事行为能力，是其实施任何有效的民事行为的基本要求；未曾受过刑事处分或未被开除公职，则是其担任仲裁员在职业道德方面所必须具备的条件。

（五）争议事项的可仲裁性

由于争议事项的可仲裁性问题，直接决定着有关的仲裁庭能否行使仲裁管辖权，决定着有关的仲裁协议的效力，决定着仲裁裁决能否得到有关国际法院的承认及执行等，因此各国和地区仲裁立法和有关国际公约对此都作了规定。台湾地区所谓“仲裁法”也不例外。台湾地区“仲裁法”第1条规定：“有关现在或将来之争议，当事人得订立仲裁协议约定由仲裁员一人或单数之数人成立仲裁庭仲裁之。前项争议，以依法得和解者为限。”台湾地区“仲裁法”关于争议事项的可仲裁性问题规定为“依法得和解者”之现在或将来的争议，这和目前多数国家对当事人能自行处理或通过和解解决的争议允许付诸仲裁的立法趋势相类似。

思考题

1. 香港地区第一部《仲裁法》是于什么时间制定的？
2. 香港仲裁分为哪两大类？香港地区仲裁法的渊源有哪些？
3. 澳门地区仲裁法律制度的主要内容有哪些？
4. 台湾地区仲裁员的法定资格条件有哪些？
5. 台湾地区的仲裁法律制度主要有哪些特点？

第五章

外国仲裁法律制度

仲裁，作为诉讼外第三人解决纠纷的一种方式，在现今各国的法律制度中都有体现。各国的政治、经济制度各有差异，法律文化更是多种多样，因而仲裁法律制度也就各具特色。同时，随着国家之间经济、贸易、文化交流的日益发展，各国的政治、经济制度已开始相互吸纳，传统文化也更相互影响以至于水乳交融。体现在仲裁法律制度方面，各国也呈与日趋同之势。

现代意义上的仲裁法律制度的普遍确立，是 19 世纪中期以后的事情。其最为主要的标志，是西方各国纷纷开始仲裁立法：一方面，通过立法赋予仲裁以法律效力并将其纳入国家程序法律制度的范畴；另一方面，通过国家法律来严格规制和规范仲裁活动。

进入 20 世纪，仲裁法律制度在国际社会得到了进一步推广和确认，特别是在 20 世纪中期以后得到了迅速发展，很多国家先后在国内建立了本国的仲裁法律制度，并多次修改或者重新制定国内仲裁法律，使仲裁法律制度日趋完善和成熟。随着当代国际经济贸易的发展，各国加快了修订本国仲裁法的步伐。为了确保仲裁裁决的执行，1923 年的《日内瓦议定书》规定：“不同缔约国之契约当事人，就商务契约或者其他得以仲裁方式解决之事项，关于现在或者将来所发生的争议，交付仲裁时，各缔约国应该承认该双方当事人协议条款之效力。”根据该协议，43 个国家于 1927 年又签订了《日内瓦外国仲裁裁决执行公约》。第二次世界大战以后，国际经济贸易的发展进一步促进了仲裁的发展，而前述两个日内瓦公约已不能满足需要，因而到了 1958 年由联合国主持在美国纽约订立了《承认和执行外国仲裁裁决的公约》（即 1958

年《纽约公约》)，目前已有145个国家和地区加入该《公约》（我国1986年加入、1987年生效)，缔约国有义务承认和执行在其他缔约国内作出的仲裁裁决。同时，一些区域性的国际商事仲裁公约也开始出现，如1961年一些欧洲国家签署的《国际商事仲裁欧洲公约》，1975年美洲国家组织成员国签订的《美洲国家国际商事仲裁公约》。为了推动各国仲裁立法的统一，1985年联合国国际贸易法委员会主持制定了《国际商事仲裁示范法》，该示范法已被澳大利亚、加拿大、美国的一些州中国香港地区、中国澳门地区等四十多个国家或地区采纳为本国或本地区的法律。

下面，我们将对西方主要国家的仲裁法律制度作简要介绍，以进行一些仲裁法律制度上的比较分析，进而为我国仲裁制度的改革与完善积累经验。

第一节　美国仲裁法律制度

一、美国仲裁法律制度的历史

美国是仲裁发达国家，是国际商事仲裁中心之一，在支持仲裁政策的指导下，美国的商事仲裁制度在各方面都取得了很大突破，并对其他国家产生了巨大影响。1920年纽约市颁布了第一个现代意义上的仲裁成文法《民事诉讼法第84条1448款—1469款》。1925年，联邦政府颁布了美国《仲裁法》。1955年制定了《美利坚合众国统一仲裁法案》，后于1970年对该法案作了新的修订。1985年，美国由16个州和11个联邦地区法院联合实施“附属于法院的仲裁计划”，以利于案件更容易得到判决与执行。

二、美国仲裁法律制度的特点

美国2000年通过了修订的《统一仲裁法》，确立了一些新的原则和规范，可谓融合了现行仲裁实定法与判例法的精神于一身，足以代表美国仲裁法制现状。综观其修订后的法律条文，始终有意思自治这条主线贯穿于整部法律之中。美国仲裁制度是美国诉讼制度以外解决民事纠纷的重要渠道。在长期的历史发展中，美国仲裁制度形成了自己的一些特点，其主要表现是：

（1）当事人意思自治是美国仲裁制度的基础和核心。美国是比较典型的自由市场的经济国家，其仲裁制度也充分体现了自由竞争、当事人意思自治原则。不仅仲裁方式、仲裁地点、仲裁员由当事人选择，而且，仲裁规则和程序、仲裁员报酬也是由当事人自己决定的。

（2）仲裁的范围十分广泛。不仅商事纠纷可以仲裁，而且劳动争议、房地产纠纷、房地产评估纠纷、专利纠纷、建筑业纠纷、证券纠纷、保险纠纷、职业会计和相关服务纠纷、家庭纠纷，甚至性骚扰纠纷都可以申请仲裁或调解。

（3）仲裁机构是纯民间机构，在人员、组织、经费上与政府都无直接关系。

（4）临时仲裁与机构仲裁并存，综合性仲裁机构与行业性仲裁机构并存，营利性仲裁机构与非营利性仲裁机构并存。在机构仲裁中，美国仲裁协会是美国最大的综合性仲裁机构。

（5）仲裁与调解并重。调解是美国仲裁、诉讼程序以外解决经济纠纷的独立的程序和方式。每个仲裁机构都设有自己制定的仲裁规则和调解规则，而且几乎每类纠纷都有专门的仲裁规则、调解规则，供当事人选择。在营利性仲裁机构中，调解是解决经济纠纷的主要方式。

三、美国仲裁法律制度的内容

《美国联邦仲裁法》，又称作《美利坚合众国仲裁法》，为联邦的制定法。之所以称为《联邦仲裁法》，是为了区别于各州制定的《仲裁法》。该法于1925年2月12日制定颁布，经1947年7月30日编纂整理，并于1954年9月30日进行了修改。2000年，美国通过了修订的《统一仲裁法》，确立了一些新的原则和规范，可谓融合了现行仲裁实定法与判例法的精神于一身，足以代表美国的仲裁法制现状。[1]

美国立法分为联邦立法和州立法，美国《联邦仲裁法》（Federal Arbitration Act）是美国各州都必须遵守的法律，各州还有自己的仲裁法律，但美国50个州中的31个州在制定《仲裁法》的时候都采纳或融合了美国《统一仲

〔1〕 详见刘国生：《美国统一仲裁法修订评析》，载《政法学刊》2004年第4期。

裁法》。

在美国进行的仲裁受联邦法和州法双重制约。而且，作为一个判例法国家，美国的仲裁还要受到法院判例的约束。

在联邦层面，成文的仲裁法主要是1925年制定的美国《联邦仲裁法》（简称FAA）。该法自制定之后，经数次修改，现行版本自1998年8月1日起生效。《联邦仲裁法》第一章适用于国内仲裁，第二章旨在实施1958年《纽约公约》，第三章旨在实施1975年《巴拿马公约》。

在州法层面，几乎所有的州均有其州立法机构制定的成文仲裁法。多数州采用了《统一仲裁法》中的主要规定。美国《统一仲裁法》系示范法，供各州自由采用。各州在采用时可根据具体情况作必要更改，包括改变法规名称。美国《统一仲裁法》由统一州法委员会于1955年通过，1956年修订过一次，2000年获得再次修订。纽约市所在的纽约州也采用了《统一仲裁法》。

此外，美国是1958年《纽约公约》、1961年《欧洲国际商事仲裁公约》和1975年《巴拿马公约》的缔约国。美国《联邦仲裁法》规定，对在1958年《纽约公约》缔约国境内所作出的裁决，可由联邦法院按国内裁决所要求的程序予以承认和执行。但是，对在非缔约国境内所作出的裁决，要在美国得到承认和执行，手续就十分繁琐。一般要求胜诉一方把裁决拿到败诉一方所在地的美国法院重新起诉，经美国法院作出裁定后才能在美国得到执行。美国法院还有权改变原来的裁决，另行作出它认为适当的判决。

根据美国《统一仲裁法》，仲裁裁决须在仲裁协议约定的时间内作出，如无此约定，则应在法院确定的时间内作出。裁决书应由同意该裁决的仲裁员签名或证实。如果裁决是通过舞弊、欺诈或其他不正当手段获得，或者存在中立仲裁员有明显不公行为、仲裁员有贪污受贿行为、仲裁员的不当行为损害了仲裁程序一方当事人利益的情形，或者有仲裁员超越仲裁员权限、不存在仲裁协议等情形，法院应撤销裁决。

四、美国仲裁法律制度的发展

1970年代初美国《仲裁法》的通过，显示美国开始注重国际仲裁的理论与实践。美国国会也认为，《仲裁法》的通过有助于合同当事人可以摆脱昂贵的费用和旷日持久的诉讼程序，并使仲裁协议与其他合约处于相同的法律地位。在美国联邦法律体系中，最重要的仲裁成文法为《联邦仲裁法》（Federal Arbitration Act，简称 FAA）。FAA 从 1925 年颁布以来保持了立法的稳定性，只作过几次修改。由于社会的发展和现代化步伐的加快，近年来对 FAA 进行修改的呼声日渐高涨，但实质性的修改工作尚未开始。在各州仲裁立法现代化的过程中，统一州法全国委员会就美国仲裁制度之新发展与全美仲裁协会之运作已经作了比较全面和具体的规范。

第二节　英国仲裁法律制度

一、英国仲裁法律制度的历史

仲裁（Arbitration），又称“公断”，与诉讼调解等方式并称为解决国际经贸纠纷的主要手段之一。由于仲裁具有诉讼所不具备的自愿、灵活、经济等特点，所以在国际贸易领域的纠纷解决方式，已经逐渐从诉讼为主转向仲裁。英国于 1889 年制定了第一部专门的《仲裁法》。特别是随着 1958 年联合国通过的《承认及执行外国仲裁裁决公约》（简称《纽约公约》）以及 1958 年由联合国国际贸易法委员会主持制定的《联合国国际商事仲裁示范法》（UNCITRAL），使得仲裁的国际性日益增强，仲裁的形式和内容都有了极大的发展。为顺应这种仲裁国际化、统一化的趋势，英国又于 1996 年修订了《仲裁法》，突出了当事人意思自治的原则，扩大了仲裁庭的权利等，在《仲裁法》的改革方面成为成功的典范。

从历史上看，英国的仲裁法律制度已分别于 1934 年、1950 年、1975 年、1979 年和 1996 年进行了五次大的修改；此外，尽管英国是率先颁布仲裁法案并建立了仲裁院的国家，但仲裁的独立性问题，则是到了 1979 年版英国《仲裁法》颁布后才得以彻底解决。[1]

---

〔1〕 详见刘俊、陈原斌：《中英两国仲裁法仲裁员制度之比较研究》，载《江西社会科学》2003 年第 8 期。

二、英国仲裁法律制度的特点

英国的司法判例在发展仲裁法方面有十分重要的作用，大量的法律规定与判例法有关，制定的成文法包括1950年《仲裁法》、1975年《仲裁法》和1979年《仲裁法》。

在英国，一切当事人的民事权利以及仅涉及损害赔偿问题的争议，均可通过仲裁途径解决。包括合同破裂、滥用权利、诽谤、获取产权等情况。不过，触及公共秩序的索赔不能作为仲裁解决的内容。

在英国普通法中，口头仲裁协议是有效的，不过，如果适用1950年《仲裁法》和1979年《仲裁法》，仲裁协议应采用书面文件。当事人不必在一个单独的文件中确定所有的规定。当事人可通过信件、电报或电传缔结一个仲裁协议。

英国仲裁法律制度的特点之一，是规定仲裁受法院的严格监督。早期的英国《仲裁法》规定，当事人可以在裁决作出前随意撤换仲裁员；1854年英国《普遍程序法》纠正了这种做法，规定某些条件的仲裁议定书不可撤回。按照1950年《仲裁法》的规定，法院对仲裁的监督主要表现在以下四个方面：

第一，法院有权撤免行为不当（Misconduct）或未能以应有的速度进行仲裁和裁决的仲裁员；

第二，法院有权宣告仲裁协议无效，并且认为双方当事人在仲裁协议中，任何有关排除法院监督或管辖权的规定都是无效的；

第三，对于仲裁中涉及的法律问题（Question of Law），仲裁员往往需要作为“特别案由”（Special Case），提请法院作出决定。因此，仲裁员一般只能决定事实问题，而不能决定法律问题；

第四，法院有权对仲裁裁决进行审查，在某些情况下，并有权以裁决在事实上或法律上有错误为由撤销裁决。

1979年英国修订的《仲裁法》对仲裁制度作了改革，废除了仲裁员须将法律问题作为特别案由提请法院决定的制度，削弱了法院对仲裁的监督和干预，并把仲裁分为国内仲裁和国际仲裁两个部分。其中，国际仲裁又进一步分为特种仲裁和其他仲裁两种。

特种仲裁，涉及海事、保险合同和交易所的商品交易合同争议。对于特种仲裁，当事人可以达成仲裁协议，并在协议中排除向法院提出上诉，要求法院对裁决进行审查的程序，对于国内仲裁当事人应在仲裁开始后以书面协议排除向法院提出上诉复审的程序，但不能在仲裁开始前以协议排除上诉复审程序。对于其他仲裁，则不论是在仲裁开始前或仲裁开始后，当事人都可以用书面协议排除向法院提出上诉复审的程序，从而保证了仲裁裁决的法律效力。

在常设仲裁机构中，伦敦仲裁院占有显著的地位，并且备受国际贸易界的重视。它是在伦敦商会、伦敦社团和仲裁员协会三方面主持下成立的组织，由仲裁员协会负责管理。

三、英国仲裁法律制度的内容

英国仲裁制度主要渊源于普通法，即由法院判决确定并载于公开报道案例之中的法律体系。造成这种状况的主要原因在于，英国没有一部全面的仲裁法典。虽然1950年、1975年及1979年三部仲裁法令对于仲裁的开始、进行和监督规定了成文法规则，但实践中也存在致使这些法令不能为仲裁过程中所产生的问题提供一个完善的解决之因素。首先，这些成文法令不适用于某些种类的仲裁。其次，这些法令对仲裁程序的某些方面只作了概括性的规定，有些方面甚至根本就未涉及。最为突出的是，这些法令没有对仲裁员进行仲裁时所面临的许多程序问题作出规定。法令中赋予法院及仲裁员特定的自由裁量权，但并未确定行使这类自由裁量权所应依据的原则。例如，这些法令授权法院指定及撤换仲裁员，中止诉讼，撤销一项仲裁协议，宣布一项仲裁裁决无效并撤销之。同样，仲裁员有权作出中间裁决，作出关于仲裁费用的裁决。但是，对于这些权力何时可以行使，应当如何行使，这些法令却未提供任何答案。

英国早在1889年就制定了第一部仲裁法令，此后一直处于不断渐进的变革过程，其中1950年、1975年和1979年对《仲裁法》进行的扩展、修正及合并最为重要，构成了当今英国仲裁法的主要内容。然而，这些立法只适用于起源于仲裁协议的仲裁，而且上述法令在定义仲裁协议时明确地将非书面协议排除在外。20 世纪 70 年代末英国对仲裁制度进行了一次重大改革，颁布了 1979 年《仲裁法令》。该《法令》对 1950 年法令进行了修改，但并未完全取代之，而是以 1950 年法令为主法。

1979 年《仲裁法令》对仲裁制度作出的改革主要表现在三大方面：①首次承认仲裁协议可排除法院管辖。英国历来强调法院管辖权的上位性，认为仲裁协议的效力不能拘束法院；②承认仲裁员可就法律问题作出裁决。在此之前，依照英国法律规定，仲裁员通常只能决定事实问题，而法律问题必须作为特殊案由，提交法院裁判 ③1979 年《仲裁法令》，废除 1950 年法令第 21 条，在不影响上诉权的情况下，高等法院不应以裁决表面存在事实或法律的错误为由，搁置或发回重审依据仲裁协议所作的裁决。

此外，英国法律对仲裁协议的内容没有特别的要求。当然，为了使仲裁协议有效，当事人应证明他们将争议提交仲裁的意愿。仲裁协议的条款应表述清楚明确，否则可能导致无效。

四、英国仲裁法律制度的发展

20 世纪 90 年代中期，英国相继对本国的仲裁制度作出重大的变革。由于英国在世界仲裁法领域的重要地位，因而使 1996 年的英国《仲裁法》已经取得国际性地位并将继续对各国的仲裁立法产生深远的影响。特别是英国《仲裁法》中确立的临时仲裁制度和临时保全制度，更是对世界各国的仲裁立法具有十分重要的借鉴意义。

第三节 法国仲裁法律制度

一、法国仲裁法律制度的历史

根据法国的法律，解决经济纠纷，可以通过普通法院诉讼，或者求助于商务法院判决，还可以通过仲裁解决。早在法国大革命时期，法院、国民议会在 1790 年就将商事仲裁定性为“解决国民之间的正义的最合理的方法”。

1880 年《法院组织法》第 3 条规定：“公民有权选择将其争议交由仲裁员裁判，对此项权力不得加以限制。除另有明示规定外，仲裁员所作的决定不受任何审查。”此外，1807 年的《法国民事诉讼法典》也对仲裁作了规定。

二、法国仲裁法律制度的特点

实践中，法国流行三种不同形式的仲裁，即临时性仲裁、制度性仲裁以及特殊仲裁。其中，制度性仲裁近来发展较快，这是因为它有选择仲裁人比较方便和使用的程序成熟这样双重的特点。

三、法国仲裁法律制度的内容

（一）仲裁的法律适用

对于仲裁的范围，《法国民事诉讼法典》第 1442 条、第 1447 条、第 1493 条规定，凡因当事人能自由规定的权利所引起的一切争议，都可以作为仲裁的内容，但商标权、反垄断法等知识产权争议除外。

对于适用于程序的法律，法国允许当事人和仲裁人自由选定。在国际仲裁中，如果确定法国为仲裁地点，那么不必在程序上一定适用法国法。当事人可选择其他法律，或明示或默示授予仲裁人选择可适用的法律并避免一切国内法律的权限。

对于适用争议实体的法律，法国允许当事人和仲裁人自由选择。在国际仲裁中，选定法国为仲裁地并不当然等于采用法国本国的法律冲突规则。它首先给予当事人协商的优先权，如果当事人间无任何约定，实体法将由仲裁人自由确定。仲裁人可更广泛地应用国际贸易的惯例。在国内仲裁中，仲裁人可采用法国法律，如果当事人授予他们友好和解人的权限，则可以依据公平合理原则进行裁决。

（二）仲裁人的组成

对于仲裁人的能力，只要仲裁人具有民事能力，并且能够保持中立，技术人员、公务员、专家、教授、法官都可以充当仲裁员。

在制度性仲裁的情况下，由仲裁机构指定 1 名或多名由各当事人同意的仲裁人。否则，该仲裁机构邀请各方当事人指定 1 名仲裁人，并行使指定第三个仲裁人的责任。若当事人不能指定1名仲裁人，那么，由仲裁机构指定。

当仲裁人意见发生分歧时，如果是3名仲裁人仲裁，2名仲裁人与首席仲裁人意见不一致，则以少数服从多数，否决首席仲裁人的意见；如果是3名仲裁人意见各不一致，则以首席仲裁人的意见为准。

（三）仲裁裁决的执行

关于仲裁裁决的执行，法国法律没有由国家法院批准裁决的规定，但规定有对一切强制执行的仲裁裁决的一般控制。对于根据法国法以外的程序法所作出的裁决，在大多数的情况下，裁决按现行的国际协定予以执行，裁决执行地法院不对裁决实体问题进行审查。

作为《纽约公约》的缔约国，法国，对于外国仲裁裁决的承认和执行，依据《法国民事诉讼法典》第六编关于“外国作出的或国际仲裁的仲裁裁决的承认和执行以及补救措施”执行。仲裁裁决根据有管辖权的大审法庭出具的执行许可命令予以强制执行。执行许可应以法庭的执行判决形式作出。[1]如果援引仲裁裁决的当事人证明裁决不明显违反国际公共政策，仲裁裁决应予承认。基于同样的条件，该裁决应通过执行判决宣布在法国境内可以执行。[2]

（四）仲裁裁决的监督

法国法院对仲裁的监督，是控制仲裁的程序问题。《法国民事诉讼法典》第1484条规定：“当事人舍弃向上诉法院提起上诉，或者当事人在仲裁协议中没有明确保留上诉权利时，即使有任何相反条款，仍然可以对称之为仲裁裁决的文书撤销请求。此种途径仅在以下场合成立：①如仲裁员是在没有仲裁协定的情况下进行仲裁；或者仲裁员仲裁所依据的是无效或过期的仲裁协定；②如仲裁庭的组成不合规定，或者独任仲裁员之指定不符合规则；③如仲裁员未按照交付的工作任务进行仲裁；④在言词原则未得到遵守之时；⑤第1840条所指之情形；⑤如仲裁员违反公共秩序原则。”

---

〔1〕 参见《法国民事诉讼法典》第1477条、第1500条。

〔2〕 参见《法国民事诉讼法典》第1498条。

四、法国仲裁法律制度的发展

2011 年 1 月 13 日，法国官方公报公布了第 2011 －48 号仲裁改革法令，同时附有评述报告。这是法国 30 年来第一次对包含于《法国民事诉讼法典》中的 1981 年仲裁立法作出全面修订。法国这次仲裁法修订既涉及国内仲裁也涉及国际仲裁，新规定包含在《法国民事诉讼法典》第 1442 条至第 1527 条中。除个别条款外，新法将在 2011 年 5 月 1 日生效。法国仲裁业界已经为修订法国仲裁法游说良久，这次修订遵循了法国一贯的对仲裁友好并勇于创新的传统。新法的目的，是维护巴黎在国际仲裁界的领先地位。官方评述报告阐述道："三十年后，这次改革有必要将仲裁领域的案例法整合起来，也有必要对现有的条文进行补充以保持其功效。"报告也特别提到，新法"引入了外国法中已经被证明有用的一些规定"。法国此次的仲裁法改革，极大地增强了外国仲裁使用者和观察家对法国仲裁法的知晓便利度。[1]

第四节　德国仲裁法律制度

一、德国仲裁法律制度的历史

早在 1877 年，德国《民事诉讼法》第十编就对仲裁程序作了具体规定。但是，该法自生效以来，在仲裁方面几乎没有实质性的改革。德国的仲裁法经过 1930 年和 1986 年的两次小改革，都不能适应当今国际经济贸易发展的需要。于是，前民主德国于 1975 年制定了《仲裁程序法规》（Verordnung über das schiedsrichterliche Verfahren）。相比较而言，该法更先进些，可是两德统一后，随之而来的法律统一使得该法自 1990 年后就不再适用了。[2]

自 1980 年代末，德国学术界越来越多的人呼吁改革仲裁法，以适应不断发展的国际仲裁的需要并提高德国在国际仲裁领域中的地位。

---

〔1〕　鲍冠艺：《2011 年新法国仲裁法》，载《仲裁研究》2011 年第 3 期。

〔2〕　孙俊：《德国仲裁立法改革》，载中国仲裁网，2003 年 8 月 7 日。

两德的统一，加快了仲裁立法改革的步伐。1990 年 10 月，德国组建了“仲裁程序法革新委员会”（Kommission zur Neuordnungdes Schiedsverfahrensrechts）。1992 年 1 月 1 日，成立了“德国仲裁协会”（Deutsche Institution für Schiedsgerichtsbarkeit e. V，简称 DIS）。随着仲裁改革和德国在国际仲裁领域的地位的不断提高，要求德国《民事诉讼法》第十编规范的仲裁程序法，也应当和必须与现代的发展相适应。[1]

两德的统一以及仲裁机构的改革，都对仲裁立法提出了新的要求。1994 年 2 月，联邦司法部公布了“仲裁程序法革新委员会”撰写的《关于改革〈民事诉讼法〉第十编的总结报告及讨论草案》。1995 年 7 月，联邦司法部制成的《专家报告草案》，无论在措辞还是立法说明方面都与“仲裁程序法革新委员会”提交的《讨论草案》基本一致。特别是条文的顺序以及依据《示范法》所制定的条文都被采纳了，只在少数细节上与“委员会”的《讨论草案》有所不同。将 1958 年联合国国际贸易法委员会主持制定的《联合国国际商事仲裁示范法》（UNCITRAL）纳入国内法、并尽量保持其原貌的法律政策，在这份《专家报告草案》中得到了充分的体现。

经过 6 ~7 年的准备和讨论，德国终于在 1997 年 12 月颁布了《仲裁程序修订法》（Gesetz zur Neuregelungdes Schiedsverfahrensrechts），并自 1998 年 1 月 1 日起生效。《仲裁程序修订法》主要是对《民事诉讼法》第十编中关于仲裁程序的规定进行了修订。

二、德国仲裁法律制度的特点

德国新仲裁法与《示范法》相比，其不同之处主要是：

（一）没有将仲裁程序单独立法

德国立法者没有将仲裁程序的规定从《民事诉讼法》中抽出来形成一个形式意义上的《仲裁法》，而是继续把仲裁程序的规定放在《民事诉讼法》第十编中。这实际上就是实质意义上的仲裁法，即《民事诉讼法》整个第十编关于仲裁程序的规定。德国为仲裁程序提供了一个完备的法律依据，虽然它仍

〔1〕《联邦议院公报》第 13/5274 号（BT – Drucks，13/5274），第 1 页。

被放在《民事诉讼法》最后一编中，但其本身构成了一个独立完整的体系。

（二）统一调整国际和国内仲裁

与《国际商事仲裁示范法》第1条第3款不同，德国新仲裁法统一适用于国际、国内仲裁程序。这一做法是以保加利亚、墨西哥、埃及、新西兰和加拿大等国的仲裁立法为范例的。新的仲裁法律在总体上为在德国进行的国内、国际仲裁提供了一个统一的法律依据。

（三）没有关于“商事”的限制

新仲裁法最终没有将仲裁限于“商事”范围。《国际商事仲裁示范法》在关于第1条第1款的脚注中，对“商事”一词进行了列举性注释，这一注释被“德国仲裁院”1989年的草案放入了法律条文的正文中（第1条第2款）。然而，新仲裁法最后并未沿用这个限制。这主要是为了避免在德国法中对“商事”这一概念产生不同的、有争议的解释。

（四）以《示范法》为蓝本

《民事诉讼法》第十编经过修订后有了很大改进，成为德国调整仲裁程序的一项重要法律。这次立法改革，大胆地放弃了一些落伍的、不完善的规定，并制定了许多符合时代和国际需要的规定。新的法律无论是体例还是条文的具体内容，基本上是以联合国国际贸易法委员会的《国际商事仲裁示范法》为蓝本的。在仲裁程序规则和法律适用方面给予当事人很大的自由，使得这个法律具有很大的灵活性，便于有不同法律文化背景的当事人适用。

三、德国仲裁法律制度的内容

德国新仲裁法的基本内容被规定在《民事诉讼法》的第十编中，但它本身构成了一个独立完整的体系，分成10章，包括总则、仲裁协议、仲裁庭的组成、仲裁庭的管辖权、仲裁程序的进行、仲裁裁决和程序的结束、对仲裁裁决的追诉（撤销之申请）、承认与执行仲裁裁决的条件、法院程序、非契约性仲裁庭。总之，新仲裁法在很多方面都对旧的规定有重大改变。其内容主要是：

（一）适用范围

关于德国仲裁程序法在国际上的适用范围，《民事诉讼法》（新）第1025条第1款中采用了“属地理论”或称“属地原则”，规定若仲裁地点在德国则适用德国仲裁法。很多国家的仲裁法都采用“属地理论”，规定仲裁程序强制适用仲裁庭所在地国的法律。根据德国新的规定，“仲裁的地点”与“仲裁程序适用的法律”，这两者之间不再是分离的了，这样也就避免了与外国立法及实践的冲突。

（二）仲裁协议

1. 仲裁事项的可仲裁性

德国仲裁法对“可仲裁性”加以了规范，因为它与《示范法》不同，不仅适用于国际而且适用于国内仲裁。德国《民事诉讼法》（新）第 1030 条对“可仲裁性”加以了定义，该定义参照了瑞士法中的规定，以是否涉及财产权益为判断标准，凡涉及财产权益的纠纷都可提交仲裁。这个标准现在只在一个缩小了的范围内继续适用，根据《民事诉讼法》（新）第 1030 条第 1 款第 2 句，涉及非财产权益纠纷时，要以当事人是否有权对其争议事项进行和解作为是否可以提交仲裁的标准，据此，离婚以及其他涉及人身的争议事项仍不得提交仲裁。

2. 仲裁协议的形式要件

新的仲裁法在第 1031 条中不再区别对待商人之间签订的仲裁协议。新的规定没有采用“书面形式”这一措辞，只是规定“仲裁协议必须载于当事各方签字的文件中，或者载于往来的书信、电传、电报或提供协议记录的其他电讯手段中”（第 1031 条第 1 款）。该条规定中的列举并不是完全的，原则上还应该包括其他的电讯联络方式。

（三）仲裁庭的组成

1. 仲裁庭的人数

新法在第 1034 条第 1 款第 2 句中规定，若当事人没有约定，仲裁庭的人数为 3 人。这样就避免了适用旧的规定而产生的难题，而且 3 人仲裁庭也是国际上通用的惯例。

2. 仲裁员的回避

关于仲裁员回避的问题，新的法律依照《示范法》第 12 条第 2 款在第 1036 条中规定了一个一般条款，其中明确指出以公正性、独立性为判断标准，并进一步规定，允许以仲裁员不能满足当事人约定的要求为由申请回避。

3. 指定替代仲裁员

关于仲裁庭的组成有一个重大的变化体现在《民事诉讼法》（新）第1039条中，这一条第1款依照《示范法》第15条规定，如果仲裁员由于种种原因结束任职，应按照原来的规则指定一名替代仲裁员。新的法律在第1039条中统一规定了指定替代仲裁员的规则，第2款允许当事人有不同的约定，而在《示范法》中对此没有明确的规定。

（四）仲裁庭的管辖权

1. 仲裁庭对自己的管辖权作出裁定的权力

关于仲裁庭对自己的管辖权作出裁定的权力，《民事诉讼法》（新）第1040条第1款明确规定仲裁庭可以对自己的管辖权进行裁定。同时，第3款规定，如果仲裁庭认为自己有管辖权，可以对管辖权之抗辩进行中间裁定。

2. 仲裁庭采取临时措施

《民事诉讼法》（新）第1041条不仅与《示范法》第17条保持一致，承认仲裁庭有权宣布临时措施，而且还超出《示范法》的范围，在第2款和第3款中规定当事人有权向法院申请强制执行仲裁庭宣布的临时措施，依《民事诉讼法》（新）第1062条第1款第3项应由州高等法院执行仲裁庭的临时措施。

（五）仲裁程序规则

在新仲裁法第五章中详细规定了仲裁程序的进行，这一章的规定很大程度上是依据《示范法》第五章的规定制定的。根据《民事诉讼法》（新）第1042条第3款，在遵守第十编中强制性规定的前提下，当事人可以自己制定程序规则，也可以选择适用某仲裁机构的仲裁规则。

（六）法律适用

1. 程序法的适用

《民事诉讼法》（新）第1042条第3款规定："在遵守本编强制性规定的前提下，当事人各方可以自己规定程序规则或援引适用某个仲裁程序规则"；第4款第1句接下来规定："若当事人没有约定且本编没有规定，则由仲裁庭通过自由载量来确定程序规则"。

2. 实体法的适用

依照《示范法》第28条，《民事诉讼法》（新）第1051条规定仲裁庭依据当事人选择的“法律规定”裁定争议（第 1051 条第 1 款第 1 句），当事人若没有选择适用的法律，依该条第 2 款仲裁庭应适用与仲裁事项有最密切联系之国家的“法律”。根据这条规定的第 1 款第 2 句，当事人若没有其他约定，按他们所选择的某一国的法律或法规只能直接援引该国的实体法，而不得援引其冲突法。

（七）仲裁裁决

德国新仲裁法依照《示范法》第 30 条，在第 1053 条中规定如果当事人和解解决争议，应按和解的内容以仲裁裁决书的形式记录此和解。新的法律规定，按和解协议作出的仲裁裁决与根据案情作出的仲裁裁决具有同等的效力（第 1053 条第 2 款）。这就解决了德国的和解无法在外国执行的难题。

（八）仲裁费用

德国《民事诉讼法》（新）第 1057 条明确规定，仲裁员有义务在仲裁裁决中对当事人的费用分担作出决定。联合国国际贸易法委员会秘书处在准备阶段曾将费用问题作为《示范法》可能要规范的一个事项提出来，但是后来并没有坚持，因为联合国国际贸易法委员会工作组认为，当事人在仲裁协议中所援引的大多数仲裁规则中都规定了这个问题。事实上，几乎所有仲裁机构的仲裁规则都特别规定由仲裁员决定费用问题。德国“仲裁程序法革新委员会”指出，在新仲裁法中关于由仲裁庭决定费用的规定具有重大的实际意义，因为特别是在临时仲裁程序中，往往没有关于费用问题的约定。

四、德国仲裁制度的发展

（一）颁布了《仲裁程序修正法》

1990 年 10 月，德国组建了仲裁程序法革新委员会，经过 7 年的讨论和准备，于 1997 年 12 月颁布了《仲裁程序修正法》。

与旧有规定相比，新仲裁法在许多方面都有了较大的变革，具体表现在以下三个方面：

首先，德国新仲裁法统一适用于国际仲裁程序与国内仲裁程序；其次，新仲裁法不再将仲裁案件限制于商事的范围；最后，新仲裁法对“可仲裁性”加以新的定义。该定义参照了瑞士仲裁法中的相关规定，以是否涉及财产权益作为是否可提交仲裁的判断标准。此举使得可提交仲裁的争议范围大幅度扩张，更多类型的纠纷可以通过仲裁方式得到解决。

（二）修订《民事诉讼法》

新修订的德国《民事诉讼法》第十编为德国的国内、国际仲裁提供了一部统一的法律。它在仲裁程序规则和法律适用方面赋予当事人更大的自由，因而具有很大的灵活性，便于具有不同法律文化背景的当事人适用仲裁方式解决争议。

（三）庭外仲裁成为主要替代方法

庭外仲裁是德国法院解决民事案件的主要替代方法之一，德国的许多行业设有仲裁机构，例如汽车业、建筑业、医疗业等。相较于法院正规的诉讼程序，这些仲裁机构在解决与特殊行业争端有关的技术问题上更具优势，也更加便捷有效。

第五节　俄罗斯仲裁法律制度

一、俄罗斯仲裁法律制度的历史

俄罗斯法律从总体来说属于大陆法系，它以制定法为主，有体系完整的各种法典和单行法规。在俄罗斯，法院外的争议解决方式主要有商事仲裁和裁判法庭。俄罗斯有系统的《国际商事仲裁法》和仲裁机构。俄罗斯处理涉外经济纠纷的主要仲裁机构为俄罗斯国际商事仲裁院，由俄罗斯联邦工商会设在莫斯科。

俄罗斯联邦的商事仲裁分为国内仲裁、国际商事仲裁和外国仲裁。在仲裁事项、仲裁机构、裁决的执行和拒绝执行及撤销等方面，均由不同的法律规范来相应调整。

俄罗斯是1958年《纽约公约》的成员国，公约其他成员国的仲裁裁决可以在俄罗斯得到依法执行。

俄罗斯联邦的国际商事仲裁，主要根据1993年7月7日实施的《俄罗斯联邦国际商事仲裁联邦法》进行。如果仲裁一方当事人符合该法规定的涉外因素（仲裁事项），且仲裁地点在俄罗斯，该仲裁即为俄罗斯国际商事仲裁，受上述法律的调整和约束。目前，新的《俄罗斯联邦仲裁法》已经于2016年9月1日生效，经过一段时间的过渡，自2017年11月1日起全面实施。

二、俄罗斯仲裁法律制度的特点

（一）专门制定仲裁员公正性及独立性规则

根据1993年7月7日第5338－1号《俄罗斯联邦国际商事仲裁法》第12条和2002年7月24日第102－3号《俄罗斯联邦仲裁法院法》第8条第1款之规定，在俄罗斯联邦境内进行仲裁程序时仲裁员应当是公正和独立的。如果由于可能选定（指定）其为仲裁员而与任何人士联系时，该人士应当告知一切可能招致对其公正性或独立性产生合理怀疑的任何情形。在仲裁程序的全部过程中，仲裁员均有义务立即告知此类情形。

（二）联邦仲裁法院的管辖范围

从案件的性质上，属于仲裁法院管辖的案件应当是经济纠纷案件以及其他与进行经营性活动和经济活动有关的案件。

从案件的当事人身份上，仲裁法院主要管辖的案件当事人应当是具有法人资格的组织和进行经营性活动的公民（不设立法人进行经营性活动，并且具备依法取得的个体经营者资格）。作为特殊情况，在《俄罗斯联邦仲裁程序法典》和其他联邦性法律有明确规定时，仲裁法院还受理俄罗斯联邦、俄罗斯联邦主体、市政、国家机关、地方自治机关和其他不具备法人资格的机关、公职人员和组织以及不具备个体经营者资格的公民为当事人的案件。

关于涉外案件管辖，如果俄罗斯联邦的国际条约未有其他规定，则案件当事人不论是否有进行经营性活动的外国组织、外国公民、无国籍人士和外资组织，仲裁法院均有管辖权。

（三）联邦仲裁法院的审判程序

俄罗斯仲裁法院实行三审制，即一审法院作出判决，可以提出复审（二审），不申请复审或者复审申请被驳回后，判决生效。对生效的判决，可以提出上诉（三审），如果驳回后仍然不服，可以向最高仲裁法院提出再审申请。

三、俄罗斯仲裁法律制度的内容

（一）关于争议的可仲裁性

新《俄罗斯联邦仲裁法》的规定是，根据当事人的协议，民事法律关系当事人之间的争议可以交付仲裁解决，除非联邦法律另有规定。同时，联邦法律可以作出规定，限制将某些类型的争议交付仲裁解决。

根据《俄罗斯联邦仲裁程序法典》、《俄罗斯联邦民事诉讼程序法典》《俄罗斯联邦仲裁法》、《俄罗斯联邦国际商事仲裁法》以及俄罗斯联邦宪法法院、俄罗斯联邦最高仲裁法院和俄罗斯联邦最高法院的相关司法解释，目前已经明确不可交付仲裁解决的争议主要如下：

（1）行政法律关系案件和其他公共法律关系案件；

（2）查明法律事实案件；

（3）基于在合理期限内没有得到司法审判或者司法文书没有得到执行之权利被侵害而请求赔偿的案件；

（4）要求保护特定人士团体之权利和合法权益的案件；

（5）由法院按照特别程序审理的案件；

（6）破产争议；

（7）拒绝或者拖延公司或者个体工商户国家注册的争议；

（8）保护知识产权并且有行使著作权和邻接权集体管理组织参与的争议，以及由知识产权法院管辖的争议；

（9）部分公司争议；

（10）基于俄罗斯私有化法律调整之关系而产生的争议；

（11）基于政府采购法律调整之关系而产生的争议；

（12）基于环境损害赔偿之关系而产生的争议；

（13）基于家庭关系而产生的争议，但夫妻分割共同财产案件除外；

（14）劳动关系争议；

（15）继承关系案件；

（16）人身损害赔偿争议；

（17）将公民迁出居住场地的争议；

（18）部分体育争议。

在俄罗斯，法律明确将民事法律关系确定为可仲裁性的基础。如果争议双方的关系不是民事法律关系性质，则不可以将相关争议交由仲裁解决。在俄罗斯的司法实践中，只要争议双方关系涉及公共关系或者公共权力的行使，则可能被定性为非民事关系，不可以仲裁解决。

（二）关于常设仲裁机构的设立和活动

《俄罗斯联邦仲裁法》第44条规定，在俄罗斯联邦，常设仲裁机构必须在非营利性组织之中设立。常设仲裁机构只有在设立该机构的非营利性组织取得俄罗斯联邦政府以政府令形式授权行使常设仲裁机构职能之后才可以从事活动。俄罗斯联邦工商会下设的国际商事仲裁院和海事仲裁委员会行使常设仲裁机构职能，无须取得俄罗斯政府授权。

如果外国仲裁机构没有根据《俄罗斯联邦仲裁法》被认可为常设仲裁机构，其管理的仲裁庭在俄罗斯联邦境内作出的裁决，在《俄罗斯联邦仲裁法》意义上将被视为临时仲裁裁决。

四、俄罗斯仲裁法律制度的发展

2015年12月15日，新的《俄罗斯联邦仲裁法》（第382号联邦法律）在俄罗斯国家杜马三读通过，于12月16日转交联邦委员会审议。同年12月25日联邦委员会批准，2015年12月29日由俄罗斯联邦总统弗拉基米尔·普京签署。根据新《俄罗斯联邦仲裁法》第54条之规定，该法自2016年9月1日起生效。

新《俄罗斯联邦仲裁法》调整在俄罗斯联邦境内的仲裁庭、常设制裁机构的设立和活动以及仲裁程序。它不仅适用于国内仲裁，对于仲裁地为俄罗斯联邦的国际仲裁，该法的第39条、第43条和第九至十二章同样适用。

根据当事人的协议，民事法律关系当事人之间的争议可以交付仲裁解决，除非联邦法律另有规定。联邦法律可以作出规定，限制将某些类型的争议交付仲裁解决。除非《俄罗斯联邦仲裁法》另有明确规定，否则，该法不仅适用于常设仲裁机构管理的仲裁，也同样适用于临时仲裁。

职业运动领域和体育成就领域争议的审理程序由联邦法律规定，《俄罗斯联邦仲裁法》并不适用。

为配合《俄罗斯联邦仲裁法》的实施，在该法通过的同时，还通过了第409号联邦法律，配套修订了一系列的相关法律，包括《俄罗斯联邦国际商事仲裁法》。

《俄罗斯联邦仲裁法》不仅革命性地改革了俄罗斯现行仲裁制度，特别是常设仲裁机构制度，还通过修改一系列相关法律，对争议的可仲裁性作出了相对明确的规定，打破了俄罗斯仲裁法院对公司争议的垄断，必将促进商事仲裁制度在俄罗斯的进一步发展。

与此同时，在《俄罗斯联邦仲裁法》的修订过程中，俄罗斯立法机关和相关主管部门对某些俄文法律术语也进行了改革，使得与商事仲裁有关的法律术语更加清晰，避免在实践中产生歧义。

第六节　瑞士仲裁法律制度

一、瑞士仲裁法律制度的历史

瑞士是一个联邦，共有24个州，依照1874年的《瑞士联邦宪法》第64条第3款，关于法院组织与诉讼程序的规定，仍属于各州的权限。1915年5月28日联邦最高法院也在判决中宣示，仲裁问题也属于各州立法权限之内。

1969年，一些州共同订立了一个州际的协约（瑞士称为Concordat），谋求统一各州的仲裁法规，这就是1969年3月27日由各州司法部长会议通过，并于8月27日由联邦会议批准的《州际仲裁协约》，或称《瑞士联邦仲裁协约》。该协约共9章46条。到1977年6月1日，已有16个州加入了这个协约。没有加入这个协约的州仍有各自的仲裁法律，例如苏黎世州、楚格州都在各自的民事诉讼法中有关于仲裁的规定。这些州的仲裁法与协约中的规定略有不同之处。[1]

二、瑞士仲裁法律制度的特点

瑞士属大陆法系国家。根据瑞士法律规定，仲裁协议如涉及国内仲裁，

---

〔1〕《百度快照》2006年8月26日。

则受瑞士本国法律管辖，如涉及国际仲裁，则根据法律冲突规则来确定是否受瑞士法律管辖。至于瑞士的法律冲突规则，瑞士联邦法院的判例承认仲裁庭所在地的民事诉讼法对仲裁协议的有效性具有管辖权。

作为仲裁的一种，国际商事仲裁同样具备“合同因素与司法因素并存”的特性。仲裁权的产生基于双方当事人的合意，当事人在仲裁进行中享有自主选择仲裁员等权利，仲裁庭的命令或决定，甚至裁决仅对仲裁当事人有约束力。然而，如前所述，国际商事仲裁不得不受到国内法的制约，为保证本国法律实施的公正性和统一性，法院有权进行司法审查。1958 年《纽约公约》第 5 条第 1 款第 5 项关于拒绝承认与执行裁决理由的规定中确定了“裁决作出地国”和“裁决所依据法律的国家”的主管机关有权撤销裁决，一些国家的国内立法也明确授权法院有权撤销裁决，如瑞士 1987 年颁布的《联邦国际私法法规》即规定，允许当事人基于某些情况向联邦最高法院提出撤销裁决的请求。

三、瑞士仲裁法律制度的内容

（一）仲裁的范围

对于可提交仲裁的争议范围，《瑞士仲裁协约》（CIA）第 5 条规定，只要法律没有强制性规定国家机构对该争诉有独家管辖权，当事人各方可自由处分的一切权利均可提交仲裁。

（二）请求仲裁的能力

当事人请求仲裁的能力，是根据当事人的能力即当事人的行为能力，适用国际私法方面关于管辖人们能力的冲突规则。瑞士法律不承认笼统的无能力仲裁的说法。

（三）程序规则的选择

在瑞士，当事人各方可自由地直接或间接选择仲裁庭的所在地，有权确定仲裁程序。如果当事人没有选择可适用的程序规则，将由仲裁庭选择。

（四）外国裁决的承认和执行

瑞士于 1965 年 6 月批准《纽约公约》，并且没有作出任何保留。因而，任何外国裁决在瑞士都可以按照公约程序申请承认和执行。

（五）申请承认和执行裁决的程序

根据瑞士法律，申请承认和执行裁决有其独特的程序：

1. 原告即申请人的律师致信给被告，告之被告应于若干天内根据裁决主动履行义务；

2. 如被告拒绝履行全部或部分义务，原告可到债务清偿委员会去登记债权，并由该委员会向被告发出清偿通知，清偿委员会可进行调解；

3. 如被告仍拒绝履行义务，则原告可以向法院申请强制执行仲裁裁决。

申请按照公约规定的程序进行。法院予以审查后作出准予执行或驳回执行申请的裁定。法院仅审查仲裁程序是否符合公约规定，而不审查仲裁裁决的实体内容。对于在瑞士所作出的国际裁决，瑞士仲裁协约给当事人安排了可使用的解决方式。

四、瑞士仲裁法律制度的发展

瑞士作为国际仲裁的一个重要中心，素负“理想的仲裁地”之盛名。1969年瑞士通过了《州际仲裁协约》，或称《瑞士联邦仲裁协约》，现已有16个州加入了这个协约，而其他州则在自己的民事诉讼法中对仲裁有所规定。瑞士的这一新的国际仲裁法，是瑞士国际私法法典编纂的重要成果。与旧法相比，新法在可仲裁性、仲裁协议、仲裁庭、仲裁程序、实质问题所适用的法律、仲裁裁决以及申请撤销仲裁裁决的程序等方面均含有许多极具创新性的规定，体现了相当自由的倾向，尤其是它赋予当事人意思自治原则以广阔的适用范围的做法，适应了国际仲裁实践的特殊需要，符合当代国际仲裁的发展趋势。〔1〕

第七节　瑞典仲裁法律制度

一、瑞典仲裁法律制度的历史

瑞典仲裁制度起源于中世纪时期，发生争议的双方当事人为了尽快解决争议，往往采用各自推荐一名仲裁员共同进行裁决的形式来寻求解决途径。

---

〔1〕 陈卫佐：《瑞士新国际仲裁法初探》，载《武汉大学学报》（人文科学版）1997年第6期。

这种做法在14世纪时，被通过立法确认下来，成为具有七百多年历史的临时性仲裁制度。瑞典于1887年制定了第一部专门的仲裁法令。1919年，瑞典对1887年仲裁法令作了重要修订，后于1929年制定了《1929年仲裁法》和《外国仲裁条例》，并于1999年制定了新的仲裁法。

二、瑞典仲裁法律制度的特点

根据现行的瑞典《仲裁法》："一切可成为协议解决内容的民事或商事问题，均可提交仲裁。"这意味着可运用仲裁形式的领域很广。例外的情况如法律上剥夺权利的判决、时效、因犯罪而被判刑、家庭婚姻、孩子收养及监护、企业集团的兼并等问题不能通过仲裁方式解决。

瑞典的《仲裁法》对仲裁机构的设立没有加以规范和限制，因此，20世纪瑞典的各行业都设立了仲裁机构。由于业务量不大，逐渐被办得最好的斯德哥尔摩商会仲裁院兼并，因而斯德哥尔摩商会仲裁院成了瑞典唯一的仲裁机构。

三、瑞典仲裁法律制度的内容

根据瑞典法律规定，一切仲裁若在瑞典进行，则受瑞典《仲裁法》的规定管辖，并适用瑞典法的程序规则。当参照制度性仲裁机构的全部仲裁规则时，也意味着要服从其制定的程序规则。

按照瑞典《仲裁法》的规定，案件的裁决只能由仲裁员或仲裁庭而不是仲裁院来作出。根据斯德哥尔摩商会仲裁院（下简称SCC）仲裁规则第15条的规定，具体案件中，仲裁庭与SCC在业务范围上是相互独立的，一旦仲裁庭成立且仲裁费用已交纳，则SCC就把案件移送到仲裁庭。至于每个案件的程序如何进行，包括但不限于是否聘用秘书、翻译、鉴定专家以及聘用谁，如何与当事人之间交换证据和代理意见，以及裁决书的作出等。以上事项均由仲裁庭自己决定或通过仲裁庭来进行，与SCC无关，SCC既不能审查裁决书的内容，也不能在裁决书上盖章。[1]

仲裁的提出即视为仲裁程序开始。在有一方当事人居住地不在瑞典时，

〔1〕 贾倞：《瑞典的仲裁庭》，载中国仲裁网，2004年10月20日。

当事人双方可以协商确定一个仲裁期限。当双方当事人居住地均在瑞典时，当事人若无其他规定，仲裁期限应为仲裁申请提出之日起 6 个月。作出裁决时，当事人不必在场。仲裁庭表决采取绝大多数仲裁人的意见，或者半数以上仲裁人的意见。

仲裁裁决的执行，不是像普通法院的判决那样立即能予以执行。如因败诉方的拒绝而不可能友好执行时，应采取强制措施。强制执行的措施，是取得申请仲裁裁决的执行命令书。为了便于外国仲裁裁决的执行，瑞典法规定了一种简单方便的程序：胜诉方向斯德哥尔摩上诉法院提出执行申请。该法院在收到执行申请后，即通知对方当事人，后者可依法对裁决提出异议。如该法院认为必要，可要求双方当事人再次交换书面陈述，并可安排开庭审理。然后，法院将作出决定，如法院准予执行，该外国裁决就可以立即执行；但如对该法院决定不服，可向瑞典最高法院提出上诉。如最高法院的决定不同于上诉法院的决定，则此项执行应给予撤销，已经转移的财产不应退还。当事人对于复杂的案件，也可以向有管辖权的第一审法院申请承认和执行裁决。不过，此种程序较少使用。

四、瑞典仲裁法律制度的发展

随着瑞典 1999 年新的《仲裁法》的实施，斯德哥尔摩商会仲裁院也新修订了其仲裁规则，并自 2017 年 1 月 1 日起实施。SCC 成立于 1917 年，是瑞典最重要的常设仲裁机构，经过一百余年的积淀和实践，在国际仲裁界具有广泛的影响力，是解决国际商事纠纷的重要场所。

第八节　意大利仲裁法律制度

一、意大利仲裁法律制度的历史发展

意大利是许多多边条约和双边条约的成员国。而其多边条约，主要是指有关仲裁方面内容的公约。如 1923 年 9 月 24 日的日内瓦《有关仲裁条款的议定书》，在意大利于 1924 年 7 月 28 日生效；1927 年 9 月 20 日在日内瓦

《执行外国仲裁裁决公约》，在意大利于 1931 年 3 月 12 日生效；1958 年 6 月 10 日的纽约《承认并执行外国仲裁裁决的公约》，在意大利于 1969 年 5 月 1 日生效；1961 年 4 月 21 日的日内瓦《关于国际商事仲裁的欧洲公约》，在意大利于 1970 年 11 月 1 日生效；1965 年 3 月 18 日的华盛顿《关于解决各国与其他国家的国民之间投资争端的公约》，在意大利于 1971 年 4 月 28 日生效。

从仲裁法的法源来看，除了意大利参加签署的多边公约和双边公约外，意大利国内的仲裁法主要有《民事诉讼法典》《民法典》《海商法典》中有关仲裁的规定。此外，判例也是意大利仲裁法源的重要部分，尤其在判定仲裁协定的有效性，解释多边仲裁公约、自由性仲裁的定义、效力及规则，以及区分法定性仲裁和自由性仲裁等方面，发挥了显著的作用。[1]

二、意大利仲裁法律制度的特点

意大利仲裁制度包含法定性仲裁和自由性仲裁两种类型。其中，法定性仲裁的仲裁协议不仅应写成为书面形式，而且还应该符合有关格式契约的其他条件以使该协议确认有效。

在意大利，一切关于当事人自由规定的权利以及当事人可以和解的问题所产生的争议，均可以成为法定性仲裁或自由性仲裁的内容。一般情况下，下列争议不能仲裁：有关专利的有效性、商标的有效性以及有关违反竞争法的争议和代理合同方面的争议。

根据意大利法律，当事人或仲裁人可以自由选择任何国家主权所涉及范围作为进行仲裁的地点。在当事人没有确定仲裁地时，常以推定方式来确定仲裁地。在没有任何参考表明有其他结论时，即推定为当事人各方已愿意参照意大利程序法作为仲裁的程序法。

当事人可以在仲裁条款、仲裁协议或一切有关的书面文件中，并于程序开始之前，商定仲裁人应在仲裁过程中予以遵守的规则。在当事人对此未作出规定时，仲裁人有权按他认为最合适的方式规定规则程序。当事人也可以在文件中以附注的形式引用某个仲裁中心的规则。

---

〔1〕 详见丁建忠编著：《外国仲裁法与实践》，中国对外经济贸易出版社 1992 年版，第 227 页。

三、意大利仲裁法律制度的内容

仲裁人应根据法律的规定进行裁决。只有当当事人明示地同意可按公平合理原则裁决，才可不依法律而依利益均衡的原则进行裁决。无论按法律还是公平合理原则来仲裁，均应遵守公共秩序的规定。在自由性仲裁中，仲裁人一般按公平合理原则进行裁决；最新的判例也允许自由性的仲裁按法律规定裁决，不过应取得当事人明示同意。

根据意大利的法律，在意大利作出的仲裁裁决如系法定性裁决，须先登记，通过裁定命令宣布裁决具有可执行效力。大法官只限于审查其裁决期限及提交的文件在格式上的规则，而不检查是否有某个不能仲裁的问题也包括在裁决中，或裁决违背了公共秩序、善良风俗的原则等问题。

为了在意大利执行外国的仲裁裁决，应在裁决执行地的上诉法院通过传讯的渠道提出申请。为了使裁决具有执行效力，可独立地采取必要措施。

目前，意大利绝大部分的裁决执行命令书的颁布是根据《纽约公约》第5条的规定。为了执行外国裁决，申请人还可引证下列有关规定：①《民事诉讼法典》第800条有关争议的可仲裁性的规定，及至第806条的有关规定；②1967年《日内瓦公约》的第4条；③意大利与有关国家签署的双边协议。

四、意大利仲裁法律制度的发展

就意大利的民事诉讼法律制度而言，意大利立法早先对仲裁制度是持比较敌视的态度。这种敌视仲裁制度的态度，在意大利1940年的《民事诉讼法》中有明确的表现。例如，根据该法律规定，如果仲裁裁决不在其作出后的5天内向法院提存，那么该仲裁裁决便是无效的。在意大利的法律体系中，作为ADR的仲裁制度于20世纪90年代才得以重视。1994年修改法律时，《民事诉讼法》第806条至第840条对仲裁法律制度作了专门的规定。2006年，意大利修改的仲裁法律制度实现了与国际仲裁制度的接轨。现今，即以意大利仲裁法令的发展为路径，着重结合最新修改的仲裁法律制度，不断探讨和改革意大利仲裁法律的基本问题及其在实践中的实施，其中包括仲裁协议、仲裁事项、仲裁员制度、仲裁的审理、对仲裁的质疑等。

第九节 比利时仲裁法律制度

一、比利时仲裁法律制度的历史

比利时并非传统的仲裁大国，但20世纪后半叶，由于欧洲共同体及其后身欧洲联盟的总部设立于比利时首都布鲁塞尔，从而带来了众多的国际商事仲裁案件，而比利时原有的仲裁法的大部分内容还是拿破仑时代的产物，因而进入20世纪前的最后几年，比利时开始了对其仲裁制度改革的立法工作，后于1998年5月19日通过了对比利时《司法法典》（Judicial Code）中关于仲裁内容（第1676条至第1723条）的修正案。

二、比利时仲裁法律制度的特点

1998年比利时新仲裁法新增添的若干条款，在《示范法》中均可找到其渊源，有关的条款分别是：①对仲裁员的异议（示范法第12条第22项——司法法典第1690条）；②临时措施（示范法第17条——司法法典第1672条第2款）；③证据的采纳（示范法第19条第2项——司法法典第1696条）；④裁决的更正与解释（示范法第33条——司法法典第1702条）。

三、比利时仲裁法律制度的内容

1998年的比利时仲裁改革立法，值得注意的一些内容主要有：

（一）公法人为当事人的合同的可仲裁性问题

在现代仲裁理论与实践中，涉及国家与公法人的合同的可仲裁性问题一直存有争论。有些国家在立法中明确了这些合同的可仲裁性，但也有国家坚持此类合同的不可仲裁性，或者至少在没有合同条款明文规定的情形下，有关争议不能付诸仲裁。在此次改革前，比利时的仲裁实践普遍支持此类合同的不可仲裁性，但亦有案件并未遵循此做法。在Benteler诉Etat Belge一案中，比利时政府与一德国当事人签订了一项商事合同，其中含有仲裁条款，后争议发生时，比利时政府欲以合同事项的不可仲裁性为由，不遵守此仲裁条款，但未获仲裁庭支持，仲裁庭的理由是：比利时政府的行为违背了国际公共政策。新法案彻底地解决了这一问题，《司法法典修正案》第 1676 条第 4 款规定，比利时的公法人（包括政府与其他公共机关与机构）可以在他们签订的合同中就合同的成立、有效性、履行等问题订立仲裁条款。此外，《司法法典修正案》第 1676 条第 2 款规定，将来为执行新的法律或比利时皇家命令而采取的公法行为，均可以成为仲裁条款的仲裁对象。

（二）仲裁程序中的有关问题

首先，是仲裁规则与仲裁地点的问题。根据当事人意思自治原则，《司法法典》第 1693 条第 1 款规定，当事人可以自由选择仲裁规则与仲裁地点；选择应当在程序开始之前，或仲裁过程的前期作出，但必须是在仲裁庭决定的截止日期内。在当事人未作出选择时，则由仲裁庭决定采用何种仲裁规则，确定仲裁地点。这种做法与大多数国家的普遍实践一致。此外，《司法法典》中新增添的一个条款非常有特色，据称该第 1693 条是模仿了荷兰 1986 年《仲裁法》第 1037 条的做法。根据此条，若当事人与仲裁庭在仲裁开始后均未明确仲裁地点，则仲裁地点为仲裁裁决作出的地方。因此这种情况下，将出现一种奇特的现象，即仲裁开始后，直到仲裁裁决作出，将一直不知道仲裁地在何处。这真是一种尴尬的局面，事实上这种规定不太现实。正如目前的仲裁实践所显示的，仲裁地与仲裁规则的选择通常会在仲裁协议中作出明确规定，或者在极少数情况下在仲裁过程的前期作出。而且以仲裁裁决作出地作为决定因素也是不现实的，与其他因素相比，仲裁裁决作出地这一地理因素似乎不构成仲裁的关键因素。

其次，是仲裁第三人的问题。《司法法典》第 1696 条关于第三人参加仲裁程序的规定亦颇有特色。根据仲裁的契约性质，仲裁条款中一般不会涉及第三人的问题，所以没有所有原当事人的同意及仲裁庭的同意，第三人不能参加到已经开始的仲裁程序中来。大多数国家仲裁法均未规定第三人的问题，例外的有 1969 年瑞士《康科达州仲裁法》第 38 条的规定及 1986 年荷兰《仲裁法》第 1045 条的规定，比利时此次改革采用的新条文即模仿了荷兰《仲裁法》第 1045 条。《司法法典》第 1696 条对第三人参加仲裁程序的条件较为严格，其不仅要求双方当事人的同意，并且要求全体仲裁员的一致同意。因此即使当事人在仲裁程序开始之前或之后同意第三人参加仲裁，若无仲裁庭的全体同意，第三人亦不得参加仲裁。

（三）仲裁裁决的司法审查及排除条款问题

当代的一些仲裁法赋予国际仲裁当事人订立排除条款的权利，以此来排除法院对仲裁的司法审查，比利时关于此问题的实践有一个发展过程。在1985年，当时为吸引外国当事人到比利时来进行国际商事仲裁，《司法法典》增添了一个新条文，即第1717条第4款。该条文规定，若仲裁当事人双方不是比利时人，并且住所、营业机构亦不在比利时，则比利时法院将不会对仲裁裁决进行任何司法审查。此规定引起了广泛的争议，其一方面使仲裁摆脱了司法控制，另一方面，使仲裁员的任何武断行为将得不到司法矫正，并且还可能影响仲裁裁决在国外（尤其是1958年《外国仲裁裁决承认与执行的纽约公约》的成员国）的承认与执行。1998年的改革，采用了多数国家的做法，并且与欧洲其他仲裁中心国的做法保持一致。在新体制下，对仲裁裁决司法审查的排除并不是自动的，排除的意思必须在当事人事前的仲裁条款或事后的仲裁协议中明确表示。这种做法使比利时的仲裁法与瑞士、英国的仲裁法更为相近。一方面，其尊重了当事人的意思自治，另一方面不轻易放弃对仲裁裁决的司法审查。

四、比利时仲裁法律制度的发展

相对于其他大陆法系国家而言，比利时较早接受多元化纠纷解决机制的理念，在调解立法上迈出了坚实的步伐。2005年之前，调解在比利时的纠纷解决实践中适用并不普遍。2005年，《司法法典》拓展了人们有关正义、司法与纠纷解决的视野。2007年，比利时仲裁调解中心颁布了《调解规范》，并于2013年作了修订，进一步优化了调解制度。在《司法法典》与《调解规范》的支持下，调解在比利时蓬勃发展。截至2013年底，已有20家ADR服务组织与Belmed平台签订合作协议，从而可为民众提供更优质的服务。[1]

---

〔1〕 方俊、王喆：《比利时调解制度的蓬勃发展》，载《人民法院报》2016年11月4日。

第十节　荷兰仲裁法律制度

一、荷兰仲裁法律制度的历史

1986 年，荷兰通过并施行了新的《仲裁法》，由此取代了 1838 年的《仲裁法》。该法共 56 条，被规定在荷兰《民事诉讼法典》第四编中的第 1020 条至第 1076 条。2015 年 1 月 1 日，荷兰现行的最新《仲裁法》正式生效，它取代了 1986 年开始实施的《仲裁法》。从荷兰议会的历史来看，这次的新法案是 2011 届荷兰政府法律部门创新议程的一部分。

二、荷兰仲裁法律制度的特点

荷兰《仲裁法》是荷兰《民事诉讼法典》的重要组成部分。在荷兰，仲裁区别于普通法院的诉讼程序，成为商业纠纷解决的最重要的形式之一。

作为荷兰的仲裁法，它在仲裁范围、仲裁员的指定、适用法律、仲裁裁决等方面的立法与实践上都有其自身的优点与特点：一是在仲裁范围上，根据荷兰《仲裁法》的规定，契约性的与非契约性的有关侵权、不当得利以及单方行为引起的争议，都可通过仲裁解决。无论在立法中还是在实践中，荷兰都没有对可仲裁性问题施以过多限制。二是有关仲裁员的指定，荷兰《仲裁法》规定应按当事人协议的方式进行指定，当事人也可委托第三人（通常为仲裁协会）指定仲裁员。如果仲裁员的指定未来在规定的两个月期限内完成，地区法院院长可根据任何一方当事人的请求指定仲裁员。三是坚持程序问题受当地法支配的原则，即国际商事仲裁适用的法律是仲裁地的仲裁法。在荷兰的国内仲裁实践中，仲裁法规定仲裁员应以友好调停人作出裁决，而在国际仲裁中，则要求仲裁员应根据法律规则作出裁决，除非当事人授权其作为友好调停人进行仲裁。四是在仲裁裁决上，荷兰《仲裁法》规定，仲裁裁决需要说明理由是强制性的，仲裁裁决在未附具理由的情形下将被撤销。而对于一项未附具理由的外国仲裁裁决，只要在其作出地有效，而且不违反荷兰的公共政策，就可以在荷兰得到承认和执行。

三、荷兰仲裁法律制度的内容

新法案的内容主要体现在以下方面：

（一）简化撤销诉讼程序

新法案为荷兰仲裁裁决的撤销提供了一个更有效的程序。1986 法案规定，仲裁裁决的撤销行为需要经过地方法院和上诉法院的两个实质判决；而根据新法案，仲裁裁决的撤销仅限于仲裁所在地的上诉法院的一个实质判决。新法案的这一条款，允许当事人只需要通过一个实质判决就能撤销诉讼程序，大大缩短了这一过程的持续时间。

（二）简化执行程序

新的法案还将对外国仲裁裁决的执行程序简化为等同于实质判决的执行。根据新法案，在荷兰，请求认可或执行外国仲裁裁决应直接向上诉法院提起。该规定取代了之前的地方法院法官暂行办法，而这一办法仍然适用于国内仲裁裁决。重要的是，该法案使得上诉法院拒绝承认和执行外国仲裁裁决成为可能。

（三）仲裁程序的合并

1986 法案只允许由阿姆斯特丹地方法院院长决定有联系的两个国内仲裁程序的合并，而新法案规定，仲裁程序的合并请求包括对国内外仲裁程序的合并请求，也可以提交给第三方——仲裁庭或仲裁机构决定，当事人另有协议的除外。如果没有这样已通过双方的协议指定的第三方，当事人仍然可以在阿姆斯特丹地方法院有关临时措施的裁判下，提出两个国内仲裁程序的合并请求。

（四）仲裁程序的灵活性

新法案具有旨在提高仲裁程序的灵活性，并寻求提高仲裁程序的效率的若干规定。例如，新法案允许当事人同意使用电子邮件作为他们的书面提交和其他程序性行为的归档手段。仲裁庭可以在荷兰境内外的任何地方举行听证会，询问证人或专家（当事人另有约定的除外）；仲裁庭可以委托一名单独的仲裁员举行听证会（当事人另有协议的除外）。

为符合国际仲裁惯例，新法案还引入了其他一些展现仲裁程序的灵活性的规定，如允许当事人限制仲裁程序的时间和诉讼费用。新法案还规定，次要的程序性决定可以由审裁处主席作出，前提是共同仲裁员委托了这项权力以及当事人并未另行商定。

四、荷兰仲裁法律制度的发展

荷兰新的《仲裁法》于2015年1月1日正式生效，取代了1986年开始实施的《仲裁法》。新法案包含了许多重要的修正案，旨在提高仲裁程序的效率和灵活性，使得当事人在荷兰能以最适合解决该种性质纠纷的方式来组织和调整其仲裁程序和方法。同时，新法案还包含了一些旨在促使仲裁程序简化和现代化、降低与仲裁程序相关的成本和行政负担的条款。而通过这些修正案，新法案将有助于荷兰实现符合现代标准的有效的国际仲裁行为，并使企业可以顺利和有效通过仲裁解决纠纷。根据荷兰《仲裁法》的规定，原则上如果任一方希望进行仲裁，荷兰法院必须决定对该案没有管辖权。在荷兰，最有名的仲裁机构是位于鹿特丹的荷兰仲裁所，该所可提名案件的仲裁员，当事人也可根据协定自行提名仲裁员。目前，荷兰仲裁协会（the Netherlands Arbitration Institute，NAI）是荷兰唯一的普遍性仲裁协会，对所有人开放，既受理一般民、商事仲裁案件，也受理特定部门的专业仲裁案件。而且，还有一百多个专门仲裁协会，涉及商品、贸易、建筑、服务、消费、体育等众多领域，通常受理本行业的仲裁案件。此外，荷兰的仲裁决定在本国实施也较容易，因为荷兰是仲裁互认和执行《纽约公约》的缔约国，原则上缔约国作出的仲裁决定可在荷兰执行，反之亦然。[1]

第十一节　日本仲裁法律制度

一、日本仲裁法律制度的历史

日本的仲裁法律制度，在1890年制定的旧《民事诉讼法典》中最早出现过。1996年新《民事诉讼法》颁布后，日本将仲裁法律制度的内容作为旧民

---

〔1〕 张艾清：《荷兰商事仲裁法律与实践若干问题探究》，载《法学评论》2000年第1期。

事诉讼法的一部分予以保留，编入了《关于公示催告程序和仲裁程序的法律》。在联合国国际贸易法委员会（UNCITRAL）起草的《国际商事仲裁示范法》（以下简称“《示范法》”）引导下，日本在2001年12月下旬，由日本首相小泉纯一郎直接领导下的日本政府司法体制改革促进办公室（以下称“改革办公室”）成立了一个《新法》专家研究组（以下称“专家组”），开始修改仲裁法。专家们对仲裁法的研究修改以《联合国国际贸易法委员会示范法》（以下称“《示范法》”）的国际商事仲裁内容为基础，并于2004年3月结束研究工作。此前，在2003年3月14日，改革办公室已就《新法》向议会提交了议案。2003年8月1日，日本在议会通过了一部新仲裁法（以下称“《新法》”），代替了现行的仲裁法（以下称“《旧法》”），并从2004年3月1日起开始施行新《仲裁法》。[1]

二、日本仲裁法律制度的特点

《新法》在实体和形式上均仿照《示范法》。《旧法》仿照的是1897年生效的德国《民事诉讼法典》中的仲裁法。这部过时的《旧法》已有一百多年没有修改过，对其进行修改并发挥日本在国际仲裁中积极作用的呼声日益增多。随着以《示范法》为基础的《新法》的通过，日本现在已加入到国际仲裁行列中来了。

《新法》主要具有以下显著特点：

（一）直接采用及轻微改动《示范法》的条款

除了一些轻微的改动和附则之外，《新法》几乎逐字逐句地采用了《示范法》的大部分内容，共55条。与德国仲裁法相同的是，《新法》既适用日本国内仲裁又适用国际仲裁，对商事仲裁和非商事仲裁不作区分。

（二）仲裁法的适用范围

《新法》采用了《示范法》的仲裁属地原则，适用在日本发生的仲裁案件。《新法》第8条规定，只要仲裁地点未定，而仲裁地有可能在日本及申请

〔1〕 有关日本国《仲裁法》（平成十五年八月一日法律第一百三十八号），详见《仲裁与法律》2004年第95期，第115页。

人或被申请人一方的主要营业地在日本，法院就会协助当事人选定仲裁员。做这样的改动，其意在于避免在当事人没有选择仲裁地时，仲裁案件无法适用任何一部仲裁法的情况。当这种情况发生时，仲裁庭可以决定仲裁地点。因为当事人认为仲裁庭决定仲裁地点是其固有的权利，而相应的仲裁将依照所选定的仲裁地的仲裁法进行。

（三）仲裁协议的形式

关于仲裁协议的形式，《新法》第13条第4款规定：如果协议是电子文本，那么仲裁协议应为书面形式。虽然这种条款在《示范法》的第7条第2款中没有规定，但它符合通讯和信息技术最新快速发展的趋势，而且在《示范法》仲裁工作组对《示范法》的修改草案中有所体现。

（四）仲裁庭的临时措施的执行

改革办公室的专家组考虑到了仲裁庭的临时措施的执行问题。但因为《示范法》仲裁工作组还在讨论第17条中关于仲裁庭的临时措施的执行问题，所以认定这种临时措施在目前还不成熟。由此，《新法》中有关仲裁庭的临时措施的执行问题留待以后考虑。

（五）法院协助取证

关于法院协助取证问题，《新法》第35条进行了具体的规定。该条款规定，仲裁庭或得到仲裁庭同意的一方当事人可以请求相关法院协助取证。法院将根据程序规则取证，仲裁员有权参加司法程序并有权询问。法院协助取证，仅局限于仲裁地为日本的案件。

（六）实体问题争议的法律适用

《新法》第36条对《示范法》的相应条款作了轻微改动，规定除当事人对所适用法律另有约定外，仲裁庭应在不发生法律适用冲突的前提下，适用与争议有最密切关系的国家的法律。

（七）仲裁裁决的执行

《新法》第46条规定了仲裁裁决的执行。日本是《纽约公约》的互惠保留缔约国，它只承认和执行另一缔约国领土内所作出的外国仲裁裁决。因此，第46条适用在缔约国领土外作出的外国仲裁裁决。

三、日本仲裁法律制度的内容

《新法》在《示范法》的基础上，增加了不少的条款。其主要内容如下：

（一）可仲裁事项

关于仲裁标的的可仲裁性，《新法》与《旧法》规定相同。《新法》第13条规定，除离婚或分居的纠纷外，只要提交仲裁的争议能通过双方解决，其仲裁协议即有效。

（二）多方仲裁

关于多方仲裁，《新法》在仲裁程序中没有作具体的规定，但在当事人选定仲裁员条款中有规定。《新法》第17条第4款规定，如果当事人不能就选定仲裁员的程序达成一致，那么一方当事人可以请求相关法院指定仲裁员。

（三）法院协助当事人之间的材料传递

《新法》第12条与《示范法》第3条相对应，在第2段中增加了法院可以协助当事人传递书面材料的条款，如果一方当事人发现送达书面材料有困难，可以请求法院送达书面仲裁通知。在实践中，当被申请人拒收或无人收取书面仲裁通知时，申请人有时会面临怎样送达书面通知的问题。在这点上，法院协助当事人解决了仲裁程序中的难题。

（四）仲裁中的调解

《新法》第38条第4款规定，仲裁庭可以应当事人的请求进行调解。该条款反映了国内仲裁和国际仲裁的惯例，也与《示范法》的规定相一致。

（五）仲裁费用

《新法》第47条~第49条规定了仲裁费用。第47条规定，除当事人另有约定外，仲裁庭可以决定仲裁员所需的合理费用。第48条规定，仲裁庭可以要求当事人预交仲裁费用，逾期不支付的可能导致仲裁庭暂缓或终止仲裁程序。第49条第1款、第2款规定，当事人可以约定费用的分摊，当事人达不成一致的，各自承担所产生的费用。其第3款还规定，仲裁庭在裁决中可以根据当事人的协议对因仲裁程序而产生的费用进行分摊，以及根据该裁决一方当事人应向另一方支付的费用。

（六）仲裁员腐败行为的刑事责任

《新法》特别在第50条~第55条中规定了对仲裁员的腐败行为尤其是贪污的刑事责任，不论该仲裁员在哪个国家有上述行为。《旧法》里也规定了这样的条款，但仅限于在日本有上述犯罪行为的；而《新法》则明确地将腐败行为所应承担的刑事责任规定在仲裁法中。所以，在对待仲裁员腐败行为的问题上比《旧法》规定更为严格。

（七）消费者仲裁和雇员仲裁的特别规定

仲裁对消费者的保护已日益成为全球范围内，特别是美国和欧盟广泛争议的话题。针对这一问题，《新法》中有如下特别规定：

根据《新法》附则的第3条，消费者可以单方取消与商家签订的就可能发生的争议提请仲裁的仲裁协议，但如果商家提起了对该消费者的仲裁程序，那么仲裁庭应向双方当事人发出开庭通知并进行开庭审理。仲裁庭应告知消费者：①仲裁裁决与法院判决有同等法律效力；②仲裁协议使消费者丧失了向法院起诉的权利，消费者若向法院起诉将被驳回；③消费者可以放弃仲裁协议。消费者不参加开庭的，视为放弃仲裁协议。

关于雇员仲裁，《新法》附则的第4条规定，雇员（包括正在找工作的人）与雇主之间签订的就可能发生的争议提请仲裁的协议无效，保证了雇员向法院起诉的基本权利。

《新法》这些关于消费者仲裁和雇员仲裁的特别规定，适用于《新法》生效后达成的仲裁协议，属临时措施，有待将来重新审议。

总之，《新法》采用了《示范法》的大部分内容，标志着日本加入了国际仲裁行列。日本希望通过《新法》使其在国际仲裁领域更具有吸引力。遗憾的是，《新法》并没有对仲裁的保密性和仲裁员责任豁免等重要问题进行规定，这些问题还有待《新法》作以后的修改。[1]

四、日本仲裁法律制度的发展

就仲裁法律制度而言，日本最先是依照德国的做法，将仲裁法内化在民

〔1〕 详见何新民关于《解读日本新仲裁法的几个显著特点》一文，载2015年11月6日360doc个人图书馆。

事诉讼法中。近年来，受到世界潮流的影响，日本学界为改善现行民事诉讼法中有关仲裁的规定，早在1979年就共同组成了“仲裁研究会”，并于1989年发表了“仲裁法草案”，欲将仲裁法制定为单行法，使其符合时代潮流。

为适应现代国际商事仲裁发展的需要，实现仲裁立法的现代化，日本不仅依照自己的国情修订有关仲裁的旧法规，甚至打算参照1985年12月11日被联合国大会通过的《国际商事仲裁示范法》颁布新的单行法规。日本法务省法制审议会从1990年7月开始，就有关《民事诉讼法》第八篇仲裁规定部分进行全面性的修改。

日本的《仲裁法》于2003年制定，即2003年8月1日第138号法，最新由2004年12月1日第147号法修改。日本《仲裁法》不仅对仲裁程序，还对仲裁协议作出了规定。

第十二节　韩国仲裁法律制度

一、韩国仲裁法律制度的历史

1966年韩国制定了《韩国仲裁法》。为了实现仲裁制度的先进化，韩国在1999年接受联合国1996年《国际商事仲裁示范法》的规定，全面修改了《韩国仲裁法》，并在此后十多年的仲裁领域有了卓越的发展。随着联合国《国际商事仲裁示范法》（简称《示范法》）于2006年的再次修订，很多仲裁先进国家采用了这一新规定，韩国也有越来越多的人认为需要接受《示范法》。从2013年开始，韩国着手修改《韩国仲裁法》，直到2016年5月国会通过，并规定于2016年11月30日起施行。

二、韩国仲裁法律制度的特点

韩国仲裁法的特点，主要表现为：

（一）当事人意思自治原则

在当事人意思自治原则上，韩国《仲裁法》充分重视仲裁的契约性，将当事人意思自治原则确立为基本原则，该法的大部分规定均为任意性规则。韩国

《仲裁法》对仲裁协议的书面形式采取更为宽松的要件，对可仲裁性等事项的要求比较为灵活。韩国《仲裁法》规定：在不违反本法的强制性规定的情况下，当事人可以自由约定仲裁程序事项。在审理方式等问题上，韩国《仲裁法》的规定相对较为自由。韩国《仲裁法》规定，仲裁庭应当根据当事人约定的实体争议适用的法律规则对争议作出裁决，同时允许根据公允善良原则作出裁决。

（二）仲裁独立性原则

首先，韩国《仲裁法》规定自裁管辖权原则。《仲裁法》规定，除本法授予法院干预的事项外法院不得干预，并且对国内仲裁裁决和涉外仲裁裁决的撤销实行统一的、严格限定于程序性事项的规则，扩大当事人的意思自治和仲裁庭的权力，缩小法院干预的范围和强度。其次，韩国法实行国内仲裁与国际仲裁统一化，不允许法院对裁决进行实体审查、严格限制裁决撤销事由。韩国对裁决执行（特别是国内裁决）较为支持。最后，实行统一的仲裁裁决撤销制度，取消法院对仲裁裁决的实体问题审查，废除国内仲裁裁决的不予执行制度。[1]

三、韩国仲裁法律制度的内容

2002年修订的韩国《仲裁法》强调国际化和自由化，大量参考和运用了外国先进立法和国际公约的规定，在当事人意思自治、仲裁庭的自裁管辖权、仲裁协议的书面形式等方面进行了创新性的立法。

在全力发展仲裁业、打造国际重要仲裁地的目标指引下，韩国于2012年启动《仲裁法》的修法工作。2016年，《新仲裁法》正式实施。此次《仲裁法》的修订涉及仲裁临时措施、仲裁费用的负担规则、仲裁裁决的承认与执行等诸多方面。

韩国仲裁法的内容主要如下：

（一）扩大了仲裁的适用范围（第3条）

为了积极运用仲裁制度，扩大了仲裁的适用范围。修订前的《韩国仲裁法》第3条仲裁对象限于“私法上的纠纷”，但是修订后其对象为“财产权上

〔1〕金泳奎：《中韩商事仲裁制度比较研究》，中国政法大学2009年博士学位论文。

的纠纷以及有和解可能性的非财产权上的纠纷”。因此不公平交易、专利权等能够和解解决的非财产上的纠纷，也可以用仲裁解决。

（二）放宽了仲裁协议书面要件（第 8 条）

修订后的《韩国仲裁法》接受了《示范法》对仲裁协议书面形式的扩展解释：修订前的《仲裁法》只将“当事人各方签字的文件上包含仲裁协议的”视为有效的仲裁合同。修订后的《仲裁法》将“仲裁协议内容通过口头、行为或者其他任何方式记录下来使协议得以订立的，视为书面形式”。并且，明示了电报、电信、传真、电子邮件或者提供协议记录的其他电讯手段为书面形式。当事人互相传达电子邮件，达成仲裁协议的，即使没有额外文件和签字，也可以认定为有效的仲裁合同。这就是说，仲裁合同的书面形式不一定都是需要签字的合同书，以任何方式记录仲裁协议都可以。另外，如在申请书和答辩书的交换中，一方当事人声称有协议而另一方当事人不否认的，也可以认为是有书面仲裁协议。

（三）增强临时措施的执行力（第 18 条）

修订前的《韩国仲裁法》临时措施的对象是“纠纷的对象”，修订后的《仲裁法》对维持现状或者恢复原状、防止对仲裁程序发生危害或影响的措施等行为保全和资产保全、证据保全等临时措施加以明确规定。并且，明确规定了采取临时措施的条件以及仲裁庭可以对已经作出的临时措施变更、停止、取消的规定。同时，还对提供担保、告知义务、因临时措施产生的费用负担以及损害赔偿作了详细规定。

（四）加强有关证据调查的法院协助（第 28 条）

修订后的《韩国仲裁法》第 28 条第 3 项明确了当事人可以参与其证据调查的权利，即当事人或其代理人在得到审判长的许可后，可以参与法院的证据调查并且可以直接询问证人。而且，修订后的《韩国仲裁法》第 28 条第 1 项及第 5 项还规定，仲裁庭得到法院协助也可以亲自调查证据。这些都保障了有效地调查证据。

（五）加强仲裁庭对仲裁费用分担以及迟延利息的权限（第 34 条）

修订后的《韩国仲裁法》明确规定，除非当事人另有约定，否则仲裁庭将以裁决的方式决定仲裁费用分担以及迟延利息。由此，可预防发生有关争端，尊重仲裁庭自由裁量权，进一步营造了对仲裁友好的环境。

此外，仲裁法的内容还有以下修改：

（1）申请仲裁裁决的承认和执行程序简易化，从“判决程序”变为“决定程序”；

（2）废除各种文件的提交义务等，很大程度上简化了提交的文件。

四、韩国仲裁法律制度的发展

目前，随着世界各国经济的国际化，频繁的国际交易使国际商事纠纷不断发生，这使得越来越多的国际商事争议需要提交仲裁裁决。由于不同国家有着不同的法律制度和司法实践，外国仲裁裁决的承认和执行需要通过国家的司法审查进行执行，所以，提高国际仲裁制度的有效性关键在于承认与执行外国仲裁裁决。为了保障外国仲裁裁决的承认和执行，1958 年国际社会缔结了《纽约公约》，目前已有一百五十多个国家加入了本公约。韩国于 1973 年加入了《纽约公约》，并做出了互惠保留和商事保留。因此，韩国作为缔约国作出的外国商事仲裁裁决适用于《纽约公约》。1999 年，韩国接受了《国际商事仲裁示范法》，并对《仲裁法》进行了全面的修正，以弥补仲裁程序上的缺陷，进而实现与国际规范的接轨。

韩国《仲裁法》规定的关于承认与执行外国仲裁裁决，分为适用《纽约公约》的外国仲裁裁决和不适用《纽约公约》的外国仲裁裁决。对于不适用《纽约公约》的外国仲裁裁决和外国判决，准用韩国《民事诉讼法》和《民事执行法》的有关规定。[1]

第十三节　新加坡仲裁法律制度

一、新加坡仲裁法律制度的历史

新加坡独立以后，于 1953 年颁布了第一部《仲裁法》，几乎全盘承袭了

〔1〕崔姬真：《韩国承认与执行外国仲裁裁决的法律与实践研究》，吉林大学 2016 年硕士学位论文。

英国1950年出台的《英国仲裁法》。在《英国仲裁法》于1979年修订以后，新加坡随即于1980年颁行新的《仲裁法》，该法吸收了《英国仲裁法》的全部变化。2002年，新加坡又对该《仲裁法》进行了再次修订。

随着经济全球化的发展，1991年新加坡国际仲裁中心成立。为了支持国际仲裁的发展，新加坡逐步建立了专门的法律制度。1994年，新加坡颁布了《国际仲裁法》，并于2001年和2010年进行了部分修改，吸收了《联合国国际商事仲裁示范法》的精神、理念和主要规定。最近一次《国际仲裁法》的修订是在2012年4月9日，经新加坡国会通过，并于2012年6月1日正式实施。

二、新加坡仲裁法律制度的特点

在1994年《国际仲裁法》颁布之前，仲裁地为新加坡的仲裁不分国际和国内，均适用1953年《仲裁法》。在《国际仲裁法》颁布之后，开始实行双轨制，即：当事人约定新加坡为仲裁地的，如果是国内仲裁则适用新加坡《仲裁法》，除非各方同意《国际仲裁法》第二部分或《联合国国际商事仲裁示范法》适用于非国际仲裁；如果是国际仲裁则适用新加坡《国际仲裁法》，《国际仲裁法》不得适用于非国际仲裁。在判断是否为国际仲裁时，《国际仲裁法》第5条第2款规定，如果当事人一方营业地位于新加坡以外、协议最密切联系地位于当事人营业地以外，或仲裁协议的标的与一个以上的国家有关，即可认定为国际仲裁。

新加坡的双轨制立法，一是指1953年颁布的第一部《仲裁法》和1980年颁行的新的《仲裁法》，并于2002年又对该《仲裁法》进行了再次修订；二是指1994年颁布的《国际仲裁法》，于2001年、2010年和2012年进行了修改。

新加坡作为全球国际仲裁中立地，潜心打造世界一流的现代仲裁中心，为各国当事人提供仲裁解纷服务平台，受到世界跨国企业的广泛认可和推崇。新加坡仲裁制度成熟健全，推行政策透明简单，广泛采纳联合国《国际商事仲裁示范法》和仲裁规则，易于各国当事人和仲裁从业人员把握操作。新加坡的仲裁经验，或许可以为中国和相关国家的企业遇到境外解纷时能便捷有效解决涉外争议带来一定的启示。

具体而言，新加坡仲裁法律制度有如下一些特点；

（一）充分利用新加坡仲裁解纷的理念文化，灵活选择司法介入的程度和范围

新加坡国际仲裁制度采纳联合国商事仲裁示范法和《承认和执行外国仲裁裁决公约》（又称“《纽约公约》”）作为法律基础，基于商事仲裁的商业解纷性质以及仲裁当事人的意思自治原则，除非合同的争议事项不具仲裁性，合同双方可以约定将任何相关事项的分歧提交仲裁私了，可以自由选择仲裁开庭审理地、仲裁规则、仲裁适用法律规则以及合同适用法律，并可以确定双方认为便捷有效的仲裁方式和仲裁程序。而按当事人约定方式指定的仲裁员，则对提交的争议进行一次性终局裁决。

（二）充分发挥新加坡仲裁解纷的商业化特点，选择便捷途径了结纷争

对于一些简单的合同，中外双方在商订国际仲裁条款时，时常会考虑选择无需第三方仲裁管理平台支持的仲裁，即只须在合同中直接明示提交新加坡仲裁解纷的合意即可，无需其他特别形式或者格式。如合同发生纠纷，则由当事人双方直接操作、自行管理仲裁进行的方式。

（三）充分发挥中国行业的法律技术专家的特长和文化优势，解决涉及中国企业的跨国经济纠纷

新加坡国际仲裁市场实行对外开放的导向政策，外国律师不仅可以代理以外国法为适用法的仲裁案，而且可以代理以新加坡法为适用法的国际仲裁案，在这些国际仲裁程序中代表各国当事人出庭陈述、答辩和询问。仲裁语言没有国别语种限制，可以由中外当事人双方协商约定，也可以由当事人指定的仲裁员决定。

当事人指定的仲裁员不受任何国籍限制，没有任何专业限制，也不存在任何国家、组织或私人仲裁机构的名册资格限制，只要当事人各自认可、不存在利害关系就行。对于涉及中国因素的国际商事纠纷，特别是那些适用中国法律为实体法的国际仲裁，中国律师、具有中国法律教育背景或者具备中国行业背景的专业人士，无论是作为新加坡国际仲裁代理律师、还是作为仲裁员都是合适的。

三、新加坡仲裁法律制度的内容

根据新加坡仲裁法和国际仲裁法的规定，其仲裁法律制度的内容主要如下：

（一）法律适用

在1994年以前，按照1953年的《仲裁法》，仲裁地为新加坡的仲裁不分国际和国内均适用。在1994年的《国际仲裁法》颁布之后，新加坡开始实行双轨制仲裁，即：如果是国内仲裁，则适用新加坡《仲裁法》；如果是国际仲裁，则适用新加坡《国际仲裁法》。

（二）约定排除

在新加坡，实行的是两套仲裁制度，分别适用于国内仲裁和国际仲裁。但是，这种区分并不具有强制性，因为当事人可以在仲裁协议或条款中约定选择仲裁适用《仲裁法》或《国际仲裁法》。而在当事人没有选择的情况下，仲裁庭则将按照仲裁的类别自动适用国内仲裁或是国际仲裁程序。

（三）仲裁规则

2007年，新加坡国际仲裁中心发布了新的仲裁规则，对仲裁规则进行了统一，废止了《新加坡国际仲裁中心国内仲裁规则》，结束了新加坡国际仲裁中心的双轨制历史。最新的《新加坡国际仲裁中心仲裁规则》（以下简称《仲裁规则》），于2016年8月1日生效。根据该《仲裁规则》规定，其适用于该《仲裁规则》生效当日及此后开始进行的所有仲裁案件。但是，当事人也可以根据自身利益需要约定排除最新版的适用而选择旧版仲裁规则。

（四）仲裁费用

仲裁庭报酬参见《仲裁规则》所附《费用表》，当事人也可在仲裁庭组成之前约定确定仲裁庭成员报酬的其他方法。仲裁庭应当在裁决书中列明仲裁费的总额及各方当事人承担仲裁费的分摊份额，当事人另有约定的除外。

（五）仲裁地条款

当事人可以约定仲裁地，未约定的，由仲裁庭确定；仲裁庭有权按照仲裁庭认为便捷、适当的任何方式，在仲裁庭认为便利、适合的任何地点开庭和举行会议。

（六）仲裁庭的管辖权

当事人约定将争议提交新加坡国际仲裁中心进行仲裁，由新加坡国际仲裁中心对该仲裁案件进行管理。对仲裁庭不具有管辖权的异议，最迟应当在“答辩书”或者“反请求答辩书”中提出。管辖异议程序为：当事人向主簿提出→主簿决定是否提交仲裁院→主簿提交仲裁院，仲裁院根据表面证据决定仲裁是否继续进行。

（七）准据法条款

仲裁庭应当适用当事人指定的法律或法规，作为争议实体的准据法；当事人未指定的，仲裁庭应当适用其认为恰当的法律或法规。在当事人明确授权仲裁庭的情况下，仲裁庭可以作为友好公断人或依公允善良的原则作出裁决。

（八）仲裁程序

1. 仲裁员的指定

对于仲裁员的指定，当事人约定由一位或多位当事人或者由第三方来指定仲裁员，这样的约定均应当被视为是当事人依据本规则做出的有关指定仲裁员的约定；当事人未指定的，院长应当在实际可行的情况下尽快确认对仲裁员的指定。院长依本规则作出的有关指定仲裁员的决定是终局、不可上诉的。

2. 仲裁员回避

以下情形下可申请仲裁员回避：①存在对仲裁员中立性或者独立性产生合理怀疑的情形；②仲裁员未具备当事人约定的资质要求；③对于当事人自己提名的仲裁员，回避事由是在该仲裁员被指定之后该当事人才得知的情形，可以申请回避。

3. 临时救济

当事人申请禁令或者提出其他任何临时救济的，仲裁庭可以发出命令或者作出裁决，给予其认为适当的救济。仲裁庭有权命令请求救济的一方当事人提供与申请救济有关的适合的担保。

4. 紧急临时救济及紧急仲裁员

在提交“仲裁通知书”的同时或者之后、仲裁庭组成之前，可以向主簿提交紧急临时救济的申请。该当事人在提交紧急临时救济申请的同时，应向其他当事人发出该申请的副本。同时，应递交相应申请材料并缴纳管理费（不可退还）以及紧急仲裁员报酬和开支的保证金。

5. 快速程序

符合下列条件之一的，一方当事人可以向主簿提出书面申请：

（1）争议金额（即由仲裁请求、反请求以及任何抵销抗辩所构成的总金额）不超过相当于六百万元（新加坡币）的金额；

（2）当事人约定适用快速程序进行仲裁的；

（3）遇异常紧急情况的。

申请应在仲裁庭组成之前提出。适用快速程序的仲裁，主簿可以缩短本规则的任何期限；原则上由独任仲裁员审理；仲裁庭在征询当事人意见后，可以决定是否对案件的争议事项仅依据书面证据进行审理；仲裁庭应当在其组成之日起的 6 个月之内作出最终裁决。

7. 答辩和开庭

被申请人在收到“仲裁通知书”之日起 14 天内，应当向主簿递交“答复书”，除非当事人另有约定书面审理，仲裁庭应当开庭审理。

（九）仲裁裁决

院长、仲裁院和主簿所作出的有关仲裁之任何事项的决定，均为终局的，并对当事人和仲裁庭有约束力。除涉及仲裁员回避及管辖权异议情形外，对于院长、仲裁院和主簿所作出的决定，各当事人均放弃向任何国家的法院或者其他司法主管机关提出任何形式的上诉或司法审查的权利。

四、新加坡仲裁法律制度的发展

1995 年新加坡《国际仲裁法》生效后，新加坡仲裁体制分为两个独立的部分：国内仲裁和国际仲裁。其中，《国际仲裁法》适用于国际仲裁，原仲裁法适用于国内仲裁。《国际仲裁法》采纳了《国际商事仲裁示范法》（UNCITRAL），被认为标志着新加坡脱离法院干预国际仲裁的普通法对抗制，转向当事人意思自治和仲裁独立。

在新加坡，国际仲裁尤为突出，且特别具有发展前景。新加坡国际仲裁中心是一个坐落于亚洲的全球性的仲裁机构，其受理的86%以上的案件均是国际仲裁案件。目前，新加坡国际仲裁中心不仅处理国际商事案件，还不断处理国际投资案件。最近几年，新加坡国际仲裁中心处理的中国案件超过中国仲裁的案件总量的20%，所以中国是新加坡国际仲裁中心非常重视的市场。

新加坡国际仲裁中心作为一个中立的第三国仲裁机构，它有很多的机会为中国企业服务。现在，70%的新加坡人是华人，其文化本身与中国一脉相承。因此，新加坡和中国在经济往来方面更为密切。新加坡和中国在经济上已有几个大的政府间合作项目，如苏州工业园、天津生态城、未来重庆等。这中间还涉及各个方面的商事合作。在这种情况下，需要给新中这些商业主体提供更多不同的争端解决机制的选择。对此，新加坡国际仲裁中心更着眼于未来在中国能有更多的机会，为中国的商事企业提供更好的服务。

第十四节　澳大利亚仲裁法律制度

一、澳大利亚仲裁法律制度的历史

1901年，澳大利亚联邦成立。1904年12月15日，联邦议会通过了《联邦调解和仲裁法》。1905年成立联邦调解和仲裁法院。1956年改革为联邦调解和仲裁委员会。1973年改革为澳大利亚调解和仲裁委员会。澳大利亚调解和仲裁制度建立后，对澳大利亚社会、经济、政治都产生了深远的历史影响。

二、澳大利亚仲裁法律制度的特点

澳大利亚原是英国的殖民地，于1901年成立联邦之后，国家的政治制度日趋成熟，经济实力有了快速增长，逐步成为一个具有发达水平的资本主义国家。在其法律领域，原来基本适用英国法的状况也得到改变，在许多方面发展出了自己的立法特点：

（一）以英国法为基础

澳大利亚法制发展中的最大特征，就是以英国法为基础，建立自己的法律体系。在1931年英国议会制定《威斯敏斯特条例》之前，英国议会一直是澳大利亚的权威立法机关，它的法律是澳大利亚的重要法律渊源。《威斯敏斯特条例》制定之后，在法律上仍然保留了英国议会应澳大利亚政府及议会之邀为澳大利亚制定法律的权力。由于这一原因，以英国法为基础，无论在历史、习惯以及法理上，都是澳大利亚近现代法律发展的最重要的特征。

（二）法制的发展比较平稳

和政治改革、经济发展的平稳相适应，澳大利亚二百余年法制的发展基本上没有经历过什么大起大落，法的历史与现实得到了比较有序的结合。在社会经济领域，澳大利亚的法律保持了相当的稳定性。

（三）法的本土化比较成功

虽然澳大利亚整个法律制度的基础是英国法，但是，聪明的澳大利亚人在二百余年特别是联邦成立之后一百余年的发展中，逐步将英国的法律本土化，发明了许多适合澳大利亚国情的有特色的法律制度，从而使澳大利亚的法律制度在世界上占有独特的地位。

仅就澳大利亚现行的仲裁制度而言，这也是移植外国经验再本土化的产物。澳大利亚是联邦国家，根据《澳大利亚联邦宪法》，权力分为中央（联邦）政府和州政府。凡联邦行使其立法权力之处，任何州法律与其不一致时，即被取而代之。虽然仲裁传统上属于州的事项，有关国际贸易的某些事项却已成为联邦立法标的，如《1974 年仲裁（外国仲裁裁决和协议）法》使 1958 年《纽约公约》得以生效。

自 1984 年以来，作为“统一”法律改革的合作措施的一部分，所有州和地区（除昆士兰州外）已彻底修改其法律有关的立法是：新南威尔士 1984 年《商事仲裁法》、维多利亚 1984 年《商事仲裁法》、南澳大利亚 1986 年《商事仲裁法》、西澳大利亚 1985 年《商事仲裁法》、塔斯马尼亚 1986 年《商事仲裁法》、北部地区 1985 年《商事仲裁法》、澳大利亚首都地区 1986 年《商事仲裁法令》。昆士兰州实施的还是 1973 年《仲裁法》。

（四）以英美法系和国际仲裁法为法律渊源

在澳大利亚，仲裁制度是以英美法系和国际仲裁法作为法律渊源的。按照澳大利亚法律规定，对仲裁裁决是可以上诉到法院直至联邦法院的，但在司法实践中，很少有对仲裁裁决的上诉，也很少有上诉胜诉的案例。

（五）作为非诉讼争议解决方式

在澳大利亚，仲裁也还是作为一种非诉讼争议解决方式来看待的。仲裁裁决是终局的，对争议各方具有约束力。从 1984 年至 1990 年，澳大利亚的每个州或地区都修改或统一了各自领地内的《商事仲裁法》，其模式基本相同。国际仲裁适用 1974 年的《国际仲裁法》，其中引入了《联合国国际贸易法律委员会国际商事仲裁示范法》的内容；此外，澳大利亚还批准加入了《纽约公约》和《华盛顿公约》。所有这些法律的适用，使仲裁裁决可以得到强制执行。另外，法院对仲裁裁决的审查也趋于宽松，轻易不否定仲裁裁决，从而加强了仲裁裁决的可执行力。

三、澳大利亚仲裁法律制度的内容

澳大利亚仲裁法律制度的内容，主要是《1974 年仲裁（外国仲裁裁决和协议）法》，以及澳大利亚联邦议会于 2010 年 6 月 17 日修订的《1974 年国际仲裁法》和新南威尔士州议会于 2010 年 6 月 22 日通过的《2010 年国际商事仲裁法》。此外，还有新南威尔士 1984 年《商事仲裁法》、维多利亚 1984 年《商事仲裁法》、南澳大利亚 1986 年《商事仲裁法》、西澳大利亚 1985 年《商事仲裁法》、塔斯马尼亚 1986 年《商事仲裁法》、北部地区 1985 年《商事仲裁法》、澳大利亚首都地区 1986 年《商事仲裁法令》以及昆士兰 1973 年《仲裁法》。

（一）《1974 年仲裁（外国仲裁裁决和协议）法》的主要内容

澳大利亚《1974 年仲裁（外国仲裁裁决和协议）法》共 14 条。其主要内容如下：

1. 适用范围

第 5 条款规定，本法适用范围扩大到除巴布亚新几内亚以外的每一个海外领地。

2. 仲裁协议的效力

第 7 条规定，按照仲裁协议进行仲裁的有关程序，无论根据协议的明示条款或其他规定，都是受公约国的法律管辖；根根协议一方当事人的申请，法院应在其认为合适的情况下，命令暂缓诉讼程序，或如果诉讼大部分涉及对该事项的确定，还应要求当事人就该事项进行仲裁。同时，第 6 条还规定，本法约束王室对澳大利亚或州行使权力。

3. 承认外国裁决

以本法为准，根据本法，一项外国裁决对作出裁决所依据的仲裁协议的当事人有约束力。以本法为准，如同在州或地区按照该州或该地区法律作出裁决一样，一项外国裁决可以在该州或该地区的法院得以执行。

（二）澳大利亚新南威尔士 1984 年《商事仲裁法》的主要内容

澳大利亚新南威尔士 1984 年《商事仲裁法》，共 64 条。其主要内容如下：

1. 适用范围

第 3 条规定，本法适用于某项仲裁协议（无论该仲裁协议是在本法生效前或生效后订立的）及根据该仲裁协议进行的仲裁。同时，第 5 条还规定，如果英王室（无论以对新南威尔士州的权利或是以其他任何资格）系仲裁协议的一方当事人，应受本法约束。

2. 执行裁决

第 33 条规定，根据仲裁协议作出的裁决，经法院允许，可以按照法院执行判决或命令一样的方式执行。如果获得这种允许，可以按照裁决作出判决。第 37 条还规定，仲裁协议的当事人应始终做仲裁员或公断人为了能够作出公正裁决而要求的一切事情。当事人不得有意做拖延或阻止裁决作出的任何行为。

3. 对裁决的司法审查

第 38 条规定，在不影响第②款赋予的上诉权利的情况下，法院应无权因裁决表面上出现事实错误或法律错误，而撤销或发回裁决。第 42 条同时规定，仲裁或裁决不当，则法院可以应仲裁协议一方当事人的申请，全部或部分撤销该裁决。如果仲裁员或公断人对程序处理不当，使裁决的一部分在涉及某一未提交仲裁的事项时按仲裁协议处理，在不致严重影响裁决的其他部分的情况下，法院可以撤销该裁决的这一部分。

4. 承认外国裁决

第 58 条明确规定，根据本部分规定为准，外国裁决按照本部分规定，对裁决依据的仲裁协议的当事人具有完全约束力。根据本部分规定为准，如同在新南威尔士按照其法律作出的裁决一样，外国裁决可以在法院得以执行。

四、澳大利亚仲裁法律制度的发展

2010 年 6 月 17 日，澳大利亚联邦议会修订了《1974 年国际仲裁法》，以提高国际商业仲裁的效力和效率，降低服务价格。2010 年 6 月 22 日，新南威尔士州议会通过了《2010 年国际商事仲裁法》，借此修订了该州适用于国内仲裁的法律，使其与国际仲裁法律接轨。

新南威尔士州法律以所有管辖区同意的示范法为基础，将确保澳大利亚拥有适用于所有国内和国际仲裁的统一法律。这些改革形成的法律体制，便于国际经验丰富的澳大利亚仲裁员解决当地、跨境以及在澳大利亚领土上发生的国际争端。[1]

目前，澳大利亚正将自己打造成距离中国“一带一路”所在地最近的可靠、中立的国际仲裁地。同时，澳大利亚法院也充分尊重当事方通过仲裁解决争议的决定，将继续作为澳大利亚国际仲裁的后盾。这将提升澳大利亚作为国际仲裁地的吸引力，解决中国“一带一路”项目中可能产生的大量基础设施争议。

第十五节　新西兰仲裁法律制度

一、新西兰仲裁法律制度的历史

新西兰是南太平洋的一个小国，是最早开始与中国就两国自由贸易协议问题进行谈判的国家之一。因此，新西兰与中国的联系非常紧密。在新西兰，仅就所有的贸易关系而言，谈判是解决争端时最先采用通常也是最好的方式。有些时候，解决贸易争端问题的唯一方式就是由第三方作出一个对双方当事人都有约束力和执行力的裁决。作为替代解决贸易争端的方式，仲裁具有接

---

〔1〕 澳大利亚国际商事仲裁中心（ACICA）。

受广泛的优点，新西兰已接受了承认仲裁裁决的《纽约公约》，对于仲裁裁决给予本国法院判决同等的执行力。国际商会的《仲裁示范法》也在新西兰得到广泛的讨论，并已以其为基础建立了本国的仲裁程序。

新西兰曾是英国殖民地，其政治制度实行三权分立，立法、司法、行政相对独立，整个司法体制传承于英国，属英美法系，法律体系及其司法制度深受英美法系影响。随着新西兰资本主义经济的发展，英国于1907年被迫同意新西兰成为自治领，成为英联邦成员，但新西兰政治、经济、外交各方面仍未能摆脱英国的影响。1947年，新西兰正式接受《威斯敏斯特法》，获得完全自主，但仍为英联邦成员。

现行的新西兰仲裁法律制度，主要是《1996年仲裁法》，以及2000年《仲裁（国际投资争端）法修正案》和2007年《仲裁法修正案》。《1996年仲裁法》于1997年7月1日生效，该法基本采纳了《联合国国际贸易法委员会仲裁示范法》，对新西兰国内仲裁规定了现代化的立法模式。2017年3月9日，附有新西兰仲裁员、调解员协会推荐的《新西兰仲裁法修正案》（下文简称"《修正案》"）被递交至新西兰国会。该《修正案》主要提出了"关于信托合同中仲裁条款的效力""与仲裁有关的司法程序的保密要求""撤销仲裁裁决的条件"等修法意见。

二、新西兰仲裁法律制度的特点

（一）仲裁有时是解决问题的唯一方式

在所有的贸易关系中，都可能产生分歧。如何尽可能以高效、可行、低成本的方式解决这些分歧非常重要，且倘使关系不因困难而受到破坏，那也是极为有益的。谈判是解决争端时最先采用通常也是最好的方式。有些时候，解决问题的唯一方式就是由第三方作出一个对双方当事人都有约束力和执行力的裁决。此时的替代解决方式，就是我们共同关注的仲裁。

（二）仲裁具有接受广泛的优点

已有137个国家接受了承认仲裁裁决的《纽约公约》，对于仲裁裁决给予本国法院判决同等的执行力。《示范法》也已得到广泛的讨论，许多国家已以其为基础建立本国的仲裁程序。地方立法环境会影响仲裁的效用。地方法可以禁止或承认仲裁，受其影响的法院可能拒绝支持仲裁协议或改变仲裁协议，此时事情就不可能仲裁。即便仲裁获得支持，个别法院的裁决也有赖于管辖权和某些前提的解释。例如，何为仲裁协议或何为“商事”。州内的这一问题必须在全国统一解决，最好的方式是以立法的形式支持仲裁条款，限制法院对仲裁程序的干预。

（三）仲裁制度应用的主要因素

在新西兰，作为仲裁制度的应用，它需要有赖于以下主要因素：①仲裁协议具有约束力的制度；②了解仲裁地法律协助或阻碍仲裁的方式的办法；③当事人不能达成协议时仲裁员的指定方法；④仲裁程序法；⑤当事人无另外协议时程序的适用方法；⑥费用控制方法；⑦合格仲裁员库；⑧仲裁裁决的执行制度；⑨严重失当或不公正裁决的处理方法。

依据新西兰《1996年仲裁法》的相关规定，仲裁制度的应用主要需要从以下方面着手：

1. 有约束力的仲裁协议

在其国内法中采纳《纽约公约》或其先前规则，为仲裁协议的承认提供了基础。在许多国家，仲裁协议可以是口头的。

2. 提供有利的仲裁程序法律环境

仅仅具备一个国际仲裁中心、一套仲裁规则或甚至是仲裁法，尚不足以提供仲裁程序顺利进行的环境。有些事情一两年内或许可行，但当法院或仲裁庭不能提供公正满意的结果时，当事人及其律师最终就会避开程序。

3. 指定仲裁员

指定仲裁员过程中，有仲裁员的适当性、能力资格和程序质量问题。对此，可以通过坚持对被指定的所有仲裁员进行培训或为当事人提供限定的人员选择范围予以解决。

当事人可以选择一名仲裁员进行临时仲裁，或请中心管理包括指定仲裁员在内的程序。临时仲裁形式灵活，可根据当事人的需要提供专门设计的程序。独任仲裁员可提供快捷的服务，并且只要有需要可随时进行调查和听证。

4. 选择仲裁地的法律

仲裁地点对于当事人非常重要。任何一方当事人都更愿意选择自身辖域的仲裁，这样他们及其顾问对于熟悉的事物会更应对自如。

5. 仲裁法的适用

有时由于当事人协议适用其国法律或仲裁员裁决合同由某法调整，解决争议适用的法律并非仲裁地的法律。

（1）当事人不能达成协议时程序的适用。一方当事人不接受或不认可仲裁规则时，在未被指定并且指定被认可之前，仲裁员无权行使管辖。

约束反对方的一种方式是在当事人无另外协议时，规定适用仲裁地可以接受的规则。这样，希望程序进行的一方，便可知道协议中的仲裁条款能够得到执行。因此可见，以立法形式订立明确的规则要比将事情留给非官方机构解决有益。

（2）一定程度的协调。一定程度的协调，还有一个更大的优点。在反对方为己方利益而挑选法院时，可使其逃避仲裁这一争议解决程序的努力更显徒劳。适用这些条件就会使当事人很快明白，如果他们将仲裁程序弃置不顾，就不能抵制有效裁决的执行。

（3）控制成本。许多人不愿选择国际仲裁，原因在于其成本与争议标的额不成比例。通过设立仲裁组织控制仲裁成本并将收费公开，在部分意义上可以解决这一问题。临时仲裁员应在其合同中列明收费制度，仲裁员或第三仲裁员应受相同制度的约束。

（4）合格仲裁员库。仲裁机构须明确规定要成为其仲裁员所应达到的要求，因为仲裁机构很难在提供仲裁服务的同时又要处理与仲裁员的其他关系。

仲裁员组织大致包括职业仲裁人协会、培训制度和纪律制度，三项内容由同一组织负责有很大压力。而解决办法就是坚持采用客观的外部标准，使每个新的仲裁员都要通过由外部机构组织的资格考试。此外，技能的保持和持续的职业发展也至关重要。

必须为新仲裁员提供一定的空间，使其能够进入这一职业领域并在不损害当事人利益的前提下得到指定。尽管良好的仲裁员经验丰富，但他们不可能一直获得指定。

（5）不良裁决的处置。无论在何种制度下，都有可能存在仲裁员的裁决失当从而不可执行的情况。避免这种可能的方法，是由机构进行监督或要求仲裁员掌握最新的专业技能，进行及时的培训。

仲裁协会进行监督的典型做法是检查仲裁裁决，将裁决返回仲裁员公布或进行审查评论。有的国家，就事实问题或法律问题设有仲裁裁决的上诉程序，但这些程序不可能适用于国际仲裁。如果采用《示范法》，就可以为仲裁裁决的撤销和不予执行提供有益的测度。它将撤销和不予执行仲裁裁决的理由限定于仲裁程序核心的自然公正方面，从而为当事人提供了一定保护。

（四）不选择仲裁的理由

当事人不选择仲裁的主要理由：

1. 程序耗时过长

当事人寻求本人及其律师所熟悉的程序利益，往往造成时机的延迟。即便当事人彼此非常合作，遵循时间表要求，但为公平起见仍需数月的延迟之后才能举行听证。另外，还要在繁忙之中寻找空闲时间，这又是一大问题。

仲裁员要求按他们在本国国内司法中所熟悉的形式提供材料，但由于无法按时提供而耽误裁决的作出和公布，这也会造成程序的延迟。若无善意与合作，延迟的时间还会更长。由于不愿而被认为有失公平，仲裁员可能无意之间造成了对一方当事人的不公平。律师出于自己的某些期待，如认为争议应当“国内化”，这又会增加延误。按被申请人的指示延迟听证的律师，其延误程度更大。

因此，如果是为了当事人的利益而快速解决问题，仲裁规则就应当对可能出现的延迟作出规定。而要达到效果，这些规则必须具有可执行性。

2. 费用过度

提出权利请求总要考虑经济问题。考虑到仲裁的成本，请求的权利须有重大价值，且有合理的胜算。这些成本，包括仲裁员的成本和费用、机构成本、当事人成本、专家证人、时间投入等。

如果仲裁成本高于诉讼成本，即便判决须在异地执行，当事人也不会选择仲裁。律师要考虑全部成本，包括可能的执行成本。

相对于一方当事人的经济状况，看起来合理的成本会完全超出另一方当事人的承受范围。并非所有当事人的经济条件都能维持较高的生活水平，他们也并非都有能力支付高昂的服务费用。当然，如果至少能获得快捷的裁决，当事人也愿意承担费用。

3. 假诉讼的运用

在压力状态下，仲裁员会回到熟悉的领域，即本国的诉讼规则。而对这些规则的回避，恰恰是当事人不选择诉讼的原因。他们不需要也不愿意采用引进的规则或期待，尤其是在假定条件不明时更是如此，诉讼的法律风险足以让其却步。律师往往也更愿意选择熟悉的诉讼方法和适应的证据规则。

（五）仲裁允许当事人选择裁判人员

仲裁的好处之一，是对仲裁员的选择，当事人不受设定法官之累。仲裁允许当事人选择裁判人员，从而解决了设定法官之累这一问题。但在由三人组成的仲裁庭中，首席仲裁员的情况往往不为当事人所了解，他也会存在同样的不足。此时，当事人必须承受拖延、第三仲裁员程序以及他们无法投入也未必直接同意的成本。如果当事人没有选定仲裁适用的法律，他们可能会发现仲裁员为其做了选择，从而增添了额外的费用，并且有时出乎意料。

（六）追求终局性

当事人寻求仲裁裁决，是想要一裁终局。如果仲裁所在国或执行国的法院干预过多，或暗中牵制仲裁，甚至予以驳回、拒绝协助，那么仲裁将永无终结。同样，如果仲裁裁决的执行需要采用像证据方面的特别标准，而此时若裁决是依据执行地的法律作出的，就会产生同样的结果，仍然会招致更多的潜在诉讼发生。

终局性为人们所追求，但公正性的要求同样重要。对当事人执行的裁决涉及腐败、无权管辖或有失公正时，就应当援引适用《示范法》第 34 条和第 36 条的规定。

三、新西兰仲裁法律制度的内容

（一）新《仲裁法》的主要精神

1996 年修订的新西兰新《仲裁法》，已于 1997 年 7 月 1 日生效。该《仲裁法》采纳《联合国国际贸易法委员会仲裁示范法》。此后，又出台了 2000 年《仲裁（国际投资争端）法修正案》和新西兰 2007 年《仲裁法修正案》。

新仲裁法的主要精神有两个方面：

第一，新《仲裁法》对新西兰国内仲裁规定了现代化的立法模式，从而代替了基于英国立法而且不完整的1908年《仲裁法》。新《仲裁法》的框架，还涉及了仲裁的各个方面。

第二，新仲裁法主要在以下三个方面反映了现代仲裁的特征：

（1）当事人的意思自治，既当事人有权选择其争议应当如何解决，当事人可以排除对法律问题点的上诉。

（2）对司法的制约，即法院应当支持仲裁，而不应对仲裁嫉妒或者漠不关心，应尽可能执行裁决，而不是鼓励当事人到法院对裁决提出异议和对裁决的上诉或复审权利进行限制。

（3）就国际仲裁而言，新《仲裁法》对在新西兰本土进行的国际仲裁也作出了相应的规定，但主要是依照联合国国际贸易法委员会的《仲裁示范法》。

（二）新《仲裁法》的结构

新《仲裁法》分为两个部分，即国内仲裁与国际仲裁。国内仲裁是指在新西兰进行新西兰当事人之间的仲裁，国际仲裁则是指在新西兰进行仲裁的当事人在订立仲裁协议时其营业地不在同一个国家，或该当事人具有其他国际因素。无论是国内仲裁还是国际仲裁，《仲裁法》的第一部分的一般规定均予以适用。第一部分，主要是仲裁示范法的内容。第二部分属于额外的选择性条款，适用于国内仲裁，但当事人可以排除适用，同样，虽然它不适用于国际仲裁，但在国际仲裁中当事人可以选择适用。

（三）新《仲裁法》第一部分的内容

一般的仲裁，都适用第一部分的规定。第一部分条款的基础，是仲裁示范法。这一部分中，值得一提的内容主要有以下两点：

第一，《示范法》的第18条规定了当事人地位平等，均有充分陈述意见的机会；

第二，第19条款规定了当事人的意思自治，当事人可以约定仲裁庭进行仲裁的程序。无约定时，由仲裁庭决定其认为的仲裁程序。

（四）新《仲裁法》第二部分的内容

这一部分属额外的选择性条款。在国际仲裁案件中，这些选择性条款只有在当事人选择使用时才能予以适用。在国内仲裁中，只有在当事人明确排除适用时才予以排除适用。这一部分中，值得说明的内容主要有以下两点：

1. 仲裁庭的默示权利

第二部分第 3 条规定，除非当事人另有约定，否则当事人同意授予仲裁庭如下权利：①采用询问程序；②按照其所学知识和专业作出判断；③责令当事人对申诉或答辩作出进一步的具体陈述；④责令当事人提供费用保证金；⑤规定或变更仲裁程序中各个阶段必须完成的期限；⑥责令一方当事人出示其持有或有权拥有的文件；⑦责令当事人回答提问；⑧责令任何证据的出示方式，口头或宣传等；⑨责令任何一方当事人在仲裁程序中进行任何合理的行为，以便作出适当快捷的裁决；⑩作出临时、中间或部分裁决。

2. 对法律问题点的上诉

第二部分第 5 条款规定了司法在仲裁中的作用。在国内仲裁中，除非当事人约定予以排除，否则当事人有权对法律问题点进行上诉。相反，在国际仲裁中，对法律问题点不许上诉，除非当事人约定可以上诉。

法律问题点的上诉，来自英国《1979 年仲裁法》的规定。关于法律问题点的上诉，其主要内容如下：

第一，第一部分第 5 条至第 34 条有规定，任何一方可以就仲裁中产生的任何法律问题上诉至高等法院：①如果当事人在作出裁决之前达成一致协议；或②在裁决作出之后得到各方当事人的同意；或③得到高等法院的许可。

第二，高等法院不得给予分条款（1）3）项下的许可，除非其认为在考虑到所有情形后对有关法律问题点的决定可能会实质性地影响当事人的一方或几方的权利。

第三，高等法院只要认为条件合适就可能给予分条款（1）3）项的许可。

（五）新《仲裁法》对保密问题的特别规定

新《仲裁法》对保密问题做了特别的规定，第 14 条规定："禁止透露仲裁程序和裁决的有关情况：一是根据分条款②除非当事人另有约定，仲裁协议应视为规定当事人不得对仲裁协议下的仲裁程序或在此程序中作出的裁决有关的任何情况进行公开发表、透露或通告。二是分条款①不妨碍前述情况的公开发表、透露或通告：其一，公开发表、透露、通告属于本法允许的；其二，针对任何一方当事人的专家或其他顾问。"

（六）新《仲裁法》对仲裁免职问题的特别规定

按照新《仲裁法》第 13 条的规定，仲裁员对于其以仲裁员身份进行行为或不行为而产生的疏忽或过失不承担责任。在 1994 年，新西兰法院在 Pickenss 诉 Tenpoleton 一案中裁定，仲裁免职应视仲裁员在履行仲裁职责时的情况和程序而定。这种不符合逻辑和行为的规定受到广泛批评。新《仲裁法》第 13 条是一条合理规定，废除了前述 Pickens 一案中的规定。

四、新西兰仲裁法律制度的发展

新西兰现行《1996 年仲裁法》于 1997 年 7 月 1 日生效，该法基本采纳了《联合国国际贸易法委员会仲裁示范法》，对新西兰国内仲裁规定了现代化的立法模式。2017 年 3 月 9 日，附有新西兰仲裁员、调解员协会推荐的《新西兰仲裁法修正案》（下文简称“《修正案》”）被递交至新西兰国会。该《修正案》主要提出了“关于信托合同中仲裁条款的效力”“与仲裁有关的司法程序的保密要求”“撤销仲裁裁决的条件”等修法意见。

其主要的修法意见有以下方面：

（一）认可了信托合同中仲裁条款的效力

根据《修正案》，信托合同的当事人可以选择仲裁作为争议解决方式。根据《修正案》第 10A 条，信托合同中仲裁条款的有效性在涉及没有相应民事行为能力独立陈述其观点的未成年人、胎儿或尚未确定的受益人或受益群体的情况下，仍将得到确认。《修正案》赋予了仲裁庭与法院同等的权力为他们指定代理人，使得作出的仲裁裁决能充分阐述各方利益，对各方利益主体均具有约束力。该方面的修改，体现了仲裁的保密性与大多数信托案件的私密性相契合的特点。

（二）规定了与仲裁有关的司法程序的保密性要求

根据现行的《1996 年仲裁法》，任何与仲裁有关的司法程序系以“公开为原则，不公开为例外”，这就导致一些非常重视保密性、旨在基于仲裁保密性的特点才选择仲裁解决争议的当事人的期待无法实现。《修正案》改变了之前的立场，将在新西兰法院进行的仲裁司法审查程序改为以“不公开为原则，公开为例外”，其中具体规定了两类公开的情形：其一，当事人同意公开，且法院判断该信息（包括当事人身份信息）不属于当事人在合理情况下会选择保密的信息；其二，法院认为该等判决具有法律上的重大利益。

（三）限缩了撤销仲裁裁决的适用条件

最近，新西兰最高法院因为仲裁协议中约定了“无效的上诉救济权”而认定一份仲裁协议无效，这使得新西兰看上去似乎是一个对仲裁并不是十分友好、对当事人间的仲裁协议有干涉倾向的法域。《修正案》限缩了关于撤销仲裁裁决、不予执行仲裁裁决的适用范围。根据《修正案》的规定，即便仲裁协议中的部分约定与《仲裁法》的强制性规定不符，根据该仲裁协议作出的仲裁裁决也并不必然会被撤销或不予执行。

（四）其他

此外，《修正案》还对当事人就仲裁庭的管辖权提出异议的时间进行了修订。该修改意见认为，若当事人对仲裁庭管辖权的异议不能及时提出，即视为其对该等权利的放弃，进而有利于督促当事人对该类异议的及时提出，促进仲裁程序的高效进行。[1]

思考题

1. 为什么说当事人意思自治是美国仲裁法律制度的基础和核心？

2. 英国的司法判例在发展仲裁法律制度方面有什么重要的作用？

3. 法国仲裁制度中仲裁人是如何产生的？

4. 德国仲裁法中对“可仲裁性”是如何进行规范的？

5.《纽约公约》其他成员国的仲裁裁决可否在俄罗斯得到依法执行？

6. 如何理解瑞士作为国际仲裁的一个重要中心和素负“理想的仲裁地”之盛名？

7.《瑞典仲裁法》如何规定案件的裁决只能由仲裁员或仲裁庭而不是仲裁院来作出？

8. 意大利作出的法定性仲裁裁决须进行何种程序才具有可执行性？

---

〔1〕 关于《修正案》全文及解释性说明可见 http：//www. nzlii. org/nz/legis/bill/aab2017227/aab2017227. html.

9.《比利时仲裁法》对第三人参加仲裁程序的条件为何较为严格?

10. 荷兰新仲裁法案是如何简化撤销诉讼程序的?

11.《日本仲裁法》对消费者仲裁和雇员仲裁有哪些特别之处?

12. 韩国在仲裁裁决的作出上，为什么不实行首席仲裁员决定制?

13. 为什么说新加坡的国际仲裁尤为突出和特别具有发展前景?

14. 为什么说澳大利亚仲裁制度是以英美法系和国际仲裁法作为法律渊源的?

15. 新西兰的《仲裁法》主要在哪些方面反映了现代仲裁的特征?

第六章

国际仲裁制度

第一节　国际仲裁的概念与分类

仲裁，作为争议解决方式，其历史悠久。早在公元前 6 世纪的古希腊就已存在。依仲裁是否具涉外因素，仲裁分国内仲裁和国际仲裁。实践中，大多数国家对国际仲裁给予较国内仲裁更多的自由，体现出更多的当事人自治和较少的司法干预。

国际仲裁有广义和狭义之分。广义的国际仲裁包括国际仲裁（狭义）和国际商事仲裁。狭义的国际仲裁，主要是指用于解决国家之间的国际争端的国际法上的一种法律制度。国际仲裁的当事双方都是国家。当国家之间发生争端时，当事国就把争端交付给他们自己选任的仲裁人处理，并相互约定接受其仲裁。按照 1907 年《海牙公约》第 38 条的规定，国际仲裁主要用于解决缔约国间通过外交手段未能解决的关于法律性质的问题，特别是关于国际公约的解释或适用问题。同时，国际仲裁还包括国际体育仲裁、国际区域仲裁等。

而国际商事仲裁，则主要是指用于解决具有涉外因素的民商事纠纷的国际私法上的一种法律制度。国际商事仲裁，主要包括国际经济贸易仲裁、海事仲裁和跨国商事仲裁三种仲裁形式。而且，国际经济贸易仲裁、海事仲裁和跨国商事仲裁这三者的受案范围也有所不同。海事仲裁主要用于解决国内、国际海事争议；跨国商事仲裁主要用于解决国家与外国国民之间的商事争议；

而国际经济贸易仲裁，则主要用于解决国际经贸纠纷，它在实践中的应用广、影响大。[1]

第二节　国际仲裁的形成背景

从国际范围看，仲裁正式成为解决争议的法律制度始于中世纪。英国1887年制定了第一部《仲裁法》。从19世纪初，世界上许多其他国家为适应国内和国际间交往的发展，纷纷进行仲裁的专门立法工作。随着国际间交往的日益活跃，19世纪末20世纪初，作为一种解决国际纠纷的常用解决方式，仲裁获得国际社会的普遍认可和应用。20世纪后，国际间的交流发展迅速，国际间的纠纷也日益增多。当事人力求经济、迅速地解决纠纷。仲裁制度的优势日益凸显，引起人们的广泛关注。许多国家修改原有仲裁法或进行仲裁立法活动，并设立了各自的常设仲裁机构。同时，各国仲裁立法和仲裁实践的冲突问题也日益突出。这给国际间的交往与发展带来阻碍。为解决法律冲突问题，国际社会开始统一国际仲裁法的立法活动，并取得了巨大成果。到目前为止，国际上已有许多关于国际仲裁制度的协定、条约和公约。

第三节　国际仲裁制度的创立

国际仲裁制度的确立始于区域性国际公约的订立。1889年的《蒙得维的亚公约》即是第一部这类公约。它规定了参与订约的南美国家承认和执行外国仲裁裁决的条件和程序。1923年在国际联盟的支持下，《仲裁条款议定书》（即《日内瓦议定书》）订立。该议定书为第一个真正意义的国际仲裁公约。1927年，《日内瓦外国仲裁裁决执行公约》（即《日内瓦公约》）签订。这两部日内瓦公约虽有局限性，却在寻求仲裁裁决的国际执行问题上进行了初步而有益的尝试。

---

〔1〕 参见沈四宝：《现代国际仲裁制度》，载《人民日报》2001年8月3日。

20 世纪后几十年中，协调和统一国际仲裁法已渐成潮流。1958 年联合国通过了《承认和执行外国仲裁裁决公约》（即《纽约公约》）。目前已有一百五十多个国家参加了该《公约》。该《公约》是迄今为止在国际商事仲裁方面承认和执行外国仲裁裁决的最重要的多边国际条约，为国际商事仲裁在国际贸易和投资市场被广泛运用起到巨大推动作用，也使仲裁这一争议解决方式更加获得国际认可。以该《公约》为基础建立起来的仲裁协议及仲裁裁决的承认和执行制度，已成为现代国际仲裁制度的基石。

1965 年，在世界银行主持下，《关于解决各国和其他国家国民之间投资争端的公约》（即《华盛顿公约》）签订。该《公约》规定以仲裁方式解决各国与他国私人投资者之间的投资争议。1966 年，以该《公约》为基础，解决投资争议国际中心（ICSID）成立。

1976 年《联合国国际贸易法委员会仲裁规则》，在联大第六十一届会议上通过。1985 年联合国国际贸易法委员会制定了《联合国国际贸易法委员会仲裁示范法》。该示范文本对规范国际商事仲裁的做法起了积极的推动作用。目前，已有许多国家以该法为蓝本制定或修改了其仲裁法，这有力地促进了各国国际商事仲裁立法的现代化和统一性。

目前，国际社会统一国际仲裁法的努力已获得了丰硕成果。许多国家原有的仲裁法上的一些差异已经消失，在商事仲裁的一些领域已成统一之势，如对外国仲裁裁决的承认和执行、对仲裁裁决的司法追诉等方面。

第四节 国际仲裁的特殊性质

一、国际仲裁具有自愿协议管辖的特性

国际仲裁的一个重要特性，就是它具有自愿协议管辖的性质。它的这一特性决定着仲裁受案范围及仲裁庭的权限。在实践中，自愿达成的仲裁协议对仲裁裁决的承认和执行也具有重要影响。

二、国际仲裁具有双重性的特性

国际仲裁的另一特性，就是国际仲裁的双重性。一方面，它具有国内法

行为的特性，具有国内法性质。另一方面，它又必须适应统一的国际法规则，具国际法特性。目前，从仲裁制度的发展趋势来看，在国际仲裁中当事人意思自治逐渐起主导作用，国内司法的干预程度降低，现代国际仲裁已发展成为高度自治的法律制度。

第五节 现代国际仲裁制度的新发展

随着国际一体化、全球化的进程，仲裁广泛地应用于国际争议的解决。得益于国际社会的不懈努力，国际仲裁制度日益完善和成熟，并出现了一些新发展。

首先，当事人意思自治原则得以更充分体现。当事人享有更多的法律选择自由和高度的自治权。

其次，仲裁的灵活性和多样性增强。例如，仲裁制度在适用法律方面不再局限于传统的仲裁法，体现灵活性的最密切联系原则得到广泛应用。

再次，机构仲裁成为国际仲裁的主要形式。

最后，国际仲裁法制化、国际化和一体化。许多国家制定了仲裁法，在赋予法院一定程度的支持和监督仲裁的权力的同时，减少了司法干涉，增强了仲裁的法律效力和社会公信力。在国际一体化、全球化的大背景下，国际社会的不懈合作及努力，日益增多的有关仲裁的国际条约及规则，使得国际仲裁日益形成国际化和一体化的趋势。

现代国际仲裁制度的新发展，如国际商事仲裁、国际体育仲裁的发展，这都是世界经济、文化一体化、全球化发展的必然结果，也是与当前法律统一和国际化的发展趋势保持一致的。可以肯定，在未来的国际交流、合作和发展中，随着国际仲裁制度的日益完善和成熟，这一制度必将获得更为广泛的承认和应用，以便及时、有效地解决各种国际间的纠纷，促进国际间的交往与发展。

思考题

1. 国际仲裁的概念与特征是什么？主要有哪些分类？
2. 国际仲裁是什么时候形成的？
3. 国际仲裁主要有哪些制度？
4. 国际仲裁有哪些特殊的性质？
5. 国际仲裁有哪些新的发展？

第七章

国际商事仲裁制度

随着国际间经济贸易关系的广泛深入发展，国际商事仲裁已越来越成为解决国际商事争议的重要和有效方式。自 20 世纪 80 年代以来，随着全球经济一体化进程的加速，以及各国仲裁法律制度的完善，国际商事仲裁日益成为在跨国交易中被普遍使用的、主要的争议解决手段。了解和研究国际商事仲裁制度，对于改革和完善我国的仲裁法律制度，促进我国与世界各国经济贸易关系的发展，具有十分重要的现实意义和迫切需要。

第一节　国际商事仲裁概述

一、国际商事仲裁的概念与特征

（一）国际商事仲裁的概念

国际上对国际商事仲裁并无一个明确、统一的定义。一般来说，如仲裁审理的争议双方当事人具有不同国籍，或其营业地分处不同国家或地区，或争议标的或法律具有涉外因素，并且争议因商业交往而产生，这类仲裁当均属国际商事仲裁。如我国的国际经济贸易仲裁和海事仲裁，就国内而言是涉外经济仲裁，就国际而言则属国际商事仲裁。

因此，简单地说，国际商事仲裁就是指在国际商事交往过程中，双方当事人将他们之间可能发生或业已发生的争议提交给某一第三方进行仲裁的一种方式。

（二）国际商事仲裁的特点

国际商事仲裁作为一种解决国际商事争端的有效方法，它主要具有以下特点：

1. 民间性

国际商事仲裁不同于司法诉讼。国际商事仲裁机构属民间组织，它没有法定的强制管辖权，只能受理双方当事人根据仲裁协议提交处理的案件；仲裁一般都不公开，仲裁员由专业人员担任，可以更多地考虑商业惯例；仲裁裁决一般都是终局性的，对双方均有约束力，如一方不自动执行，另一方只能求助于法院的强制执行。

2. 商事性

国际商事仲裁不同于国际仲裁。国际商事仲裁基本属于国际私法的范畴，其所要解决的争议往往是发生于私人（包括法人）之间以及私人实体和国家之间的商事争议。

3. 国际性

国际商事仲裁不同于国内仲裁。国际商事仲裁是一种具有国际因素的仲裁制度，双方当事人或者具有不同的国籍，或者在不同的国家设有住所，或者相同国籍的双方当事人在国籍以外的仲裁机构进行仲裁；而且，它一般涉及国际经济、贸易、运输、海事以及国际劳务输出等方面所发生的争议，其裁决也常常会遇到需要外国予以承认和执行的问题。

二、国际商事仲裁的历史沿革

19 世纪末 20 世纪初，随着资本主义商品经济的发展，仲裁才被用于解决国际贸易中发生的争议，并逐渐形成为一种制度，不少资本主义国家相继制定了有关仲裁的法律，承认仲裁的法律地位。同时，国际社会首先从统一仲裁裁决的承认和执行方面的制度着手，通过了许多国际公约，如 1923 年国际联盟主持签订的《关于承认仲裁条款的日内瓦议定书》和 1927 年签订的《关于执行外国仲裁裁决的日内瓦公约》，试图尽可能统一国际商事仲裁的有关立法和仲裁规则。

第二次世界大战后，随着国际贸易的发展和经济合作的加强，世界各国的经济关系更加紧密，国际商事仲裁活动的国际化趋势更加明显。对此，在联合国的推动与主持下先后签订和通过了三个最主要的有关仲裁的国际公约或法规：一是1958年的联合国《承认及执行外国仲裁裁决公约》；二是1976年制定的《联合国国际贸易法委员会仲裁规则》；三是1985年通过的《联合国国际贸易法委员会仲裁示范法》。

与此同时，为促进国际商事仲裁的发展，为当事人提供便利和服务，很多国家的工商会、一些非政府间的国际或地区组织及行业协会，相继成立了常设仲裁机构并制定了其仲裁规则，从而使单一的临时仲裁方式发展成为临时仲裁与常设仲裁两种方式并存的仲裁制度。

近年来，以中国为代表的亚太地区为适应经济增长也在不断发展仲裁事业，这就使国际商事仲裁在地域上有了大大的扩展，打破了西方少数几个仲裁机构对国际仲裁的垄断，并以卓有成效的仲裁工作丰富了国际商事仲裁的理论和实践。

三、国际商事仲裁的法律适用范围

国际商事仲裁的法律适用范围，在于国际商事仲裁具有“国际性”和内含商事关系。

根据1985年《联合国国际贸易法委员会国际商事仲裁示范法》对“国际性”一词的定义，“一项仲裁是国际性的，如果：①仲裁协议双方当事人在签订该协议的时候，它们的营业地位于不同的国家；或者②下列地点之一位于双方当事人营业地共同所在的国家之外：一是仲裁协议中或根据仲裁协议确定的仲裁地；二是商事关系义务的主要部分将要履行的任何地点或与争议的客体具有最密切联系的地点；或者③双方当事人已明示约定仲裁协议的客体与一个以上国家有联系”。

《联合国仲裁示范法》文本中还对“商事”加了注解：“‘商事’一词应给予广义的解释，以便覆盖产生于所有商事性质关系的事项，而不论这种关系是否为契约关系。具有商事性质的关系包括（但不限于）下列交易：任何提供或交换商品或劳务的贸易交易；销售协议；商事代表或代理；保付代理；租赁；工程建造；咨询；设计；许可；投资；融资；银行业；保险；开采协议或特许权；合营企业或其他形式的工业或商业合作；客货的航空、海洋、铁路或公路运输。”

四、国际商事仲裁的意义和作用

国际商事仲裁的意义和作用主要体现在以下四方面：

（一）国际商事仲裁充分体现了当事人意思自治的原则

国际商事仲裁的一个重要原则，就是当事人意思自治的原则，即各方当事人通过签订合同中的仲裁条款或事后达成的仲裁协议，可以自行约定或选择仲裁事项、仲裁机构、仲裁程序、仲裁地点、适用法律以及仲裁使用的语言等。

（二）国际商事仲裁具有一定的专业性和权威性

在国际商事仲裁机构中，有许多懂得国际商事方面的专业知识和国际惯例的专业人士担任仲裁员。这就更能适应国际经济贸易方式日益多样化和专业化发展的需要，也符合国际经济交往本身的特点，从而更好地促进了国际经济贸易关系的发展。

（三）国际商事仲裁能保守当事人的商业秘密

国际商事仲裁审理一般采取非公开的方式，仲裁裁决也不向社会公布。因此，用仲裁方式解决国际商事争议，更符合双方当事人保守商业秘密的要求，对双方的经济贸易关系损害较小。

（四）国际商事仲裁的裁决易于在外国执行

国际商事仲裁的裁决相比法院的判决而言，更易于在外国执行。特别是《承认及执行外国仲裁裁决公约》通过后，世界各国纷纷加入，使得仲裁裁决的执行更加顺利和便利，从而能有效地保护当事人的合法权益，维护正常的国际经济贸易秩序。

第二节 国际商事仲裁机构及其仲裁规则

一、国际商事仲裁机构的种类

根据国际商事仲裁机构的组织形式不同，主要可分为临时仲裁机构和常设仲裁机构两种类型：

（一）临时仲裁机构

临时仲裁机构是指根据双方当事人的仲裁协议，在争议发生后直接由双方当事人指定的仲裁员临时组成的，负责审理当事人之间的有关争议，并在审理终结作出裁决后即行解散的仲裁机构。临时仲裁机构又称特别仲裁机构或专设仲裁机构，其设立的目的在于专门解决当事人之间的某一特定争议。在19世纪中期常设仲裁机构出现之前，临时仲裁机构一直是唯一的国际商事仲裁机构，因而临时仲裁也是现代仲裁制度的起源。

在当今国际社会常设仲裁机构早已遍布全球的情况下，临时仲裁机构之所以占有极为重要的地位，这是由其自身的特点所定的。在临时仲裁中，仲裁程序的每一个环节都是由双方当事人保持完全控制的。通过临时仲裁机构来审理国际商事案件，对当事人来说具有极大的灵活性和任意性。也正因如此，在国家作为当事人一方时，由于它们不愿受常设仲裁机构权力的约束，更是经常选择临时仲裁机构来处理有关纠纷。

临时仲裁机构仲裁的主要不足在于，它的有效性将取决于当事人的合作。如果当事人在程序问题上不能达成一致意见，就容易使仲裁拖延误时；在当事人不能就仲裁庭的组成达成协议时，甚至会使仲裁难以开始进行。因此，从国际商事仲裁机构组织形式的发展趋势而言，是由临时仲裁机构向常设仲裁机构发展。

（二）常设仲裁机构

所谓常设仲裁机构，是指根据国际公约或一国国内立法所成立的，有固定的名称、地址、组织形式、组织章程、仲裁规则和仲裁员名单，有完整的办事机构和健全的行政管理制度并用于处理国际商事争议的仲裁机构。常设仲裁机构产生于19世纪中期，并很快在国际范围内获得了迅速发展。

常设性的国际商事仲裁机构可分为国际性的、全国性的和行业性的三种。国际性的仲裁机构设在国际组织之下不属于任何国家，既有全球性的，也有地区性的，如国际商会之下设立的“国际商会仲裁院”和世界银行设立的“解决投资争端国际中心”等。而全国性的仲裁机构则由一国或某组织（如商会）设立，目前世界上多数国家都设有此种机构，如比较著名的有英国伦敦国际仲裁院、美国仲裁协会、瑞典斯德哥尔摩商会仲裁院、瑞士苏黎世商会仲裁院、日本国际商事仲裁协会、中国国际经济贸易仲裁委员会和中国海事仲裁委员会等。行业性的仲裁机构是指附设在某行业协会下的，一般它只解决行会内部成员之间的争端。

二、世界主要国际商事仲裁机构及其仲裁规则

世界上主要的国际商事仲裁机构有：

1. 国际商会仲裁院（ICC）

国际商会仲裁院简称：ICC。

国际商会仲裁院成立于1923年，它是国际商会（ICC）附设的国际仲裁机构。国际商会成立于1919年，总部设在巴黎，是一个非政府国际组织。目前，国际商会有一百三十多个国家和地区成员，有六百余万会员，在全球92个国家和地区设有国家和地区委员会，如中国国家委员会也是中国国际商会。国际商会与超过90个国家委员会共同组成了全球商业网络。

国际商会仲裁院的一个主要特点，就是可以世界的任何一个地方进行仲裁程序。其仲裁员来自世界各个国家，其仲裁规则经过了1988年、2015年和2017年的修订。2017年的新仲裁规则，主要对快速仲裁程序和审理范围等进行了修订，其宗旨是增加透明度、提升公信力、提高仲裁效率。[1]

作为国际商会仲裁院，它主要受理国际性的商事争议案，但根据仲裁院内部规则，仲裁院也可以在仲裁协议许可的情况下受理具有国际性的非商事争议案。目前，国际商会仲裁院是世界上处理仲裁案件最多的机构之一，自成立以来已经处理过2.2万个案件，2016年受理966个案件，其中涉及50个“一带一路”国家和地区的619名当事人，在国际上具有广泛的影响。

2. 解决投资争端国际中心（ICSID）

解决投资争端国际中心简称：ICSID。

解决投资争端国际中心是根据《关于解决各国和其他国家的国民之间投资的公约》（即《华盛顿公约》）于1965年成立的。总部设在华盛顿特区，

〔1〕 参阅赵蕾、范铭超、林逸云：《国际商会纠纷解决机制及其启示》，载《人民法院报》2017年8月18日。

是一个专门处理国际投资争议的国际性常设仲裁机构，附属于世界银行集团。

中心设立的目的，在于增加发达国家投资者向发展中国家进行投资的信心，并通过仲裁和调解方式来解决投资争议。它要求争议的双方须为《公约》的成员国，争议主体为国家或国家机构或代理机构。其解决的争议性质，必须为直接由投资引起的法律争议。

中心有其自己的仲裁规则，并且仲裁时必须使用其规则。

中心还具有不同于其他仲裁机构的特殊法律地位，即它具有完全的国际法人格，具有缔结契约、取得和处理动产和不动产及起诉的能力。中心可以通过调解解决争议，但大多数案件是通过仲裁解决的。受理的案件涉及合资合同、合作合同、合作开发自然资源及建筑承包合同等，涉及的国家多为经济不发达国家，而案件中的投资者则来自美、英、法等发达国家。

3. 伦敦国际仲裁院（LCIA）

伦敦国际仲裁院英文简称为：LCIA。

伦敦国际仲裁院成立于1892年，总部设在伦敦。它是世界上最古老的仲裁机构，也是目前英国最主要的常设性国际商事仲裁机构。1903年起使用现名。1986年起，伦敦国际仲裁院改组成为有限责任公司，其董事会管理其活动。

伦敦国际仲裁院在国际上享有很高的声望，尤其是国际海事案件，大多诉诸该仲裁院。为适应国际性仲裁的需要，1978年该院又设立了由来自三十多个国家的具有丰富经验的仲裁员组成的“伦敦国际仲裁员名单”。

伦敦国际仲裁院于1981年制定了《伦敦国际仲裁院规则》，该规则赋予了当事人较大的灵活性，除按该规则进行仲裁程序外，双方当事人还可约定按《联合国国际贸易法委员会仲裁规则》规定的程序仲裁。1979年修订的英国仲裁法，对法院的干预进行了限制，如当事人可以通过签订排除协议排除法院对仲裁案件的法律问题以及裁决的审查。但总的说来，仲裁仍受到法院的严重影响。

4. 美国仲裁协会（AAA）

美国仲裁协会英文简称为：AAA。

美国仲裁协会成立于1926年，总部设在纽约，是一个非盈利性的为公众服务的民间性常设仲裁机构，其分支机构遍及美国各地。1990年代，为开拓亚太业务，美国仲裁协会成立亚太争议中心。近年来，美国仲裁协会又把目光投向欧洲，并在欧洲设立了分部。仲裁协会由从全美各行业和各社会团体中选出的董事领导，并由精通仲裁和法律的专职人员管理。仲裁协会的仲裁员也来自很多国家，且数量达数千人之多。从案件数量上讲，美国仲裁协会的受案量世界第一，但其中劳动争议等美国国内案件占绝大部分。

美国仲裁协会的目的在于，在法律的许可的范围内，通过仲裁、调解、协商、民主选择等方式解决商事争议。美国仲裁协会的受案范围很广泛，从国际经贸纠纷，到劳动争议、消费者争议、证券纠纷，无所不包。它既可受理国内外商事争议案件，也可受理劳资纠纷，甚至可以受理传统上受法院强制管辖的反垄断领域的案件。此外，仲裁协会还对仲裁规则的选用及仲裁员的指定表现了极大的灵活性：当事人可以选择《联合国国际贸易法委员会仲裁规则》或双方当事人一致同意的其他规则和程序；当事人也可以在仲裁协会的仲裁员名册以外选择其他国籍人士担任仲裁员。

由于争议性质多样，所以该协会制定了多达 60 种不同类型的仲裁规则，以供当事人选用。协会处理国际性案件一般适用于其商事仲裁规则，最新的国际商事仲裁规则修订本于 1991 年 3 月 1 日生效。与此相应，美国仲裁协会有许多类型的仲裁规则，分别适用于不同类型的纠纷。

5. 斯德哥尔摩商会仲裁院（SCC）

斯德哥尔摩商会仲裁院英文简称：SCC。

斯德哥尔摩商会成立于 1917 年，其仲裁机构组织设立于 1949 年。斯德哥尔摩商会仲裁院设立的目的，在于解决工业、贸易和运输领域的争议。SCC 的总部设在瑞典的斯德哥尔摩，其组成包括秘书局和 3 名成员组成的委员会。3 名委员任期 3 年，由商会任命。3 名委员中，1 名须具有解决工商争议的经验，1 名须为有实践经验的律师，1 名须具备与商业组织沟通的能力。

斯德哥尔摩商会仲裁院解决国际争议的优势，在于其国家的中立地位，特别以解决涉及远东或中国的争议而著称。它是瑞典全国性的仲裁机构，是商会的附属机构，但它独立行使职权，受理世界上任何国家当事人所提交的商事争议。瑞典在政治上是中立国，第二次世界大战后的许多国际经济纠纷，常选择该仲裁院解决。

斯德哥尔摩商会仲裁院从1988年起适用新的仲裁规则。如果当事人约定，也可适用《联合国国际贸易法委员会仲裁规则》。该院没有固定的仲裁员名册，组成仲裁庭时，当事人双方可任意指定1名仲裁员，不受国籍的限制，只要同当事人没有利害关系。但是，首席仲裁员须由仲裁院主席指定，而且指定的一般是瑞典人。仲裁地点可以在瑞典也可以在瑞典以外的地方，但在瑞典仲裁应适用瑞典的仲裁程序法，而且双方当事人均要交纳一笔仲裁保证金。

斯德哥尔摩商会仲裁院的仲裁以独立著称，法院不对仲裁进行干预；而且，由于瑞典的仲裁制度历史悠久，拥有一套完整的规则和一大批精通国际商事的专家，以及其政治上的中立地位。因此，其仲裁的公正性在国际社会享有很高的声誉，被认为是解决东西方贸易争议方面的一个理想机构。

6. 中国国际经济贸易仲裁委员会（CIETAC）

中国国际经济贸易仲裁委员会英文简称：ICC。

中国国际经济贸易仲裁委员会的总部设在北京。其前身是对外贸易仲裁委员会，于1956年成立，1980年2月改名为“对外经济贸易仲裁委员会”，受理案件的范围扩大到了中外当事人之间在国际投资、国际技术转让、国际金融信贷、国际租赁等多种国际经济合作形式中所发生的争端。1988年6月，对外经济贸易仲裁委员会改名为“中国国际经济贸易仲裁委员会”。其受理案件的范围，进一步扩大为外国法人或自然人同中国法人或自然人之间、外国法人或自然人之间、中国法人或自然人之间产生于国际或涉外的契约性或非契约性的经济贸易等争议。2000年，中国国际经济贸易仲裁委员会同时启用“中国国际商会仲裁院”这一名称。

目前，中国国际经济贸易仲裁委员会已经相继成立了华南分会、上海分会、湖北分会、重庆分会、浙江分会，粮食争议仲裁中心、域名争议解决中心和亚洲域名争议解决中心以及香港仲裁中心、江苏仲裁中心，使中国国际经济贸易仲裁委员会扩大到在全国范围内都可以受理和审理国际的、涉外的和国内仲裁案件。在国际争议受案量方面，中国国际经济贸易仲裁委员会的受案数量从1990年起已跃居国际知名仲裁机构的前列。从1994年起，中国国际经济贸易仲裁委员会已步入世界主要仲裁机构的行列，与国际商会仲裁院、解决投资争端国际中心、英国伦敦国际仲裁院、美国仲裁协会、瑞典斯德哥尔摩商会仲裁院等国际商事仲裁机构齐名。

第三节 国际商事仲裁协议

一、国际商事仲裁协议的概念和种类

（一）国际商事仲裁协议的概念

国际商事协议是指在国际商事交往过程中，双方当事人将他们之间可能发生或已经发生的争议交付仲裁解决的一种书面协议。它是仲裁机构或仲裁庭受理当事人争议的重要依据。

（二）国际商事仲裁协议的种类

根据不同标准，国际商事仲裁协议可作不同的分类：

1. 根据表现形式的不同，国际商事仲裁协议可分为仲裁条款、仲裁协议和其他有关书面文件中所包含的仲裁协议三种类型。

2. 根据当事人的不同，国际商事协议可分为国家之间订立的协议、国家或国际组织与私人订立的协议和私人之间订立的协议。

二、国际商事仲裁协议的特征

不论何种类型的国际商事仲裁协议，都应具备以下基本特征：

第一，仲裁协议是当事人之间共同的意思表示，应当在自愿、平等、协商的基础上签订，而不能由一方当事人将自己的意思强加给另一方当事人；

第二，仲裁协议的形式必须是书面的，这种书面形式既可以是正式签订的书面协议表示，也可以是当事人之间的来往函电等其他书面文字表示。

三、国际商事仲裁协议的内容

国际商事仲裁协议的内容，是指当事人在仲裁协议中明确将发生的纠纷提交仲裁解决的有关具体规定。由于国际商事仲裁协议的内容涉及仲裁程序的各个方面，因而它对于日后争议的公平合理解决有着直接的影响。

根据各国仲裁立法和有关国际条约的规定，当事人一般都可以自由商定

国际商事仲裁协议的内容。就一项有效的国际商事仲裁协议而言，其基本内容应主要包括以下四个方面：

（一）交付仲裁解决的事项

交付仲裁解决的事项，这是有关仲裁庭行使管辖权的重要依据之一，也是有关当事人申请有关国家法院协助承认和执行仲裁裁决时必须具备的一项重要内容。如果一方当事人申请仲裁的争议事项不属仲裁协议的约定范围，则他方当事人有权对仲裁庭的管辖权提出异议，从而拒绝参与仲裁。

（二）仲裁地点和仲裁机构

仲裁地点是指进行仲裁程序和作出裁决的所在地。在多数情况下，仲裁地点和仲裁机构是一致的。在签订仲裁协议时，地点和机构的选择关系到适用的实体法和程序法，因而是事关当事人利益的一项重要的协议内容。

（三）仲裁规则

仲裁规则是指当事人和仲裁员在仲裁过程中必须遵守的操作规则，如申请的提出、答辩的方式、仲裁员的选定、仲裁庭的组成、仲裁的审理、仲裁裁决的作出以及裁决的效力等。当事人在签订仲裁协议时，明确约定仲裁所适用的规则，这是确保仲裁程序顺利进行的重要条件。

（四）裁决的效力

裁决的效力是指仲裁机构就有关争议所作出的实质性裁决是否为终审裁决，对当事人有无约束力，有关当事人是否有权向法院起诉请求变更或撤销该项裁决。仲裁裁决的效力，直接影响到整个仲裁程序的效力，它决定着当事人之间的争议能否得到最终解决及其合法权益能否得到应有保护。

在实践中，仲裁协议的订立还应根据具体情况规定其他的有关内容，如仲裁员的任命、仲裁庭的权限、仲裁费用的承担等。为了使当事人在国际商事交往中发生的争议能得到迅速有效的解决，仲裁协议的内容应尽可能订得具体而明确。

四、国际商事仲裁协议的作用

一项有效的国际商事仲裁协议，应具有以下作用：

第一，仲裁协议对当事人具有严格的约束力。因为对当事人来说，协议本身就是合同或合同的一部分，经双方协商一致，就应严格履行协议规定的义务，不得就仲裁协议中约定的争议向法院起诉。在他方提起仲裁时，应参加仲裁和遵守仲裁裁决。如果当事人对已经发生的争议是否属仲裁协议规定的事项发生分歧，根据多数国家立法和有关国际公约规定，仲裁庭有权对这一问题作出判定。

第二，仲裁协议是仲裁机构行使仲裁管辖权的依据。首先，如果双方当事人没有签定将有关争议提交仲裁的仲裁协议，仲裁机构将无权受理该争议；其次，仲裁机构的管辖权又受到仲裁协议的严格限制，即它只能受理仲裁协议规定的争议，只能就当事人按协议约定的提交的争议进行仲裁审理并作出裁决。

第三，仲裁协议排除了法院对争议的管辖权。法院不得受理当事人之间已达成有效的仲裁协议的案件；在已受理的情况下，如果被告提出异议，法院应撤销立案，终止诉讼程序。

第四，仲裁协议是强制执行仲裁裁决的依据。各国立法及有关国际公约均规定，请求承认和执行仲裁裁决的当事人需要提交仲裁协议。所以，仲裁协议对于法院强制执行仲裁裁决、保证当事人之间的争议得到最终解决也具有重要作用。

第四节　国际商事仲裁程序

国际商事仲裁程序，是指在一方当事人根据国际商事仲裁协议从提请仲裁到作出终局裁决的整个过程中，有关仲裁机构、仲裁员、仲裁庭、申诉人、被诉人和证人、鉴定人、代理人及其他仲裁参与人参与进行仲裁活动所必须遵循的规则。其内容主要包括仲裁的申请与受理、仲裁庭的组成、仲裁审理、仲裁裁决几个步骤。

一、国际商事仲裁的申请与受理

（一）仲裁申请

1. 仲裁申请的意义

仲裁申请是指仲裁协议中所约定的争议事项发生以后，其中的一方当事人依据协议将该项争议提交他们所选定的仲裁机构，从而提起仲裁程序的行为。提出仲裁申请，是开始仲裁程序的最初法律步骤。按国际商事仲裁中的一般做法，若双方当事人选择了某常设仲裁机构进行仲裁，当事人应将仲裁申请提交给该常设仲裁机构；若双方约定设立临时仲裁机构来审理，则当事人须将仲裁申请书直接送交给另一方当事人，因为只有当双方当事人选出仲裁员以后才能组成受理争议的临时仲裁机构。

2. 仲裁申请的内容

根据国际商会仲裁规则的规定，仲裁申请书至少应包括下列内容：①当事人双方的全名、职业和地址；②申诉人对案情的说明；③有关的协议，特别是仲裁协议，以及用以证实案件事实的文件或资料；④确定仲裁员的人数和人选。各仲裁机构关于申请书内容的规定大同小异，如果当事人选择的是临时仲裁机构，则还应指明临时仲裁机构的组成方式。

（二）仲裁受理

1. 初步审查

仲裁机构在收到仲裁申请书及有关材料后，应立即进行初步审查以决定是否立案受理。审查事项一般包括：①仲裁条款或仲裁协议是否有效，该仲裁机构是否享有对争议的管辖权；②请求仲裁的事项是否属于仲裁协议范围之内或是否能进行仲裁；③是否超过仲裁时效；④仲裁协议当事人的名称和仲裁申诉人与被诉人的名称是否一致等。若符合上述条件，仲裁机构应立案受理，否则将退回申请书及有关材料，并说明不予受理的理由。

2. 受案通知

仲裁机构立案受理案件后，应立即向申诉人发出受案通知，同时将仲裁申请书副本及其附件送达被诉人并向其发出通知，如有必要，还应将仲裁机构的仲裁规则及仲裁员名册同时送达被诉人。

3. 仲裁答辩

被诉人应在收到仲裁申请书后的一定期限内，提出答辩书及有关证据材料。答辩书的内容中，应将申诉人在仲裁申请书中提出的有关请求、事实和理由加以回答和反驳，并在答辩书中指定仲裁员或委托仲裁机构代为指定。

4. 仲裁反诉

如果被诉人对仲裁管辖权有异议，也可在答辩期限内提出。在此情况下，仲裁机构应先就管辖权问题作出决定；如果被诉人要提出反诉，则可在答辩书上写明反诉请求及所依据的事实和理由，也可另行提出反诉。反诉受理后，反诉人也应按规定交纳仲裁费用。

5. 仲裁委托

根据各国际商事仲裁机构仲裁规则的规定，无论是申诉人还是被诉人均有权委托代理人代为参加有关仲裁活动，但应向仲裁机构提交当事人的授权委托书。

二、国际商事仲裁庭的组成

仲裁庭的组成涉及仲裁员的资格、人数及人选确定三个主要问题。

（一）仲裁员的资格

各国仲裁法和各种仲裁规则对此的规定有所不同。就国籍而言，有些国家规定仲裁员必须是本国公民，有些国家虽然允许任命外国人为仲裁员，但加有限制条件。在国际商事仲裁实践中，还形成了关于仲裁员国籍的一项一般性规则，即在选择独任仲裁员或首席仲裁员时，如果双方当事人的国籍不同，则不应选任与任何一方当事人国籍相同的人作为独任仲裁员或首席仲裁员，除非当事人之间另有约定。许多国际商事仲裁机构规则，对此都有明确规定。

此外，各国际商事仲裁机构聘请的仲裁员一般还应具备以下条件：①有多年的经验，并精通实务；②熟悉各种复杂的国际贸易惯例；③具有丰富的法律知识，特别是国际贸易法及各国商事法；④熟读外语尤其是英语；⑤廉洁高尚，公正独立。一些国家甚至还对仲裁员的性别有所限制。但是，对于仲裁员的公正性和独立性的要求，这是国际商事仲裁中对仲裁员的一项基本要求，几乎所有的仲裁规则都强调了这一点。为了保证仲裁员的公正性和独立性，不少国家的仲裁法或仲裁规则都要求仲裁员与当事人没有利害关系或亲属关系。

（二）仲裁员的人数

仲裁员人数既可由 1 人也可由数人组成。如果是独任仲裁庭，就由 1 名仲裁员担任独任仲裁员；如果是合议仲裁庭，一般由 3 名仲裁员组成，也可由更多的仲裁员组成，但后者很少见。根据国际商会的仲裁规则，当事人双方对仲裁员人数未达成协议时，仲裁院应任命 1 名独任仲裁员，但仲裁院根据争议情况认为有理由任命 3 名仲裁员时除外；而依据《联合国国际贸易法委员会仲裁规则》，当事人没有约定仲裁员人数时，仲裁应由 3 名仲裁员组成合议庭进行。

（三）仲裁员人选的确定

这是仲裁程序中较为关键的一个问题。在国际商事仲裁实践中对于合议庭仲裁员的产生，各国立法都作了比较一致的规定，即要求申诉人在提出仲裁申请书时按规定指定 1 名仲裁员，被诉人在一定期限或在提出答辩书时依法指定 1 名仲裁员，然后由这两人共同指定第三人，或由双方当事人共同委托某一机构或个人指定第三人为首席仲裁员。

三、国际商事仲裁的审理与裁决

（一）审理

仲裁的审理是指仲裁庭以一定的方式和程序收集和审查证据、询问证人和鉴定人并对整个争议事项的实质性问题进行全面审查的仲裁活动。仲裁审理与裁决结果之间有着密切的联系，因而在整个仲裁程序中占有重要地位。仲裁审理的进行涉及审理方式、搜集证据、保全措施等问题。

1. 审理方式

关于审理方式，在国际商事仲裁中一般有两种做法：一种是口头审理，又称开庭审理，是指双方当事人或其代理人亲自出庭，以口头答辩的方式，接受仲裁庭对案件的审理；另一种是书面审理，又称不开庭审理，是指双方当事人或其代理人可以不必亲自到庭，仲裁庭只根据当事人提供的书面证据材料及证人、专家等提供的其他书面材料对案件进行审理。

2. 搜集证据

在仲裁过程中，仲裁庭对双方当事人所提供的证据要进行审核；必要时，仲裁庭也可以要求有关证人提供证言和其他证据。所有的证据都必须经过审查，最后才由仲裁庭决定是否采纳。

3. 仲裁保全

仲裁过程还涉及保全措施问题。仲裁中的保全措施，是指法院或仲裁机构根据仲裁案件当事人的申请，在仲裁程序开始后仲裁裁决作出前，对有关当事人的财产采取临时性的强制措施如查封、扣押、冻结等，以保证裁决将来能顺利执行的行为。

（二）裁决

1. 仲裁裁决的形式

仲裁裁决是仲裁庭于案件审理结束时对争议的解决所作的终局性决定。仲裁庭在作出终局裁决之前，也可以有中间裁决和部分裁决。无论哪一种裁决，各国仲裁立法和仲裁规则都要求以书面形式作成，有些国家如西班牙、葡萄牙等国还要求裁决经过公证。仲裁裁决还必须由仲裁庭全体或多数仲裁员签名，多数国家主张以全体仲裁员签名为原则，以多数仲裁员签名为例外。

2. 仲裁裁决的内容

关于仲裁裁决的内容，一般应包括下列四项：①仲裁机构的名称、裁决书编号、仲裁员的姓名和地址、当事人双方的名称和住址、代理人和其他参与人的姓名，以及作出仲裁裁决的准确日期和地点；②有关仲裁裁决背景的事实情况，如双方当事人之间签订的国际商事合同及其发生的争议、仲裁协议、仲裁申请和仲裁庭的组成情况、仲裁双方当事人要求及其根据等；③仲裁庭根据当事人双方的申诉、抗辩、证据和可适用的法律对案件作出评价，以及从该评价中得出的关于判定双方当事人权利和义务的结论；④当事人需支付的仲裁费用和仲裁员报酬。最后，还应由仲裁员在裁决书上签名。

3. 仲裁裁决的效力

关于仲裁裁决的效力，是指裁决的定案效力。一项终局裁决只要合法，任何一方当事人都无权向法院起诉或请求其他机构变更裁决，法院和任何其他机构也都必须承认该项裁决是对有关争议事项的正确解决。

第五节　国际商事仲裁裁决的承认及执行

一、承认及执行外国仲裁裁决的特殊性

国际商事仲裁具有不同于一般国内商事仲裁的特殊性。国际商事仲裁是一种具有国际因素的仲裁制度，其中的双方当事人或具有不同国籍，或在不同国家有住所，或有相同国籍的双方当事人其争议的财产在国外；或作出裁决的仲裁机构地处别国。这些，就使得国际商事仲裁裁决的承认和执行具有了特殊的复杂性。

二、承认与执行国际商事仲裁裁决的国际公约

（一）《纽约公约》的产生

1923 年 9 月 24 日，在国际联盟主持下，16 个欧洲国家在瑞士日内瓦签订了《关于承认仲裁条款的日内瓦议定书》，该《议定书》责成各缔约国在当事人处于缔约国管辖范围内的情况下，承认在其中任何一个缔约国境内所签订的仲裁协议或仲裁条款，如果裁决是在某一缔约国境内作出的，该国家就应执行该项裁决。1927 年 9 月 26 日，在国际联盟的主持下，一些国家又签订了《关于执行外国仲裁裁决的日内瓦公约》，《公约》在一定的条件下，责成各缔约国执行依上述《议定书》签订的仲裁协议和仲裁条款所作出的裁决，即便有关裁决是在执行国以外的国家作出时也是如此。

第二次世界大战后，随着国际商业活动的进一步扩大和繁荣，国际商事仲裁裁决的承认与执行问题有了新的突破。1958 年 6 月 10 日，在联合国的支持下，在纽约通过了《承认及执行外国仲裁裁决公约》（简称“《纽约公约》”），这是目前最重要、参加国家最多、影响最为广泛的承认与解决外国仲裁裁决的多边条约。在各缔约国之间，该《公约》取代了 1923 年和 1927 年的《日内瓦议定书》和《公约》。在内容上，该《公约》在吸取前两项公约基本内容的基础上有了重大发展，扩大了承认和执行外国仲裁裁决的条件，简化了承认和执行外国仲裁裁决的程序，从而大大便利了外国仲裁裁决的承

认和执行。

《纽约公约》的缔约及生效，标志着承认及执行外国仲裁裁决国际制度的形成。自《公约》于1959年6月7日生效以来，许多国家根据《公约》的规定修改了本国关于承认和执行外国仲裁裁决的法律，一些区域性的关于承认和执行外国仲裁裁决条约也基本采取了《纽约公约》的规定，甚至《公约》还有力地影响了一些专业性的国际条约关于承认和执行外国仲裁裁决的规定。到1994年9月，已有超过100个国家和地区加入了《纽约公约》。中国已于1986年12月2日正式加入《纽约公约》，该《公约》于1987年4月22日起对我国生效。

（二）《纽约公约》的主要内容

《纽约公约》的主要内容，即确立了承认及执行的外国仲裁裁决的国际制度，具体体现在以下三方面：

1. 规定了承认及执行外国仲裁裁决的范围

纽约《公约》第1条规定的可被缔约国承认及执行的外国仲裁裁决，其范围包括：①由于自然人或法人间的争议而引起的仲裁裁决；②在非执行地国家领土作出或执行国不认为是本国裁决的仲裁裁决；③由临时仲裁庭或常设仲裁机构作出的裁决。

因此，就《公约》的范围而言是十分广泛的。从引起仲裁争议的性质看，《公约》不但适用于传统的因契约争议所作出的仲裁裁决，也适用于因非契约争议所作出的仲裁裁决，如船舶碰撞、不正当竞争、知识产权争议等；从仲裁裁决作出的国家看，可被承认及执行外国仲裁裁决既包括缔约国的仲裁裁决，又包括非缔约国的裁决。但是，各缔约国在加入《公约》时可以声明，在承认及执行外国仲裁裁决时，须以互惠为条件，即只承认和执行缔约国所作出的仲裁裁决，而对非缔约国仲裁机构作出的裁决不按公约办理，此即“互惠保留”；同时，各缔约国还可声明，仅根据本国法律对属于商事关系所引起的争议适用《公约》规定，而对非商事争议的裁决则不在此限，即所谓“商事保留”。

2. 规定了承认及执行外国仲裁裁决的条件

《纽约公约》第5条以排除的方式明确了承认和执行外国仲裁裁决的条

件，即被请求承认及执行外国仲裁裁决具有公约规定的如下排除情形时，被请求执行国家有权拒绝承认和执行：①被诉人证明仲裁协议的当事人无行为能力，或根据仲裁协议选择的准据法，或根据作出裁决国家的法律，该仲裁协议无效；②被诉人未得到关于指定仲裁员或进行仲裁程序的适当通知，或由于其他原因不能对案件提出意见；③裁决的事项超出仲裁协议所规定的范围；④仲裁庭的组成或仲裁程序与当事人的协议不相符合，或在当事人无协议时，与仲裁地国家的法律不相符合，或者仲裁裁决已被仲裁地国家的有关当局撤销或停止执行。

以上排除条件，须由被申请承认和执行的外国仲裁裁决中的执行义务人即被申请人举证加以证明。但在某些情况下，申请承认和执行地所在国的主管机关也可以主动拒绝承认和执行该外国裁决，如认为裁决中的争议事项不适合以仲裁方式处理，或者认为承认和执行裁决有违该国的公共秩序。不过近年来的实践表明，各国对有关不可仲裁性问题的态度是在不断变化发展之中的，且都是从促进仲裁的作用这一角度不断缩小不可仲裁事项的范围，对于违反公共秩序问题，则更是持谨慎的态度。

3. 规定了承认及执行外国仲裁裁决的程序

根据《纽约公约》第 4 条规定，申请承认和执行的当事人应于申请时提供下列证明文件：①经正式认证的裁决书正本或经正式证明的副本；②据以作出裁决的仲裁协议正本或经正式证明的副本。如果以上裁决或协议所用文字为非承认及执行地国的官方文字，则当事人还应提出该文件的译本，译本应由官方的或经过宣誓的译员或外交或领事人员的认证。

此外，《公约》第 3 条还规定，各缔约国在承认和执行外国仲裁裁决时，不得比承认和执行国内仲裁裁决附加更为苛刻的条件或征收过多的费用。《公约》对此只是一个原则性的规定，相当于各缔约国在承认及执行裁决方面应相互给予国民待遇，而在具体程序上各国实际上仍具有规定互不相同的规则的自主权。

三、中国承认与执行国际商事仲裁裁决的法律制度

根据 1991 年 4 月 9 日通过的《中华人民共和国民事诉讼法》（并于 2017

年6月27日经第十二届全国人民代表大会常务委员会第二十八次会议《关于修改〈中华人民共和国民事诉讼法〉和〈中华人民共和国行政诉讼法〉的决定》第三次修正通过)、1995年9月1日起生效的《中华人民共和国仲裁法》、1986年12月2日全国人大常委会通过的《关于我国加入〈承认及执行外国仲裁裁决公约〉的决定》及1987年4月10日最高人民法院发布的《关于执行我国加入的〈承认及执行外国仲裁裁决公约〉的通知》的有关规定，我国承认与执行国际商事仲裁裁决的现行法律制度主要包括以下内容：

（一）对具有涉外因素的国际商事仲裁裁决的承认与执行

我国对于具有涉外因素的国际商事仲裁裁决的承认与执行问题，一般主要依据《民事诉讼法》第二十六章“仲裁”的规定。其中，第273条规定：“一方当事人不履行仲裁裁决的，对方当事人可以向被申请人住所地或者财产所在地的中级人民法院申请执行。”第274条又规定：“对中华人民共和国涉外仲裁机构作出的裁决，被申请人提出证据证明仲裁裁决有下列情形之一的，经人民法院组成合议庭审查核实，裁定不予执行：（一）当事人在合同中没有订立仲裁条款或者事后没有达成书面仲裁协议的；（二）被申请人没有得到指定仲裁员或者进行仲裁程序的通知，或者由于其他不属于被申请人负责的原因未能陈述意见的；（三）仲裁庭的组成或者仲裁程序与仲裁规则不符的；（四）仲裁的事项不属于仲裁协议的范围或者仲裁机构无权仲裁的。人民法院认定执行该裁决违背社会公共利益的，裁定不予执行。”以上说明，我国法院对国际商事仲裁裁决的执行只进行程序上的审查，而不作实体审查，这与《纽约公约》的有关规定大致相同。

如果经审查不存在不予执行的上述情况，则人民法院应依据《民事诉讼法》规定的执行程序予以执行。申请执行的期限：双方或一方当事人是公民的为一年，双方是法人或其他组织的为6个月，该期限自仲裁协议规定的败诉方应履行相应义务的最后一天算起。

（二）对外国仲裁裁决需要在中国的承认及执行

根据我国加入《纽约公约》的上述决定和通知规定，凡《公约》与我国《民事诉讼法》有不同规定的，按该《公约》的规定办理，但我国声明保留者除外。我国在加入《公约》时作了互惠保留和商事保留两项声明。根据前者，我国仅对《公约》成员国的领土内作成的仲裁裁决的承认和执行适用该《公约》；根据后者，我国仅对按照我国法律属于契约性和非契约性的商事法律关系所引起的争议适用该《公约》。所谓契约性和非契约性的商事法律关系，在我国是指因合同、侵权或根据有关法律规定而产生的经济上的权利义务关系，但不包括外国投资者与东道国政府之间的争端。

此外，根据《民事诉讼法》第283条规定，对于外国仲裁裁决需要在中国承认及执行的，应当由当事人直接向被执行人住所地或者其财产所在地的中级人民法院申请，人民法院将按照我国缔结的或参加的国际条约，或者按照互惠原则办理。

思考题

1. 国际商事仲裁的概念与特征是什么？
2. 《纽约公约》的主要内容有哪些？
3. 国际上知名的国际商事仲裁机构及其仲裁规则有哪些？
4. 国际商事仲裁裁决的承认及执行有什么特殊性？
5. 外国仲裁裁决在中国如何得到承认和执行？

第八章

WTO 争端解决机制

第一节　WTO 争端解决机制概述

一、WTO 争端解决机制的形成

世界贸易组织（WTO）的争端解决机制已被公认为是“WTO 最独特的贡献”。WTO 成立以来的实践已充分地证明，该争端解决机制是整个 WTO 体系中具有核心地位的机制。统计表明，相比先前作为准国际经济组织运行的关税与贸易总协定（GATT）时期的争端解决机制，如今 WTO 的争端解决机制得到更频繁、更有效的利用。

从国际政治与经济的战略角度来看，在完善 GATT 争端解决机制的基础上形成的 WTO 争端解决机制，是战后以来和平解决国际争端法的重大发展。

WTO 争端解决机制是一种准司法解决的方法。根据 WTO《关于争端解决规则与程序的谅解》（DSU），和平解决国际贸易争端的方法包括磋商、斡旋、调解与调停、专家组审理、上诉复审、仲裁等。其中，专家组审理与上诉复审是相互关联的，具有特别显著的准司法解决性质。

二、WTO 争端解决机制的特点

WTO 争端解决机制既不同于谈判等非司法解决争端，也不同于联合国国际法院那样的司法解决争端。WTO 争端解决机制是以规则为指导，其规则内容包括 GATT 第 22 条与第 23 条（基础性条款）、DSU 及其附件、《DSU 行为规则》、WTO《上诉机构上诉复审工作程序》及其附件等。

具体来说，WTO 争端解决机制主要具有以下特点：

（一）已建立统一的争端解决程序

乌拉圭回合达成的谅解，综合了关贸总协定成立以来在解决贸易争端方面逐步形成的原则与程序。这一谅解，既适用于《建立世界贸易组织的协定》，又适用于多边贸易协定（其中包括谅解本身），还适用于诸边贸易协定。谅解的这些规定，不仅把原关贸总协定未涵盖的服务贸易、与贸易有关的投资措施和与贸易有关的知识产权等领域，以及农产品、纺织品等敏感商品纳入其管辖范围，而且在适用程序的选择方面有了明确的规定，这样就避免在适用法律上出现分歧，为解决程序的迅速起动奠定了基础。

（二）已设立争端解决机构（Dispute Settlement Body，DSB）

世贸组织成立了专门负责解决争端的机构，这机构隶属于世贸组织总理事会之下，由一位主席主持，并有自己的议事规则与程序。争端解决机构，负责执行《谅解》中的规则和程序以及有关协定中的磋商和争端解决条款。争端解决机构有权成立专家组，通过专家组和上诉机构的报告，监督裁决和建议的履行，并依照有关协议授权中止各项减让和其他义务。

（三）引入自动程序

《谅解》及其附件对于争端解决的各个阶段都确定了具体的工作时限：

第一，接到磋商的请求后，应于 10 日内作出响应，并于 30 日内开始磋商。

第二，若有关成员在 10 日内对磋商要求置之不理，或在 60 日后磋商未果，则申诉方可要求成立专家组。被诉方可对专家组成立表示不同意见，但申诉方第二次提出要求，专家组的成立即为自动程序。专家组的职责范围应在 20 日内确定。专家组人员组成应在 30 日内完成。

第三，专家组的审案时间一般不超过 6 个月；遇有紧急情况，则应在 3 个月内完成。但无论遇到何种情况，审案时间不得超过 9 个月。

第四，争端解决机构应在专家组提出报告 60 日内通过该报告，除非当事一方已通知其有意上诉的决定或有“一致意见”反对该报告。

第五，若有上诉，其程序一般不应超过60日，最多不超过90日。争端解决机构应在上诉机构提出报告后30日内通过该报告，除非有反对该报告的“一致意见”。

此外，对于专家小组的工作程序和时间表也提出了具体的框架。

（四）增设上诉程序

世贸组织争端解决的程序中设立了上诉程序，并建立了相应的常设上诉机构（Appellate Body）受理上诉的案件。这一程序是关贸总协定的程序所没有的。《谅解》规定，任一当事方均有上诉权，但上诉须限制在专家组报告所涉及的法律问题和专家组作出的解释范围内。上诉机构可维持、修改或推翻专家组的裁决和结论。

（五）加大了裁决的执行力度

在争端解决机构作出建议或裁决之后，是否迅速贯彻执行决议或裁决是有效解决争端的关键。《谅解》中规定，在专家组报告或上诉报告通过的30日内举行的争端解决机构会议上，有关方必须表明其执行裁决的意向。如果立即执行做不到，可在“一段合理时间内”（the reasonable period of time）做到；如果仍做不到，则须与申诉方谈判，以确定可相互接受的补偿。如果在20日后，谈判仍未达成协议，则申诉方可要求争端解决机构授权其对另一方中止减让或其他义务。

此外，若有关成员对中止减让或义务的水平执有异议，则可向争端解决机构提出仲裁的请求。仲裁应在上述“合同时间”期满后60日内完成。仲裁的决定是终局的，应被有关方接受。除非有“一致意见”反对，否则争端解决机构可授权中止符合仲裁裁决的减让或其他义务。

这里需要特别指出的是，从关贸总协定的“一致同意”原则，转变为除非“一致同意”反对，否则小组报告必须通过，仲裁的决定必须执行。这一转变，增强了执法的力度，因为在一般情况下，“一致同意”否定某项决议的意见很难达成，这就基本排除了某些成员国在败诉后故意阻挠专家组报告的通过，或故意阻止裁决执行的可能性。

（六）引入交叉报复的做法

谅解中规定，被中止的减让应与专家组所审理的问题同处一个部门。但有时会发现在同一个部门很难中止减让，或虽中止了减让，其效力也很小。若出现这种情况，则可在同一协议项下的不同部门中止减让。若这样做还不可行或不起作用，则可设法中止同一协议项下其他部门的减让或其他各项义务。而如果当事方认为中止同一协议项下其他部门的减让或其他义务也并不可行或无效，而且所处情况又十分严重，则该当事方可设法中止另一有关协议项下的减让或其他各项义务。

通过授权进行交叉报复，使有关当事方可挑选更有效的方式对违反协议的情况进行报复，这就从另一方面促使败诉方须认真考虑执行裁决。可进行交叉报复的规定，被视为提高世贸组织争端解决机制效力的有力的措施之一。

（七）设立对最不发达成员的特别程序

在关贸总协定的历史上，发展中国家运用其机制解决贸易争端时不够积极，这主要是因为发展中国家经济实力太弱，即使专家组判定其胜诉，如果发达国家不理睬专家组的意见，或阻挠专家组报告的通过，发展中国家也没有办法对付。即使关贸总协定授权其进行报复，因其经济力量小，对大国也难以造成有影响的损伤，很可能只会进一步损害自己的利益。

为了使那些经济力量弱小的最不发达国家能够利用这一机制保护自己的利益，《谅解》特别规定，在涉及最不发达国家成员的争端案件和争端解决的所有阶段，应特别考虑这些最不发达国家成员所处的特殊环境，并应在处理涉及某个最不发达国家成员引起的事件中适当施加限制。如果认定最不发达国家成员所采取的措施导致了利益的丧失和损害，则起诉当事方按照这些程序请求赔偿或寻求中止减让或其他义务的授权时，应施加适当的限制。此外，在磋商阶段，如果有最不发达国家的请求，应在设立专家组之前进行斡旋、调解和调停，以帮助各当事方解决该项争端。

除上述主要特点之外，新的争端解决程序在各个环节的衔接方面比关贸总协定的机制更为紧密；在所设机构的人员挑选方面，有更详细的规定；在使用的有关法律概念方面，有更严谨、明确的定义。这些也可称为该机制的特点。

综上所述，世贸组织争端解决机制的这些特点，一方面弥补了原关贸总协定争端解决机制存在的缺陷，另一方面也有所创新。新的机制可以说是比旧机制更为完善了。至 1997 年 8 月，世贸组织所承接案件已达 100 起，其中十余起已经结案。

WTO 成立以来的争端解决实践表明，这些规则得到了非常有效的贯彻实施，从而有可能在短短六年多时间内，两百余起争端得到受理。其中，近五十起已经专家组审理乃至上诉机构复审，得到解决，五起经仲裁后由 WTO 争端解决机构（DSB）授权中止减让。WTO 争端解决机制所具有的准司法解决性质与规则导向，密不可分。比如，根据 GATT 第 22 条与 DSU 第 4 条，WTO 的争端当事方首先必须通过磋商解决争端，而不是直接诉诸准司法解决的专家组审理程序。虽然，这种磋商属于 WTO 多边框架内非司法解决争端的方式，但是，也必须在相关规则指导下进行。至于准司法解决的专家组审理与上诉复审程序，更是必须遵循一整套规则。所谓“准司法”，是指这种专家组审理与上诉复审类似传统意义上的法院（庭）审理程序，其中包括根据 DSU 第 6 条采用“消极一致”方式，从而使进入专家组审理的程序具有强制管辖的司法性质。同时，又融合了不少非司法性质的程序，如关于专家组所作决定的授权条款、期间评审等。

三、WTO 争端解决机制的作用

WTO 的争端解决机制是富有活力的动态机制。国际社会需要通过某种和平解决国际贸易争端的机制，并不断地寻求各种相应的方法，保障各国或地区之间的正常贸易往来，并尽最大可能避免因贸易争端引起政治、军事冲突。WTO 的争端解决机制虽然也暴露出不少有待完善之处，如期中评审几乎没有起到减少上诉复审的应有作用，上诉机构疲于奔命等，但是瑕不掩瑜，该机制毕竟是近半个多世纪以来，和平解决国际争端法领域最重要的发展之一。正如《关于争端解决的规则与程序的谅解》指出：“世贸组织的争端解决制度是保障多边贸易体制的可靠性和可预见性的核心因素。”

世贸组织争端解决机制的目的，在于“为争端寻求积极的解决办法”。因此，对于成员之间的问题，它鼓励寻求与世贸组织规定相一致、各方均可接受的解决办法。通过有关的政府之间的对边磋商，找到解决办法。因此，争端解决的第一阶段要求进行这样的磋商。如果磋商失败，经双方同意，在这个阶段的案件可以提交给世贸组织的争端解决机构。

第二节　WTO 争端解决的程序

一、先行协商

世贸组织成员如有争端，应先行协商，在一方提出要求后的 30 天内，必须开始协商。

二、成立专家小组（Panel）

如 60 天后未获解决，一方可申请成立专家小组（Panel）。争端的解决机构（DSB）在接到申请后的第二次会议上必须作出决定，即同意或不同意成立专家小组，只有争端解决机构全体反对，专家小组才不能成立。

第三节　WTO 争端解决程序的执行

争端解决程序规定，贸易争端各方可以三种方式执行专家报告。

一、立即履行

争端解决程序强调，违背其义务的一方必须立即履行专家小组或上述机构的建议。如果该方无法立即履行这些建议，争端解决机构可以根据请求给予一个合理的履行期限。

二、提供补偿

若违背义务的一方在合理的履行期限内不履行建议，引用争端解决程序的一方可以要求补偿。或者，违背义务的一方可以主动提出给予补偿。

三、授权报复

当违背义务的一方未能履行建议并拒绝提供补偿时，受侵害的一方可以要求争端解决机构授权采取报复措施，中止协议项下的减让或其他义务。

争端解决程序规则规定，此类报复行为应由争端解决机构授权，并尽可能在专家小组或上诉机构判定在违背义务的关贸总协定、服务贸易总协定或知识产权协定的同一部门内采取。但当争端解决机构认为这样做不可能时，则可以授权在同一协定项下的其他部门采取报复措施。只有在极个别的情况下，并且作为最后的办法，争端解决机构才能授权采取跨协定的报复行为，如对于违背服务贸易总协定或知识产权协定项下的义务时，可授权采取提高货物关税的办法予以报复。

第四节　WTO 争端解决的准司法效力

首先，WTO 争端解决机制的准司法解决具有强制管辖的特点。在 WTO 建立之前，任何进入专家组审理的程序都可能被当事方（尤其是被起诉方）所“封阻”。如今，任何 WTO 成员在作为被起诉方时，都无法“封阻”进入专家组审理的程序。同样的，对专家组审理报告不服而提起上诉的复审程序，亦不可能被“封阻”。如此，WTO 争端解决机制为解决各类与 WTO 法有关的争端，提供了一条畅通的准司法途径。这是以 WTO 成员放弃原先实施“封阻”的“主权”为前提的。

其次，在 WTO 争端解决机制的准司法解决中，无论是专家组的审理报告，还是上诉机构的复审报告，都将由 DSB 通过，以 DSB 的名义公布。根据 DSU 第 16 条第 4 款、第 17 条第 14 款，除非 DSB 经协商一致不通过该报告，否则该报告应通过。这意味除非“胜诉方”也同意不通过该报告。因而，如同司法程序中，当事人无权干预法院作出可能不利于自己的判决一样，WTO 的任何成员都无法“封阻”DSB 作出“判决”。

最后，根据 DSB 采纳的报告建议，有关成员可能不得不在经协商的期限（通常为 15 个月）内，对其国内（域内）法作出必要的修改，或作出其他实施建议的措施。否则，有可能面临 DSB 授权的“贸易报复”（中止部分关税减让）。

可见，WTO 的 DSB 是根据《建立 WTO 协定》以及 DSU 成立的，其权力来自于全体成员的“契约”授权；由全体成员代表组成的 DSB 又居于各成员之上，采取准司法的方式，解决有关成员之间的争端。这与霍布斯当年所说的“利维坦”（作为拟制人的国家）之形成方式很相似。

WTO的争端解决机制表明，它是迄今各国在最大限度范围进行国际合作的组织机构，在调处各成员之间贸易或与贸易有关的争端方面，拥有类似国内法意义上的强制管辖、裁决和制裁等一系列权力。在科学技术日新月异、全球经济日趋一体化的时代，各国各地区之间的贸易、经济往来极为密切，相互依赖程度之大，必须采用类似WTO争端解决机制那样的方式和平解决国际经贸争端。这就是WTO争端解决机制的生命力所在。

第五节　WTO争端解决应注意的问题

一、争端双方均应注意的问题

（一）双方要努力争取以磋商方式解决争端

世贸组织鼓励争端双方首先通过友好磋商，在双边的基础上把彼此之间的分歧弥合。这对于将来进一步发展双方的贸易关系是十分有利的。只有在双方的矛盾没有商量的余地时，才应诉诸世贸组织裁决。在整个诉讼过程中，还可以在任何阶段进行磋商。一旦磋商达成和解，则诉讼即应停止。在目前世贸组织受理的案件中，有不少是经过双方磋商而达成双方和解的。

（二）请总干事调停争端

如果双方磋商确有不便之处，则可请求总干事出面调停。协议规定，总干事负有调停之责。在以往的案件中，就有经过调停而解决纠纷的先例。特别是双方矛盾尖锐，贸易战一触即发之际，总干事的调停尤显重要。如欧美之间关于“荷尔蒙牛肉”的争端，双方的贸易战就因总干事的调停而结束。

（三）关于设立专家组问题

第一，在世贸组织争端解决的过程中，专家组程序乃是最为复杂的阶段。首先，双方均应注意专家组的设立是否确属必需。如果仍有磋商解决的可能性，则可阻止专家组的成立。举行进一步的磋商，以期友好解决争端。但是，这种阻止只能有一次，因为进一步磋商未果，对方再提出专家组的成立申请的话，专家组的成立就是自动的程序。在已进行处理的诸多案例中，专家组大多是在第二次提出申请时得以成立的。

第二，双方还应注意专家组的组成人员的情况。如果专家组中有争端方认为不合适的人选，应提出磋商；磋商未果，可以要求争端解决机构主席指定专家组成员，以求解决争端的公正性。

第三，如果争端一方是发展中国家，还应注意在专家中是否有来自发展中国家的成员。

（四）关于上诉问题

按规定，对于专家组所作的结论，胜诉、败诉两方均可上诉，以求争端得到更圆满的处理。在以往审结的案件中，胜、败双方均提出上诉的事例一再出现。败诉一方固然希望上诉机构推翻专家组的结论；胜诉一方也可通过上诉，使专家组结论中判决不明确或不充分的部分得到纠正。

但是，上诉内容必须是对专家组关于有关协议条文的法律解释的异议。对于除协议条款所涉法律问题以外的问题，上诉机构则不予受理。

二、申诉方应注意的问题

第一，申诉方必须首先确定申诉所依据的协定。申诉书中应充分列举被诉事由，即被违反的各有关协议的具体条款。这些条款既可以是协议的正文，也可以是协议序言中所阐述的原则；既可以是整个条款的要求，也可以是条款中的某一句文字的规定。

第二，若争端双方磋商未果，申诉方即可提出成立专家组的请求，让案件改由专家组进行审理。若第一次请求被对方阻止，则可于进一步磋商未果后第二次提出申请。接到申诉方的第二次申请，专家组将依例自动成立。

第三，申诉事由若属紧急情况，可以依据规定，要求采取加速解决争端的程序。

第四，应向专家组充分提供有关申诉的证据材料。有关答辩人员应充分掌握这些材料，以便在专家组中进行有说服力的申辩。

第五，应认真审查和研究专家组提交的准备在争端解决机构通过的临时报告。对专家组报告应进行逐条逐句甚至逐字地详细研究与推敲。若需上诉，则应于争端解决机构通过该临时报告的会议进行之前，及时提出上诉申请。

三、被诉方应注意的问题

第一，充分研究申诉方所诉理由。对于对方援引的有关协议的条款应逐条进行核对：

首先，对方所引条款是否有例外规定，而所诉事由恰属例外的范围。（如“最惠国待遇”“国民待遇”“免责条款”“透明度原则”等均有例外事项。若是发展中国家，则“授权条款”所涉事项均为例外事项。）

其次，是否有以往的判例可供援引。从世贸组织审案的依据看，以往案件的处理结果或裁决的表述都对后来的判决有影响。例如，对某些定义，以往案例的表述往往成为专家组援引的对象。

第二，调查研究国内实际情况。对于申诉方所诉的本国国内违反协议的政策和措施的实际情况要进行认真调查研究。应将有关资料进行系统整理，供专家组参考和供小组内答辩之用。

第三，若发现申诉方所诉问题确实存在，则宜及早采取行动，撤销有关违反协议的法规和措施，或及时修改有关政策，以期在专家组报告通过前使对方撤诉。

第四，认真审阅研究专家组的报告。专家组报告往往十分复杂详细，必须认真研究。如被判败诉，则应认真找出可以上诉的理由。

第五，若需上诉，应在争端解决机构召开通过专家组报告之前及时提出上诉申请。上诉申请书，应详列对专家组所作法律解释的异议。

四、胜诉方应注意的问题

第一，胜诉方应特别注意裁决的执行问题。裁决若得不到执行，或未得到及时执行就失去了裁决的实际意义。要与对方磋商执行专家组裁决的日期。如在合理期间不能达成协议，则可要求进行仲裁。

第二，要特别注意对方采取各种手法拖延执行裁决。这一条的重要性，已为以往多项案例的执行情况所证实。要及时对败诉方执行情况进行监督，必要时要提醒或敦促对方按时执行裁决。

第三，若对方不执行裁决，应立即考虑请求授权报复的可能性。

第四，对发展中国家败诉方，应给予同情的考虑，在需要执行裁决时应有所限制。

五、败诉方应注意的问题

第一，若被专家组或上诉机构裁定败诉，则应首先对裁决表明态度。从目前已裁决的案件看，尚未发现不接受裁决的先例。败诉方应表明服从裁决，并主动提出和胜诉方进行关于执行裁决的磋商。

第二，与对方磋商执行裁决的时间表。应考虑国内的立法程序的要求和进行政策、措施的修改可能对本国经济贸易带来的不利影响，争取对方对具体困难的谅解和宽容，将不利影响限制在最小的程序。

第三，应认真研究被确认违反协议的政策、法规或者有关措施，并及时作出调整或修改。

第四，若败诉方为发展中国家，则可依照规定要求对方给予照顾。

第六节　WTO争端解决机制对我国仲裁制度的要求

被誉为“国际经贸法院”的争端解决机构提供了一套完整的争端解决规则和程序，不仅为成员方提供了公平公正地解决贸易争端的途径，而且为发展中国家提供了与发达国家平等抗辩之场所，从而大大减少了国际贸易战爆发之可能。[1]

争端解决机制与仲裁业的改革不断地推动世界贸易的全球化、自由化，同时也对我国入世后的仲裁服务的对外开放提出了新的和更高的要求。

我国加入WTO后，外国老牌仲裁机构已抢滩国内仲裁市场，市场机制的优胜劣汰使仲裁制度一元化有了实施条件，同时这也是“国民待遇”原则的要求。[2] 在国际经贸活动中，当事人经约定通过临时仲裁解决商事争议，这

---

〔1〕 邓杰：《关于完善我国仲裁中财产保全制度的几点建议》，载《甘肃政法学院学报》2002年第4期。

〔2〕 郭寿康、王洋：《论WTO争端解决机制的创新与发展》，载《仲裁与法律》2000年第10期。

已在国际上得到普遍尊重。而且，《纽约公约》承认临时仲裁裁决，在 DSU 中也规定对某一具体问题当事人可约定临时仲裁进行迅速有效解决。然而，在我国的《仲裁法》中却没有规定临时仲裁，这势必造成外国的临时仲裁裁决在我国具有执行性，而我国却不能与之对等，当事人只好被迫放弃临时仲裁而诉诸法院，这不仅带来讼累且有法院判决在国外执行难之虞。对此，我国加入 WTO 后，迫切需要我国建立临时仲裁制度并与 WTO 和国际仲裁公约相接轨。[1]

思考题

1. WTO 争端解决机制的作用是什么?
2. WTO 争端解决机制的程序有哪些?
3. WTO 争端解决的准司法效力如何?
4. WTO 争端解决应注意的问题有哪些?
5. WTO 解决机制对我国仲裁制度有哪些要求?

〔1〕 王伟:《世贸组织争端解决报告的法律效力》，载《世界贸易问题》2000 年第 11 期。

第九章

ADR 纠纷解决机制

第一节 ADR 纠纷解决机制的产生与发展

ADR 纠纷解决机制是一种非诉讼的争议解决方式。从 20 世纪 60 年代以来，它被统称为替代司法诉讼的争议解决方式（alternative dispute resolution，简称 ADR）。

ADR 这一概念源于美国，原来是指 20 世纪逐步发展起来的各种诉讼外纠纷解决方式，现已引申为对世界各国普遍存在着的、民事诉讼制度以外的非诉讼纠纷解决程序或机制的总称。这一概念，既可以根据字面意义译为“替代性（或代替性、选择性）纠纷解决方式”，亦可根据其实质意义译为“审判外（诉讼外或判决外）纠纷解决方式”或“非诉讼纠纷解决程序”“法院外纠纷解决方式”等。

当前，世界各国都在积极推进 ADR 发展。然而，各国的 ADR 机制又存在着各自的特点和不同的发展格局。实际上，ADR 这一制度的运作完全取决于特定社会的纠纷解决需求及其整体机制的设计，并不存在一种完美的、适用于任何国家和社会的模式和普遍规律。例如，美国的法院附设（司法）ADR 十分发达，主要是适应了法院功能从纠纷解决向确立规则方向转移的需要，在某种意义上也是司法功能的延伸。而在德国，则没有出现明显的诉讼爆炸，也没有形成司法 ADR 的热潮，近年来的 ADR 重点则是发展面向大企业和消费者的产品质量、医疗纠纷等行业的民间性纠纷解决。相比之下，日本尽管并无“诉讼爆炸”的危机，但仍然高度重视ADR，认为ADR的利用既有扩大法律利用的意义，又有改善司法的价值，并建立了多元化的纠纷解决机制。

20世纪80年代至90年代，随着法制发展和诉讼高潮的到来，中国的调解及其他非诉讼纠纷解决方式开始走向衰落。但是，实践表明，仅依靠正式的司法程序难以满足社会纠纷解决的需求，而一种建立在法治基础上的多元化纠纷解决机制，更符合社会和法治的可持续发展的需要。20世纪90年代后期开始，人民调解的改造和转型出现了一些新的迹象，其他非诉讼纠纷解决机制也正在进行重构。2002年9月，最高人民法院《关于审理涉及人民调解协议民事案件的若干规定》的司法解释和司法部的《人民调解工作若干规定》，表明人民调解已经进入了一种现代化的转型，开始融入到世界性的ADR潮流之中，并在中国当前纠纷解决机制的重构中扮演新的角色。

第二节　ADR纠纷解决机制的作用与特征

一、ADR纠纷解决机制的作用

ADR纠纷解决机制，由于各国的国情不同，可能针对各国的特殊需要起到不同的作用。其作用主要有以下方面：

第一，对于已经出现“诉讼爆炸”现象的国家，ADR可以极大缓解司法和社会的压力；

第二，对于职权主义程度较高的司法体系，ADR可以带来司法民主化的气氛；

第三，对于特殊类型或复杂的案件，ADR可以提供符合情理、追求实质正义的个别平衡等。

对于发展中国家、特别是通过法律移植实现法制现代化的国家而言，ADR更为重要的意义是一种法制和社会“可持续发展”的需要：一方面，可以缓和本土社会与现代法律规则的冲突，满足当事人的多元化需求；另一方面，可以起到保护司法资源的作用。因此，在法制发展的初期阶段重视ADR，具有营造法治的“可持续发展”和纠纷解决生态合理性的特殊意义。

二、ADR纠纷解决机制的特征

ADR的特征，可主要概括如下：

第一，纠纷解决程序的非正式性（简易性和灵活性）。

第二，纠纷解决基准的非法律化。ADR在纠纷解决的基准上呈非法律化。即无需严格适用实体法规定，在法律规定的基本原则框架内，可以有较大的灵活运用和交易的空间。

第三，纠纷解决主体的非职业化。即从纠纷解决主体角度，ADR具有非职业化的特征，可以使纠纷解决脱离职业法律家的垄断。

第四，纠纷解决形式的民间化或多样化。其中，民间性ADR占据了绝大多数。

第五，纠纷解决关系的平等化。从纠纷解决者与当事人之间的关系看，包括仲裁在内的ADR的构造是水平式的或平等的。

第六，纠纷解决过程和结果的互利性与平和性（非对抗性）。在这个意义上，我国的人民调解及其他非诉讼纠纷解决方式，都符合这些基本特征，可以被涵盖在ADR的范畴之内，尽管它们都保持着各自的特殊性。

第三节　ADR纠纷解决机制的内容与种类

一、ADR纠纷解决机制的内容

ADR纠纷解决机制的内容主要包括仲裁、专家评判、中立的案件评价、小型审判等方法。在ADR各种方法之中，除仲裁外，以下三种新兴方法也值得注意：

1. 专家评判

所谓专家评判，系指争议当事人选择某方面的专家，由其依专业知识为当事人提供解决争议的方案，其过程不受法院控制，但除非双方自愿履行，没有进一步的诉讼，方案不可强制执行。

2. 中立的案件评价

在中立的案件评价方式中，争议双方向中立的第三人（通常是有经验的律师），咨询己方在案件中的地位及建议，第三人审慎、公平地作出评价，促使双方抛弃不现实的想法，帮助他们不通过审判而解决问题。

3. 小型审判

在“小型审判”中，各方均像参加法院审判一样，但“法官”是当事人自己，由律师和专家向纠纷双方的高层管理者提出意见，使其看到各自的优势和劣势，如同局外人一样清醒地把握案情，从而为双方合作地解决争议提供条件。

二、我国 ADR 的种类

从我国 ADR 的发展情况看，目前各类 ADR 大致可根据其性质或机构分为以下五类：

（一）民间性 ADR

民间性 ADR 主要包括以下种类：

第一，建立在基层群众自治制度（村民自治和居民自治）基础上的人民调解。此外，社区内的其他形式的自治组织（如业主委员会、物业管理委员会等）也能够承担一部分纠纷解决功能。同时，法律志愿者和各种“民间调解人”参与纠纷解决的情况将会越来越多。

第二，随着社会化程度的提高，一部分具有司法或行政性的纠纷解决机构进一步实现民间化。例如，仲裁、公证、律师事务所、社区基层法律服务所等。

第三，一部分附属于行政机关的社会团体或机构，其性质介于民间性与行政性之间，例如消费者协会和劳动仲裁机构等。今后，它们将会更多地脱离行政管理体系，作为民间性和中立性的纠纷解决机构发挥作用。

（二）专门性 ADR

专门性 ADR 主要分为以下种类：①劳动争议调解及仲裁；②消费者纠纷的调解、行政处理、仲裁；③交通事故处理及调解；④土地和林木权属争议；⑤医疗纠纷协商与行政调解；⑥知识产权纠纷，如商标、著作权、专利权争议等。这些机制，一般都具有多元化特点，其中部分属于行政性 ADR，部分属于民间性、综合性或行业性 ADR，有些程序与诉讼程序已经形成分工和衔接（如劳动仲裁）。

（三）行业性 ADR

我国的行业自治正处于初建阶段，与行政管理并未完全脱钩。目前，行业自治化速度正在加快，诸如会计师、医师、金融、房地产、家电、建筑、化工、旅游等行业，都已逐步建立或正在建立行业自治组织，制定或正在形成各自的行业规范，并开始建立相应的纠纷解决程序。

（四）行政性 ADR

行政性 ADR 可分为以下种类：

第一，行政调解。例如，各主管行政机关处理的因治安事件造成的人身和财产损失赔偿、消费者争议、交通事故损害赔偿及医疗事故赔偿等。处理结果采用调解协议的形式，调解不成，行政机关则终结调解程序，由当事人向人民法院直接起诉。基层政府对民间纠纷的调解也属于行政调解范畴。

第二，行政裁决。即行政裁判，具有准司法性质。以往，属于准司法性质的行政处理，有些具有终局性，可以排除司法救济的再度启动。然而近年来，随着行政法制的健全，各种涉及公民民事权利的行政处理逐步被置于司法审查或普通诉讼程序之下，当事人可以通过提起行政诉讼方式寻求司法救济。这样，行政处理就成为前置性程序。例如，林木与土地权属纠纷、城市建设中的房屋拆迁纠纷、著作权与专利权纠纷等，即属于行政机关管辖。

（五）行政复议制度

作为一种重要的行政程序，行政复议以行政争议为处理对象，因此，它也具有纠纷解决机制的基本功能，其性质属于一种行政司法行为或“准司法行为”。其特点：一是程序简单、不收费、迅速及时，以便民为原则；二是行政复议决定一经作出即可依行政权力履行或执行，有一定的权威性和效力；三是在一般情况下不具有终局性，不剥夺当事人的诉权。因此，行政复议程序为当事人提供了一种解决行政争议的选择性途径。

进入 21 世纪之后，我国的司法政策倾向发生了一些变化，调解方式以及人民调解组织的社会功能再次受到重视，以人民调解为重要内容的 ADR 的又一个发展期已经到来。司法部、民政部及其他相关部门都在协同积极推动城市社区建设、社区法律服务工作以及农村的基层法律服务。

随着调解地位和作用的提高，法院也开始重视诉讼与调解之间的衔接。2002 年 9 月《最高人民法院关于审理涉及人民调解协议的民事案件的若干规定》中规定，经人民调解委员会调解达成的、有民事权利义务内容，并由双方当事人签字或者盖章的调解协议，具有民事合同性质。当事人应当按照约定履行自己的义务，不得擅自变更或者解除调解协议（第 1 条）。这是第一次明确了调解协议的合同效力。

目前，我国的 ADR 与世界各国一样正处在日新月异的发展之中，同时又面临和经历着特殊的重构过程。可以肯定，我国在法制现代化的进程中为适应社会需求，一种多元化的纠纷解决机制必然会逐步形成，一些传统的非诉讼机制也可能通过现代转型成为这个系统中的组成部分。

第四节　ADR 纠纷解决机制的程序与执行

一、ADR 其他方法与仲裁在程序与执行方面的共同点

ADR 其他方法与仲裁在程序与执行方面主要有以下共同点：

第一，以当事人自愿为基础；

第二，居中的第三者都不是司法机构。

二、ADR 其他方法与仲裁在程序与执行方面的区别点

ADR 其他方法与仲裁在程序与执行方面的不同点更为显著。其区别主要是：

第一，在 ADR 其他方法中，当事人任何一方可随时终止甚至根本就拒绝启动程序；而仲裁协议一旦达成，任何一方不能单方面撤回其同意。

第二，ADR 其他方法的当事人享有完全的自主性，但整个过程缺乏必要的法律控制，可能失之于任性；而仲裁过程中，法院的干预并不鲜见，有时甚至是必不可少的。

第五节 ADR 纠纷解决机制的效力

ADR 其他方法所形成的解决方案不具备强制执行力，而仲裁裁决则具有终局的法律效力。ADR 其他方法的这些特点表明，其实效取决于当事人诚信、善意合作的程度，道义力量是其后盾，本质上是自力救济的现代版。正因为如此，ADR 其他方法的适用范围有限，涉及产权界定、公共权利等问题时无能为力，当事人还可能利用这些方法规避法律，或损害第三人的利益甚至公共利益。而仲裁则不一样，它虽以当事人的约定为基础，但结合了法律权威和民间公信力，从而完成了对自力救济的否定之否定。

思考题

1. ADR 纠纷解决机制的概念是什么？它包括哪些形式？
2. ADR 纠纷解决机制的作用有哪些？
3. ADR 纠纷解决机制的种类有哪些？
4. ADR 纠纷解决机制有哪些程序？
5. ADR 纠纷解决机制的效力有哪些？

第十章

“一带一路”仲裁机制

第一节 “一带一路”倡议的提出与战略意义

“一带一路”（英文：The Belt and Road，缩写 B&R），是“丝绸之路经济带”和“21 世纪海上丝绸之路”的简称。它是国家级的顶层倡议，是充分依靠中国与有关国家既有的双多边机制，借助既有的、行之有效的区域合作平台。“一带一路”倡议的提出，旨在借用古代丝绸之路的历史符号，高举和平发展的旗帜，积极发展与沿线国家的经济合作伙伴关系，共同打造政治互信、经济融合、文化包容的利益共同体、命运共同体和责任共同体。

当今世界正发生复杂深刻的变化，国际金融危机的深层次影响继续显现，世界经济缓慢复苏、发展分化，国际投资贸易格局和多边投资贸易规则酝酿深刻调整，各国面临的发展问题依然严峻。共建“一带一路”顺应世界多极化、经济全球化、文化多样化、社会信息化的潮流，秉持开放的区域合作精神，致力于维护全球自由贸易体系和开放型世界经济。共建“一带一路”，旨在促进经济要素有序自由流动、资源高效配置和市场深度融合，推动沿线各国实现经济政策协调，开展更大范围、更高水平、更深层次的区域合作，共同打造开放、包容、均衡、普惠的区域经济合作架构。共建“一带一路”符合国际社会的根本利益，彰显人类社会的共同理想和美好追求，是国际合作以及全球治理新模式的积极探索，将为世界和平发展增添新的正能量。

2013 年 9 月 7 日上午，中国国家主席习近平在哈萨克斯坦纳扎尔巴耶夫大学作演讲，提出共同建设“丝绸之路经济带”。2015 年 3 月 28 日，国家发展改革委、外交部、商务部联合发布了《推动共建丝绸之路经济带和 21 世纪海上丝绸之路的愿景与行动》。2015 年，我国企业共对“一带一路”相关的 49 个国家进行了直接投资，投资额同比增长 18.2%。2015 年，我国承接“一带一路”相关国家服务外包合同金额 178.3 亿美元，执行金额 121.5 亿美元，同比分别增长 42.6% 和 23.45%。2016 年 6 月底，中欧班列累计开行 1881 列，其中回程 502 列，实现进出口贸易总额 170 亿美元。2016 年 6 月起，中欧班列穿上了统一的“制服”，深蓝色的集装箱格外醒目，品牌标志以红、黑为主色调，以奔驰的列车和飘扬的丝绸为造型，成为丝绸之路经济带蓬勃发展的最好代言与象征。2017 年 5 月 14 日至 15 日，“一带一路”国际合作高峰论坛在北京举行，习近平主席出席高峰论坛开幕式，并主持领导人圆桌峰会。

共建“一带一路”，其目的主要是致力于亚欧非大陆及附近海洋的互联互通，建立和加强沿线各国互联互通伙伴关系，构建全方位、多层次、复合型的互联互通网络，实现沿线各国多元、自主、平衡、可持续的发展。实施“一带一路”发展中的互联互通项目，其意义就是将推动沿线各国发展战略的对接与耦合，发掘区域内市场的潜力，促进投资和消费，创造需求和就业，增进沿线各国人民的人文交流与文明互鉴，让各国人民相逢相知、互信互敬，共享和谐、安宁、富裕的生活。

当前，中国经济和世界经济高度关联，我国的国际影响力、感召力、塑造力正在进一步提高。2017 年 10 月 18 日，习近平在党的十九大报告中五次提到了“一带一路”相关内容，倡导构建人类命运共同体，促进全球治理体系变革。并且表示，要以“一带一路”建设为重点，坚持引进来和走出去并重，遵循共商共建共享原则，加强创新能力开放合作，形成陆海内外联动、东西双向互济的开放格局。中国坚持对外开放的基本国策，坚持打开国门搞建设，积极促进“一带一路”国际合作，努力实现政策沟通、设施联通、贸易畅通、资金融通、民心相通，打造国际合作新平台，增添共同发展新动力，推动建设开放型世界经济。推进“一带一路”建设，既是中国扩大和深化对外开放的需要，也是加强与亚欧非及世界各国互利合作的需要。中国将一以贯之地坚持对外开放的基本国策，构建全方位开放新格局，深度融入世界经济体系。中国愿意在力所能及的范围内，承担更多责任和义务，为人类和平发展作出更大的贡献。

第二节 “一带一路”仲裁机制的地位与作用

当前，中国的经济政策是改革开放，鼓励走出去，通过“一带一路”、做亚投行、设立自由港和自贸区等形式加快经济的开放，经济越发达，跨国纠纷越不可避免。“一带一路”倡议是一项系统工程，包括政治、经济、社会、外交、文化等各方面的交流合作。随着“一带一路”建设的加快，越来越多的投资项目、基础设施项目等都在沿线国家加快实施。这些项目的可持续发展，亟待需要依靠政策与法治。而在“一带一路”倡议的法治化发展中，建立一个便捷高效、多元协作、共享共赢的多元化纠纷解决机制则是愈加迫切和至关重要。

随着“一带一路”建设的不断深入，中国的多元化纠纷解决机制改革已经逐渐被“一带一路”沿线各国乃至世界所了解。中国的多元化纠纷解决机制，不仅包括调解、仲裁、中立评估、行政裁决等各种非诉讼纠纷解决方式，还包括纠纷解决的主力军“诉讼”，更为重要的是建立起一个诉讼与非诉讼有机衔接、相互配合的多元化纠纷解决体系。而在多元化的纠纷解决机制中，商事仲裁作为非诉讼纠纷解决机制，其契约性、专业化、保密性、高效性、终局性及跨国可执行性等优势，则是世界各国处理商事纠纷的首选理由。

近年来，中国商事仲裁有了长足发展，仲裁机构达251家，去年收案20万件。中国也已成为涉外仲裁大国，还参与了许多国际仲裁规则的制定；“调仲结合”的东方经验也得到西方国家的认同和借鉴。目前，中国国际贸易仲裁委员会正在积极推进“国际商事仲裁中心”建设；上海国际仲裁中心正在筹建金砖国家上海争议解决中心；深圳国际仲裁院正在打造国际化“粤港澳大湾区”商事争议解决中心。中国正在为建设独立公正、专业权威且吸引中外当事人的国际仲裁中心而不懈努力。最高人民法院出台一系列司法解释，严格限制拒绝承认和执行外国仲裁裁决条件的适用，依法加强涉外仲裁裁决司法审查工作，探索特定仲裁模式，实行商事海事仲裁司法审查案件统一归口的工作机制，明确互惠原则适用的标准等，大力支持仲裁制度改革。在“一带一路”倡议的背景下，许多地方法院与当地仲裁机构签订了仲裁调解诉讼对接的合作协议，广州海事法院与深圳国际仲裁院、上海海事法院与中国海事仲裁委员会上海分会分别签署了海事海商诉调对接协议等，促进国际商事、海事仲裁在“一带一路”纠纷解决中发挥重要作用。

第三节 “一带一路”仲裁机制的种类与运作

在“一带一路”战略实施的大背景下，国际商事往来与日俱增，而且在可预见的未来，随着“一带一路”倡议的深化，其商事争议、贸易争议和投资争议等争端必不可免。仲裁由于其所具有的裁决易于执行、当事人意思自治程度高、程序保密性强、高效快捷等诸多优势，已经成为世界普遍盛行、行之有效的各类争端解决机制中重要的一种。

目前，针对“一带一路”发展中的商事争议、贸易争议和投资争议等争端，国际社会主要采取以下三种类型的争端解决机制进行运作。

一、商事仲裁机制

作为商事交易的商事争议而言，交易当事方可选择通过法院解决争议。但如果当事方来自于不同的国家，通常情况下任何当事方均不愿选择对方国家的法院解决争议，因此大多选择通过仲裁解决争议。

商事仲裁作为一种制度化的司法外民商事纠纷解决方式，它之所以备受人们青睐，其重要原因之一就在于仲裁一裁终局的特点。商事仲裁的本质，是当事人将业已发生或尚未发生的争议提交仲裁机构解决的一种契约性安排。但在实践中，商事仲裁不可能完全摆脱一国法院对其的司法干预，各国法院也不可能对这种准司法行为放任自流而不给予任何审查和监督。在仲裁庭作出终局裁决以后，一旦仲裁裁决出现瑕疵，当事人也同样希望通过适当的司法监督机制对裁决进行异议。在这种情况下，司法对仲裁的监督手段主要表现为撤销或不予执行仲裁裁决。大多数国家的立法和《联合国国际贸易法委员会国际商事仲裁示范法》明确规定申请撤销是对仲裁裁决唯一的追诉方式。

但是，由于尚无专门规定裁决撤销制度的国际公约，因此各国在实践中对撤销裁决均有不同的做法。因此，如何总结各国商事仲裁的不同做法与经验，规范我国仲裁裁决的撤销程序、维护商事仲裁裁决的终局性、促进我国商事仲裁健康发展，这对保障和促进我国“一带一路”倡议的发展，具有十分重要的理论与实践意义。

目前，商事仲裁已成为国际社会解决商事争议的重要手段，几乎所有国家均设有仲裁机构。在实际运作中，大案、要案主要还是由设于欧美等发达国家的仲裁机构审理，起主导作用的主要还是这些仲裁机构。如果涉及“一带一路”倡议的商事争议之仲裁沿用目前的制度，则西方发达国家的仲裁机构便事实上掌握了解释“一带一路”商事合同的权利。同时，在当今国际，商事仲裁的另一发展趋势是人们愈来愈多地强调调解，即在仲裁过程中或仲裁程序开始前，由仲裁庭进行调解。国际社会普遍支持在仲裁程序中加入调解的环节，并确保仲裁程序中调解协议能得以执行。

二、贸易争端解决机制

国与国间的贸易争端解决，其制度主要依条约而定。与“一带一路”参与国直接相关的多边机制则为世界贸易组织。世贸组织有自己的争端解决机制和机构，负责解决成员间涉及贸易的争议。遇有成员违反条约规定，世贸组织首先会要求相关成员改正不符合条约规定的措施，如修改法律、政策或其他行政措施。只要违反条约义务的措施得到纠正，相关成员并不承担其他法律责任。如违反条约义务的成员拒不改正违约措施，则胜诉一方，即受到影响的一方，经授权可采取报复措施。

有权将争议提交世贸组织解决的仅限于其成员，企业和个人只可通过本国政府完成对其他成员的投诉。遇有投诉情势，世贸组织争端解决机构首先会要求相关成员就争议事项进行磋商。如果被请求成员于收到请求后的 10 日内未作答复，或者双方未于请求提出后的 30 天内进行磋商，请求磋商的成员可直接要求成立专家组。

在实践中，专家组的审议无不涉及对世贸组织协定的解释，从而使其运作颇似普通法系的初审法院。任何当事成员不服专家组的裁决，可将案件上诉到世贸组织的上诉机构。上诉机构由 7 名专家组成，负责审理当事成员就专家组的报告提起之法律问题上诉。上诉机构因其是终审机构，其裁决必须得到执行。

作为世贸组织的争端解决制度，它是根据建立世贸组织时的君子协定运行的。在上诉机构中，美欧日可向上诉机构指派 3 位成员。根据上诉机构的规则，上诉机构成员没有回避的义务，即使任何成员的本国系申请人或被申请人，该成员可照常参与审判。根据上诉机构的实践，每个案件均由 3 位成员组成审判庭审理。基于此，美欧日诸发达国家事实上可对所有案件产生影响力。

三、投资仲裁机制

国际投资争端主要依投资协定的程序解决。目前，双边投资协定和自由贸易协定无不授权投资者将其与东道国的争议提交国际仲裁。投资者与东道国通过仲裁来解决争议已经成为惯例。

就仲裁机构的选择而言，双边投资协定和自由贸易协定的投资章节大多给予投资者几个选择，包括临时仲裁（大多适用《联合国贸易法委员会仲裁规则》）和机构仲裁。其机构仲裁，主要是依 1965 年《华盛顿条约》设立的解决投资争端国际中心。

就投资仲裁裁决的执行而言，《华盛顿公约》也规定了自律性的执行制度，败诉的东道国政府必须将解决投资争端国际中心的裁决视为本国的终审判决。在实践中，败诉东道国是否执行裁决，主要还是取决于其意愿以及国际社会的压力。由于投资仲裁涉及东道国政府的行为和不行为，因而仲裁庭处于事实上的司法审查地位。目前，所有仲裁庭的运作方式仍为传统的普通商事仲裁审理方式，奉行仲裁的保密性原则，但随着越来越多的投资裁决和其他文件在互联网上公开，其透明度问题在一定程度上得到缓解。正是由于投资仲裁具有极大的不一致性、不确定性和不可预见性。

因此，这种情况不利于国际投资的有效进行，不利于国际投资法律制度之构建，不利于投资者、东道国政府以及其他相关方目的之实现，故改革已成必然之势。

第四节 “一带一路”仲裁机制面临的挑战与应对

一、“一带一路”仲裁机制面临的主要挑战

随着“一带一路”越来越频繁的商事交往，伴随而来的商事争议也会呈现出多样化的态势。

仲裁机制在“一带一路”的发展中，将面临以下挑战：

第一，所涉领域越来越专业。“一带一路”涉及通路通航、基础设施产业链、能源建设、商贸与文化旅游产业及信息产业等多方面产业。相比传统产业，“一带一路”相关产业专业性强、科技含量高，为此，争议解决相关从业人员除了要求具备专业的法律知识外，还要求具备一定的行业专业知识，要求更高。

第二，法律关系越来越复杂。可以预见，中国企业走出去以后，大量跨国商事交往及由此带来的争议将会纷至沓来，“一带一路”横跨65个不同国家，从法律文化上来看，大陆法系、英美法系甚至以宗教为基本内涵的中东法系相互并存；从法律渊源上来看，成文法、判例法及宗教法相互交织，这些都会导致争议法律关系愈加复杂，解决难度加大。

第三，政府投资类争议越来越多。中国企业走出去后，将不可避免地因投资纠纷与东道国政府产生争议。如何规避国家豁免、国家主权等因素给中国企业投资利益带来的风险，将会成为今后不可忽视的一个研究重点。

二、“一带一路”仲裁机制的应对措施

如何解决“一带一路”发展中的商事争议、贸易争议和投资争议等争端，这是实施“一带一路”倡议所必须面对的挑战与现实问题。为应对“一带一路”发展中的商事争议、贸易争议和投资争议等争端，需要为“一带一路”量身定制一套解决争议的机制。

国际社会的实践证明，通过参与国法院解决跨国争议得不到广泛认可。现有的争端解决机制各有弊端，而以普通法的诉讼原则、诉讼程序、诉讼技

巧为主导，与绝大多数“一带一路”参与国的法律制度、诉讼习惯不一致。并且，有的多边机制，如世贸组织制度，无法直接适用于“一带一路”参与国间的争议解决。为此，构建一个适合“一带一路”参与国并由相关国家参与设立的争端解决机制，则是其基本应对选择。

为解决“一带一路”发展中的争端，其主要应对措施是：可在借鉴现有机制的基础上，针对“一带一路”倡议实施的特点、各参与国的习惯、文化与传统，对现有机制有所扬弃。由“一带一路”参与国自行组建争端解决机制，也利于条约的解释，更能体现缔约方的原意。

鉴于“一带一路”沿线国大多为发展中国家，独立争端解决机制之建立亦可使发展中国家更多地融入世界经济的主流。

针对现有争端解决机制的前述问题和设立“一带一路”争端解决机制的必要性，在香港地区设立的“一带一路”国际研究院于2016年初成立了工作小组，就“一带一路”争端解决机制进行研究。经过近10个月的努力和数次小组会议，工作小组草拟了一份集斡旋/申诉、调解、仲裁和上诉规则为一体的《“一带一路”争端解决机制》（下称“《蓝皮书》”）。《蓝皮书》建议的机制得到来自于30个国家和地区的49位专家支持并作为发起人联合发起。

《蓝皮书》建议的“一带一路”争端解决机制注重东方文化的特点和价值观。为提高争端解决的效率，避免程序的重复及高昂的费用，《蓝皮书》建议的“一带一路”争端解决机制采“一站式服务”模式，即所有经贸争议均可在建议的“‘一带一路’争端解决机制”下获得解决。

在国家政府层面设立斡旋/申诉机制，鼓励外国企业与东道国政府通过斡旋解决相互间的争议亦为《蓝皮书》所倡导。斡旋/申诉的机制需有时间限制。若当事方无法在限定的时间内解决分歧，则任何一方可将争议诉诸调解。

调解被国际社会誉为东方价值、东方瑰宝。规范“一带一路”争端解决机制，当然要讲规则更需要以和为贵。这既符合中国的文化传统，又契合国际趋势。《蓝皮书》在强调调解的同时，也对之有所扬弃。

在操作层面，鉴于“一带一路”选择仲裁与调解相结合的方式，《蓝皮书》严格区隔仲裁和调解程序。《蓝皮书》如此规定就是为了避免现行调解制度的弊端，亦符合当今国际社会的趋势。为了使调解发挥更大的作用，《蓝皮书》规定了调解员和当事方的保密义务。当事方在调解阶段提交的证据、立场说明或是做出的让步均不得作为证据在仲裁阶段提出。

调解不成，《蓝皮书》规定的选择便是仲裁。目前为最多人认可和最具有公信力的仲裁规则是《联合国贸易法委员会仲裁规则》，《蓝皮书》建议仲裁规则以《联合国贸易法委员会仲裁规则》为蓝本，并对之进行适当的修改，以便最大限度地获得“一带一路”参与国的支持。

针对国际社会对投资仲裁的鞭挞，《蓝皮书》规定了投资仲裁应适用透明度原则。《蓝皮书》建议的透明度原则仅适用于各参与国间的贸易争议和投资者与东道国间的投资争议，商事仲裁则不适用此透明度规则。商事仲裁仍沿袭目前广为采用的原则，包括仲裁程序、庭审、仲裁文件、裁决的保密原则。同时，商事仲裁的终局性亦为《蓝皮书》确定的原则。

《蓝皮书》还就国与国之间的贸易争议以及投资者与东道国间的投资争议，规定了上诉制度。这些规则针对投资仲裁中的问题，特别是仲裁庭任意行使裁量权、自行扩大管辖权、不重视或不足够重视缔约方缔约意愿等问题，授权上诉机构主要就涉案的法律问题作出裁决。遇有在裁决阶段尚未发现或无法发现的证据等情形，上诉机构有权对相关事实和证据进行查证。《蓝皮书》还就仲裁员、上诉庭成员及调解员的行为准则作出了规定。

“一带一路”争端解决机制之制定，应充分反映中国传统文化的大智慧。为此，《蓝皮书》的起草是在充分考虑、分析国际上现有制度运作情况的基础上，提出一套涵盖斡旋、调解与仲裁的制度。目的在于，既可体现东方文化的特点，又可改进国际上现行制度。制定、完善“一带一路”争端解决机制，应有“中国方案”。同时，“中国方案”需得到“一带一路”参与国的广泛鼎力支持，方能得以实现。

第五节 “一带一路”仲裁机制的改革及其完善

随着经济全球化步伐的加快和中国“一带一路”倡议的推进，中国不仅是多国的投资目的地国，也成为了对外投资大国。如何妥善解决投资争端是亟待解决的问题。

自从《中华人民共和国仲裁法》颁布以来，中国的仲裁事业始终以较高的速度在不断发展。中国仲裁人用自己的学识与力量不断提高中国仲裁在世界范围内的影响力，涌现出了一批具有较高硬件水平、较强争议解决能力的仲裁机构，中国仲裁的成绩在国际社会有目共睹。但是，中国在特定历史条件下制定并实施的《仲裁法》，以及由此形成的较为局限的仲裁理念，与当今“一带一路”背景下中国仲裁的发展存在一定程度上的脱节，特别是在满足以中方企业为代表的跨国企业之间选择仲裁产品与服务的需求方面，提高中国仲裁机构处理跨国纠纷、投资纠纷的核心竞争力方面，打造仲裁友好型的中国国际争议解决中心方面，尚存较大的改善空间。在“一带一路”政策背景下，中国仲裁想要不断提升自己在世界范围内的核心竞争力，可从以下方面进行一些改革与完善：

第一，从法律制度上，探讨中国仲裁制度的双轨制，研究建立一个与现行国内民商事仲裁相对独立、并行的国际商事仲裁制度。目前，中国施行的《仲裁法》，对解决无涉外因素的纯内地民商事纠纷非常得力，但与国际上通用的商事国际仲裁实践仍存在差距。比如，苛刻的仲裁员选聘制度、过于严格的仲裁协议有效性认定、过于死板的仲裁机构性质规定等弊端的存在，特别是中国《仲裁法》并未体现“仲裁契约性”这一根本属性，对于当事人的自由选择作出了较大的限制，影响了仲裁效能最大程度上的发挥。对此，中国在修订《仲裁法》时，可在维持现有国内仲裁法的基础上，将联合国《国际商事仲裁示范法》所代表的先进仲裁理念，融入到修订后的《仲裁法》之中；同时，针对国际商事仲裁部分则另行独立法律，将联合国《国际商事仲裁示范法》转化为国内法，以保持中国国际仲裁与世界国际仲裁方向的一致性和通用性。

第二，从司法环境上，逐步提高法院对于仲裁制度的认同与协助。在目前的中国司法环境下，虽然各项法律及司法解释均要求鼓励仲裁制度的发展，但是从大量的案例来看，法院对于仲裁的理解和支持，仍局限于中国司法对于仲裁制度不够友好的现实理念之下，还处于一个有待改进提高的层面。从实务角度而言，选择中国仲裁，将会面临仲裁裁决作出后，不同地域、不同层级的司法审查，而各级法院对于仲裁审查的标准不一、尺度不一、理解不一，将会使得仲裁裁决处于不确定的状态。这种不确定的状态，将会使得当事双方解决争议的各项努力付诸东流，而且造成极大的司法资源浪费。而且更为重要的是，司法审查的不确定，将会直接降低双方当事人对于中国仲裁的信任，影响对于中国仲裁的选择，造成“中国企业走得出去，中国仲裁机构走不出去”的尴尬局面。这是仲裁界人士最不愿看到的结果。

第三，从中国仲裁机构本身而言，中国仲裁机构要“走出去”，最简单、最经济的做法就是积极制定各自机构的“离岸仲裁条款”，或者称为“审管分离仲裁条款”。根据实际需要，主要可有以下两种具体做法：①在仲裁规则、程序指引或示范条款中，将仲裁管辖地明确为合适国际仲裁的国家或地区，把仲裁开庭审理地明确为国内仲裁机构所在地；②反其道而行之，仲裁地为国内仲裁机构所在地，开庭审理地在合适的国家或地区。这样，既能保证国内仲裁机构的国际仲裁规则在《国际商事仲裁示范法》国家得到充分法律效力，又能保证国内仲裁机构对案件的有效管理。对此，国内仲裁机构可主动开展境外仲裁地的国际仲裁业务，提高自己的国际仲裁竞争力，主动向当事人推广其仲裁规则。

第三编

附论

——仲裁法的实施与保障制度

第十一章

仲裁规则制度

第一节 仲裁规则的概念、特征与种类

一、仲裁规则的概念

仲裁规则（Arbitration Rules），是指规范仲裁进行的具体程序及其相应的仲裁法律关系的程序规则。

二、仲裁规则的特征

仲裁规则一般具有以下特征：①仲裁规则具有明显的契约性；②仲裁规则具有必要的强制性；③仲裁规则具有一定的局限性。

三、仲裁规则的种类

就现行成文的仲裁规则而言，基本上可以分为两类：一类是常设仲裁机构的仲裁规则，另一类就是相关国际组织制定的仲裁规则。

第二节 仲裁规则的历史发展

一、常设仲裁机构的仲裁规则

在各国有关国际商事仲裁的立法与实践中，常设仲裁机构的仲裁规则或

者由该机构所属的商会制定，或者由该仲裁机构自行制定。一般而言，常设仲裁机构的仲裁规则是由其所属的商会制定的。例如，国际商会国际仲裁院是附属于国际商会的国际仲裁机构，其仲裁和调解规则也都是国际商会制定的。又如，中国国际经济贸易仲裁委员会的仲裁规则，其制定与修订，也须由该会的主管机构中国国际贸易促进委员会/中国国际商会通过后颁布实施。中国国际经济贸易仲裁委员会现行仲裁规则，是2014 年 11 月 4 日由中国国际贸易促进委员会/中国国际商会修订并通过，并自 2015 年 1 月 1 日起施行。但同时，有些常设仲裁机构的仲裁规则则是由这些机构根据其章程自行制定的。例如，美国仲裁协会 2005 年的国际仲裁规则、伦敦国际仲裁院 1998 年的仲裁规则，就是由这些仲裁机构制定的。又如，北京仲裁委员会的现行仲裁规则，是由第三届北京仲裁委员会第五次会议修订通过并于 2004 年 1 月 1 日起实施的。

二、国际经济贸易组织制定的仲裁规则

国际经济贸易组织不是专门解决国际经济贸易争议的机构，其宗旨是为了促进各国之间的经济贸易发展，协调和统一各国调整国际经济贸易的法律规则。这些国际组织通过起草国际公约、示范法、标准合同格式的方法，促进国际贸易法的协调和统一。同时，它们有的也起草了仲裁规则。例如，联合国国际贸易法委员会起草的 1976 年《仲裁规则》和《联合国欧洲经济委员会仲裁规则》等。这些国际组织起草的仲裁规则，主要目的是为了供当事人自行选择适用，特别是为临时仲裁庭处理仲裁案件提供方便。当然，许多常设仲裁机构的仲裁规则，也允许当事人选择国际组织的仲裁规则。

第三节　仲裁规则的性质与作用

仲裁制度是指民（商）事争议的双方当事人达成协议，自愿将争议提交选定的第三者根据一定程序规则和公正原则作出裁决，并有义务履行裁决的一种法律制度。而作为仲裁制度重要内容的仲裁规则，它在仲裁制度体系中具有相当重要的地位与作用。

一、仲裁规则的性质

在某一特定仲裁案件中，究竟适用什么样的仲裁规则，归根结底取决于双方当事人的意志。在国际商事仲裁实践中，仲裁规则既可以由设在特定国家商会或者常设仲裁机构制定，也可以由国际组织制订，此外还可以由当事人或者仲裁庭约定。例如，《联合国贸法会仲裁规则》第 1 条第 1 款规定，在合同双方当事人书面同意凡与该合同有关的争议应按《联合国国际贸易法委员会仲裁规则》交付仲裁时，该争议应根据本规则予以解决，但双方当事人倘书面约定对此有所修改时，则从其约定。又如，美国仲裁协会 2005 年的《国际仲裁规则》第 1 条第 1 款，也有类似的规定。

因此，仲裁规则就其本质来说，具有契约的性质。即仲裁规则是由当事人选择适用的，当事人对于其所选择适用的仲裁规则，同样也可以作出这样或那样的修订。

二、仲裁规则的作用

仲裁规则主要具有以下作用：

第一，为当事人提供了一套科学、系统而又方便的采用仲裁方法解决其争议的程序；

第二，为仲裁机构、仲裁庭进行仲裁活动提供了程序规则；

第三，为当事人和仲裁机构、仲裁员提供了程序上的权利义务规范；

第四，为对仲裁的支持和监督提供了依据。

第四节　仲裁规则与仲裁法的关系

作为仲裁规则和仲裁法，二者都规范了如何通过仲裁的方法解决当事人之间的争议，从这个意义上说，两者有共同之处。但同时，它们之间又有着一些显著的区别：

第一，制定机构不同。仲裁法是国家立法机关制定的，而仲裁规则则是由仲裁机构或其所属商会制定的专门适用于该机构的规则，或者是国际组织制定的供当事人选择适用的仲裁程序规则。

第二，适用方法和范围不同。仲裁规则具有契约性，因而是供当事人选择适用的规则。当事人可以选择某一特定机构或者国际组织的仲裁规则，也可以选择适用其他的仲裁规则，包括他们自行约定的规则。而仲裁法的适用则不同于仲裁规则，它是适用于在颁布仲裁法的国家境内进行的一切仲裁活动。

第三，规范程度不同。仲裁规则所规范的是仲裁庭、仲裁机构与相关当事人之间的关系，始于当事人就其争议提出仲裁，终于仲裁裁决的作出。仲裁法虽然也规定了仲裁程序所涉及的内容，包括仲裁庭的组成、仲裁审理和仲裁裁决的作出，但同时，仲裁法还有一个重要内容，就是通过国家法院对仲裁所实施的司法监督，包括法院对仲裁协议和仲裁庭的管辖权、仲裁程序和仲裁裁决的监督，包括法院根据当事人的请求撤销仲裁裁决和拒绝承认与执行仲裁裁决的条件和程序。

第四，法律效力不同。仲裁规则对相关当事人的效力相当于契约的关系，即当事人选择适用了某一特定仲裁规则，该仲裁规则才能对他们适用。而仲裁法则对在该国家进行的仲裁具有法律上的约束力，而无需当事人或者仲裁庭对此作出选择。如果当事人的约定或者仲裁规则的规定与应当适用的仲裁法律规则发生冲突时，仲裁规则或者当事人的约定则不能对抗法律规定。

总体而言，仲裁规则不得违反法院地国的强制性规定，同时，仲裁法还可作为仲裁规则的重要补充。即如果仲裁规则未能对争议事项作出规定，还可以通过相关国家的国内法加以补充与完善。由此可见，仲裁规则与仲裁法在本质上是不同的。由于仲裁规则与仲裁法各自在性质上的不同，因而也就决定了它们在适用方法、范围和法律效力等方面的不同。

第五节　仲裁规则的确定与完善

一、仲裁规则的确定

（一）仲裁规则的确定类型

仲裁规则的确定类型，主要有以下三种形式：一是由当事人确定仲裁规则；二是由仲裁机构确定仲裁规则；三是由仲裁庭确定仲裁规则。

（二）仲裁规则的确定原则

根据我国法律法规的有关规定，我国确定仲裁规则应遵行以下基本原则：一是应体现遵守法律法规的原则；二是应充分体现当事人意思自治的原则；三是应体现公平、合理的原则；四是应体现独立仲裁的原则；五是应体现简便、高效的原则；六是应体现一裁终局和申诉相结合的原则；七是应体现仲裁与调解相结合原则。

二、仲裁规则的完善

我国仲裁规则的完善，可从以下方面着手：

（一）追寻仲裁规则的国际化

仲裁规则的国际化意味着共同规则。仲裁系政府与市场之外的第三部门。仅就便于解决商业纠纷、降低交易成本而言，仲裁天生具有国际性且敏于适应商业变迁。因此，仲裁规则的国际趋同性是不可避免的。这就决定了中国仲裁规则走向国际化的必然性。事实上，尽管中国的仲裁规则发展曲曲折折，但它一直在走向国际化。当然，仲裁规则不应当是为国际化而国际化。国际化是名，共同规则是实。中国仲裁规则走向国际化，就是中国仲裁规则追寻国际仲裁规则以适应国际经贸需求的过程。

（二）坚持仲裁规则的民间化

作为仲裁，它有其自身的特点和优势。在我国，仲裁要真正地做到分流案件、疏减讼源，就必须坚持仲裁的民间化。而且，在仲裁机构之间，也要有适度的竞争关系。目前，我国仲裁的关键问题，不在于仲裁机构是否拥有国家权力，而在于仲裁是否有其自身的特色与优势。坚持仲裁的民间化，同时也意味着其仲裁规则的民间化特色。仲裁要以其自身的特点和优势成为法院的替代，对此，也应坚持其仲裁规则的民间化。

（三）对共同规则应有所变通

人类的行为突破了地理的限制，必然是行为规则的趋同和国际化。随着当今世界经济的全球化和国际化，仲裁规则也有其国际化的趋势并呈现共同规则。但是，各国的发展是不平衡的，因而对仲裁的理解也是不同步的，故后发者既需要尽可能地见贤思齐，也需要根据自身条件对共同规则有所变通。但至少在仲裁领域，变通是国际化的前奏，是过渡性的，若希望仲裁在未来国际经贸交往中发挥应有的作用，就不可盲目地以“国情特色论”来拒绝国际仲裁的共同规则。

第十二章

仲裁时效制度

第一节　仲裁时效的概念与意义

一、仲裁时效的概念

时效是指法律规定的一定事实状态在法定期间内持续存在并发生相应法律效力的一种法律制度。时效一般分为取得时效和消灭时效两类。所谓取得时效，就是指权利人在法定期间内行使某种权利从而依法取得某种权利的一种法律制度；所谓消灭时效，就是指权利人在法定期间内不行使某种权利从而依法丧失某种权利的一种法律制度。

根据我国《民法总则》188 条的规定，民事权利的诉效期间为 3 年，因此，我国的一般仲裁时效期间均为 3 年，法律另有规定的除外。

二、仲裁时效的意义

仲裁时效作为一种法律制度，它的法律效力就在于：凡仲裁时效期间届满，仲裁权利人不行使某项仲裁权利，便产生丧失该项权利的法律后果。仲裁时效的实质，是法律在对仲裁权利保护上的一种时间限制。因此，我国在法律上规定仲裁时效制度，具有重要意义。

第一，有利于保护当事人的财产权益。当事人的财产权益应受到法律的保护，但任何权利都不是无限制的。规定仲裁时效制度，就是要在行使仲裁权利的时间上，促使权利人行使自己的权利，从而保护仲裁当事人的财产权益，当然，对不积极要求享有自己权利的人是不必加以保护的。

第二，有利于及时了结各种财产权利义务关系。规定仲裁时效，并不是为了对不及时行使仲裁权利的权利人进行惩罚，也不是给义务人逃避履行义务或者逃避承担责任创造条件，而是为了督促仲裁权利人及时地行使仲裁权利，以带动义务人及时地履行义务，从而及时地了结各种应予了结的财产权利义务关系，进而稳定社会经济秩序，保证社会经济活动的正常进行。

第三，有利于促使当事人及时地行使仲裁权利。作为仲裁时效法律制度，就是在法定期限内保护当事人的仲裁权利。在仲裁时效期间内，仲裁权利人有权依法提起仲裁申请，其仲裁权利受法律保护。所以，我国规定仲裁时效的主要目的，就是要促使及时地行使仲裁权利和依法提起仲裁申请，以便于及时地收集证据，依法仲裁案件，从而正确处理合同纠纷和其他财产权益纠纷。

第二节　仲裁时效的种类

仲裁时效，根据其期间的长短和适用的不同范围，可分为一般仲裁时效和特殊仲裁时效两大类。

一、一般仲裁时效

（一）一般仲裁时效的概念

一般仲裁时效，是指法律规定的普遍适用于一般经济法律关系的仲裁时效。一般仲裁时效的适用范围十分广泛，它适用于除某些单行法另有规定以外的各种经济法律关系。故又称为普通仲裁时效。

（二）一般仲裁时效的期间

我国《仲裁法》对一般仲裁时效的期间没有作出具体的规定，但该法第74条明确规定了适用诉讼时效的期间。由于《民法总则》第188条规定的一般诉讼时效的期间为3年，所以，根据一般诉讼时效的期间，一般仲裁时效的期间也应为3年。

二、特殊仲裁时效

（一）特殊仲裁时效的概念

特殊仲裁时效，是指法律规定的仅适用于某些特殊经济法律关系的仲裁时效。特殊仲裁时效是相对于一般仲裁时效而言的，它是短于或长于一般仲裁时效期间的仲裁时效，特别适用于法律对某些特殊经济法律关系的仲裁时效期间的另行规定。

（二）特殊仲裁时效的期间

适用《民法总则》第188条的规定。

1. 短期仲裁时效。所谓短期仲裁时效，是指时效期间不满3年的仲裁时效。

2. 长期仲裁时效。所谓长期仲裁时效，是指时效期间超过3年又不满20年的仲裁时效。长期仲裁时效的期间，比一般仲裁时效长（即超过3年，不含3年），又比最长仲裁时效短（即不满20年，不含20年）。

3. 最长仲裁时效。所谓最长仲裁时效，是指仲裁时效中最长的、期间为20年的仲裁时效。《民法总则》第188条规定："诉讼时效期间自权利人知道或者应当知道权利受到损害以及义务人之日起计算。法律另有规定的，依照其规定。但是自权利受损害之日起超过20年的，人民法院不予保护；有特殊情况的，人民法院可以根据权利人的申请决定延长。"

根据这一规定，最长仲裁时效与一般仲裁时效、短期仲裁时效、长期仲裁时效也有着明显的区别。其主要区别是：

第一，一般仲裁时效、短期仲裁时效、长期仲裁时效都从知道或者应当知道权利受损害时开始计算，这三种仲裁时效都是以当事人的主观认识因素为依据的，而最长仲裁时效则从权利受损害时开始计算，它是以权利受损害的客观时间因素为依据的，与当事人的主观认识因素没有关系，即使当事人不知其权利受损害，最长仲裁时效也开始计算。

第二，一般仲裁时效、短期仲裁时效、长期仲裁时效的期间最长都不满20年，而最长仲裁时效所保护的权利是从权利受损害之日起最长不超过20年，当然，如果有特殊情况的，也可以依法延长仲裁时效期间。为此，我国法律规定了最长诉讼时效，当然也适用于最长仲裁时效。因此，规定最长仲裁时效为20年，同样适用于一般仲裁时效和特殊仲裁时效，适用于一切经济纠纷。这就是说，权利人的权利从权利受损害时起超过20年的，法律则不予保护。

第三节　仲裁时效的开始、中止、中断和延长

一、仲裁时效的开始

（一）仲裁时效开始的概念

仲裁时效的开始，是指法律规定的仲裁时效期间开始日期的计算。也简称为仲裁时效的起算。

由于仲裁时效期限的届满是一种法律事实，只要超过法律规定的期限，仲裁权利人就会丧失其仲裁权利的胜诉权。因此，整个仲裁时效制度的基础，就是仲裁权利人在一定期限内有仲裁权利而不行使这一事实。既然时间是一个法律事实，那么，仲裁时效从什么时间起算就显得特别重要。

（二）仲裁时效开始的标准

我国《民法总则》第188条规定："诉讼时效期间自权利人知道或者应当知道权利受到损害以及义务人之日起计算。法律另有规定的，依照其规定。"根据这一规定，我国仲裁时效开始的标准也应是：自权利人知道或者应当知道权利受到损害以及义务人之日起计算。

二、仲裁时效的中止

（一）仲裁时效中止的概念

所谓仲裁时效的中止，也称仲裁时效的暂停，就是指在仲裁时效进行期间因法定事由的出现，致使仲裁权利人不能行使仲裁请求权，从而使仲裁时效暂时停止。暂停的这段时间，不能计入仲裁时效期间内，待法定事由过去后，仲裁时效再继续计算。

（二）引起仲裁时效中止的法定事由

我国《民法总则》第194条的规定，在诉讼时效期间的最后6个月内，

因下列障碍，不能行使请求权的，诉讼时效中止：（一）不可抗力；（二）无民事行为能力人或者限制民事行为能力人没有法定代理人，或者法定代理人死亡、丧失民事行为能力、丧失代理权；（三）继承开始后未确定继承人或者遗产管理人；（四）权利人被义务人或者其他人控制；（五）其他导致权利人不能行使请求权的障碍。自中止时效的原因消除之日起满六个月，诉讼时效期间届满。

因此，引起仲裁时效中止的法定事由主要有：

1. 不可抗力。即不能预见、不能避免并不能克服的客观情况，如自然灾害、战争和军事行动等。

2. 无民事行为能力人或者限制民事行为能力人没有法定代理人；或者法定代理人死亡、丧失民事行为能力、丧失代理权。

3. 继承开始后未确定继承人或者遗产管理人。

4. 权利人被义务人或者其他人控制。

5. 其他障碍导致权利人不能行使请求权，如权利人或义务人暂时不能确定，因而不能行使仲裁请求权的情况。

仲裁时效的中止，必须是发生了上述法定事由，而且是发生在仲裁时效期间的最后6个月内。否则，不能引起仲裁时效的中止。仲裁时效从中止时效的法定事由消除之日起继续计算，继续进行的时间应和以前进行的时间合并计算，以保护仲裁权利人有足够的时间行使自己的仲裁请求权。

三、仲裁时效的中断

（一）仲裁时效中断的概念

所谓仲裁时效的中断，是指在仲裁时效进行期间，出现了法律规定的事由，阻碍了仲裁时效的进行。仲裁时效的中断，致使以前经过的仲裁时效期间统归无效，待中断事由消除后，仲裁时效期间重新开始计算。

（二）引起仲裁时效中断的法定事由

根据我国法律的有关规定，引起仲裁时效中断的法定事由有：

1. 权利人主张权利

权利人主张权利，主要是指仲裁权利人依法向仲裁机构申请仲裁。这意味着仲裁权利人已经行使了仲裁请求权，故应重新起算仲裁时效。此外，权利人向债务保证人、对方代理人或财产代管人主张权利的，可认定仲裁时效中断。同时，债权人向债务人请求部分履行，也是行使其权利的意思表示，因而对全部债权都有中断时效的效力。

2. 义务人同意履行义务

义务人同意履行义务，是指经济法律关系中的义务人经权利人请求而同意履行其义务。义务人同意履行义务，这就意味着承认权利人确实享有权利，而且义务人要履行其义务，即或是义务人不立即履行义务，只要是双方达成了长期履行的协议的，也应视为仲裁时效中断，构成了时间的重新起算。

（三）仲裁时效中断与仲裁时效中止的区别

作为仲裁时效的中断，它与仲裁时效的中止有以下区别：

第一，发生的原因不同。引起仲裁时效中止的法定事由是客观事实，而引起仲裁时效中断的法定事由则是主观行为。

第二，发生的时间不同。仲裁时效中止的法定事由只能发生在仲裁时效期间的最后 6 个月内，而仲裁时效中断的法定事由则可以发生在仲裁时效期间的任何时候。

第三，发生的后果不同。仲裁时效的中止是暂时停止，其法定事由消除后，已经进行的时效期间仍计算在内；而仲裁时效的中断，则是已经进行的时效期间归于无效，待中断的事由消除后，仲裁时效期间重新起算。

四、仲裁时效的延长

（一）仲裁时效延长的概念

所谓仲裁时效的延长，是指依法为因正当理由而超过仲裁时效的仲裁当事人延长仲裁时效期间。也就是说，仲裁权利人在仲裁时效期间内确有正当理由未行使仲裁权利，在向仲裁机构申请仲裁时，仲裁机构可以把法定仲裁时效期间适当地延长。

（二）仲裁时效延长的法定事由

仲裁时效的届满，并不意味着仲裁权利人根本无权向仲裁机构提出仲裁申请。依照我国法律的有关规定，仲裁权利人有权向仲裁机构说明他未能在仲裁时效期间内行使仲裁请求权的理由，而仲裁机构认为他的理由的确是正当的，则可以延长其仲裁时效期间。我国《民法总则》第 188 条明确规定："诉讼时效期间自权利人知道或者应当知道权利受到损害以及义务人之日起计算。法律另有规定的，依照其规定。但是自权利受到损害之日起超过 20 年的，人民法院不予保护；有特殊情况的，人民法院可以根据权利人的申请决定延长。"所谓"特殊情况"，是指所谓"特殊情况"，是指权利人由于客观的事由在法定时效期间不能行使请求权的情况，主要是指远离故土无法正常通讯联系或者其他特殊情况，如居住在我国台湾地区或与我国未建立外交关系的国家，以及特殊的政治环境、患病等。因为仲裁时效的中止和中断，在仲裁时效期间内可以是一次，也可以是多次，而仲裁时效的延长则是对 20 年最长仲裁时效期间的延长，但这仅仅是为了保护特殊情况，进而保护仲裁权利人的合法权益。

第四节　仲裁时效的期间计算

一、仲裁时效期间计算的意义

仲裁时效的期间计算，由于它直接关系到合同纠纷和其他财产权益纠纷以及当事人的合法权益能否依法受到法律保护，所以这是我国正确适用法律处理各种经济纠纷的一个重要问题。

二、仲裁时效期间计算的形式

（一）期限届满

这主要是指在法律规定的仲裁时效期间内，由于仲裁权利人不行使仲裁请求权而使仲裁时效期间届满。仲裁时效期限届满，按照我国法律的有关规定，它包括：①时效期间为 3 年的一般仲裁时效；②仲裁时效期间短于或长于一般仲裁时效期间的特殊仲裁时效，具体分为短期仲裁时效、长期仲裁时效和最长仲裁时效。

（二）继续计算

这是指仲裁时效中止后期间的继续计算。按照我国法律的有关规定，在仲裁时效进行期间的最后6个月内，因法定事由致使仲裁时效暂时停止，待阻碍仲裁时效进行的事由消除后，时效期间继续计算，并与以前进行的时间合并计算。

（三）重新计算

这是指仲裁时效中断后期间的重新计算。根据法律规定，在仲裁时效进行中，由于出现了某种法定事由，阻碍了时效期间进行，致使以前进行的期间统归无效，待中断事由消除后，仲裁时效期间重新开始计算。

（四）期限延长

这是指在时效期限为二十年的期间内，权利人确有正当理由未行使权利，按照我国法律的规定，仲裁机构可以根据当事人的请求适当延长法定时效期间，因为最长仲裁时效期间不足以保护权利人的合法权益。

三、仲裁时效期间计算的方法

按照我国法律的有关规定，仲裁时效期间计算的方法主要有以下五点：

第一，法律规定的期间，一般以公历年、月、日、小时计算。期间按年计算的，不分平年、闰年。按月计算期间的，不分大月、小月。期间开始的时和日，不计算在期间内。

第二，按照日、月、年计算期间，当事人对起算时间有约定的，按约定办理。当事人约定的期间不是以月、年第一天起计算的，一个月为30日，一年为365日。

第三，期间的最后一天是星期日或者其他法定休假日，以实际休假日的次日为期间的最后一天。期间最后一天的截止时间为24点。有业务时间的，到停止业务活动的时间截止。

第四，期间不包括在途时间，仲裁文书、材料、通知在期满前交邮、交发的，不算过期。

第五，法律规定的“以上”“以下”“以内”“届满”，包括本数；规定的“不满”“以外”，不包括本数。

思考题

1. 仲裁时效的概念是什么?
2. 仲裁时效有哪些种类?
3. 仲裁时效从何时起算?
4. 仲裁时效的中止和中断有何区别?
5. 仲裁时效的期间如何计算?

案例分析题

某省江南造船厂申请仲裁有无超过仲裁时效?

[案情]

1996年8月，某省江南造船厂与某部航务工程局签订了一项建造480马力测量艇的合同。双方在合同中约定，某省江南造船厂按照航务工程局提供的图纸进行施工，工程所需要的材料和设备由航务工程局供给，造价暂定为60万元人民币，要求在1997年3月竣工。同时双方在合同中还规定，如发生争议，应将争议提交当地仲裁机构仲裁。在施工中，航务工程局增加了工程项目，加之设备和材料供应不及时，延误了工期，到1997年5月，工程才竣工。航务工程局以造船厂延期交付，违反合同规定为由，于1997年6月通知造船厂终止合同，并拒绝收货。造船厂接到通知后，派代表与航务工程局方面进行了协商，希望对方接货付款。但航务工程局奉上级指示，因工作需要迁往他地，而该造船厂也因亏损严重而停产整顿，双方协商事宜被搁置下来。一直到1998年3月，造船厂经过整顿恢复生产后，其新组成的班子发现尚有一笔航务工程局的款项未收回，才又与航务工程局恢复协商。但由于时间过久，双方的领导和签订合同时的代表也大都已经不在本单位，许多材料也已失散，所以很难确定双方的责任。虽经多次协商和有关部门的调解，均未达成协议。造船厂于1999年5月向当地仲裁机构申请仲裁。航务工程局以该案已经超过仲裁时效为由提出抗辩。

[问题]

江南造船厂申请仲裁是否超过了仲裁时效，仲裁机构应否受理?

第十三章

仲裁证据制度

我国《仲裁法》第 43 条规定："当事人应当对自己的主张提供证据。仲裁庭认为有必要收集的证据，可以自行收集。"证据是仲裁当事人证明己方事实主张的最主要手段。在仲裁活动中，是否具有完善的证据收集制度，直接关系到仲裁裁决的公正性。

第一节　仲裁证据的概念与特征

一、仲裁证据的概念

仲裁证据，是指在仲裁活动中能够用来证明仲裁案件真实情况的一切客观事实材料。

二、仲裁证据的特征

仲裁证据作为仲裁活动中认定仲裁案件事实的依据，对仲裁案件的正确审理起着至关重要的作用。所有仲裁证据，必须经过查证属实后才能作为认定案件事实的依据。在我国，仲裁证据如同一般的民事证据规则一样，它也必须具有真实性、关联性和合法性，这样才能具有证据力。

仲裁证据具有不同于诉讼证据的以下特征：

（一）仲裁证据的客观性

在仲裁活动尤其是国际商事仲裁中，一般没有实物证据而导致间接证据过多，这些证据就不可避免地渗入了参与者的主观意识。正因为如此，文件证据特别是“当时证据”备受重视。这种文件证据，是指在出了争议事故前或当场或随后各方当事人还记忆犹新时所制作的文件，如双方指责对方有何失误，或大家记录了事故的经过，或任何单方或双方承认的事实。因为一般商业人士在制作当时文件时“发自内心”可能比较坦率和善意（因为争议尚未浮现），也没有律师在场协助，因此当时文件的内容常常毫无保留和粉饰。

（二）仲裁证据的相关性

相关性是指仲裁证据必须既与待证事实逻辑相关，并能印证待证事实的全部或一部分，又有法律上的关联性，其证明价值为法律所规定。

（三）仲裁证据的有限合法性

仲裁证据的合法性与诉讼证据的合法性相比具有有限性。这是因为，仲裁证据的审查判断是由仲裁庭进行合理性审查，只要达到仲裁庭成员确信的程度即可裁断事实。而只有在仲裁庭需要法院协助收集某些无法收集的证据或实施证据保全等，要取得法院的有限支持时，仲裁证据才应当满足合法性要求。

第二节 仲裁证据的分类与种类

一、仲裁证据的分类

依据不同的标准，仲裁证据也有不同的分类。根据传统的证据分类方法，仲裁证据大致被分为原始证据与传来证据、本证与反证、直接证据与间接证据、言辞证据与实物证据等类型。英国的证据法大致规定证据有三种类型，分为口头证据、文件证据和实物证据。我国现行的《民事诉讼法》所规定的证据分类方法，将证据分为书证、物证、视听资料、证人证言、当事人陈述、鉴定结论、勘验笔录等七类证据。按照我国《仲裁法》的规定，对于《仲裁法》没有作出规定的可以参照《民事诉讼法》的有关规定，我国仲裁中一般也采用此种分类方法。

但是，如果以仲裁证据收集的难度来划分，仲裁证据也可以划分为仲裁当事人能够自行收集的证据和仲裁当事人不能自行收集的证据两大类。

（一）当事人自行收集的证据

当事人自行收集证据，即指仲裁当事人对自己的主张提供相应的证据。按照我国《仲裁法》第43条的规定，当事人提供证据，这既是仲裁当事人的一项义务，因为法律规定当事人应当就其主张提供证据；同时这又是仲裁当事人的一项重要权利，因为当事人为了证明自己主张的确实存在，有权向仲裁庭提供证据加以证实。如果当事人无法举证或者证据不足以证明自己的主张，负有举证责任的当事人将为此承担对自己不利的裁决后果。

（二）当事人不能自行收集的证据

当事人不能自行收集的证据主要包括如下三种情形：①掌握在对方当事人手中的证据；②不愿作证的人证；③掌握在案外自然人、组织手中的证据。

仲裁事实和实践告诉我们，在上述三类证据中蕴藏着巨大的证据价值，这些证据如果能够展现在仲裁庭的面前，仲裁裁决所认定的事实将更大限度地接近客观真实。换言之，要最大限度地实现仲裁的公正性，必须完善仲裁证据的收集制度，使仲裁当事人能够获取上述三类证据。

二、仲裁证据的种类

从1999年《国际律师协会关于国际商事仲裁的取证规则》来看，仲裁证据主要包括书证（文件）、事实证人、当事人专家证人、仲裁庭专家证人和仲裁庭专家勘验五类。

第三节　仲裁证据的效力与收集

一、仲裁证据的效力

关于仲裁证据的证据效力，我国现行《民事诉讼法》并没有作出规定。只有《最高人民法关于民事诉讼证据的若干规定》第9条将已为仲裁机构的生效裁决所确认的事实作为当事人无需举证证明的事实。可见，仲裁裁决的诉讼证据效力是有限的。那么，导致仲裁裁决的证据效力如此有限的原因是什么呢？这只能从仲裁裁决形成过程中所使用的证据规则找到答案，即仲裁的证据规则决定了仲裁裁决本身的证据效力。[1]

仲裁证据是当事人提供的，或仲裁庭主动收集的，或在人民法院协助下所获得的一切可以由仲裁庭自行裁量并据之以查明案件真实情况的客观事实。而仲裁证据制度则是一套以仲裁证据为架构中心的规则体系。对于仲裁的证据规则，可以按照仲裁活动的流程将仲裁证据制度划分为举证规则、查证规则与采证规则，也可以将仲裁证据规则划分为外在表现的形式证据规则与实际运作的实体证据规则。在国际仲裁实践中，一般赋予仲裁庭"审定"证据的权力，即只要仲裁庭认为适合，证据即有效力。而我国仲裁证据规则的最大缺陷是刚性太大，仲裁庭在实际运作中的自由度不够，这样必然导致仲裁庭在审理案件时受到极大束缚，无法发挥其主观能动性。对此，我国可在《仲裁法》中明确规定：在仲裁证据方面没有法律规定的，可以直接适用《民事诉讼法》的规定，《民事诉讼法》没有规定的，直接适用《最高人民法院关于民事诉讼证据的若干规定》，仲裁庭可以自由裁量证据的适用规则，但是应当以双方当事人无异议为前提，且不得违背社会的公共利益，不得侵害国家的、集体的和他人的利益。[2]

二、仲裁证据的收集

我国目前的仲裁证据制度并不完善，无法为仲裁当事人收集证据提供较好的方法。为了提高仲裁的公正性，保障仲裁当事人的合法权益，发挥仲裁制度在解决社会纠纷、稳定社会秩序方面的作用，我们很有必要在修订仲裁法的过程中对仲裁证据收集制度的完善给予足够的关注。

（一）仲裁法的修订必须与相关法律的修订配合进行

1. 仲裁法的修订应当与《民事诉讼法》的修订配合进行

仲裁证据的收集往往需要获得法院的协助。由于仲裁事项基本上属于民事纠纷，因此仲裁证据从本质上讲属于民事证据。法院收集民事证据所适用

〔1〕 福清律师网－陈纪豹主任律师，2013年7月6日。

〔2〕 汪祖兴：《民事诉讼证据规则与仲裁证据规则的差异性解读》，载110法律咨询网，2011年11月3日。

的是《民事诉讼法》，因此，必须通过《民事诉讼法》的修订为法院协助收集仲裁证据提供法律依据。此外，《民事诉讼法》一般不会为法院协助收集仲裁证据规定独立的程序，有关程序往往参照民事诉讼中法院自行或者协助诉讼当事人收集证据的程序来进行。因此，通过修订《民事诉讼法》，完善法院协助诉讼当事人收集证据的程序，实际上就为完善仲裁证据收集制度打下基础。

2. 仲裁法的修订应当与证据法的制定配合进行

在仲裁过程中，对案件事实的认定需要依靠证据，而对证据的收集、判断又需要仲裁证据规则的指引。为了保障仲裁的公正性，制定一套完善的仲裁证据规则是必要的。但是，基于立法经济性的考虑，我们没有必要制定独立的仲裁证据规则，可以将仲裁证据规则的有关内容包含在证据法当中，在证据法中说明有关条文是否适用于仲裁，并可以设置专门章节以规定独立适用于仲裁的证据规则。

（二）完善仲裁当事人相互获取证据的规则

解决这一问题的方法是证据推定。因为当事人拒绝向对方当事人提供证据的根本目的是要阻碍对方的证明活动。通过推定，一方当事人阻碍对方当事人证明活动的企图必然落空，在这种情况下，该当事人一般都会遵守仲裁庭发出的提交证据命令，通过其他方法（如质证）博取一线生机。同时，推定只会产生证据上的效果，或转移证明责任，或减轻证明责任，没有给当事人额外的制裁，不会与仲裁机构的民间性质形成冲突。因此，我们应当通过建立推定制度来解决仲裁当事人之间相互取证的问题，当一方当事人拒绝执行仲裁庭发出的提交证据命令时，仲裁庭可以推定申请该证据的另外一方当事人依据该证据所主张的事实成立。值得注意的是，上述推定过程包含了事实推定与法律推定两个推定步骤。其中，事实推定步骤对当事人利益的影响尤其重要，推定的正确性很大程度上依赖于仲裁员的专业经验。因此，为了保证推定的准确性，必须通过立法严格仲裁员的选任，让那些具有丰富专业经验和高尚道德操守的人来行使神圣的裁决权。

（三）完善强制证人作证的制度

毫无疑问，要强制证人作证必须依靠法院的协助。但问题是，在我国的民事诉讼中，证人拒绝作证的问题同样严重，现行《民事诉讼法》基本上没有解决该问题的相应制度。因此，解决仲裁过程中证人拒绝作证问题的关键是建立法院强制证人作证的制度。

完善强制证人作证制度，可从以下方面着手：①在法律中明确规定证人有出庭作证的义务；②保障证人的权利，包括经济利益与人身安全等；③明确证人拒绝出庭作证的法律后果，包括证据上的举证不能后果与额外的制裁后果；④规定证人有权拒绝出庭作证的例外情况。

（四）完善向案外自然人、组织收集证据的制度

向案外自然人、组织索取证据，同样需要得到法院的协助。首先，可通过立法明确法院协助仲裁当事人从案外自然人、组织中收集证据的范围，具体包括：①涉及国家机密、商业秘密与个人隐私的证据；②不涉及上述秘密，但掌握在案外自然人、组织手中，且控制证据者拒绝交出，从而导致仲裁当事人客观上无法收集的证据。仲裁当事人如需收集上述证据，应当向仲裁庭提出申请，仲裁庭经审查确有收集有关证据的必要并批准申请后，仲裁当事人将经仲裁庭批准的申请书递交人民法院。人民法院对申请作形式审查。如果申请收集的证据属于上述第二类，则人民法院只需向有关自然人、组织发出提交证据的命令即可。接到命令的主体如果拒绝执行命令将遭受法院的制裁。其次，如果申请收集的证据属于上述第一类，则人民法院应当派出审判人员亲自收集证据，并视有关材料的保密程度选择直接将有关材料转交仲裁庭或者仅将证据判断的结果通知仲裁庭。[1]

思考题

1. 仲裁证据的概念是什么？
2. 仲裁证据的特征是什么？
3. 仲裁证据包括哪些种类？
4. 当事人不能自行收集的证据包括哪些形式？
5. 仲裁证据收集制度需如何完善？

〔1〕《完善仲裁证据收集制度》，载法律教育网，2004年9月23日。

案例分析题

裁决所依据的事实应建立在证据基础之上

［案情］

1996年11月，A将自己创办的C有限公司有偿转让给B，并与之签订了延期付款并计息的协议一份，且约定签约日前发生的债权和债务，由A托B代为承受；之后则归属B。B付部分转让费、余款按约计息后，取得了C公司。A则被B聘为顾问。同年12月，为履行职责，A以C公司的名义向河南某厂赊购材料，后在发货方两次催讨下，B委托A代为付清货款。随后，于1998年11月，B在与A结清转让款时，以虽收货但已将料款转给A由他代付为凭，主张将上述料款从欠付的转让费中扣回。A遂以未曾收到料款，B尚欠与之等额的转让费若干为由，提请所在地仲裁委员会仲裁，并要求对方承担本案仲裁费。

［问题］

1. 仲裁庭应支持哪方的主张？
2. 如何理解以事实为根据原则中的“事实”？
3. 此案对我们有什么启示？

第十四章

仲裁保全制度

第一节　仲裁保全措施的概念、特征和分类

一、仲裁保全措施的概念

仲裁保全措施是指人民法院根据仲裁机构提交的仲裁案件当事人的申请，对有关当事人的财产和证据所采取的临时性与强制性的措施。采取仲裁保全措施，其目的在于保证将来作出的仲裁裁决能得到执行，或者是将当事人的财产和证据采取必要措施予以保护，以便保证仲裁活动的顺利进行和裁决的公正作出。

二、仲裁保全措施的特征

仲裁保全措施主要具有以下五个基本特征：

第一，仲裁保全措施具有强制性和临时性。有的国家又称仲裁保全措施为临时保全措施；

第二，仲裁保全范围和措施只能针对与仲裁案件有关的财物或行为；

第三，采取仲裁保全措施不能代替仲裁庭对当事人之间的争议本身作出任何实体处理；

第四，仲裁保全措施只能适用于当事人；

第五，当事人提出仲裁保全不应理解为当事人同意放弃仲裁或者违反了

仲裁协议；相反，申请仲裁保全恰恰是保护仲裁的有效地位，促进仲裁诉讼的有效性。

三、仲裁保全措施的分类

从我国现有法律的规定看，我国的仲裁保全措施可以分为以下两类：

（一）仲裁财产保全

仲裁财产保全是指人民法院根据仲裁当事人的申请，对于因另一方当事人的行为或者其他原因，使将来生效的裁决不能执行或难以执行时，对争议的标的或财产采取一定的强制措施。

（二）仲裁证据保全

仲裁证据保全是指人民法院根据仲裁当事人的申请，为了避免证据灭失或以后难以取得证据，对这些证据采取强制保管措施，为仲裁机构顺利以事实和证据为依据公正作出裁决或仲裁程序的顺利进行创造条件。

第二节　仲裁财产保全的条件和特点

一、仲裁财产保全的条件

仲裁财产保全措施是一种比较严厉的强制措施，直接涉及案件当事人的经济利益，因此，必须严格依法进行，否则很可能会给当事人带来不必要的经济损失。根据我国《民事诉讼法》和《仲裁法》的规定，当事人申请仲裁财产保全必须符合以下条件：

第一，仲裁请求的内容，必须是要求被申请人履行一定的民事义务；

第二，申请财产保全的理由，必须是一方当事人的行为或者其他原因可能会导致裁决最终不能执行或者难以执行；

第三，必须由当事人向仲裁委员会提出申请，再由仲裁委员会提交有关人民法院。人民法院不能主动或者自行采取保全措施。涉外仲裁实践中，当事人申请财产保全的，当事人还必须提供担保。

二、仲裁财产保全的特点

仲裁财产保全是为了保证仲裁活动顺利进行的一项重要制度，有其自身的以下特点：

第一，申请仲裁财产保全的主体是当事人，而不是仲裁委员会；

第二，财产保全措施只能针对案件当事人。即被申请保全人必须是仲裁案件的另一方当事人；

第三，被保全的对象必须限于为被申请保全人所有，或者是与案件有关的财物，人民法院不能对当事人的人身采取保全措施；

第四，申请保全的财产的价值应当与仲裁请求的数额基本相同。申请人不能超出请求金额申请保全，人民法院也不可以任意裁定保全数额；

第五，保全措施具有强制性和临时性。所谓强制性，是指人民法院有权对当事人的财产采取查封、扣押、冻结等强制手段或者其他方法，责令当事人不得处分或者使用，法院自己也不能使用。所谓临时性，是指法院只在仲裁庭仲裁活动过程中采取强制措施，而不意味着法院对当事人之间的争议作出实体处理，保全的目的是为了保证仲裁裁决将来得到执行。

三、仲裁财产保全与诉讼财产保全的区别

第一，仲裁财产保全必须由当事人提出申请，诉讼财产保全则可以由当事人提出，也可以由人民法院依职权主动作出；

第二，涉外仲裁案件的当事人申请财产保全的，申请人必须提供担保，而诉讼财产保全中，当事人是否需要提供担保，由人民法院根据情况确定。只有在仲裁当事人诉讼前提出财产保全时，当事人才必须向人民法院提供担保。

第三节 仲裁财产保全的程序和内容

一、仲裁财产保全的基本程序

仲裁财产保全的基本程序主要是：

（一）仲裁财产保全的开始

仲裁委员会受理仲裁申请后，当事人可以向仲裁委员会提出财产保全申请，由仲裁委员会依照《民事诉讼法》的规定提交人民法院。属于涉外仲裁提出财产保全申请的，仲裁委员会应当将当事人的申请提交被申请人住所地或者财产所在地的中级人民法院裁定。

（二）仲裁财产保全的裁定

人民法院收到仲裁委员会提交的当事人财产要保全的申请后，应及时作出裁定。财产保全的裁定一经作出，即发生法律效力。当事人不服的，不得上诉，但可以申请复议一次，复议期间不停止裁定的执行。对复议申请，法院同样应当及时审查，裁定正确的，通知驳回当事人的申请；裁定不当的，作出新的裁定，变更或者撤销原裁定。

（三）仲裁财产保全的撤销与解除

生效的财产保全措施一般不能随意中止，但有下列情形之一的，可以撤销或者解除：

第一，双方当事人如果达成和解协议，则财产保全已无必要，申请人可申请撤销；

第二，被申请人提供担保，人民法院应当解除；

第三，财产保全的原因和条件已经消失或者发生变化；

第四，仲裁裁决作出且已生效，申请财产保全方败诉，解除保全裁定；

第五，仲裁裁决作出且已生效，申请财产保全方胜诉，裁决已经执行完毕，法院应解除保全裁定。

仲裁裁决与申请仲裁财产保全不同的是，无论是申请保全人，还是被申请保全人，都有权向人民法院申请撤销或者解除财产保全。

（四）有权作出撤销或解除仲裁保全的机构

法院裁定采取财产保全措施后，除作出保全裁定的人民法院自行解除和其上级人民法院决定解除的以外，在财产保全期限内，任何单位和个人都不得解除保全措施。

（五）仲裁财产保全错误的损失赔偿

根据《民事诉讼法》和《仲裁法》的规定，申请有错误的，申请人应当赔偿被申请人因财产保全所遭受的损失。

二、仲裁财产保全的主要内容

仲裁财产保全的内容是指人民法院采取财产保全时所运用的手段和措施。

（一）查封、扣押、冻结

根据《民事诉讼法》的规定，人民法院可以采取的财产保全措施有：查封、扣押、冻结。

（二）法律规定的其他方法

法律规定的其他方法，是指除查封、扣押、冻结以外的其他方法。按照最高人民法院有关司法解释，“其他方法”通常指的是：

第一，法院对债务人到期应得的收益，有权限制其支取，并有权通知有关单位协助执行；

第二，若债务人的财产不能满足保全要求，但对第三人有到期债权的，人民法院有权依债权人的申请裁定该第三人不得对本案债务人清偿，该第三人要求偿付的，由法院提存财物或价款；

第三，对不宜长期保存的物品，人民法院可以将其拍卖、变卖、保存价款。

总之，人民法院采取保全措施时，应当根据被保全财产的性质尽量采用妥善方式，尽可能减少对当事人生产或生活的影响，避免造成财产损失。

第四节　仲裁财产保全的执行与裁定

一、仲裁财产保全的执行

仲裁财产保全的执行，作为一种仲裁财产保全措施，有利于保证仲裁活动顺利进行，保证仲裁裁决的实现；有利于解决执行难的问题，从而促使当事人依法履行义务，有效地保护当事人的合法权益。

仲裁中财产保全的申请，应由当事人在仲裁过程中向仲裁委员会提出，然后由仲裁委员会将当事人的申请依照《民事诉讼法》的有关规定提交人民法院，而不能由当事人直接向人民法院提出。

当事人的财产保全申请是向仲裁委员会提出的，仲裁委员会无权对公民、法人或者其他组织的财产采取强制措施。仲裁委员会只能将当事人的申请提交人民法院，由人民法院决定是否采取财产保全措施。

国内仲裁案件的当事人申请财产保全执行，代理人应该注意在申请保全时，经由仲裁委或自己向被申请人住所地或被申请保全的财产所在地的基层法院、中级人民法院询问是否在国内仲裁财产保全的级别管辖方面有特别安排，以便提高财产保全的效率，也避免对日后执行的影响。

在涉外仲裁活动中，当事人申请采取财产保全的，涉外仲裁机构应当将当事人的申请提交被申请人住所地或者财产所在地的中级人民法院裁定。

二、仲裁中的财产保全裁定

对申请仲裁财产保全的，人民法院经审查符合法律规定的，应当作出仲裁财产保全裁定；不符合法律规定的，应当裁定驳回申请。

思考题

1. 仲裁保全措施的概念和分类分别是什么？
2. 仲裁的财产保全的条件有哪些？
3. 仲裁的财产保全和诉讼中的财产保全的区别有哪些？
4. 仲裁过程中的财产保全由哪个机构执行？
5. 我国对仲裁财产保全的裁定有哪些具体规定？

案例分析题

仲裁中的财产保全

［案情］

申请人：某市乳胶制品有限责任公司

被申请人：香港鸿昌贸易有限公司深圳分公司

1999年8月27日，申请人与被申请人在深圳签订了有关乳胶卫生检查手套的来料加工合同。合同约定，被申请人应当在1999年9月至2000年6月底分批向申请人免费提供500吨天然一级离心乳胶原料。申请人应当按照合同约定于1999年12月至2000年9月向被申请人分批发运乳胶卫生检查手套3000万只，单价为34美元/千只，总金额为102万美元。乳胶手套成品装运港为上海，运费（包括生产厂至装运港的运费）由被申请人承担。接货验收合格后7日内，被申请人应当向申请人支付全部款项。

合同签订后，被申请人于1999年9月至2000年3月分四批向申请人提供2000吨离心乳胶原料，申请人在收到原料后即安排生产。由于被申请人要求改变成品包装等原因并经被申请人同意，申请人推迟了成品供货的时间。申请人从2000年3月始至2000年7月止，先后向被申请人提供了1200万只乳胶手套。其中2000年6月20日装运的200万只手套到达香港后，被申请人以迟延交付为由拒收，而申请人则认为迟延交付是由于被申请人要求改变包装等原因所引起，而且征得了被申请人的同意。但被申请人坚持拒收，故申请人于2000年8月28日将该批乳胶手套运回。除此之外，被申请人自2000年3月起停止向申请人提供乳胶原料，并不再接受申请人提供的成品乳胶手套。双方为此发生争议，经过多次协商未能达成协议，申请人遂于2000年9月13日按照合同中约定的仲裁条款向甲市仲裁委员会申请仲裁，要求被申请人支付已交工手套的加工费，并要求责令被申请人承担违约责任，支付合同约定的违约金。

在仲裁程序开始后，申请人得知被申请人已将其在深圳A区的有关财产转移，现正准备转移存放在深圳B区仓库中的乳胶等财产，为维护自己的合法权益，申请人从程序上可以申请采取财产保全措施。

[问题]

申请人申请采取财产保全是否合法？应如何提出财产保全申请？

第十五章

仲裁代理制度

我国《仲裁法》第 29 条明确规定："当事人、法定代理人可以委托律师和其他代理人进行仲裁活动。"

仲裁中的律师代理，是指律师接受纠纷当事人的委托，代理当事人参加双方的仲裁活动的行为。所以，律师是否参加仲裁活动，完全由当事人自行决定。律师一旦接受当事人的委托，就以代理人的身份全方位地参加整个仲裁活动，其行为往往被视为委托人的行为。所以，在仲裁活动中，律师代理仲裁工作和律师参加仲裁活动的每一个阶段的代理活动内容及其必须注意的代理事项，都是十分重要的。

第一节　仲裁代理事项的审查

一、仲裁代理事项审查的内容

律师接受委托前，应当对仲裁代理的事项进行审查。根据《仲裁法》的规定，下列仲裁代理事项应当具备的条件是：①申请人必须符合仲裁当事人的主体资格，即申请人必须是与本案有直接的利害关系的公民、法人和其他经济组织；②申请仲裁的事项必须属于仲裁机关可以受理的范围；③仲裁申请有明确的仲裁请求和争议的事实与理由；④有书面、合法、有效的仲裁协议。

二、仲裁代理事项审查的必要性

对仲裁代理事项进行审查，这是律师代理工作的前提。因为如果没有合法、有效的仲裁协议和适格的仲裁主体资格以及明确的仲裁申请请求，仲裁委员会不可能受理仲裁申请，律师代理工作也就无从谈起。

三、仲裁代理事项审查的重点

在审查仲裁合法性的过程中，对仲裁协议的审查则是律师代理审查的重点。因为有无仲裁协议、仲裁协议是否合法有效，这是案件能否被仲裁机构受理、仲裁程序是否正常进行的基础。

律师对仲裁协议的审查，应着重从以下方面进行：

（一）仲裁协议的形式是否合法

我国《仲裁法》第 16 条第 1 款规定：“仲裁协议包括合同中订立的仲裁条款和以其他书面方式在纠纷发生前或者纠纷发生后达成的请求仲裁的协议。”根据该条款规定，仲裁协议主要有两种表现形式，即合同中规定的仲裁条款和当事人双方以其他形式达成的书面协议。对于“以其他形式达成的书面协议”具体有哪些，仲裁法对此并无详细规定。

根据联合国《国际商事仲裁示范法》第 7 条第 2 款规定，“以其他形式达成的书面协议”包括：①载于当事人各方签字的文件中或载于往来书信、电传、电报或者提供协议记录的其他电讯手段中，或者在申诉方和答辩方的答辩中，一方当事人声称有仲裁协议而他方当事人不否认的，即为书面协议。②在合同中提出参照载有仲裁条款的一项文件即构成仲裁协议，只要这种参照足以使仲裁条款构成该合同的一部分。

（二）仲裁协议是否具有法律规定的必备的内容

我国《仲裁法》第 16 条第 2 款规定，仲裁协议应当具备下列内容：

1. 请求仲裁的意思表示

请求仲裁的意思表示，是指当事人请求仲裁之意愿的明示书面行为。构成仲裁协议的意思表示必须明确、肯定，符合一裁终局的要求，具有排除法院管辖的效力。

2. 仲裁事项

仲裁事项是指提交仲裁的范围。具体的仲裁事项应由当事人在协议中约定，一般来说，仲裁事项应尽可能订得广泛，即无论多大金额或什么性质的争议，只要是因本合同产生的或与本合同有关的一切争议均提交仲裁解决。

3. 选定的仲裁机构

仲裁机构的选定必须具备两方面的内容，即仲裁地点和仲裁委员会。根据我国有关法律规定，国内仲裁的当事人不仅应约定某个具体地点，当事人在选择仲裁地点后，而且还应选择具体的仲裁机构，即具体的仲裁委员会，并应将地名和仲裁机构全称列入仲裁协议。

此外，根据仲裁实践，仲裁协议根据需要还应具有以下内容：一是裁决效力，即在仲裁条款中，必须规定仲裁裁决具有终局的效力。倘若仲裁条款中有仲裁裁决不是终局的规定，仲裁机构将不予受理该案。二是仲裁费用。在仲裁协议中，一般还应规定仲裁费用由败诉方承担的条款，以便仲裁机构作出裁决时有据可依。

（三）仲裁协议的签订者是否具有主体资格

我国《仲裁法》第 2 条规定："平等主体的公民、法人和其他组织之间发生的合同纠纷和其他财产权益纠纷，可以仲裁。"根据该条规定，有权签订仲裁协议的签订者必须是签订合同的具有权利能力和行为能力的公民、法人和其他组织；否则，无权就该争议签订仲裁协议。

（四）仲裁协议是否有法定无效的情形

我国《仲裁法》第 17 条规定："有下列情形之一的，仲裁协议无效：（一）约定的仲裁事项超出法律规定的仲裁范围的；（二）无民事行为能力或者限制民事行为能力人订立的仲裁协议；（三）一方采取胁迫手段，迫使对方订立仲裁协议的。"

（五）仲裁协议的内容是否明确

仲裁协议的内容必须明确，有时因特定情况，仲裁协议会出现内容不明确的情况。当仲裁协议内容不明确时，代理律师应提醒当事人，要求根据《仲裁法》第 18 条的规定，由当事人双方达成补充协议，如果双方当事人达不成补充协议的，则该仲裁协议无效。

（六）当事人对仲裁协议的效力是否有异议

一个合法有效的仲裁协议，应当具有合法的书面形式、合格的主体、明确必备的内容、没有异议或者异议被排除和不具有无效情形。律师经过审查，认为具有合法有效仲裁协议的，应当接受当事人的委托，然后由律师事务所同委托人签订委托合同，委托人与律师签订授权委托书，明确委托事项和代理权限。至此，律师正式与当事人建立委托代理法律关系。

对于下列仲裁协议，律师可推荐给当事人：

1. 英国伦敦国际仲裁院推荐的仲裁协议

即“本合同发生的或与本合同有关的任何争议，包括合同的成立、有效性或终止等任何问题都根据《伦敦国际仲裁院规则》提交仲裁并作出最后裁决，该规则应被认为是通过关联并入了本条款”。

2. 瑞典斯德哥尔摩商会仲裁院推荐的仲裁协议

即“任何与本协议有关的争议，均应根据《斯德哥尔摩商会仲裁院规则》通过仲裁最终解决”。并建议双方当事人根据需要对条款作如下补充：“仲裁庭应由……各成员或独任仲裁员组成”；“协议规定的事项应受……法律的支配”；“仲裁程序中应使用……语”。

3. 国际商会仲裁院推荐的仲裁协议

即“有关本合同发生的一切争议，应根据国际商会的仲裁规则由一名或多名仲裁员仲裁解决”。

4. 美国仲裁协会推荐的仲裁协议

即“由于或者关于本合同，或者违反本合同发生的任何争议或要求，都按美国仲裁协会的规则用仲裁方法解决，仲裁员作成的裁决，可以送请任何有管辖权的法院执行”。

5. 解决投资争端国际中心推荐的仲裁协议

即“当事人特此同意，将本协议有关的或因本协议发生的任何争议提交解决投资争端国际中心依《解决国家与他国国民间投资争端公约》通过仲裁解决”。

6. 香港国际仲裁中心推荐的仲裁协议

即其本地仲裁的仲裁条款为：“凡因本合同产生或与本合同有关的任何争

议或歧视应提交香港国际仲裁中心并按其本地仲裁规则通过仲裁解决。”其国际仲裁的仲裁条款为：“凡因本合同或与本合同有关的任何争议、争执或索偿、违约终止或合同无效等均应通过仲裁解决。仲裁按目前有效的联合国国际贸易法委员会的仲裁规则解决。”

7. 联合国国际贸易法委员会推荐的仲裁协议

即“由于本合同发生的与本合同有关任何争议、争端或请求，或有关合同的违约、终止、无效，应按现行有效的联合国国际贸易法委员会仲裁规则予以解决”。

当事人可以补充：“任命机构应为……（机构或个人的名称或全名）”；“仲裁员人数应为……（1 人或 3 人）”；“仲裁地点应为……（城镇或国家）”；“仲裁程序中所用的一种或多种语言应为……”。

8. 中国国际经济贸易仲裁委员会推荐的仲裁协议

即“凡因本合同引起的或与本合同有关的任何争议，均应提交中国国际经济贸易仲裁委员会，按照申请仲裁时该会现行有效的仲裁规则进行仲裁。仲裁裁决是终局的，对双方均有约束力”。

第二节 代理仲裁的准备工作

一、研究案情和调查收集证据

（一）了解案情

律师接受委托后，首先应当向当事人了解案情。律师在了解案情前，要告知当事人实事求是，全面客观地介绍争议发生的原因、发展过程，力争全面掌握案情和双方争议的焦点、所依据的理由以及委托人的具体要求。

（二）注意调查取证

律师在了解案情的基础上，要针对争议的焦点和不明确的事项进行调查，询问有关证人，收集与争议有关的证据。

（三）注重查阅有关法律法规

律师在掌握案情和必要证据后，应当全面查阅和熟悉与案件内容有关的法律规定，如果没有法律规定，就要查阅和收集有关的政策或习惯做法，以资备用。

（四）分析研究案情

律师应当根据案件事实和法律规定，对案情进行分析研究，向委托人讲明分析研究案情的初步结果，力争与委托人统一认识和看法，如果当事人还坚持仲裁的，律师应同当事人研究申请仲裁的理由、主要证据和将运用的法律。

二、依法制作仲裁申请书或者仲裁答辩书

（一）依法制作仲裁申请书

律师在全面分析研究案情基础上，如果律师代理申请人起诉的，应当依据我国《仲裁法》第23条的规定拟出或协助申请人拟出仲裁申请书，并在征询申请人意见后定稿。

申请书撰写好后，应由申请人将该申请书及其副本、有关证据材料、委托律师代理的授权委托书，一并提交仲裁委员会。

（二）依法制作仲裁答辩书

如果律师代理被申请人一方，当被申请人接到申请书副本后，律师应当阅读和分析申请书，了解申请人的要求和理由，然后向被申请人了解争议情况，调查取证，找出答辩理由，写出答辩书。

答辩书一般应包括：①被申请人的基本情况；②针对申请书提出的事实、理由、证据和请求等，提出自己的证据，运用事实和法律进行答辩和反驳；③根据案件事实，可以提出反请求。

律师在写答辩书时，要紧紧围绕违约的事实是否成立、谁有过错、谁应承担违约责任，运用法律进行全面分析，力争维护被申请人的合法权益。同时，要提醒被申请人应在仲裁规则规定的期限内将答辩书及其副本、有关证据材料和委托书提交仲裁委员会。

第三节　代理参加仲裁的裁决

律师在仲裁裁决阶段，其代理的主要任务是：

一、代理当事人选定仲裁员

仲裁庭可以由3名仲裁员组成，也可以由1名仲裁员独任，对仲裁庭的形式和仲裁员均由当事人选定，如果双方约定由3名仲裁员组成仲裁庭的，应各自在律师的帮助下选定1名仲裁员或各自委托仲裁委员会主任指定1名仲裁员，第3名仲裁员由当事人共同选定或共同委托仲裁委员会主任指定，第3名仲裁员为首席仲裁员。如果双方约定由1名仲裁员独任的，应共同选定或共同委托仲裁委员会主任指定。仲裁庭组成后，仲裁委员会应当将仲裁庭的组成情况书面通知当事人。

二、代理当事人行使请求回避权

当事人或律师接到仲裁庭组成情况的通知后，发现仲裁庭的仲裁员具有下列情形之一的，有权提出回避申请：①是本案当事人或者当事人、代理人的近亲属；②与本案有利害关系；③与本案当事人、代理人有其他关系，可能影响公正仲裁的；④私自会见当事人、代理人，或者接受当事人、代理人的请客送礼的。回避请求可以口头或书面提出，并应当说明理由。回避的申请要在首次开庭前提出，如果回避事由是在首次开庭后知道的，也可以在最后一次开庭终结前提出。仲裁员的回避，由仲裁委员会主任决定；仲裁委员会主任担任仲裁员时，由仲裁委员会集体决定。仲裁员因回避或其他原因不能履行职责的，律师可以代理当事人重新选定仲裁员，因回避而重新选定或指定仲裁员后，当事人虽然可以对已经进行的仲裁程序要求重新进行，但是否准许由仲裁庭决定；仲裁庭也可以自行决定已经进行的仲裁程序重新进行。

三、代理当事人选择仲裁方式

仲裁一般应当开庭进行，如果律师和当事人认为不开庭更有利于当事人时，当事人双方可以协议不开庭，这时仲裁庭可以根据仲裁申请书、答辩书及其他材料作出裁决。为了保守当事人的商业秘密，仲裁一般不公开进行，当事人协议公开的，可以公开进行，但涉及国家秘密的除外。律师应根据案件情况，从维护当事人利益出发，帮助或代理当事人选择适当的仲裁方式。

在涉外仲裁中，当事人有更大的自主选择权。对此，律师要告知当事人，除了在仲裁协议中有权选择仲裁地点、仲裁机构和仲裁员以外，更重要的是有权选择解决争议所适用的实体法，既可以选择中国的实体法，也可以选择外国的实体法，这是与国内仲裁的最大的区别。

四、代理当事人提供证据并进行质证和庭审辩论

根据谁主张谁举证的原则，律师应代理当事人对其主张提供证据予以证明。仲裁庭认为必要时，也可收集证据。对专门性问题需要鉴定的，仲裁庭可交由当事人约定的鉴定部门鉴定或由仲裁庭指定的鉴定部门鉴定。对鉴定结论，律师和当事人有权经仲裁庭许可向鉴定人提问。所有证据都应在开庭时提出，律师和当事人有权对证据进行质证，只有在仲裁庭上出示并经过双方质证的证据，才能作为仲裁裁决的根据。

律师有权代理当事人在仲裁庭上进行辩论，律师在辩论时要抓住问题的关键，运用确实充分的证据、有关的法律规定来支持和论证自己的主张，防止无的放矢、不着边际、抓不住要害。律师进行辩论，要以理服人，不能强词夺理，不能有侮辱人格的言词和带有目中无人的表情，以免产生副效应。律师言词辩论结束后，应向仲裁庭提交书面辩论词。

五、代理当事人申请证据保全和财产保全

律师在证据可能灭失或者以后难以取得的情况下，可向仲裁庭申请证据保全，仲裁庭将申请提交仲裁委员会，由仲裁委员会转交证据所在地的基层人民法院决定。但在涉外仲裁中，证据保全的申请应当向中级人民法院提出。《仲裁法》第68条规定：“涉外仲裁的当事人申请证据保全的，涉外仲裁委员会应当将当事人的申请提交证据所在地的中级人民法院。”

律师在仲裁过程中，为避免造成更严重的损失或防止仲裁裁决的执行困难，可向仲裁庭申请财产保全，并及时告知当事人做好提供财产担保的充分准备。仲裁委员会应将该申请提交被申请人所在地或财产所在地的人民法院决定。因申请人的错误造成被申请人财产损失的，申请人应当赔偿被申请人因财产保全所遭受的损失。

六、代理当事人请求和参加和解、调解

在仲裁过程中，律师可以根据当事人的意思与对方当事人或其代理人进行协商，达成和解协议。和解协议达成后，律师可以请求仲裁庭根据和解协议作出裁决书，也可以撤回仲裁申请。撤回仲裁申请后当事人又反悔的，还可以根据仲裁协议重新申请仲裁。

在仲裁过程中，律师可以代理当事人请求调解，也可以参加仲裁庭主持的调解，特别是在仲裁庭辩论结束后。

律师在仲裁过程中，除了上述代理活动以外，凡是当事人在仲裁中所享有的一切权利，包括实体上的和程序上的权利，代理律师都可以在当事人授权范围内，代理当事人行使。如订立当事人变更仲裁申请，提出反请求；对仲裁笔录中有关自己或者当事人陈述的记录有遗漏或者差错的，有权申请补正等。律师代理当事人参加仲裁活动，合法及时地行使当事人享有的权利，一方面是为了做好自己的代理工作，另一方面也是为了全面有效地维护当事人的合法权益。

律师代理当事人参加仲裁活动，除了行使一定的代理权以外，同时也必须遵守仲裁庭的纪律，如服从仲裁庭的安排；庭审时要实事求是；非经首席仲裁员的同意，不得随意发言和询问；未经仲裁庭的允许，不得录音、录像、摄影，不得无故退出仲裁庭等。

第四节　仲裁裁决后的律师代理

仲裁庭制作仲裁裁决书或者调解书后，代理律师可以根据当事人的委托，代为签收仲裁裁决书和仲裁调解书，同时告知委托人，仲裁裁决书和仲裁调解书经双方当事人签收后即发生法律效力。《仲裁法》第 57 条规定："裁决书自作出之日起发生法律效力"；第 52 条第 2 款也规定："调解书经双方当事人签收后，即发生法律效力"。对仲裁庭的仲裁裁决书和仲裁调解书，代理律师应当根据不同情况做好相应的工作。如果代理律师认为仲裁裁决书和仲裁调解书事实清楚、证据确实充分、适用法律正确的，应当向当事人做一定的解

释，督促负有义务的当事人按照裁决书和调解书的规定，认真履行自己的义务。如果对方当事人不履行仲裁裁决书和仲裁调解书上的义务，应当敦促当事人向被执行人所在地或者被执行财产所在地的人民法院申请强制执行，以维护仲裁裁决书、仲裁调解书的法律效力和当事人的合法权益。

一、仲裁裁决书或者调解书确有错误或者其他违法现象时的律师代理

当仲裁裁决书和仲裁调解书有错误或者有其他违法现象时，代理律师主要应当从以下四方面来开展其代理工作：

第一，当律师发现仲裁裁决书中有文字、计算错误或者遗漏仲裁庭已经裁决的事项，有权在收到裁决书后30日内请求仲裁庭补正。

第二，律师和当事人如果有证据证明仲裁裁决有违法情形的，有权向仲裁委员会所在地的中级人民法院申请撤销仲裁裁决。在涉外仲裁中，对已经生效的涉外仲裁裁决，只要当事人能够提出证据证明裁决确属错误的，也可以向人民法院提出撤销申请。

第三，如果一方当事人申请执行仲裁裁决，被申请人和律师若能提出证据证明裁决有违法情形的，则可请求人民法院裁定不予执行。而且，在涉外仲裁中，当事人也享有申请不予执行的权利。

第四，人民法院在一方申请执行裁决，另一方申请裁定不予执行或者撤销裁决的情况下，应当组成合议庭，首先裁定中止执行，然后对申请提供的证据进行审查，根据情况作出不予执行的裁定或驳回申请的裁定。如果人民法院裁定撤销仲裁裁决或者不予执行的，律师应当告知当事人有权重新达成仲裁协议、重新申请仲裁，也可以向人民法院提起诉讼。

二、涉外仲裁中律师代理执行仲裁裁决的特殊规定

在涉外仲裁中，无论是以何种方式结案，仲裁庭都要相应地作出仲裁文书，包括仲裁裁决书、仲裁调解书和仲裁和解书等。涉外仲裁实行的也是一裁终审制，即涉外仲裁裁决一经作出，就发生法律效力，负有义务的一方当事人必须履行其相应的义务。如果一方不履行时，另一方可以根据中国法律

规定，向中国法院申请执行，或者根据《承认及执行外国仲裁裁决公约》和中国缔结或参加的其他国际条约，向外国有管辖权的法院申请执行。

如果律师发现裁决书中有书写、打印、计算上的错误或有遗漏事项，可以在收到仲裁裁决书之日起 30 日内书面申请仲裁庭补正，如确有错误或遗漏，仲裁庭应在收到申请书之日起 30 日内作出更正或补充裁决。

如果律师或当事人有证据证明裁决有违法情形的，可以向有管辖权的人民法院申请撤销裁决。同时，律师还应当特别注意，在涉外仲裁中，人民法院对当事人申请不予执行或撤销裁决的审查不同于国内仲裁。因为在国内仲裁中，人民法院除对国内仲裁裁决进行程序上的审查外，还要对仲裁机构认定事实的主要证据是否充分、适用法律是否正确进行审查，即还要进行实体上的审查。而在涉外仲裁中，人民法院只对裁决进行程序上的审查，而不进行实体上的审查。因此，在涉外仲裁中，律师代理当事人向人民法院申请不予执行或撤销裁决，只需提出证据证明仲裁庭违反仲裁法或仲裁规则，具有《民事诉讼法》第 274 条规定的四种情形之一即可，无须提出证据证明实体上违法。

第五节　涉外仲裁代理的特别注意事项

由于涉外仲裁中的涉外因素，律师在代理中还有一些需要特别注意的代理事项。其具体代理事项包括：

一、注意“放弃异议”条款的运用

当事人在仲裁程序中享有对管辖权提出异议、对仲裁申请提出反请求、请求仲裁员回避等权利，但如果在规定的时间内没有及时行使或者提出反对意见而继续进行仲裁的，即被视为自动放弃这些权利。如果放弃异议权利的当事人败诉的，也就不能以放弃异议权利没有充分行使为理由而拒绝执行已经生效的仲裁裁决，也不能要求重新进行仲裁。

为此，代理律师必须特别注意“放弃异议”仲裁条款的运用，在仲裁的各个环节都要及时告知委托人所享有的权利，并帮助或者代理当事人及时行使其应有的权利，以免因疏忽而给当事人造成不应有的损失。

二、选择合适的仲裁实体法

在涉外仲裁中，根据国际惯例，仲裁机构所适用的仲裁法和仲裁规则为仲裁机构所在国的仲裁法和仲裁规则，对此当事人无权选择。而仲裁机构所适用的实体法，当事人则可以选择。因此，我国《民事诉讼法》和有关法律规定，在涉外仲裁中，当事人可以选择处理争议所适用的法律，当事人没有选择的，适用与争议有最密切联系的国家的法律。

如果当事人选择外国法律、国际条约或惯例，代理律师则首先必须要熟悉和了解有关国家、国际条约、惯例的相关规定，这在无形中增加了代理律师的工作难度，其代理任务也比较繁重。

当涉外仲裁的代理律师了解到当事人没有选择所适用的法律时，应首先考虑“与合同争议有最密切联系的国家的法律”。代理律师应根据争议的不同内容，按照以合同签订地、履行地、争议发生地、仲裁所在地等确定准据法的国际通行做法，选择最有利于当事人的法律，以维护当事人的合法权益。

三、注意运用仲裁简易程序

为了及时、准确、公正地处理民商事经济争议，当事人在选择经仲裁程序上，除了选择普通程序以外，还可以选择一种简易程序。

（一）简易程序概述

简易程序主要适用于两种类型的案件：一是争议金额不超过 50 万元的案件；二是争议金额虽然超过 50 万元，但双方当事人都同意适用简易程序的案件。

代理律师应熟悉简易程序适用的范围及具体规定，对符合适用简易程序审理的案件，可以建议或代理当事人申请适用简易程序，以便迅速解决争议。

（二）简易程序中仲裁庭的组成与审理

1. 简易程序中仲裁庭的组成

适用简易仲裁程序审理案件时，由仲裁员 1 人组成独任仲裁庭审理案件。

2. 简易程序案件的审理

简易仲裁程序案件的审理实行独任制仲裁庭审理的制度，且仲裁审理方式比较灵活，即仲裁庭可以按照其认为适当的方式审理案件，可以决定只依据当事人提交的书面材料和证据进行书面审理，也可以决定开庭审理。无论是书面审理还是开庭审理，双方当事人都应严格按照仲裁庭的要求进行，当事人不按时提交材料或者不按时参加审理，仲裁庭有权根据《仲裁法》第71条的规定进行缺席审理，并作出缺席裁决。

（三）简易程序案件裁决的时限

仲裁庭作出裁决书的时限，根据审理方式的不同而有所区别：开庭审理的案件，仲裁庭应在开庭审理或再次开庭审理之日起30天内作出仲裁裁决书；书面审理的案件，仲裁庭应当在仲裁庭成立之日起90天内作出仲裁裁决书，在仲裁庭的要求下，仲裁委员会秘书长认为确有必要和确有正当理由的，可以对上述期限予以延长。对此，仲裁委员会秘书处应当将延长情况及时通知当事人。

思考题

1. 仲裁代理需要审查哪些事项？
2. 代理仲裁的准备工作有哪些？
3. 律师在仲裁阶段的主要任务有哪些？
4. 仲裁庭作出仲裁裁决后律师可以从事哪些活动？
5. “放弃异议”条款应该如何正确应用？

案例分析题

仲裁代理人超越仲裁代理权限

[案情]

位于武汉的华兴公司与大地公司发生钢材购销往来业务。两公司于1994年12月订立合同，对双方的权利义务作出了明确的约定。合同解决争议条款中写明：双方如由于本合同发生纠纷，则应提交武汉仲裁委员会仲裁。在履行合同过程中，大地公司的经营状况每况愈下，货款一直不能按期支付，华兴公司决定申请仲裁，于是聘请了某律师事务所李律师作为其仲裁代理人，双方签订了委托代理合同，华兴公司委托李律师代理其与大地公司的货款纠纷的仲裁活动。李律师接受委托后，审查了华兴公司与大地公司订立的合同，认为该合同中约定的仲裁条款有效，于是于1995年3月1日以华兴公司为申请人向武汉仲裁委员会提出了仲裁申请，并提交了仲裁申请书。武汉仲裁委员会决定由双方当事人共同选定的3名仲裁员组成仲裁庭，申请人华兴公司与被申请人大地公司经协商一致同意开庭仲裁，仲裁庭遂进行了开庭仲裁。在开庭仲裁过程中，被申请人提出了和解请求，李律师认为与对方和解对华兴公司有利，遂代表申请人向仲裁庭提出了同意和解的要求，经双方协商达成了书面和解协议，李律师向仲裁庭提出了撤回仲裁的申请，仲裁庭作出了同意撤回仲裁申请的裁决，终结了此案的仲裁。

［问题］

本案中申请人的代理人李律师的代理行为有无不当？为什么？

第十六章

仲裁费用制度

第一节　仲裁费用的概念与意义

一、仲裁费用的概念

仲裁费用，是指仲裁案件的当事人向仲裁机构交纳和支付的用于维持仲裁机构正常运转和仲裁员办理案件开支的专门费用。

从仲裁制度发展史上看，仲裁产生于商品经济社会，发生争议的双方当事人，各自推荐一名自己信赖的人士共同裁决、解决争议，当事人通常自愿履行裁决。因此，在早期的仲裁活动中，裁决案件的人士为当事人聘请，来解决当事人之间发生的争议。是否一定要收取费用，一般依当事人与仲裁员协商。有的仲裁员实际上是友好调解人，有的案件亦是以调解方式结案，因而不向当事人收取费用。随着仲裁作为处理民事争议的一种制度为国家立法所承认，仲裁制度逐步完善，尤其是专职机构产生后，当事人申请仲裁都要交纳一定数额的仲裁费用。现代各国的法律一般对仲裁收费作了明确规定。例如，《斯德哥尔摩商会仲裁院规则》第 29 条第 1 款规定："仲裁庭应当在裁决中确定应分别付给仲裁院和仲裁员的费用数额。当事人对支付此项费用负有连带责任。"我国《仲裁法》第 76 条第 1 款规定："当事人应当按照规定交纳仲裁费用。"

二、仲裁费用的意义

在现代仲裁制度中，仲裁案件当事人能否按照规定交纳仲裁费用，不仅关系其自身的经济利益，而且在一定程度上对仲裁程序的进行产生影响。因此，不少国家规定当事人提出申请仲裁时，应当交纳仲裁费用预付金或者仲裁费用保证金。逾期不交则中止仲裁。《美国仲裁协会国际仲裁规则》第33条就明确规定，当事人在收到仲裁协会交款的通知后30天内未能如数交付时，仲裁协会应通知当事人补足，如仍未照付，仲裁庭可以命令中止或者终止仲裁程序。

第二节　仲裁费用的种类与标准

一、仲裁费用的种类

各国立法对仲裁费用范围的规定不完全一致，还有的国家没有作出统一规定，仲裁费用由国内各仲裁机构在仲裁规则中自行确定。在仲裁实践中，特别是国际商事仲裁实践中，仲裁费用通常由仲裁机构的管理费、仲裁费和仲裁员的报酬三部分组成。

仲裁机构的管理费，又称作登记费或注册费，主要用于仲裁机构正常运转所需开支。仲裁费又称作实际费或处理费，是仲裁案件过程中发生的其他各种合理的、实际的费用，如咨询、鉴定、翻译费用。仲裁员的报酬是仲裁案件当事人对仲裁员提供仲裁服务所做的一种经济补偿。

二、仲裁费用的标准

根据国务院《仲裁委员会仲裁收费办法》（以下简称“《收费办法》”）规定，我国国内仲裁费用包括案件受理费和案件处理费。

（一）案件受理费

案件受理费是用于给付仲裁员报酬和维持仲裁委员会正常运转的必要开支。1995年7月28日，国务院办公厅印发了仲裁委员会仲裁收费办法。《收费办法》按照仲裁争议金额大小的不同，制定了明确的《仲裁案件受理费表》，具体确定了仲裁案件受理费的标准。详见仲裁委员会仲裁案件受理费表：

争议金额（人民币）	仲裁案件受理费（人民币）
1000 元以下的部分	40～100 元
1001 元至 50 000 元的部分	按 4%～5% 交纳
50 001 元至 100 000 元的部分	按 3%～4% 交纳
100 001 元至 200 000 元的部分	按 2%～3% 交纳
200 001 元至 500 000 元的部分	按 1%～2% 交纳
500 001 元至 1 000 000 元的部分	0.5%～1% 交纳
1 000 001 元以上的部分	按 0.25%～0.5% 交纳

（二）案件处理费

案件处理费是指发生在仲裁案件过程中所出的各种合理的、实际的开支。其范围包括：

第一，仲裁员因办理仲裁案件出差、开庭而支出的食宿费、交通费及其他费用；

第二，证人、鉴定人、翻译人员等因出庭而支出的食宿费、交通费、误工补贴；

第三，咨询、鉴定、勘验、翻译等费用；

第四，复制、送达案件材料、文书的费用；

第五，其他应当由当事人承担的合理费用。

中国国际经济贸易仲裁委员会也参照国际惯例制定了涉外仲裁费用的范围和标准。根据中国国际经济仲裁委员会费用表规定，涉外仲裁费用包括涉外仲裁机构的管理费和正常的仲裁员报酬。当事人申请仲裁时，每案另收立案费人民币 1 万元，用于仲裁申请的审查、立案、输入及使用计算机程序和归档。此外，仲裁委员会还可以按照仲裁规则有关规定，向当事人收取费用表之外的合理的、实际的开支，如仲裁员办理仲裁案件的特殊报酬、差旅费、食宿费以及仲裁庭聘请专家、鉴定人和翻译的费用。

第三节 仲裁费用的确定

一般来说，仲裁机构的管理费、仲裁员报酬通常按照仲裁争议额的大小确定。例如，斯德哥尔摩商会仲裁院的《确定仲裁员保证金金额和仲裁院管理费数额的规定》即采取按争议金额大小的办法，设置9个相同的等级确定仲裁费和管理费。而有的国家则在仲裁费用表中明确规定管理费用和仲裁庭费用的支付标准及计算方法，例如伦敦国际仲裁院的《伦敦国际仲裁院仲裁规则》在其仲裁费用表中规定管理费分为四项，其中，仲裁登记费为500英镑，伦敦国际仲裁院秘书处办理仲裁所花时间费用为每小时100英镑，伦敦国际仲裁院秘书处有关办理仲裁所产生的邮寄、电传、传真、旅差等具体费用按成本计算，进行仲裁所需的额外费用（不论是由仲裁院自己所花费的或其他所花的费用）按适当金额计算。

我国的仲裁机构主要采取按争议金额大小确定仲裁费用，争议金额越大，收费比例越小。案件受理费在仲裁案件受理费表规定的幅度内确定，该表中的争议金额，以申请人请求的数额为准，请求的数额若与实际争议金额不一致的则以实际金额为准。当事人在申请仲裁时争议金额没有确定的，则由仲裁委员会根据争议所涉及的权益的实际情况确定预先收取的案件受理费数额，仲裁委员会也可以要求当事人明确请求数额或提供计算方法。当事人如增加仲裁请求，则仲裁委员会应根据增加部分涉及争议金额的情况，确定补交的费用。在涉外仲裁中，当事人申请撤销案件，即使未组成仲裁庭，仲裁委员会也可决定收取一定的仲裁费用。如果当事人的仲裁请求为外币，在计算仲裁费时，应先按申请日的汇率折算成等值人民币，再对照仲裁费用表计算仲裁费的数额。

关于仲裁员的报酬，一般要考虑争议金额大小、仲裁员所花时间长短、案件的难易程度等情况。国务院《仲裁委员会仲裁暂行规则示范文本》第52条即规定由仲裁委员会根据上述情况确定应付给仲裁员的报酬。至于仲裁员之间报酬的分配办法，国际上较常见的是按比例付酬，一般是按4∶3∶3分配，即首席仲裁员占40%，其他两位仲裁各占30%。法国还规定，公务员担任仲裁员的，其酬金收入一般不得超过本人工资收入的1/2。

根据《收费办法》规定，仲裁案件处理费的确定标准应按照国家有关规定，国家没有规定的，按照合理的实际支出收取。如仲裁员出差支出的交通费，应按国家的标准执行，不得增加费用。

第四节　仲裁费用的收取

一、仲裁费用收取的要求

收取仲裁费用一般采用由申请人预交的形式。在国际商事仲裁中，仲裁机构收取申请人预交的仲裁费用有两种做法：一种是将仲裁机构的管理费、仲裁员报酬和实际发生的合理费用分开计算、预收；另一种则是将上述这些费用一起计算、预收。当然，各国对于一些情况特殊的当事人规定可以缓交，有的国家还规定可以先解决案件，仲裁结束时再缴费，如法国。

二、仲裁费用收取的办法

根据我国的《收费办法》，当事人申请仲裁应当交纳案件受理费和处理费。申请人应当自收到仲裁委员会受理通知书之日起15日内，按照仲裁案件受理费表的规定预交案件受理费，如果当事人预交案件受理费确有困难，由当事人提出申请，经仲裁委员会批准后，方可缓交。如果当事人不在规定期限内预交受理费，同时又不提出缓交申请，则视为撤回仲裁申请。被申请人提出反请求的，应当在提出反请求的同时，根据反请求的金额和收费标准预交案件受理费。该《收费办法》没有要求预交案件处理费。

我国涉外仲裁费用的收取办法是：当事人在仲裁程序开始前一并预交仲裁费，包括仲裁机构的管理费、仲裁员报酬以及其他合理的、实际开支（如仲裁员办理仲裁案件的特殊费用、差旅费、食宿费以及仲裁庭聘请专家、鉴定人和翻译的费用）。提出反诉的当事人也必须按此要求预交费用。而且，除了当事人变更其请求或者发生反诉情况外，预交费用一般不变动。同样，对预交确有困难，不能在仲裁程序开始前或反诉时交纳的，当事人应当向仲裁委员会提出缓交申请，并且必须提供有效担保，经仲裁委员会特殊批准后，才可以在一定期限内缓交。如果当事人拒绝交纳仲裁费用，仲裁委员会可以不受理其仲裁请求。仲裁费用由仲裁庭在仲裁裁决书中裁定（包括双方当事人最终应向仲裁委员会支付的仲裁费和其他费用）。如果预交的仲裁费用不足以弥补裁定的仲裁费用，由当事人补足；冲抵后还有余额的，由仲裁委员会退还当事人。此外如果当事人为中国一方，可以用人民币交纳仲裁费，如果当事人为外方（包括我国港澳台地区），则应按照仲裁费用表，根据申请仲裁之日国家外汇管理局公布的汇率支付与人民币等值的可自由兑换的外币。

第五节　仲裁费用的承担

一、仲裁费用承担的概念

仲裁费用的承担，是指在案件办理和裁决终结时，仲裁费用由谁负担和如何负担。

二、仲裁费用承担的原则

仲裁费用承担的原则是由负有责任的当事人承担，双方当事人都有责任的，则按责任的大小分担。根据我国《民事诉讼法》、《仲裁法》和《收费办法》以及仲裁实践，当事人承担仲裁费用一般有以下六种情况：

（一）败诉的当事人承担

仲裁终结时，仲裁费用由败诉的一方当事人负担。

（二）当事人按比例分摊

当事人部分败诉，部分胜诉的，仲裁费用根据双方当事人责任大小，确定双方当事人按比例负担。

（三）申请人一方承担

如果申请人收到仲裁委员会出庭的通知书后，无正当理由不到庭或者未经仲裁庭许可中途退庭的，则申请人预交的仲裁费用不予退回。

（四）当事人协商分担

仲裁庭组成后，如果双方当事人自行达成和解协议并撤回仲裁申请，或者经仲裁庭调解结案时，仲裁费用由当事人协商分担，确定各自承担的仲裁费用的比例。涉外仲裁当事人如果在仲裁庭调解过程中当庭或者庭外达成和解并请求仲裁庭根据他们达成的和调协议作出裁决时，仲裁费用的承担则依据当事人的约定处理。如果当事人没有约定，仲裁庭原则上按照当事人各承担50%的比例处理。

（五）申请人撤回仲裁请求时的费用承担

国内仲裁法律、法规规定如果申请人在仲裁委员会受理仲裁申请后，仲裁庭组成前提出撤回申请，则案件受理费用应当全部退回，当事人无须承担费用。涉外仲裁对此规定与国内内仲裁不同，涉外仲裁当事人如申请撤销仲裁，仲裁委员会可以根据情况收取一定费用。如果当事人申请时仲裁庭已经组成，则由仲裁庭根据工作量的大小和实际开支，决定收取一定数额的仲裁费用；如果仲裁庭尚未组成，仲裁委员会则可以根据情况收取合理的实际发生的费用。另外，仲裁庭还有权在仲裁裁决书中裁定败诉方应当补偿胜诉方因为办理案件所支出的部分合理费用（补偿最多不得超过胜诉方所得胜诉金额的10%）。

（六）被申请人承担

如果人民法院裁定采取财产保全措施，并决定保全的财产需要监督的，通知有关单位负责监督，费用则由被申请人承担。

思考题

1. 仲裁费用的概念及意义是什么？
2. 仲裁费用的种类与标准是什么？
3. 如何确定仲裁费用的数额？
4. 我国涉外仲裁费用如何收取？
5. 仲裁费用的负担方法是什么？

第十七章
仲裁责任制度

第一节　仲裁法律责任的概念及意义

一、仲裁法律责任的概念

仲裁法律责任，是指仲裁法律关系主体因违反《仲裁法》的规定而应当承担的法律责任。

仲裁法律关系的主体，又称仲裁法主体，是指根据仲裁法的规定享有仲裁权利并承担义务的组织和个人，也就是指仲裁法律关系的参加者。我国仲裁法的主体主要包括：仲裁当事人即仲裁申请人和被申请人、仲裁机构和仲裁员以及人民法院。仲裁法主体在仲裁活动中，既依法享有仲裁权利，同时又依法承担义务，如果违反《仲裁法》的规定，就要依法承担法律责任，从而成为仲裁法律责任主体。

二、仲裁法律责任的意义

在我国仲裁活动中，明确规范和依法追究仲裁法律关系主体的法律责任，不仅对促使仲裁法律关系主体依法行使其仲裁权利和履行其法定义务，而且对于保护当事人的合法权益、正确处理合同纠纷和其他财产权益纠纷，都有着重要的意义。

（一）当事人必须依法申请仲裁

依法申请仲裁，这既是当事人的权利，又是当事人的义务。从权利上来说，当事人双方只要达成仲裁协议，依照《仲裁法》第 4 条的规定，即可以依法申请仲裁。从义务上来说，当事人一方申请仲裁的，必须依照《仲裁法》第 21 条的规定依法提起仲裁申请。

（二）仲裁机构和仲裁员必须依法受理和审理仲裁案件

依法受理和审理仲裁案件，这对仲裁机构和仲裁员来说，既是法定权利，又是法定义务。仲裁机构和仲裁员依法受理、审理并裁决仲裁案件，依照《仲裁法》第 8 条的规定："仲裁依法独立进行，不受行政机关、社会团体和个人的干涉。"但同时，仲裁机构和仲裁员又必须根据事实和法律规定，对仲裁案件依法进行受理、审理和裁决。

（三）人民法院必须依法执行或者依法撤销仲裁裁决

根据我国《仲裁法》的有关规定，人民法院对仲裁应积极地予以支持并进行必要的监督。因此，人民法院依法执行或者依法撤销仲裁裁决，既是依法行使其权利，又是依法履行其义务。如果人民法院不能依法执行或者依法撤销仲裁裁决，则必须依法承担法律责任。

第二节　承担仲裁法律责任的原则与条件

一、承担仲裁法律责任的原则

根据我国法律的有关规定，承担仲裁法律责任主要有以下原则：

（一）过错责任原则

过错责任原则，是指行为人造成他人损害时，以行为人有过错为原则，从而确定行为人应承担的法律责任。在一般情况下，承担仲裁法律责任都应以行为人有无过错为原则，即行为人违反法定仲裁义务，或侵犯他人的仲裁权利时，有过错的行为人则应承担仲裁法律责任，无过错的行为人则不承担仲裁法律责任。这是仲裁法律责任的一般原则。

（二）无过错责任原则

无过错责任原则，是指行为人不论是否有过错，只要违反法定义务，造成他人损害的，就要承担法律责任。但是，只有在法律有特别规定的情况下才适用无过错责任原则。因此，我国法律在追究仲裁法律责任时，也应以过错责任为普遍原则，而以无过错责任为特别原则。

（三）公平责任原则

公平责任原则是指双方对侵权事实的发生均无过错，法律又无特别规定时，由双方公平合理地分担损失。对于我国的仲裁法律责任，应在一定情况下体现公平责任的原则。在仲裁活动中，对于因紧急避险造成的损害和意外事件造成的损害，也应由当事人双方根据公平责任原则分担赔偿责任。

二、承担仲裁法律责任的条件

承担仲裁法律责任的条件，是指仲裁法律责任的构成要件，是仲裁法主体在各种情况下承担仲裁法律责任应当具备的一般条件。

根据我国法律的有关规定，承担仲裁法律责任一般应具备以下条件：

（一）行为的违法性

仲裁法主体行为的违法性是构成仲裁法律责任的必要前提条件。如果仲裁法主体的行为不违法，就谈不上承担仲裁法律责任的问题。仲裁违法行为是指行为人违反《仲裁法》规定的义务，致使他人仲裁权利遭受侵害的行为。

（二）损害事实的存在

损害事实的存在是构成仲裁法律责任的要件之一。在一般情况下，没有损害事实，是谈不上赔偿责任的。在仲裁活动中，即使有了违法的仲裁侵权行为，如果没有造成任何损害后果，也不能要求仲裁违法行为人承担仲裁侵权的赔偿责任。

（三）违法行为与损害事实之间有因果联系

仲裁违法行为与损害事实之间必须具有客观的必然的因果联系，这是确认仲裁法律责任的不可缺少的重要条件。如果仲裁违法行为与损害事实之间没有客观的、必然的、内在的因果联系，也就没有认定仲裁法律责任的依据。

（四）违法行为人有过错

仲裁违法行为人在主观上有过错，这是承担仲裁法律责任不可缺少的主观要件。所谓主观过错，是指仲裁违法行为人实施其仲裁违法行为时的一种心理状态，包括故意与过失。因此，在一般情况下，仲裁违法行为人必须在主观上对自己的行为及其侵权损害有过错，才能承担仲裁法律责任及其侵权赔偿责任。

对于一般的损害赔偿责任而言，仲裁违法行为人的主观过错是构成其法律责任的不可缺少的主观要件，而对于特殊的损害赔偿责任而言，即使仲裁违法行为人没有主观过错，但法律规定应当承担损害赔偿责任的，也应当承担损害赔偿责任。

第三节　违反《仲裁法》的法律责任

违反《仲裁法》的法律责任，简称仲裁违法责任。根据仲裁法主体仲裁违法行为或仲裁侵权行为的性质和情节的不同，其依法承担的法律责任也是不同的。

一、仲裁当事人违反《仲裁法》的法律责任

（一）仲裁当事人违反关于仲裁原则规定的法律责任

《仲裁法》第 4 条明确规定："当事人采用仲裁方式解决纠纷，应当双方自愿，达成仲裁协议。没有仲裁协议，一方申请仲裁的，仲裁委员会不予受理。"因此，对于没有仲裁协议申请仲裁而给他人造成损失的当事人，应当依法追究其赔偿损失的民事法律责任。

《仲裁法》第 5 条又规定："当事人达成仲裁协议，一方向人民法院起诉的，人民法院不予受理，但仲裁协议无效的除外。"因此，对于达成仲裁协议后又向人民法院起诉而给他人造成损失的当事人也应当依法追究其赔偿损失的民事法律责任。

《仲裁法》第 9 条还规定："仲裁实行一裁终局的制度。裁决作出后，当事人就同一纠纷再申请仲裁或者向人民法院起诉的，仲裁委员会或者人民法院不予受理。"因此，对于在仲裁裁决作出后，就同一纠纷再申请仲裁或者向人民法院起诉而给他人造成损失的当事人，应当依法追究其赔偿损失的民事法律责任。

（二）仲裁当事人违反关于仲裁协议规定的法律责任

《仲裁法》第 17 条明确规定：“有下列情形之一的，仲裁协议无效：（一）约定的仲裁事项超出法律规定的仲裁范围的；（二）无民事行为能力人或者限制民事行为能力人订立的仲裁协议；（三）一方采取胁迫手段，迫使对方订立仲裁协议的。”对于违反《仲裁法》的上述规定，采取胁迫手段迫使对方订立仲裁协议的当事人，除应由仲裁机构确认其订立的仲裁协议无效外，还应由仲裁机构对其给予通报。必要时，还可视情况，提请其所在单位或者其主管部门依法追究其行政责任。同时，对于因采取胁迫手段迫使对方订立仲裁协议而给对方造成损失的当事人，还应当追究其赔偿损失的民事法律责任。

（三）仲裁当事人违反关于仲裁程序规定的法律责任

根据《仲裁法》第 28 条的规定，一方当事人因另一方当事人的行为或者其他原因，可能使裁决不能执行或者难以执行的，可以申请财产保全。对此，仲裁委员会应当将当事人的申请依照《民事诉讼法》的有关规定提交人民法院。但是，对于申请有错误的申请人，应当依法追究其赔偿损失的民事法律责任，即要求申请人赔偿被申请人因财产保全所遭受的损失。

（四）仲裁当事人违反关于仲裁裁决执行规定的法律责任

《仲裁法》第 62 条明确规定：“当事人应当履行裁决。”对于不履行仲裁裁决的当事人，另一方可以依照《民事诉讼法》的有关规定向人民法院申请执行，由受申请的人民法院依法追究其被申请人一方不履行裁决的民事法律责任，即由受申请的人民法院依法查封、扣押、冻结被申请人的财产，或者由受申请的人民法院依法采取法律规定的其他方法，如限制被申请人支取到期应得收益、裁定第三人不得对被申请人清偿债务或者由法院提存财物或价款。

二、仲裁机构和仲裁员违反《仲裁法》的法律责任

（一）仲裁机构违反《仲裁法》的法律责任

1. 仲裁机构违反关于仲裁受理规定的法律责任

根据《仲裁法》第 4 条和第 9 条的规定，仲裁委员会对于没有仲裁协议

而申请仲裁的，或者仲裁裁决后又就同一纠纷再申请仲裁的，均不予受理。对于仲裁委员会违反上述规定而予以受理的，可以由人民法院依法裁定撤销裁决或者不予执行，同时还可以由中国仲裁协会依法对仲裁委员会的违纪行为进行监督，也可以由有关部门就其性质和情节给予通报、警告和依法收缴其违法所得的仲裁费，并依法追究其负责人和直接责任人员的行政责任。

2. 仲裁机构违反关于设立、变更和终止规定的法律责任

《仲裁法》第10条明确规定，仲裁委员会应依法设立，应当经省、自治区、直辖市的司法行政部门登记。仲裁委员会依法办理设立登记后，需要变更住所和组成人员，应当在变更后的10日内向登记机关备案，并向登记机关提交与变更事项有关的文件。仲裁委员会决议终止的，应当向登记机关办理注销登记，并向登记机关提交与注销事项有关的文件或证书。对于没有依法进行变更登记和办理注销登记的仲裁委员会，应由登记机关依法责令其限期登记，逾期不登记的，应依法予以罚款。

3. 仲裁机构违反关于仲裁程序规定的法律责任

对于仲裁委员会收到仲裁申请书后没有依法受理和及时通知当事人，或者受理仲裁申请后没有在仲裁规则规定的期限内及时送达申请书副本、答辩书副本、仲裁规则和仲裁员名册，以致严重影响仲裁程序顺利进行的，应依法追究其负责人和直接责任人员的法律责任，视情节给予通报或警告等行政处分。

仲裁委员会对于申请财产保全的，应当将其申请依法提交给人民法院；对于申请证据保全的，应当将其申请依法提交给证据所在地的基层人民法院。对于仲裁委员会没有依法提交而给当事人造成损失的，应依法承担赔偿损失的法律责任。同时，还应依法追究仲裁委员会负责人和直接责任人的行政责任。

4. 仲裁机构违反关于仲裁收费规定的法律责任

根据《仲裁委员会仲裁收费办法》的规定，仲裁费用包括案件受理费和案件处理费。对于仲裁委员会违反仲裁收费规定而多收取的仲裁费用，应依法退还给仲裁案件的当事人；对于仲裁委员会违法使用收费票据，不按照财务核算制度进行财务、收支管理，不接受财政、审计、税务、物价等部门的

监督的，应依法追究其负责人和直接责任人员的行政责任；情节严重的，给公私财产造成重大损失，构成犯罪的，应依法追究其刑事责任。

（二）仲裁员违反《仲裁法》的法律责任

1. 仲裁员违反关于仲裁回避规定的法律责任

对于仲裁员违反法律规定，有法定回避情形。在仲裁案件时，私自会见当事人和代理人，或者接受当事人和代理人的请客送礼的，特别是有索贿受贿、徇私舞弊、枉法裁决行为的，应依法追究其法律责任，仲裁委员会应当将其除名，并由人民法院依法对其予以刑事制裁。

2. 仲裁员违反保守仲裁秘密规定的法律责任

对于仲裁员有违反保密规定的行为，仲裁委员会应依法责令其停止违法行为、消除社会影响，情节严重的，应将其除名；给当事人造成损失的，仲裁委员会还应依法迫使其赔偿责任；构成犯罪的，则应由司法部门依法追究其刑事责任。

3. 仲裁员违反关于聘任规定的法律责任

对于仲裁员违反聘任规定，应依法予以解聘；给仲裁委员会因此造成损失的，还应依法追究其赔偿责任。

三、人民法院违反《仲裁法》的法律责任

（一）人民法院违反关于仲裁案件受理规定的法律责任

对于人民法院违反法律规定，违法受理仲裁案件的，应依法予以撤销，并追究其主管负责人和直接责任人员的法律责任；因违法受理给当事人造成损失的，应依法追究其赔偿责任。

（二）人民法院违反关于仲裁案件裁定和审理规定的法律责任

对于人民法院违反法律规定，没有依法裁定和审理仲裁案件的，应依法追究其主要负责人和直接责任人员的法律责任；因违法裁定和审理仲裁案件给当事人造成损失的，应依法追究其赔偿责任。

（三）人民法院违反关于仲裁裁决执行和撤销规定的法律责任

对于人民法院违反法律规定，应当依法追究其主管负责人和直接责任人员的法律责任；因违法执行裁决和违法撤销裁决给当事人造成成损失的，应

依法追究其赔偿责任。

思考题

1. 仲裁的法律责任的概念及意义是什么？

2. 承担仲裁法律责任有哪些原则？

3. 承担仲裁法律责任应具备哪些条件？

4. 仲裁当事人违反哪些规定时会导致仲裁协议无效？

5. 人民法院违反关于仲裁裁决执行和撤销规定后应承担什么样的法律责任？

案例分析题

仲裁庭的组成及仲裁程序违法导致的法律责任

［案情］

2001年1月18日，某科技有限责任公司（甲方）与某汽车股份有限公司（乙方）签订一份房屋租赁合同，合同约定：甲方承租乙方所有位于A市东区的房屋三层，总建筑面积25 000平方米；占地面积13万平方米；每月租金为38万元；租期10年，自2001年5月1日至2011年4月30日；约定的租赁用途是：商业、办公及转租赁经营。同时合同还约定，如果双方在履行合同的过程中发生了争议，应提交乙方所在地A市的仲裁委员会仲裁。

合同签订的当天双方又签订了房屋租赁的补充协议，补充协议约定：在签约后3日内，由甲方支付乙方定金20万元；乙方在甲方交付定金后交付3000平方米房屋；甲方应在2001年5月底之前支付给乙方公司租金150万元，乙方在2001年8月份之前按照合同约定交付全部租赁房屋；如甲方不能按期支付定金和租金或乙方不能按照约定交房，则违约方按定金和本期租金的双倍向守约方支付违约金。

合同签订后，甲方按照合同约定支付了20万元定金，乙方交付了房屋3000平方米和几间办公室，其他房屋没有交付。甲方在接收3000平方米房屋后将其中的2010平方米转租给另外一家公司开办超市（经过了乙方的同意）。

后甲方发现乙方出租的房屋只有17 000平方米的房屋有产权证明，另有7000多平方米是属于违章建筑，甲方认为乙方未能全面履行合同。于是，甲方于5月4日将43万元汇至乙方账户上，并出具了一张100万元的支票出质。甲方对100万元出质支票一直未予兑现。

2001年8月30日，由于甲方只支付了63万元租金，而没有兑现100万元款项，乙方认为甲方没有付款的能力，便通知甲方洽谈要求终止合同，遭到甲方拒绝。2001年11月，乙方与丙公司签订租赁合同，并将余下的房屋交付给了该公司。这致使乙方无法履行与甲方签订的合同，并由此发生了争议。

2001年12月3日乙方向A市仲裁委员会申请仲裁，要求甲方交付迟延的租金153 879元，并要求解除合同，收回已交付的3000平方米房屋。仲裁委员会于2001年12月5日将仲裁通知书邮寄给甲方，但由于甲方经营地点的搬迁，邮寄的仲裁通知书被退回，送达回证上没有甲方的签字。后仲裁委员会于2001年12月25日通知甲方去领取仲裁通知书。甲方派人去领，仲裁委员会工作人员要求甲方代表在送达回证上签收日期提前，签为2001年12月5日，否则不交付仲裁通知书及相关资料，于是甲方工作人员便将签收日期写为2001年12月5日。甲方在取得仲裁通知书后，于2001年12月27日选定了1名仲裁员，但是仲裁委员会根据其仲裁规则认为已超过指定仲裁员的期限。其实，仲裁委员会在12月25日之前就强制给甲方指定了1名仲裁员。在共同选定首席仲裁员上，双方选择也不一致。结果，仲裁委员会主任指定了由乙方选择的首席仲裁员作为首席仲裁员，甲方的异议没有得到仲裁委员会的认可。于是甲方又在2002年1月14日向仲裁委员会提出了反请求，要求乙方承担违约责任，双倍返还定金，并要求继续履行合同。仲裁委员会又以该反请求的提出超过期限为由不予受理。

在同年1月18日第一次开庭后，甲方觉得首席仲裁员带有偏见，同时在仲裁过程中还暗示甲方与其私下交谈。于是，甲方法定代表人私下与该首席仲裁员见面，在该首席仲裁员的授意下，为该首席仲裁员的妻子送去昂贵药品，后该首席仲裁员还要求甲方公司聘请其作为法律顾问，于是甲方交付了半年顾问费12 000元。后该首席仲裁员怕被人揭发，将顾问费退回。

2002年8月20日本案进行了第二次开庭，经甲乙双方的辩论，仲裁庭最终作出了裁决：一是支持乙方提出甲方支付租金迟延的租金 153 879 元的要求；二是对乙方的其他请求不予支持；三是本案的仲裁费 25 800 元，由甲方承担 16 752 元，乙方承担 9048 元。

［问题］

1. 本案的被申请人甲方是否能够申请人民法院撤销仲裁裁决，其有什么理由根据？

2. 本案的申请人乙方如果不服本仲裁裁决，是否也可以申请人民法院撤销仲裁裁决，其理由根据又是什么？他们是否能够得到人民法院支持？

第十八章

仲裁监督制度

第一节　仲裁监督体系

根据我国《仲裁法》规定，仲裁委员会独立于行政机关，与行政机关没有隶属关系，各仲裁委员会之间也没有隶属关系。但是，仲裁委员会依法受到以下两方面的监督：

一、内部监督

各仲裁委员会是中国仲裁协会的天然会员。中国仲裁协会是团体法人，是仲裁委员会的自律性组织。它根据章程对仲裁委员会及其成员、仲裁员的违纪行为进行监督。中国仲裁协会的章程，是由中国仲裁协会全国会员大会制定的，中国仲裁协会全国会员大会不是立法机关，它不具有立法的权力，但它制定的章程是中国仲裁协会内部的规章制度，对仲裁委员会及其成员和仲裁员具有对内的监督和约束效力。比如，从仲裁委员会聘任仲裁员的组成上看，仲裁协会也要依照《仲裁法》有关仲裁员的资格条件和其章程对之进行监督。

二、外部监督

（一）人民法院对仲裁的监督

除内部监督外，仲裁委员会的仲裁、裁决同时还受人民法院的监督。司法监督在仲裁监督制度中占有很大的比重，是不可或缺的一部分。仲裁裁决作为一种民间性的裁决具有法律约束力，是与诉讼裁决有同等效力的。因而，对它的监督也要与对诉讼制度的监督一样纳入整个法律监督体系。

（二）人民检察院对仲裁活动的法律监督

《民事诉讼法》第14条规定："人民检察院有权对民事诉讼实行法律监督。"我们认为：人民检察院有权对民商事经济仲裁活动实行法律监督。这样，仲裁活动就被纳入至整个法律监督体系，进而对于仲裁制度的发展有极大的推动作用。

（三）行政机关对仲裁登记的监督

仲裁委员会的设立，必须经省级司法行政部门登记，而省级司法行政部门的登记行为本身就是一种管理监督形式。既然这样，行政机关的监督就有其法律根据，至少应受到省级及其以上司法行政机关的监督。所以，在我国也要处理好司法行政机关对仲裁委员会的监督问题。

第二节　仲裁司法监督的历史

各国仲裁立法都将仲裁的某些权力瑕疵通过法院协助得以完善，如仲裁的财产、证据保全，仲裁的调查取证，仲裁裁决的执行等。同样，也将仲裁裁决不同程度地置于法院的监督之下，如对仲裁裁决的撤销或不予执行的审查等。

总之，现代国际潮流是以对仲裁制度予以更多的支持、更有限的干预为主导意识，以维护和促进适应市场经济发展需求的仲裁制度快速健康地发展，创造更加多元化的社会纠纷解决机制，满足市场经济主体解决纠纷非诉讼化的时代需要。

第三节　我国仲裁司法监督的途径和范围

我国人民法院对仲裁的司法监督，表现为法院对当事人不服仲裁裁决而起诉的争议事项具有终局的司法裁决权，以及当事人申请执行时人民法院有司法审查权。

目前，我国仲裁司法监督的途径和范围主要表现在以下三个方面：

（一）人民法院裁决仲裁裁决的效力

对仲裁协议的效力作出裁决是人民法院司法监督权的一个重要体现。仲裁协议是仲裁的依据，其有效或无效直接关系着仲裁能否进行的问题。《仲裁法》第20条规定“当事人对仲裁协议的效力有异议的，可以请求仲裁委员会作出决定或者请求人民法院作出裁定。一方请求仲裁委员会作出决定，另一方请求人民法院作出裁定的，由人民法院裁定。”

（二）撤销仲裁裁决

依据《仲裁法》的规定，当事人提出证据证明裁决有第58条规定的情形之一或者涉外仲裁裁决具有《民事诉讼法》第274条第1款规定情形之一的，经人民法院合议庭审查核实，裁定撤销。

仲裁庭作出的仲裁裁决具有终局性，非经法定程序，任何人不得随意更改，为保证仲裁机构裁决的正确性和合法性，使已经生效但确有错误的裁决得到纠正，赋予人民法院对终局裁决的司法监督权，允许人民法院撤销仲裁裁决。

（三）否定仲裁裁决的效力，裁定不予执行

人民法院对申请强制执行的仲裁裁决，依据被申请人的申请进行司法审查，是司法监督的重要措施。在申请执行程序中，被申请人提出证据证明仲裁裁决具有《民事诉讼法》第237条第2款规定的情形之一，或者涉外仲裁裁决具有《民事诉讼法》第274条第1款规定的情形之一的，经人民法院合议庭审查，有权裁定不予执行。

第四节　我国仲裁司法监督的问题及完善

一、我国仲裁司法监督存在的问题

从人民法院对仲裁裁决司法监督权的立法精神上分析，当前的立法对维护当事人的合法权益、督促仲裁员公正仲裁、完善我国仲裁监督机构以及纠正错误的仲裁裁决发挥了重要作用。但是，在仲裁司法监督的立法和实践中，也存在不少的问题。其主要表现是：

第一，现行法律规定存在弊端，容易导致一个法院做出矛盾的审查结论。《仲裁法》第58条和第63条分别赋予了当事人申请撤销仲裁裁决或申请不予执行仲裁裁决的权利，当事人可以选择撤销仲裁裁决，也可以申请不予执行，并且二者并不是选择的关系，即当事人在申请撤销不被支持的情况下，还可以申请不予执行。这样的结果，既不严肃，也损害了仲裁裁决和法院司法审查权应有的权威和地位。

第二，关于撤销仲裁裁决和不予执行仲裁裁决的法律规定重复，同时赋予当事人两项权利，不利于节约司法资源。《仲裁法》第58条规定了可撤销仲裁裁决的六种情形，即：①没有仲裁协议的；②裁决的事项不属于仲裁协议的范围或者仲裁委员会无权仲裁的；③仲裁庭的组成或者仲裁的程序违反法定程序的；④裁决所根据的证据是伪造的；⑤对方当事人隐瞒了足以影响公正裁决的证据的；⑥仲裁员在仲裁该案时有索贿受贿，徇私舞弊，枉法裁决行为的。由于没有对当事人对上述两项权利加以限制，在当事人申请撤销仲裁裁决不能的情况下，再次申请不予执行，既违反了一事不再理的原则，也浪费了有限的司法资源。

第三，关于不予执行仲裁裁决的法律规定给债务人提供了故意拖延执行时间，恶意损害债权人利益的机会。债务人往往利用法律规定的缺陷，滥用权利，在仲裁裁决不被撤销的情况下，为了故意拖延履行义务的时间，在债权人申请人民法院强制执行后，再次申请不予执行，人民法院仍需按照《民事诉讼法》的规定重复审查，不利于债权人的合法权益尽快实现。

二、完善人民法院对仲裁裁决的司法监督

（一）修改《仲裁法》和《民事诉讼法》

1. 明确当事人申请撤销仲裁裁决和不予执行的权利只能选择其一

选择了申请仲裁裁决的，经人民法院审查申请被驳回的，被执行人不得再申请不予执行。

2. 扩大人民法院对申请撤销仲裁裁决的范围

人民法院在审查仲裁裁决时，应全面审查，既要审查仲裁裁决的程序，

又要审查实体。

3. 缩小执行机构对不予执行的审查范围

如果当事人放弃申请撤销仲裁裁决的，执行机构不再受理不予执行的申请，仅审查该裁决的执行是否违背社会公共利益。当事人没有申请撤销仲裁裁决，在执行程序中，被执行人提出不予执行申请的，仅审查是否有仲裁协议和是否违背社会公共利益。

（二）严格当事人提起诉讼程序和不予执行程序的条件

当事人提出撤销仲裁裁决的，应当提供证据证明该裁决存在法定撤销或不予执行理由，同时，对当事人在仲裁过程中，无正当理由不出庭，人民法院将不再对应该在仲裁程序中质证的证据进行审查，也不再对未出庭当事人应向仲裁庭提交的证据进行质证，仅对仲裁程序合法的合法性、使用证据真实的真实性以及适用法律的正确性进行审查。[1]

思考题

1. 我国仲裁机构会受到哪些监督？
2. 人民检察院如何对仲裁活动进行法律监督？
3. 我国仲裁的司法监督有哪些途径？
4. 我国目前在仲裁的司法监督方面还存在哪些突出的问题？
5. 如何完善我国仲裁的司法监督？

案例分析题

案例一　法院是否可以在当事人未申请不予执行时对裁决进行审查？

［案情］

申请人：某市国土资源局

被申请人：某投资发展公司。

2004 年 10 月，某市国土资源局向某市仲裁委员会提出申请，请求裁决：

---

〔1〕 蒋萍：《法院如何对仲裁裁决进行司法监督》，载中国仲裁网，2005 年 7 月 29 日。

一是收回某投资发展公司闲置二年的土地120亩，二是某投资发展公司偿还土地出让金1656万元。2005年2月，某市仲裁委员会经审理查明，2001年，某市国土资源局将180亩土地使用权出让给某投资发展公司建超市，使用期限50年，每亩土地出让金10万元。双方签订合同后，某投资发展公司缴纳土地出让金8千元后，某市国土资源局为其办理了土地使用权证。某投资发展公司仅使用了60亩土地，建营业楼一座，其余120亩土地一直闲置。某市仲裁委遂裁决：某投资公司偿还某国土资源局土地出让金1656万元，国土资源局有权收回闲置的土地。由于某投资公司在经营期间，因建营业楼及开业经营欠外债1亿元，营业楼和180亩的土地使用权因另案被法院查封。某投资公司早已处于歇业状态，法定代表人下落不明，无其他固定人员上班。某国土资源局请求人民法院强制执行该仲裁裁决。

［问题］

对该仲裁裁决是否应当执行还是应当不予执行？为什么？

案例二　仲裁裁决的强制执行必须依靠法院

［案情］

国乐电器商场和某空调厂家就购买一批中央空调签订了合同，合同约定因履行该合同所发生的一切争议，提交乙仲裁委员会仲裁。事后因该空调厂家延期交货，导致国乐电器商场错过销售旺季而遭受损失。双方因违约赔偿问题，不能达成一致意见而申请乙仲裁委员会仲裁。乙仲裁委员会经过审理，裁决该空调厂家赔偿国乐电器商场共计人民币5万元，1个月内履行完毕。可是，1个半月过去了，该空调厂家却迟迟不予履行。经过多次交涉，该空调厂家仍拒绝支付赔偿金。

［问题］

1. 国乐电器商场应如何保护自己的合法权益？

2. 本案中如何表现出仲裁机构与法院在仲裁裁决执行方面的关系？

附录一

相关仲裁法律

一、国际仲裁法律制度

（一）承认及执行外国仲裁裁决公约

《承认及执行外国仲裁裁决公约》

（1958 年 6 月 10 日订于纽约）

第一条

一、仲裁裁决，因自然人或法人间之争议而产生且在声请承认及执行地所在国以外之国家领土内作成者，其承认及执行适用本公约。本公约对于仲裁裁决经声请承认及执行地所在国认为非为国裁决者，亦适用之。

二、“仲裁裁决”一词不仅指专案选派之仲裁员所作裁决，亦指当事人提请仲裁之常设仲裁机关所作裁决。

三、任何国家得于签署、批准或加入本公约时，或于本公约第十条通知推广适用时，本交互原则声明该国适用本公约，以承认及执行在另一缔约国领土内作成之裁决为限。任何国家亦得声明，该国唯于争论起于法律关系，不论其为契约性质与否，而依提出声明国家之国内法认为系属商事关系者，始适用本公约。

第二条

一、当事人以书面协定承允彼此间所发生或可能发生之一切或任何争议，如关涉可以仲裁解决事项之确定法律关系，不论为契约性质与否，应提交仲裁时，各缔约国应承认此项协定。

二、称“书面协定”者，谓当事人所签订或在互换函电中所载明之契约仲裁条款或仲裁协定。

三、当事人就诉讼事项订有本条所称之协定者，缔约国法院受理诉讼时应依当事人一造之请求，命当事人提交仲裁，但前述协定经法院认定无效、失效或不能实行者不在此限。

第三条

各缔约国应承认仲裁裁决具有拘束力，并依援引裁决地之程序规则及下列各条所载条件执行之。承认或执行适用本公约之仲裁裁决时，不得较承认或执行内国仲裁裁决附加过苛之条件或征收过多之费用。

第四条

一、声请承认及执行之一造，为取得前条所称之承认及执行，应于声请时提具：

（甲）原裁决之正本或其正式副本，

（乙）第二条所称协定之原本或其正式副本。

二、倘前述裁决或协定所用文字非为援引裁决地所在国之正式文字，声请承认及执行裁决之一造应备具各该文件之此项文字译本。译本应由公设或宣誓之翻译员或外交或领事人员认证之。

第五条

一、裁决唯有于受裁决援用之一造向声请承认及执行地之主管机关提具证据证明有下列情形之一时，始得依该造之请求，拒予承认及执行：

（甲）第二条所称协定之当事人依对其适用之法律有某种无行为能力情形者，或该项协定依当事人作为协定准据之法律系属无效，或未指明以何法律为准时，依裁决所在国法律系属无效者；

（乙）受裁决援用之一造未接获关于指派仲裁员或仲裁程序之适当通知，或因他故，致未能申辩者；

（丙）裁决所处理之争议非为交付仲裁之标的或不在其条款之列，或裁决载有关于交付仲裁范围以外事项之决定者，但交付仲裁事项之决定可与未交付仲裁之事项划分时，裁决中关于交付仲裁事项之决定部分得予承认及执行；

（丁）仲裁机关之组成或仲裁程序与各造间之协议不符，或无协议而与仲裁地所在国法律不符者；

（戊）裁决对各造尚无拘束力，或业经裁决地所在国或裁决所依据法律之国家之主管机关撤销或停止执行者。

二、倘声请承认及执行地所在国之主管机关认定有下列情形之一，亦得拒不承认及执行仲裁裁决：

（甲）依该国法律，争议事项系不能以仲裁解决者；

（乙）承认或执行裁决有违该国公共政策者。

第六条

倘裁决业经向第五条第一项（戊）款所称之主管机关声请撤销或停止执行，受理援引裁决案件之机关得于其认为适当时延缓关于执行裁决之决定，并得依请求执行一造之声请，命他造提供妥适之担保。

第七条

一、本公约之规定不影响缔约国间所订关于承认及执行仲裁裁决之多边或双边协定之效力，亦不剥夺任何利害关系人可依援引裁决地所在国之法律或条约所认许之方式，在其许可范围内，援用仲裁裁决之任何权利。

二、1923 年日内瓦仲裁条款议定书及 1927 年日内瓦执行外国仲裁裁决公约在缔约国间，于其受本公约拘束后，在其受拘束之范围内不再生效。

第八条

一、本公约在 1958 年 12 月 31 日以前听由任何联合国会员国及现为或嗣后成为任何联合国专门机关会员国或国际法院规约当事国之任何其他国家，或经联合国大会邀请之任何其他国家签署。

二、本公约应予批准。批准文件应送交联合国秘书长存放。

第九条

一、本公约听由第八条所称各国加入。

二、加入应以加入文件送交联合国秘书长存放为之。

第十条

一、任何国家得签署、批准或加入时声明将本公约推广适用于由其负责国际关系之一切或任务领土。此项声明于本公约对关系国家生效时发生效力。

二、嗣后关于推广适用之声明应向联合国秘书长提出通知为之，自联合国秘书长收到此项通知之日后第九十日起，或自本公约对关系国家生效之日起发生效力，此两日期以较迟者为准。

三、关于签署、批准或加入时未经将本公约推广适用之领土，各关系国家应考虑可否采取必要步骤将本公约抗议适用于此等领土，但因宪政关系确有必要时，自须征得此等领土政府之同意。

第十一条

下列规定对联邦制或非单一制国家适用之：

（甲）关于本公约内属于联邦机关立法权限之条款，联邦政府之义务在此范围内与非联邦制缔约国之义务同；

（乙）关于本公约内属于组成联邦各州或各省之立法权限之条款，如各州或各省依联邦宪法制度并无采取立法行动之义务，联邦政府应尽速将此等条款提请各州或各省主管机关注意，并附有利之建议；

（丙）参加本公约之联邦国家遇任何其他缔约国经由联合国秘书长转达请求时，应提供叙述联邦及其组成单位关于本公约特定规定之法律及惯例之情报，说明以立法或其他行动实施此项规定之程度。

第十二条

一、本公约应自第三件批准或加入文件存放之日后第九十日起发生效力。

二、对于第三件批准或加入文件存放后批准或加入本公约之国家，本公约应自各该国存放批准或加入文件后第九十日起发生效力。

第十三条

一、任何缔约国得以书面通知联合国秘书长宣告退出本公约，退约应于秘书长收到通知之日一年后发生效力。

二、依第十条规定提出声明或通知之国家，嗣后得随时通知联合国秘书长声明本公约自秘书长收到通知之日一年后停止适用于关系领土。

三、在退约生效前已进行承认或执行程序之仲裁裁决，应继续适用本公约。

第十四条

缔约国除在本国负有适用本公约义务之范围外，无权对其他缔约国援用本公约。

第十五条

联合国秘书长应将下列事项通知第八条所称各国：

（甲）依第八条所为之签署及批准；

（乙）依第九条所为之加入；

（丙）依第一条、第十条及第十一条所为之声明及通知；

（丁）依第十二条本公约发生效力之日期；

（戊）依第十三条所为之退约及通知。

第十六条

一、本公约应存放联合国档库，其中文、英文、法文、俄文及西班牙文各本同一作准。

二、联合国秘书长应将本公约正式副本分送第八条所称各国。

（二）联合国国际贸易法委员会仲裁规则（2013 年修订）

《联合国国际贸易法委员会仲裁规则》

（2013 年 12 月 16 日　第 68 次全体会议修订，于 2014 年 4 月 1 日生效）

第一章　绪则

适用范围*

第 1 条

1. 凡各方当事人同意，一项确定的法律关系不论是合同性还是非合同性的，彼此之间与此有关的争议应根据《贸易法委员会仲裁规则》提交仲裁的，此类争议均应按照本《规则》进行解决，但须服从各方当事人可能协议对本《规则》作出的修改。

2. 除非各方当事人约定适用本《规则》某一版本，否则应推定双方当事人于 2010 年 8 月 15 日之后订立的仲裁协议适用仲裁程序开始之日现行有效的本《规则》。在 2010 年 8 月 15 日之后通过接受该日之前所作要约而订立仲裁协议的，此推定不适用。

3. 仲裁应按照本《规则》进行，但本《规则》任一条款与仲裁所适用的某

* 合同中的示范仲裁条款载于本《规则》附件。

项法律规定相抵触，且各方当事人又不得背离该法律规定的，以该法律规定为准。

4. 对于依照为投资或投资人提供保护的条约提起的投资人与国家间的仲裁，本《规则》包括《贸易法委员会投资人与国家间基于条约仲裁透明度规则》（《透明度规则》），但以《透明度规则》第1条的规定为限。

通知和期间计算

第2条

1. 通知包括通知书、函件或建议，可通过任何能够提供或容许传输记录的通信手段进行传输。

2. 凡一方当事人已为此目的专门指定某一地址，或者仲裁庭已为此目的同意指定某一地址的，均应按照按该地址将任何通知送达该当事人；照此方式递送的，视为收到通知。使用传真或电子邮件等电子方式的，只能将通知递送到按上述方式指定或同意指定的地址。

3. 没有指定地址或没有同意指定地址的，

（a）通知直接交给收件人，即为收到；或者

（b）通知递送到收件人的营业地、惯常住所或通讯地址，即视为收到。

4. 经合理努力仍无法根据第2款或第3款递送通知的，用挂号信或以能够提供递送记录或试图递送记录的方式，将通知递送到收件人最后一个为人所知的营业地、惯常住所或通讯地址，即应视为已收到通知。

5. 根据第2款、第3款或第4款送达通知的日期，或者根据第4款试图递送通知的日期，应视为已收到通知的日期。以电子方式传递通知的，通知发出的日期视为已收到通知的日期，但以电子方式传递的仲裁通知除外，仲裁通知视为已收到的日期，只能是其抵达收件人电子地址的日期。

6. 本《规则》规定的期间，应自收到通知之日的次日起算。期间的最后一天是收件人住所或营业地法定假日或非营业日的，期间顺延至其后第一个营业日。期间持续阶段的法定假日或非营业日应计入期间。

仲裁通知

第3条

1. 提起仲裁的一方或多方当事人（以下称“申请人”）应给予另一方或多方

当事人（以下称“被申请人”）一项仲裁通知。

2. 仲裁程序应视为自被申请人收到仲裁通知之日起开始。

3. 仲裁通知应包括下列各项：

（a）将争议提交仲裁的要求；

（b）各方当事人的名称和联系方式；

（c）指明所援引的仲裁协议；

（d）指明引起争议的或与争议有关的任何合同或其他法律文书，无此类合同或文书的，简单说明相关关系；

（e）对仲裁请求作简单说明，涉及金额的，指明其数额；

（f）寻求的救济或损害赔偿；

（g）各方当事人事先未就仲裁员人数、仲裁语言和仲裁地达成协议的，提出这方面的建议。

4. 仲裁通知还可包括：

（a）第 6 条第 1 款中述及的关于指派指定机构的建议；

（b）第 8 条第 1 款中述及的关于指定一名独任仲裁员的建议；

（c）第 9 条或第 10 条中述及的指定一名仲裁员的通知书。

5. 任何关于仲裁通知充分性的争议不得妨碍仲裁庭的组成，最终应由仲裁庭解决。

对仲裁通知的答复

第 4 条

1. 被申请人应在收到仲裁通知 30 天内向申请人递送对仲裁通知的答复，其中应包括：

（a）每一被申请人的名称和联系方式；

（b）对仲裁通知中根据第 3 条第 3 款（c）项至（g）项所载信息内容的答复；

2. 对仲裁通知的答复还可包括：

（a）任何关于根据本《规则》组成的仲裁庭缺乏管辖权的抗辩；

（b）第 6 条第 1 款中述及的关于指派指定机构的建议；

（c）第 8 条第 1 款中述及的关于指定一名独任仲裁员的建议；

（d）第 9 条或第 10 条中述及的指定一名仲裁员的通知书；

(e) 提出反请求或为抵消目的提出请求的，对其作简单说明，包括在有关情况下指明所涉金额以及所寻求的救济或损害赔偿；

(f) 被申请人对不是申请人的仲裁协议当事人提出仲裁请求的，第 3 条规定的仲裁通知。

3. 任何关于被申请人未递送对仲裁通知的答复或者关于对仲裁通知的不完整答复或迟延答复的争议，均不得妨碍仲裁庭的组成，最终均应由仲裁庭解决。

代表和协助

第 5 条

每一方当事人可由其选定的人员出任代表或给予协助。此类人员的姓名和地址必须通知各方当事人和仲裁庭。此种通知必须说明所作指定是为了代表目的还是为了协助目的。一人担任一方当事人代表的，仲裁庭可自行或应任何一方当事人的请求，随时要求按照仲裁庭决定的方式提供关于赋予该代表权限的证据。

指派和指定机构

第 6 条

1. 除非各方当事人已就选择指定机构达成约定，否则一方当事人可随时提名一个或数个机构或个人，包括海牙常设仲裁法院（以下称“常设仲裁院”）秘书长，由其中之一担任指定机构。

2. 在其他各方当事人收到根据第 1 款的提名后 30 天内，如果各方当事人未能就选择指定机构达成约定，任何一方当事人均可请求常设仲裁院秘书长指派指定机构。

3. 本《规则》规定一方当事人必须在一期限内将某一事项提交指定机构处理而指定机构尚未约定或指派的，该期限自一方当事人启动对指定机构的约定或指派程序之日起暂停计算，直至达成此种约定或指派之日。

4. 指定机构拒不作为，或者指定机构收到一方当事人请求指定仲裁员的申请后 30 天内未指定一名仲裁员、在本《规则》规定的其他任何期限内不作为，或者在收到一方当事人要求一名仲裁员回避的申请后的合理时间内未就该申请作出决定的，任何一方当事人均可请求常设仲裁院秘书长指派替代指定机构，但第 41 条第 4 款述及的情形除外。

5. 指定机构和常设仲裁院秘书长行使本《规则》对其规定的职责，可要求任何一方当事人和仲裁员向指定机构和常设仲裁院秘书长提供其认为必需的信息，并以其认为适当的方式给予各方当事人以及在可能情况下给予仲裁员陈述意见的机会。与指定机构和常设仲裁院秘书长的所有此种往来函件也应由发件人提供给其他各方当事人。

6. 请求指定机构依照第 8 条、第 9 条、第 10 条或第 14 条指定一名仲裁员的，提出请求的当事人应向指定机构发送仲裁通知副本，对仲裁通知已作答复的，还应发送该答复副本。

7. 指定机构应注意到任何有可能保证指定独立、公正仲裁员的考虑，并应考虑到指定一名与各方当事人国籍不同的仲裁员的可取性。

第二章　仲裁庭的组成

仲裁员人数

第 7 条

1. 各方当事人未事先约定仲裁员人数，并且在被申请人收到仲裁通知后 30 天内各方当事人未就只应指定一名仲裁员达成约定的，应指定三名仲裁员。

2. 虽有第 1 款规定，一方当事人提出指定独任仲裁员的提议而其他各方当事人未在第 1 款规定的时限内对此作出答复，并且有关的一方或多方当事人未根据第 9 条或第 10 条指定第二名仲裁员的，指定机构可根据第 8 条第 2 款规定的程序，经一方当事人请求，指定独任仲裁员，但指定机构须根据案情确定这样做更适当。

仲裁员的指定（第 8 条至第 10 条）

第 8 条

1. 各方当事人已约定将指定独任仲裁员，而在其他各方当事人收到指定独任仲裁员的建议后 30 天内各方当事人未就选择独任仲裁员达成约定的，经一方当事人请求，应由指定机构指定独任仲裁员。

2. 指定机构应尽速指定独任仲裁员。在进行指定时，除非当事人约定不使用名单法，或指定机构依其裁量权决定该案件不宜使用名单法，否则指定机构应使用下述名单法：

（a）指定机构应将至少列有三个人名的相同名单分送每一方当事人；

（b）收到名单后 15 天内，每一方当事人可删除其反对的一个或数个人名并将名单上剩余的人名按其选择顺序排列之后，将名单送还指定机构；

（c）上述期限届满后，指定机构应从送还名单上经认可的人名中，按各方当事人所标明的选择顺序指定一人为独任仲裁员；

（d）由于任何原因，无法按这一程序进行指定的，指定机构可行使其裁量权指定独任仲裁员。

第 9 条

1. 指定三名仲裁员的，每一方当事人应各指定一名仲裁员。第三名仲裁员应由已被指定的两名仲裁员选定，担任仲裁员首席仲裁员。

2. 一方当事人收到另一方当事人指定一名仲裁员的通知书后，未在 30 天内将其所指定的仲裁员通知另一方当事人的，该另一方当事人可请求指定机构指定第二名仲裁员。

3. 指定第二名仲裁员后 30 天内，两名仲裁员未就首席仲裁员人选达成约定的，应由指定机构按照第 8 条规定的指定独任仲裁员的方式，指定首席仲裁员。

第 10 条

1. 为第 9 条第 1 款之目的，在须指定三名仲裁员且申请人或被申请人为多方当事人的情况下，除非各方当事人约定采用其他方法指定仲裁员，否则多方当事人应分别作为共同申请人或共同被申请人，各指定一名仲裁员。

2. 各方当事人约定组成仲裁庭的仲裁员人数不是一名或三名的，应按照各方当事人约定的方法指定仲裁员。

3. 未能根据本《规则》组成仲裁庭的，经任何一方当事人请求，指定机构应组成仲裁庭，并可为此撤销任何已作出的指定，然后指定或重新指定每一名仲裁员，并指定其中一人担任首席仲裁员。

仲裁员披露情况和回避**（第 11 条至 13 条）

第 11 条

可能被指定为仲裁员的人，应在与此指定有关的洽谈中披露可能对其公正性

** 第 11 条规定的独立性声明范文载于本《规则》附件。

和独立性产生有正当理由怀疑的任何情况。仲裁员应自其被指定之时起，并在整个仲裁程序期间，毫无延迟地向各方当事人以及其他仲裁员披露任何此种情况，除非此种情况已由其告知各方当事人。

第 12 条

1. 如果存在可能对任何仲裁员的公正性或独立性产生有正当理由怀疑的情况，均可要求该仲裁员回避。

2. 一方当事人只能根据其指定仲裁员之后才得知的理由，对其所指定的仲裁员要求回避。

3. 仲裁员不作为，或者仲裁员因法律上或事实上的原因无法履行其职责的，应适用第 13 条中规定的程序申请仲裁员回避。

第 13 条

1. 一方当事人意图对一名仲裁员提出回避，应在被要求回避的仲裁员的任命通知书发给该当事人后 15 天内，或在该当事人得知第 11 条和第 12 条所提及的情况后 15 天内，发出其回避通知。

2. 回避通知应发给其他所有当事人、被要求回避的仲裁员以及其他仲裁员。回避通知应说明提出回避的理由。

3. 一方当事人对一名仲裁员提出回避，其他所有当事人可以附议。该仲裁员也可在回避提出后辞职。无论是其中哪一种情况，均不表示提出回避的理由成立。

4. 自回避通知发出之日起 15 天内，如果其他当事人不同意该回避，或者被要求回避的仲裁员不辞职，提出回避的当事人可以坚持要求回避。在这种情况下，该当事人应自回避通知发出之日起 30 天内，请求指定机构就回避申请作出决定。

替换仲裁员

第 14 条

1. 在不违反第 2 款的情况下，如果仲裁程序进行期间有必要替换仲裁员，应适用第 8 条至第 11 条规定的指定或选定被替换仲裁员的程序，指定或选定一名替代仲裁员。在指定拟被替换仲裁员的过程中，即使一方当事人未行使其指定或参与指定的权利，该程序仍应适用。

2. 经一方当事人请求，如果指定机构确定，鉴于案情特殊，有理由取消一方当事人指定替代仲裁员的权利，在给予各方当事人和其余仲裁员发表意见的机会之后，指定机构可以：（a）指定替代仲裁员；或（b）在审理终结后，授权其他仲裁员继续进行仲裁并作出决定或裁决。

在替换仲裁员的情况下继续进行审理

第15条

如果一名仲裁员被替换，应从被替换的仲裁员停止履行职责时所处的阶段继续进行程序，除非仲裁庭另有决定。

免责

第16条

除蓄意不当行为外，在适用法律允许的最大限度内，各方当事人放弃以与本仲裁有关的作为或不作为为由，向仲裁员、指定机构以及仲裁庭指定的任何人提出任何索赔。

第三章　仲裁程序

通则

第17条

1. 在不违反本《规则》的情况下，仲裁庭可以其认为适当的方式进行仲裁，但须平等对待各方当事人，并在仲裁程序适当阶段给予每一方当事人陈述案情的合理机会。仲裁庭行使裁量权时，程序的进行应避免不必要延迟和费用，并为解决当事人争议提供公平有效的程序。

2. 仲裁庭一经组成，在请各方当事人发表意见后，仲裁庭即应根据实际情况尽快确定仲裁临时时间表。任何期间，不论是本《规则》规定的还是当事人约定的，仲裁庭均可在请各方当事人发表意见后随时予以延长或缩短。

3. 如有任何一方当事人在仲裁程序的适当阶段请求开庭审理，仲裁庭应开庭审理，由证人包括专家证人出示证据或进行口头辩论。未提出此种请求的，仲裁庭应决定是进行开庭审理，还是根据书面文件和其他资料进行程序。

4. 一方当事人应将其提交仲裁庭的所有函件发送其他各方当事人。除仲裁庭可以根据适用法另外允许的情形外，所有此类函件应同时发送。

5. 仲裁庭可根据任何一方当事人的请求，允许将一个或多个第三人作为一方当事人并入仲裁程序，前提是此种人是仲裁协议的一方当事人，除非仲裁庭在给予各方当事人，包括拟被并入仲裁程序的一人或多人陈述意见的机会后认定，由于并入仲裁程序会对其中任何一方当事人造成损害而不应准许此种并入。对于仲裁程序如此涉及到的所有当事人，仲裁庭可作出单项裁决，也可作出若干项裁决。

仲裁地

第 18 条

1. 各方当事人未事先约定仲裁地的，仲裁庭应根据案情确定仲裁地。裁决应视为在仲裁地作出。

2. 仲裁庭可在其认为适当的任何地点进行合议。除非各方当事人另有约定，仲裁庭还可在其认为适当的任何地点为其他任何目的举行会议，包括进行开庭审理。

语言

第 19 条

1. 在不违反各方当事人约定的情况下，仲裁庭应在其被指定后迅速确定仲裁程序中所使用的一种或数种语言。此决定应适用于仲裁申请书、答辩书和任何进一步书面陈述；进行开庭审理的，亦适用于开庭审理中将使用的一种或数种语言。

2. 仲裁庭可下达指令，任何附于仲裁申请书或答辩书的文件，以及任何在仲裁程序进行过程中提交的补充文件或物证，凡是用其原语文提交的，均应附具各方当事人所约定的或仲裁庭所确定的一种或数种语言的译文。

仲裁申请书

第 20 条

1. 申请人应在仲裁庭确定的期间内，以书面形式将仲裁申请书传递给被申请人和每一名仲裁员。申请人可选择将第 3 条述及的仲裁通知当作仲裁申请书对待，只要该仲裁通知同样符合本条第 2 款至第 4 款的要求。

2. 申请书应包括以下各项：

(a) 各方当事人名称和联系方式;

(b) 支持本仲裁请求的事实陈述;

(c) 争议点;

(d) 寻求的救济或损害赔偿;

(e) 支持本仲裁请求的法律依据或观点。

3. 引起争议或与争议有关的任何合同或其他法律文书副本,以及仲裁协议副本,应附于申请书之后。

4. 申请书应尽可能附具申请人所依据的所有文件和其他证据,或注明这些文件和证据的来源出处。

答辩书

第 21 条

1. 被申请人应在仲裁庭确定的期间内,以书面形式将答辩书传递给申请人和每一名仲裁员。被申请人可选择将其对第 4 条述及的仲裁通知的答复当作答辩书对待,只要对该仲裁通知的答复同样符合本条第 2 款的要求。

2. 答辩书应对仲裁申请书中(b)项至(e)项(第 20 条第 2 款规定)的特定内容作出答复。答辩书应尽可能附具被申请人所依据的所有文件和其他证据,或注明这些文件和证据的来源出处。

3. 被申请人可在其答辩书中提出反请求或基于一项仲裁请求而提出抵消要求,仲裁庭根据情况决定延迟是正当的,被申请人还可在仲裁程序的稍后阶段提出反请求或基于一项仲裁请求而提出抵消要求,只要仲裁庭对此拥有管辖权。

4. 第 20 条第 2 款至第 4 款的规定应适用于反请求、根据第 4 条第 2 款(f)项提出的仲裁请求,以及为抵消目的而提出的请求。

对仲裁请求或答辩的变更

第 22 条

在仲裁程序进行过程中,当事人可更改或补充其仲裁请求或答辩,包括更改或补充反请求或为抵消目的而提出的请求,除非仲裁庭考虑到所提出的更改或补充过迟或对其他当事人造成损害,或者考虑到其他任何情况而认为不宜允许此种更改或补充。但是,对仲裁请求或答辩提出更改或补充,包括对反请求或为抵消目的而提出的请求提出更改或补充，不得使更改后或补充后的仲裁请求或答辩超出仲裁庭的管辖权。

对仲裁庭管辖权的抗辩

第 23 条

1. 仲裁庭有权力对其自身管辖权作出裁定，包括对与仲裁协议的存在或效力有关的任何异议作出裁定。为此目的，构成合同一部分的仲裁条款，应视为独立于合同中其他条款的一项协议。仲裁庭作出合同无效的裁定，不应自动造成仲裁条款无效。

2. 对仲裁庭无管辖权的抗辩，至迟应在答辩书中提出，涉及反请求或为抵消目的而提出的请求的，至迟应在对反请求或对为抵消目的而提出的请求的答复中提出。一方当事人已指定或参与指定一名仲裁员，不妨碍其提出此种抗辩。对仲裁庭超出其职权范围的抗辩，应在所指称的超出仲裁庭职权范围的事项在仲裁程序期间出现后尽快提出。仲裁庭认为延迟是正当的，可在上述任一情形中准许延迟提出抗辩。

3. 对于第 2 款述及的抗辩，仲裁庭既可作为先决问题作出裁定，也可在实体裁决书中作出裁定。即使法院审理对其仲裁庭管辖权的任何异议待决，仲裁庭仍可继续进行仲裁程序并作出仲裁裁决。

进一步书面陈述

第 24 条

仲裁庭应决定，除仲裁申请书和答辩书之外，还应要求各方当事人提交何种进一步书面陈述，或者各方当事人可提交何种进一步书面陈述，并应确定传递这些书面陈述的期间。

期间

第 25 条

仲裁庭确定的传递书面陈述（包括仲裁申请书和答辩书）的期间不得超过 45 天。但是，仲裁庭认为延长期间正当的，可以延长该期间。

临时措施

第 26 条

1. 经一方当事人请求，仲裁庭可准予临时措施。

2. 临时措施是仲裁庭在下达决定争议的终局裁决之前的任何时候下令一方当事人采取的任何临时性措施，比如且不限于：

（a）争议未决之前维持或恢复现状；

（b）采取行动防止，或者避免采取行动造成：（i）当前或即将发生的损害，或（ii）对仲裁过程本身的妨碍；

（c）为其后使用资产执行仲裁裁决提供一种资产保全手段；或者

（d）保全与解决争议可能有关的实质性证据。

3. 当事人请求采取根据第 2 款（a）项至（c）项采取临时措施，应使仲裁庭确信：

（a）如果不下令采取此种措施，所造成的损害可能无法通过损害赔偿裁决加以充分补偿，而且此种损害大大超出如果准予采取此种措施可能给该措施所针对的一方当事人造成的损害；并且

（b）请求方当事人有在仲裁请求实体上获胜的合理可能性。对此种可能性的判定，不得影响仲裁庭以后作出任何裁定的裁量权。

4. 对于根据第 2 款（d）项请求采取的临时措施，第 3 款（a）项和（b）项的要求只应在仲裁庭认为适当的范围内适用。

5. 经任何一方当事人申请，仲裁庭可修改、中止或终结其准予的临时措施，或者在特殊情况下经事先通知各方当事人，仲裁庭可自行主动修改、中止或终结其准予的临时措施。

6. 一方当事人提出临时措施请求，仲裁庭可要求其为该措施提供适当担保。

7. 请求或准予临时措施所依据的情况发生任何重大变化的，仲裁庭可要求任何一方当事人迅速披露此种情况。

8. 如果仲裁庭事后确定，在当时的情况下本不应准予临时措施，则提出临时措施请求的一方当事人可能须对此种措施给任何当事人造成的任何费用和损失承担赔偿责任。仲裁庭可在程序进行期间随时就此种费用和损失作出裁决。

9. 任何一方当事人向司法当局提出临时措施请求，不得视为与仲裁协议不

符，或视为放弃仲裁协议。

证据

第 27 条

1. 每一方当事人应对其仲裁请求或答辩所依据的事实负举证责任。

2. 当事人提出的就任何事实问题或专业问题向仲裁庭作证的证人，包括专家证人，可以是任何个人，无论其是否为仲裁的一方当事人或是否与一方当事人有任何关系。除非仲裁庭另有指示，证人的陈述，包括专家证人的陈述，可以书面形式呈递，并由其本人签署。

3. 在仲裁程序进行期间的任何时候，仲裁庭均可要求各方当事人在应由仲裁庭决定的期限内出示文件、证物或其他证据。

4. 仲裁庭应就所出示证据的可采性、关联性、实质性和重要性作出决定。

开庭审理

第 28 条

1. 进行开庭审理的，仲裁庭应将开庭日期、时间和地点充分提前通知各方当事人。

2. 对证人包括对专家证人的听讯，可按照仲裁庭确定的条件和方式进行。

3. 各方当事人未另外约定的，审理不公开进行。仲裁庭可在任何证人包括专家证人作证时，要求其他证人包括其他专家证人退庭，但证人包括专家证人为仲裁一方当事人的，原则上不应要求其退庭。

4. 对证人包括对专家证人的讯问，仲裁庭可指示采用电信方式（例如视频会议）进行，不要求其亲自到庭。

仲裁庭指定的专家

第 29 条

1. 经与各方当事人协商后，仲裁庭可指定独立专家一人或数人以书面形式就仲裁庭需决定的特定问题向仲裁庭提出报告。仲裁庭确定的专家职责范围应分送各方当事人。

2. 原则上，专家应在接受任命之前向仲裁庭和各方当事人提交一份本人资质说明以及本人公正性和独立性声明。各方当事人应在仲裁庭规定的时间内，向仲裁庭说明其对专家资质、公正性或独立性是否持有任何反对意见。仲裁庭应迅速决定是否接受任何此种反对意见。专家任命之后，一方当事人对专家的资质、公正性或独立性提出反对意见，只能依据该当事人在专间任命作出之后才意识到的原因。仲裁庭应迅速决定将采取何种可能的行动。

3. 各方当事人应向专家提供任何有关资料，或出示专家可能要求其出示的任何有关文件或物件供专家检查。一方当事人与专家之间关于提供所要求的资料和出示文件或物件的必要性的任何争议，应交由仲裁庭决定。

4. 仲裁庭应在收到专家报告时将报告副本分送各方当事人，并应给予各方当事人以书面形式提出其对该报告的意见的机会。当事人应有权查阅专家在其报告中引以为据的任何文件。

5. 专家报告提交后，经任何一方当事人请求，专家可在开庭时听询，各方当事人应有机会出庭并质询专家。任何一方当事人均可在此次开庭时委派专家证人出庭，就争议点作证。本程序应适用第 28 条的规定。

缺席审理

第 30 条

1. 在本《规则》或仲裁庭确定的期间内：

（a）申请人未递交仲裁申请书，不表明充分理由的，仲裁庭应下令终止仲裁程序，除非尚有未决事项可能需作出决定，且仲裁庭认为就未决事项作出决定是适当的；

（b）被申请人未递交对仲裁通知的答复或答辩书，不表明充分理由的，仲裁庭应下令继续进行仲裁程序，不递交答复或答辩书之事本身不应视为承认申请人的主张；申请人未就反请求或为抵消目的提出的请求提交答辩书的，也适用本项规定。

2. 一方当事人经根据本《规则》适当通知后仍未出庭，不就此表明充分理由的，仲裁庭可继续进行仲裁程序。

3. 一方当事人经仲裁庭适当请求仍未在规定期限内出示文件、证物或其他证据，不就此表明充分理由的，仲裁庭可依据已提交给仲裁庭的证据作出裁决。

开庭终结

第 31 条

1. 仲裁庭可询问各方当事人是否有任何进一步证据要提出、是否有其他证人要听讯或者是否有其他材料要提交，没有的，仲裁庭即可宣布开庭终结。

2. 仲裁庭认为因特殊情形有必要的，可自行决定或经一方当事人申请后决定，在作出裁决之前的任何时候重新进行开庭审理。

放弃异议权

第 32 条

任何一方当事人未能迅速对不遵守本《规则》或仲裁协议任何要求的任何情形提出异议，应视为该当事人放弃提出此种异议的权利，除非该当事人能够证明，其在当时情况下未提出异议有正当理由。

第四章　裁决

决定

第 33 条

1. 仲裁员不止一名的，仲裁庭的任何裁决或其他决定均应以仲裁员的多数作出。

2. 出现程序问题时，达不到多数的，或者经仲裁庭授权，首席仲裁员可单独作出决定，但仲裁庭可作出任何必要修订。

裁决的形式和效力

第 34 条

1. 仲裁庭可在不同时间对不同问题分别作出裁决。

2. 所有仲裁裁决均应以书面形式作出，仲裁裁决是终局的，对各方当事人均具有拘束力。各方当事人应毫不延迟地履行所有仲裁裁决。

3. 仲裁庭应说明裁决所依据的理由，除非各方当事人约定无须说明理由。

4. 裁决书应由仲裁员签名，并应载明作出裁决的日期和指明仲裁地。仲裁员不止一名而其中有任何一名仲裁员未签名的，裁决书应说明未签名的理由。

5. 裁决可经各方当事人同意之后予以公布，为了保护或实施一项法定权利，或者涉及法院或其他主管机关法律程序的，也可在法定义务要求一方当事人披露的情况下和限度内予以公布。

6. 仲裁庭应将经仲裁员签名的裁决书发送各方当事人。

适用法律，友好和解人

第 35 条

1. 仲裁庭应适用各方当事人指定适用于实体争议的法律规则。各方当事人未作此项指定的，仲裁庭应适用其认为适当的法律。

2. 只有在各方当事人明确授权仲裁庭的情况下，仲裁庭才应作为友好和解人或按照公平合理的原则作出裁决。

3. 所有案件中，仲裁庭均应按照所订立的合同条款作出裁决，并应考虑到适用于有关交易的任何商业惯例。

和解或其他终止程序的理由

第 36 条

1. 裁决作出之前，各方当事人就争议达成和解协议的，仲裁庭应下令终止仲裁程序，或者经各方当事人请求并经仲裁庭接受，应记录此项和解协议并按照和解协议条款作出仲裁裁决。仲裁庭无须对此项裁决说明理由。

2. 裁决作出之前，仲裁程序不是由于第 1 款提及的原因而不必继续或不可能继续的，仲裁庭应将其下达程序终止令的意图通知各方当事人。仲裁庭有权力下达此项命令，除非尚有未决事项可能需作出决定，且仲裁庭认为就未决事项作出决定是适当的。

3. 仲裁程序终止令或按照和解协议条款作出的仲裁裁决书，经仲裁员签名后，应由仲裁庭发送各方当事人。按照和解协议条款作出仲裁裁决书的，应适用第 34 条第 2 款、第 4 款和第 5 款的规定。

裁决书的解释

第 37 条

1. 一方当事人可在收到裁决书后 30 天内，在通知其他各方当事人后，请求仲裁庭对裁决书作出解释。

2. 裁决书解释应在收到请求后 45 天内以书面形式作出。裁决书解释应构成裁决书的一部分，并应适用第 34 条第 2 款至第 6 款的规定。

裁决书的更正

第 38 条

1. 一方当事人可在收到裁决书后 30 天内，在通知其他各方当事人后，请求仲裁庭更正裁决书中的任何计算错误、任何笔误或排印错误，或任何类似性质的错误或遗漏。仲裁庭认为此项请求有正当理由的，应在收到请求后 45 天内作出更正。

2. 仲裁庭可在发送裁决书后 30 天内，自行主动作出此种更正。

3. 此种更正应以书面形式作出，并应构成裁决书的一部分。应适用第 34 条第 2 款至第 6 款的规定。

补充裁决

第 39 条

1. 一方当事人可在收到终止令或裁决书后 30 天内，在通知其他各方当事人后，请求仲裁庭就仲裁程序中提出而仲裁庭未作决定的请求作出裁决或补充裁决。

2. 仲裁庭认为裁决或补充裁决请求有正当理由的，应在收到请求后 60 天内作出裁决或补充完成裁决。如有必要，仲裁庭可延长其作出裁决的期限。

3. 作出此种裁决或补充裁决时，应适用第 34 条第 2 款至第 6 款的规定。

费用定义

第 40 条

1. 仲裁庭应在最终裁决书中并在其认为适当的其他任何决定中确定仲裁费用。

2. “费用”一词仅包括：

(a) 按每一仲裁员分别开列并由仲裁庭根据第 41 条自行确定的仲裁庭收费；

(b) 仲裁员所花费的合理旅费和其他开支；

（c）仲裁庭征询专家意见的合理费用和所需其他协助的合理费用；

（d）证人的合理旅费和其他开支，以仲裁庭核准的开支额度为限；

（e）各方当事人与仲裁有关的法律费用和其他费用，以仲裁庭确定的此种费用的合理数额为限；

（f）指定机构的任何收费和开支，以及常设仲裁院秘书长的收费和开支。

3. 对于第37条至第39条述及的任何裁决书的解释、更正或补充完成，仲裁庭可收取第2款（b）项至（f）项述及的费用，但不得额外收费。

仲裁员的收费和开支

第41条

1. 仲裁员的收费和开支数额应合理，需考虑到争议金额、案件复杂程度、仲裁员花费的时间以及案件的其他任何有关情况。

2. 有指定机构，且该指定机构对确定国际案件仲裁员收费适用或已声明将适用某一收费表或特定方法的，仲裁庭确定其收费时，应在仲裁庭认为适合案件情况的额度内，考虑到该收费表或方法。

3. 仲裁庭组成后，仲裁庭应将其如何确定收费和开支的提议，包括仲裁庭打算适用的任何费率，迅速通知各方当事人。收到该提议后15天内，任何一方当事人均可将该提议提请指定机构审查。收到审查请求后45天内，如果指定机构认为仲裁庭的提议与第1款不一致，指定机构应对该提议作出任何必要调整，该调整对仲裁庭具有约束力。

4.（a）向各方当事人通知根据第40条第2款（a）项和（b）项确定的仲裁员收费和开支时，仲裁庭还应解释相应金额的计算方式。

（b）收到仲裁庭收费和开支确定方法后15天内，任何一方当事人均可将此种确定方法提请指定机构审查。未约定或未指派指定机构的，或者指定机构在本《规则》列明的期限内不作为的，应由常设仲裁院秘书长审查。

（c）如果指定机构或常设仲裁院秘书长认为仲裁庭确定的费用和开支与仲裁庭根据第3款提议的费用和开支（及其任何调整）不一致，或者明显过高，指定机构或常设仲裁院秘书长应在收到审查请求后45天内，对仲裁庭的确定方法作出任何必要调整，使之符合第1款的标准。任何此种调整对仲裁庭具有约束力。

（d）仲裁庭应将任何此种调整写入裁决书，裁决书已下达的，应适用第38条第3款规定的程序对裁决书作出更正，完成此种调整。

5. 在根据第3款或第4款进行的整个程序中，仲裁庭应根据第17条第1款继续进行仲裁程序。

6. 根据第4款提请的审查，不得影响裁决书中除仲裁庭收费和开支之外的其他任何事项的裁决，也不得延迟除收费和开支的确定之外裁决书中所有部分的承认和执行。

费用分担

第42条

1. 仲裁费用原则上应由败诉一方或败诉各方负担。但是，仲裁庭考虑到案件具体情况，认为分摊费用合理的，仲裁庭可裁决在当事人之间分摊每一项此种费用。

2. 仲裁庭应在最终裁决书中，或者在其认为适当的其他任何裁决中，裁决一方当事人须根据费用分摊决定向另一方当事人支付的任何数额。

费用交存

第43条

1. 仲裁庭可在其成立时要求各方当事人交存相等数额款项，以此作为第40条第2款（a）项至（c）项述及费用的预付金。

2. 仲裁程序进行期间，仲裁庭可要求各方当事人交存补充费用预付金。

3. 已约定或指派指定机构的，在一方当事人请求且指定机构也同意履行职责时，仲裁庭应同指定机构协商后方能确定任何交存款或补充交存款的数额，指定机构可就此项交存款或补充交存款的数额向仲裁庭提出其认为适当的任何意见。

4. 要求交存的款项未在接到付款要求后30天内缴齐的，仲裁庭应将此事通知各方当事人，以便一方或多方当事人可缴付要求交付的款项。不缴付此款项的，仲裁庭可下令暂停或终止仲裁程序。

5. 仲裁庭应在下达终止令或作出最终裁决后，将所收交存款账单送交各方当事人，并将任何未用余额退还各方当事人。

《规则》附件：合同中的示范仲裁条款

任何争议、争执或请求，凡由于本合同而引起的或与之有关的，或由于本合同的违反、终止或无效而引起的或与之有关的，均应按照《联合国国际贸易法委员会仲裁规则》仲裁解决。

注。各方当事人应当考虑增列：

（a）指定机构应为……（机构名称或人名）；

（b）仲裁员人数应为……（一名或三名）；

（c）仲裁地应为……（城市和国家）；

（d）仲裁程序中使用的语言应为……。

可考虑增列的放弃声明

注。如果当事人希望排除可能根据适用法律对仲裁裁决提出的追诉，可以考虑加上一则条文，大意如下文所提议，但须考虑到此种排除条文的效力和条件取决于适用法律。

放弃：各方当事人放弃其就一项裁决向任何法院或其他主管机构提起任何形式追诉的权利，但根据适用法律放弃无效的除外。

根据《规则》第11条作出的独立性声明范文

无情况披露：本人公正不偏，独立于每一方当事人，今后亦将如此行事。尽本人所知，过去、现在均不存在会对本人公正性或独立性产生有正当理由怀疑的任何情形。本案仲裁期间随后一旦出现可能引起本人注意的任何此种情形，本人当迅速通知各方当事人和其他仲裁员。

有情况披露：本人公正不偏，独立于每一方当事人，今后亦将如此行事。根据《贸易法委员会仲裁规则》第11条，谨此附上有关以下方面的声明：（a）本人过去、现在与各方当事人在专业、业务和其他方面的关系，和（b）其他任何有关情形。[列入声明] 本人确认，这些情形不影响本人的独立性和公正性。本案仲裁期间随后一旦出现可能引起本人注意的任何此种进一步关系或情形，本人当迅速通知各方当事人和其他仲裁员。

注。任何一方当事人均可考虑要求仲裁员对独立性声明作出如下补充：

本人确认，根据本人目前掌握的情况，本人可以投入必要时间，按照本《规则》确定的时限，勤勉、高效地进行本案仲裁。

（来源：联合国国际贸易法委会，http：//www. uncitral. org）

（三）贸易法委员会投资人与国家间基于条约仲裁透明度规则

《贸易法委员会投资人与国家间基于条约仲裁透明度规则》

［联合国国际贸易法委员会2013年12月16日大会决议第六委员会的报告（A/68/462）通过，2014年4月1日生效］

第1条 适用范围

《规则》的适用性

1.《贸易法委员会投资人与国家间基于条约仲裁透明度规则》（《透明度规则》）应适用于依照2014年4月1日及之后订立的为投资或投资人提供保护的条约（“条约”）*，在《贸易法委员会仲裁规则》下提起的投资人与国家间的仲裁，除非该条约缔约方**另有约定。

2. 投资人与国家间的仲裁依照2014年4月1日前订立的条约提起的，本《规则》仅在下列情况下适用：

（a）仲裁各方当事人（“争议各方”）同意对该仲裁适用本《规则》；或者

（b）条约缔约方，或者涉及多边条约的，申请人所属国和被申请国，在2014年4月1日后同意适用本《规则》。

《规则》的适用

3. 在根据条约或者条约缔约方的协议适用《透明度规则》的任何仲裁中：

（a）争议各方不得以协议或者以其他方式减损本《规则》，除非条约允许这样做；

---

* 就《透明度规则》而言，‘条约’应广义理解为涵盖其中载有保护投资或投资人以及投资人对条约缔约方诉诸仲裁的权利的规定的任何双边或多边条约，包括通常被称为自由贸易协定、经济一体化协定、贸易和投资框架或合作协定或者双边投资条约的任何条约。

** 就《透明度规则》而言，凡提及“条约缔约方”或“国家”之处，均包括例如成为条约缔约方的区域经济一体化组织。

（b）除本《规则》某些条款赋予仲裁庭的裁量权之外，仲裁庭还应有权力经与争议各方协商后调整本《规则》任何特定条款的要求，使之适合案件特殊情况，但此种调整应是以务实方式进行仲裁所必需的，并且是与本《规则》的透明度目标相一致的。

仲裁庭的裁量权和权力

4.《透明度规则》规定仲裁庭行使裁量权的，仲裁庭在行使此种裁量权时应考虑到：

（a）对于投资人与国家间基于条约的仲裁和特定仲裁程序的透明度的公共利益，以及

（b）争议各方对于公平、高效解决其争议的利益。

5. 本《规则》不影响仲裁庭根据《贸易法委员会仲裁规则》可能享有的以可促进透明度的方式——例如，接受第三方的提交书——进行仲裁的权力。

6. 如果存在任何具有完全削弱本《规则》透明度目标的行为、措施或其他行动，仲裁庭应确保这些目标得以实现。

冲突情况下应适用的文书

7. 适用《透明度规则》的，《透明度规则》应补充任何适用的仲裁规则。《透明度规则》与适用的仲裁规则有冲突的，应以《透明度规则》为准。《透明度规则》与条约有冲突的，不论本《规则》有何规定，仍以条约规定为准。

8. 本《规则》任一条款与仲裁所适用的某项法律规定有冲突，而争议各方又不得减损该法律规定的，应以该法律规定为准。

在非贸易法委员会仲裁中的适用

9. 本《规则》可在根据《贸易法委员会仲裁规则》以外的规则提起的投资人与国家间的仲裁中或者在临时程序中使用。

第2条　在仲裁程序启动时公布信息

一俟被申请人收到仲裁通知，争议各方即应迅速将仲裁通知副本发送给第8条所述及的存储处。存储处从被申请人处收到仲裁通知，或者存储处收到仲裁通知及该通知已发给被申请人的记录，即应迅速向公众提供关于争议各方名称、所

涉经济部门以及提出有关申请所依据的条约的信息。

第 3 条　文件的公布

1. 除第 7 条另有规定外，应向公众提供下列文件：仲裁通知、对仲裁通知的答复、申请书、答辩书以及任何争议方提交的任何进一步书面陈述或书面材料；上述文件的所有证物以及专家报告和证人陈述的证物的清单（尚未为程序编拟的此种清单不在此列），但并非证物本身；非争议方条约缔约方以及第三人提交的任何书面材料、审理笔录（如果有）以及仲裁庭的命令、决定和裁决。

2. 除第 7 条另有规定外，经任何人向仲裁庭提出请求，应向公众提供专家报告和证人陈述，但专家报告和证人陈述的证物不包括在内。

3. 除第 7 条另有规定外，仲裁庭可以自行或者经任何人请求，经与争议各方协商后，决定是否以及如何公布证物以及向仲裁庭提供的或者由仲裁庭印发的不在前述第 1 款或第 2 款范围之内的其他任何文件。例如，这可以包括在规定的场所公布此种文件。

4. 根据第 1 款和第 2 款向公众提供的文件，应由仲裁庭尽早发送给第 8 条所述及的存储处，但须遵守第 7 条规定的保护机密信息或受保护信息的任何相关安排或时限。根据第 3 款将公布的文件，可在获得此种文件时由仲裁庭发送给第 8 条所述及的存储处，适用的，应根据第 7 条以检禁形式发送。存储处应以所收到文件的原有形式和语文及时公布这些文件。

5. 根据第 3 款获准查阅文件的人应负担向其提供这些文件的相关行政管理费，如文件影印费和向其运送文件的费用，但不包括通过存储处向公众提供这些文件的费用。

第 4 条　第三人提交材料

1. 经与争议各方协商后，仲裁庭可允许既不是争议方又不是非争议方条约缔约方的人（“第三人”）就争议范围内的事项向仲裁庭提交书面材料。

2. 第三人希望提交材料的，应向仲裁庭提出申请，并应以仲裁所使用的语文，以简洁方式，在仲裁庭规定的页数限制内提供下列书面材料：

（a）说明第三人的情况，相关的，包括其成员身份和法律地位（例如行业协会或其他非政府组织）、其总目标、其活动的性质以及任何上级组织（包括对第三人直接或间接进行控制的任何组织）；

（b）披露第三人与任何争议方的任何直接或间接关联；

（c）提供关于向第三人提供了下述援助的任何政府、个人或组织的信息：（i）在准备提交材料过程中提供的任何资金或其他援助；或者（ii）在第三人根据本条提出申请之前的两年中有一年提供了大量援助（例如，为第三人全年经营总费用注资约 20%）；

（d）说明第三人在仲裁中的利益的性质；以及

（e）指明第三人希望在其书面提交材料中阐述的仲裁中的具体事实或法律问题。

3. 在确定是否允许提交此类材料时，除仲裁庭确定的其他相关因素外，仲裁庭应考虑到下列方面：

（a）第三人是否在仲裁程序中有重大利益；以及

（b）所提交的材料将在何种程度上通过提出不同于争议各方的观点、特别知识或见解而有助于仲裁庭确定与仲裁程序相关的某一事实或法律问题。

4. 第三人提交的材料应：

（a）由代表第三人提交材料的人注明日期并签名；

（b）行文简洁，篇幅无论如何不超过仲裁庭允许的限数；

（c）准确阐明第三人在所涉问题上的立场；并且

（d）只涉及争议范围内的事项。

5. 仲裁庭应确保任何提交材料不对仲裁程序造成干扰或不适当的负担，或对任何争议方造成不公正的损害。

6. 仲裁庭应确保给予争议各方就第三人提交的任何材料发表意见的合理机会。

第 5 条　非争议方条约缔约方提交材料

1. 仲裁庭应在遵守第 4 款的前提下，允许非争议方条约缔约方就条约解释问题提交材料，或者经与争议各方协商后，可邀请非争议方条约缔约方就条约解释问题提交材料。

2. 经与争议各方协商后，仲裁庭可允许非争议方条约缔约方就争议范围内的进一步事项提交材料。在决定是否允许提交此种材料时，除仲裁庭确定的其他相关因素外，仲裁庭应考虑到第 4 条第 3 款中提及的若干因素，以及为更加明确起见，考虑到需要避免以相当于外交保护的方式支持投资人请求的提交材料。

3. 根据第 1 款或第 2 款邀请提交材料而未收到任何提交材料或答复的，仲裁庭不应由此作出任何推论。

4. 仲裁庭应确保任何提交材料不对仲裁程序造成干扰或不适当的负担，或对任何争议方造成不公正的损害。

5. 仲裁庭应确保给予争议各方就非争议方条约缔约方提交的任何材料发表意见的合理机会。

第 6 条　审理

1. 除第 6 条第 2 款和第 3 款另有规定外，为出示证据或进行口头辩论而进行的审理（“审理”）应公开举行。

2. 依照第 7 条有必要保护机密信息或者仲裁程序完整性的，仲裁庭应作出安排，不公开举行需要此种保护的审理部分。

3. 仲裁庭可作出实际安排，便利公众列席审理（酌情包括通过视频链接或其认为适当的其他手段安排列席）。但是，经与争议各方协商后，仲裁庭可决定在出于实际原因而变得有必要时（例如，情况使得原来安排的公众列席审理不可行）不公开举行全部或部分审理。

第 7 条　透明度的例外情形

机密信息或受保护信息

1. 第 2 款所界定以及按照第 3 款和第 4 款述及的安排所指明的机密信息或受保护信息，不应根据第 2 条至第 5 条提供给公众。

2. 机密信息或受保护信息包括：

（a）商业机密信息；

（b）根据条约受到保护而不得向公众提供的信息；

（c）根据被申请国的法律受到保护而不得向公众提供的被申请国的信息，以及根据仲裁庭认定适用于其他信息披露的任何法律或规则受到保护而不得向公众提供的此种其他信息；或者

（d）披露信息将妨碍执行法律的信息。

3. 经与争议各方协商后，仲裁庭应作出安排，防止向公众提供任何机密信息或受保护信息，包括酌情实施：

（a）争议方、非争议方条约缔约方或第三人应就其寻求保护文件中的此类信息发出通知的时限；

（b）迅速指定并检禁此类文件中特定机密信息或受保护信息的程序；以及

(c) 在第 6 条第 2 款规定的限度内举行非公开审理的程序。

关于信息是否属于机密信息或受保护信息的裁定，应由仲裁庭经与争议各方协商后作出。

4. 仲裁庭裁定不应从某一文件中检禁信息的，或者不应阻止向公众提供某一文件的，应允许自愿将该文件纳入记录的任何争议方、非争议方条约缔约方或第三人从仲裁程序记录中撤出整份文件或文件的一部分。

5. 被申请国认为信息披露将违背其基本安全利益的，本《规则》概不要求被申请国向公众提供有关信息。

仲裁过程完整性

6. 根据第 2 条至第 6 条向公众提供信息，如果会对仲裁过程完整性造成第 7 条所确定的损害，不得提供此种信息。

7. 公布信息将因为可能妨碍收集或出示证据或者导致对证人、争议各方代理律师或仲裁庭成员的恐吓而损害仲裁过程完整性的，或者在相当的特殊情形下损害仲裁过程完整性的，仲裁庭可自行或根据争议一方的申请，在实际可行的情况下经与争议各方协商后，采取适当措施，限制或推迟公布信息。

第 8 条　已公布信息存储处

《透明度规则》下的已公布信息存储处应为联合国秘书长或贸易法委员会指定的一个机构。

（四）联合国国际贸易法委员会国际商事仲裁示范法（1985）

《联合国国际商事仲裁示范法》

（1985 年 6 月 21 日联合国国际贸易法委员会通过）

第一章　总则

第一条　适用范围

(1) 本法适用于国际商事仲裁。但须服从在本国与其他任何一国或多国之间有效力的任何协定。

（2）本法之规定，除第八、九、三十五及三十六条外，只适用于仲裁地点在本国领土内的情况。

（3）仲裁如有下列情况即为国际仲裁：

（A）仲裁协议的当事各方在缔结协议时，他们的营业地点位于不同的国家；或

（B）下列地点之一位于当事各方营业地点所在国以外：

（a）仲裁协议中确定的或根据仲裁协议而确定的仲裁地点；

（b）履行商事关系的大部分义务的任何地点或与争议标的关系最密切的地点；或

（C）当事各方明确地同意，仲裁协议的标的与一个以上的国家有关。

（4）为了第（3）款的目的；

（A）如当事一方有一个以上的营业地点，营业地点为与仲裁协议关系最密切的营业地点；

（B）如当事一方没有营业地点，以其惯常住所为准。

（5）本法不得影响规定某些争议不可以交付仲裁或只有根据非本法规定的规定才可以交付仲裁的本国其他任何法律。

第二条　定义及解释规则

为了本法的目的：

（A）“仲裁”是指无论是否由常设仲裁机构进行的任何仲裁；

（B）“仲裁庭”是指一名独任仲裁员或一组仲裁员；

（C）“法院”是指一国司法系统的一个机构或机关；

（D）本法第三章、第四章或第五章的条款，第二十八条除外，允许当事各方自由确定某一问题时，这种自由包括当事各方授权第三者（包括机构）作出这种规定的权利；

（E）本法的规定提到当事各方已达成协议或可能达成协议的事实时，或在任何其他情况下提到当事各方的一项协议时，这种协议包括该协议内所提到的任何仲裁规则；

（F）本法条文，除第二十五条（A）项第三十二条（2）款（A）项外，提及索赔申诉时，也适用于反诉；提及答辩时，也适用于对这种反诉的答辩。

第三条　收到书面信件

（1）除非当事各方另有协议：

（A）任何书面信件，如经当面递交收件人，或投递到收件的营业地点、惯常住所或通信地址，或经合理查询仍不能找一上述任一地点而以挂号信或能提供作过投递企图的记录的其他任何方式投递到收件人最后一个为人所知的营业地点、惯常住所或通信地址，即应视为已经收到；

（B）信件应被视为已于以上述方式投递之日收到。

（2）本条各项规定不适用于法院诉讼程序中的信件。

第四条　放弃提出异议的权利

当事一方如知道本法中当事各方可以背离的任何规定或仲裁协议规定的任何要求未得到遵守，但仍继续进行仲裁而没有不过分迟延地或在为此订有时限的情况下没有在此时限以内对此种不遵守情事提出异议，则应视为已放弃其提出异议权利。

第五条　法院干预的限度

由本法管辖的事情，任何法院均不得干预，除非本法有此规定。

第六条　履行协助和监督仲裁的某种职责的法院或其他机构

第十一条第（3）和第（4）款、第十三条第（3）款、第十四条和第三十四条第（2）款所指的职责应由……（实施本示范法的每个国家具体指明履行这些职责的一个法院或一个以上的法院或其他有权力的机构）履行。

第二章　仲裁协议

第七条　仲裁协议的定义和形式

（1）“仲裁协议”是指当事各方同意将在他们之间确定的不论是契约性或非契约性的法律关系上已经发生或可以发生的一切或某些争议提交仲裁的协议。仲裁协议可以采取合同中的仲裁条款形式或单独的协议形式。

（2）仲裁协议应是书面的。协议如载于当事各方签字的文件中，或载于往来的书信、电传、电报或提供协议记录的其他电讯手段中，或在申诉书和答辩书的交换中当事一方声称有协议而当事他方不否认即为书面协议。在合同中提出参照载有仲裁条款的一项文件即构成仲裁协议，如果该合同是书面的而且这种参照足以使该仲裁条款构成该合同的一部分的话。

第八条 仲裁协议和向法院提出的实质性申诉

（1）向法院提起仲裁协议标的诉讼时，如当事一方在其不迟于其就争议实质提出第一次申述的时候要求仲裁，法院应让当事各方付诸仲裁，除非法院发现仲裁协议无效、不能实行或不能履行。

（2）在本条第（1）款提及的诉讼已提起时，仍然可以开始或继续进行仲裁程序，并可作出裁决，同时等待法院对该问题的判决。

第九条 仲裁协议和法院的临时措施

在仲裁程序进行前或进行期间内，当事一方请求法院采取临时保护措施和法院准予采取这种措施，均与仲裁协议不相抵触。

第三章 仲裁的组成

第十条 仲裁员人数

（1）当事各方可以自由确定仲裁员的人数。

（2）如未作此确定，则仲裁员的人数应为三名。

第十一条 仲裁员的指定

（1）除非当事各方另有协议，否则不应以所属国籍为理由排除任何人作为仲裁员。

（2）当事各方可以自由地就指定一名或数名仲裁员的程序达成协议，但须服从本条第（4）和第（5）款的规定。

（3）如未达成这种协议：

（A）在仲裁员为三名的仲裁中，当事每一方均应指定一名仲裁员，这样指定的两名仲裁员应指定第三名仲裁员；如果当事一方未在收到当事他方提出这样做的要求三十天内未指定仲裁员或两名仲裁员在被指定后三十天内未就第三名仲裁员达成协议，则经当事一方请求，应由第六条规定的法院或其他机构指定；

（B）在独任仲裁员的仲裁中，如果当事各方不能就仲裁员达成协议，则应由第六条规定的法院或其他机构指定。

（4）如果，根据当事各方协议的指定程序：

（A）当事一方未按这种程序规定的要求行事；或

（B）当事各方或两名仲裁员未能根据这种程序达成预期的协议；或

（C）第三者，包括机构，未履行根据这种程序交托给它的任何职责，则当事任何一方均可请求第六条规定的法院或其他机构采取必要措施，除非指定程序的协议订有确保能指定仲裁员的其他方法。

（5）就本条第（3）或第（4）款交托给第6条规定的法院或其他机构的事情所作出的决定，不容上诉。该法院或其他机构在指定仲裁员时应适当顾及当事各方协议的仲裁员需要具备的任何资格，并适当顾及可能确保能指定独立和公正的仲裁员的种种考虑，而且在指定独任仲裁员或第三名仲裁员时，还应考虑到指定一名所属国籍与当事各方均不相同的仲裁员的可取性。

第十二条　提出异议的理由

（1）某人被询有关他可能被指定为仲裁员的事情时，他应该可能会对他的公正性或独立性引起正当的怀疑的任何情况说清楚。仲裁员从被指定之时起以至在整个仲裁程序，进行期间，应不迟延地向当事各方说清楚任何这类情况，除非他已将这类情况告知当事各方。

（2）只有存在对仲裁员的公正性或独立性引起正当的怀疑的情况或他不具备当事各方商定的资格时，才可以对仲裁员提出异议。当事一方只有根据作出指定之后才得知的理由才可以对他所指定的或他参加指定的仲裁员提出异议。

第十三条　提出异议和程序

（1）当事各方可以自由地就对仲裁员提出异议的程序达成协议，但须服从本条第（3）款的规定。

（2）如未达成这种协议，拟对仲裁员提出异议的当事一方，应在他得知仲裁庭组成或得知第十二条第（2）款所指的任何情况后十五天内向仲裁庭提出书面陈述，说明提出异议的理由。除非他提出异议的仲裁员辞职或当事他方同意所提出的异议，否则仲裁庭应就所提出的异议作出决定。

（3）如根据当事各方协议的任何程序或根据本条第（2）款的程序提出的异议未能成立，提出异议的当事一方可以在收到驳回所提出的异议的决定的通知后三十天内请求第6条规定的法院或其他机构就该异议作出决定，该决定不容上诉；在等待对该请求作出决定的同时，仲裁庭包括被提出异议的仲裁员可以继续进行仲裁程序和作出裁决。

第十四条　未行事或不能行事

（1）如果仲裁员在法律上或事实上不能履行他的职责或由于其他原因未能不过分迟延地行事，他的任命即告终止，如果他辞职或当事各方就终止他的任命达成协议的话。但如对上述任何原因仍有争议，当事任何一方均可以请求第六条规定的法院或其他机构就终止其任何一事作出决定，该决定不容上诉。

（2）如果按照本条或第13条第（2）款的规定，一名仲裁员辞职或当事一方同意终止对一名仲裁员的任命，这并不暗示接受本条或第十二条第（2）款所指的任何理由的有效性。

第十五条　指定替代仲裁员

因根据第13条或第14条的规定或因仲裁员由于任何其他原因而辞职或因当事各方协议解除仲裁员的任命而终止仲裁员的任命或在任何其他情况下终止仲裁员的任命时，应按照原来适用于指定被替换的仲裁员的规则指定替代仲裁员。

第四章　仲裁庭的管辖权

第十六条　仲裁庭对自己的管辖权作出裁定的权力

（1）仲裁庭可以对它自己的管辖权包括对仲裁协议的存在或效力的任何异议，作出裁定。为此目的，构成合同的一部分的仲裁条款应视为独立于其他合同条款以外的一项协议。仲裁庭作出关于合同无效的决定，不应在法律上导致仲裁条款的无效。

（2）有关仲裁庭无权管辖的抗辩不得在提出答辩书之后提出。当事一方已指定或参与指定仲裁员的事实，不得阻止该当事一方提出这种抗辩。有关仲裁庭超越其权力范围的抗辩，应在仲裁程序过程中提出越权的事情后立即提出。在这两种情况下，仲裁庭如认为推迟提出抗辩有正当理由，均可准许待后提出抗辩。

（3）仲裁庭可以根据案情将本条第（2）款所指的抗辩作为一个初步问题裁定或在裁决中裁定。如果仲裁庭作为一个初步问题裁定它有管辖权，当事任何一方均可以在收到裁定通知后三十天内要求第六条规定的法院对这一问题作出决定。该决定不容上诉，在等待对这种要求作出决定的同时，仲裁庭可以继续进行仲裁程序和作出裁决。

第十七条　仲裁庭命令采取临时措施的权力

除非当事各方另有协议，仲裁庭经当事一方请求，可以命令当事任何一方就争议的标的采取仲裁庭可能认为有必要的任何临时性保全措施。仲裁庭可以要求当事任何一方提供有关此种措施的适当的担保。

第五章　仲裁程序的进行

第十八条　对当事各方平等相待

应对当事各方平等相待，应给予当事每一方充分的机会陈述其案情。

第十九条　程序规则的确定

（1）以服从本法的规定为准，当事各方可以自由地就仲裁庭进行仲裁所应遵循的程序达成协议。

（2）如未达成这种协议，仲裁庭可以在本法的规定的限制下，按照它认为适当的方式进行仲裁。授予仲裁庭的权力包括确定任何证据的可采性、相关性、实质性和重要性的权力。

第二十条　仲裁地点

（1）当事各方可以自由地就仲裁地点达成协议。如未达成这种协议，仲裁地点应由仲裁庭确定，要照顾到案件的情况，包括当事各方的方便。

（2）虽有本条第（1）款的规定，除非当事各方另有协议，仲裁庭可以在它认为适当的任何地点聚会，以便在它的成员间进行磋商，听取证人、专家或当事各方的意见或检查货物、其他财产或文件。

第二十一条　仲裁程序的开始

除非当事各方另有协议，特定争议的仲裁程序，于应诉人收到将该争议提交仲裁的请求之日开始。

第二十二条　语文

（1）当事各方可以自由地就仲裁程序中要使用的一种或数种语文达成协议。如未达成这种协议，仲裁庭应确定仲裁程序中要使用的一种或数种语文。除非其中另有规定，这种协议或确定应适用于当事一方的任何书面陈述、仲裁庭的任何开庭、任何裁决、决定或其他信件。

（2）仲裁庭可以命令任何文件证据附具当事各方协议的或仲裁庭确定的一种或数种语文的译本。

第二十三条　申诉书和答辩书

（1）在当事各方协议的或仲裁庭确定的期间内，申诉人应申述支持其申诉的种种事实、争论之点以及所寻求的救济或补救，应诉人应逐项作出答辩，除非当事各方对这种申述和答辩所要求的项目另有协议。当事各方可以随同他们的申诉书和答辩书提交他们认为有关的一切文件，也可以附注说明他们将要提交的文件或其他证据。

（2）除非当事各方另有协议，在仲裁程序进行中，当事任何一方均可以修改或补充其申诉书或答辩书，除非仲裁庭考虑到提出已迟而认为不宜允许提出这种改动。

第二十四条　开庭和书面审理程序

（1）除当事各方有任何相反协议外，仲裁庭应决定是否进行口头审理，以便提出证据或进行口头辩论，或者是否应以文件和其他材料为基础进行仲裁程序。然而，除非当事各方商定不开庭，仲裁庭应在进行仲裁程序的适当阶段开庭，如果当事一方如此要求的话。

（2）任何开庭和仲裁庭为了检查货物、其他财产或文件而举行的任何会议，均应充分提前通知当事各方。

（3）当事一方向仲裁提供的一切陈述书、文件或其他资料均应送交当事他方，仲裁庭可能据以作出决定的任何专家报告或证据性文件也应送交当事各方。

第二十五条　当事一方不履行责任

除非当事各方另有协议，如在不提出充分理由的情况下：

（A）申诉人不按照第23条第（1）款的规定提交申诉书，仲裁庭应终止程序；

（B）应诉人不按照第23条第（1）款的规定提交答辩书，仲裁庭应继续进行仲裁程序，但不把这种不提交答辩书的行动本身视为是认可了申诉人的申诉；

（C）当事任何一方不出庭或不提供文件证据，仲裁庭可以继续进行仲裁程序并根据它所收到的证据作出裁决。

第二十六条　仲裁庭指定的专家

（1）除非当事各方另有协议，仲裁庭：

（A）可以指定一名或一名以上的专家就仲裁庭要确定的具体问题向仲裁庭提出报告；

（B）可以要求当事人一方向专家提供任何有关的资料，或出示或让他接触任何有关的文件、货物或其他财产，供他检验。

（2）除非当事各方另有协议，如当事一方有此要求或仲裁庭认为有必要，专家在提出他的书面或口头报告后，应参加开庭，使当事各方有机会向他提出问题并派出专家证人就争论之点作证。

第二十七条　在获取证据方面的法院协助

仲裁庭或当事一方在仲裁庭同意之下，可以请求本国主管法院协助获取证据。法院可以在其权限范围内并按照其获取证据的规则的规定执行上述请求。

第六章　裁决的作出和程序的终止

第二十八条　适用于争议实体的规则

（1）仲裁庭应按照当事各方选定的适用于争议实体的法律规则对争议作出决定。除非另有表明，否则规定适用某一国的法律或法律制度应认为是直接指该国的实体法而不是指该国的法律冲突规则。

（2）如当事各方没有任何规定，仲裁庭应适用它认为可以适用的法律冲突规则所确定的法律。

（3）在一切情形下，仲裁庭均应按照合同的条款作出决定，并应考虑到适用于该项交易的贸易习惯。

（4）仲裁庭只有在当事各方明确授权的情况下，才应按照公平合理的原则或作为友好调解人作出决定。

第二十九条　一组仲裁员作出的决定

在有一名以上仲裁员的仲裁程序中，除非当事各方另有协议，仲裁庭任何决定，均应由其全体成员的多数作出。但是，如果有当事各方或仲裁庭全体成员的授权，首席仲裁员可以就程序问题作出决定。

第三十条　和解

（1）如果在仲裁程序中当事各方和解解决争议，仲裁庭应终止仲裁程序，而且如果当事各方提出请求而仲裁庭又无异议，则应按和解的条件以仲裁裁决书的形式记录此和解。

（2）根据和解的条件作出的裁决应按照第三十一条的规定作出，并应说明它是一项裁决。这种裁决应与根据案情作出的任何其他裁决具有同等的地位和效力。

第三十一条　裁决的形式和内容

（1）裁决应以书面作出，并应由一名或数名仲裁员签字，在有一名以上仲裁员程序中，仲裁庭全体成员的多数签字即可，但须对任何省去的签字说明原因。

（2）裁决应说明它所根据的理由，除非当事各方协议不要说明理由或该裁决是根据第 30 条的规定按和解条件作出的裁决。

（3）裁决应写其日期和按照第二十条第（1）款的规定所确定的仲裁地点，该裁决应视为是在该地点作出的。

（4）裁决作出后，经各仲裁员按照本条第（1）款的规定签字的裁决书应送给当事各方各一份。

第三十二条　程序的终止

（1）仲裁程序依终局裁决或仲裁庭按照本条第（2）款发出的命令予以终止。

（2）仲裁庭在下列情况下应发出终止仲裁程序的命令：

（A）申诉人撤回其申诉，除非应诉人对此表示反对而且仲裁庭承认彻底解决争议对他来说是有正当的利益的；

（B）当事各方同意终止程序；

（C）仲裁庭认定仲裁程序在任何其他理由之下均无必要或不可能继续进行。

（3）仲裁庭的任务随着仲裁程序的终止而结束，但须服从第 33 条和第 34 条第（4）款的规定。

第三十三条　裁决的改正和解释；追加裁决

（1）除非当事各方已就另一期限达成协议，在收到裁决书后三十天内：

（A）当事一方可以在通知当事另一方后请求仲裁庭改正裁决书中的任何计算错误，任何抄写或排印错误或任何类似性质的错误；

（B）如果当事各方有此协议，当事一方可以在通知当事国一方后请求仲裁庭对裁决书的具体一点或一部分作出解释。

如果仲裁庭认为此种请求合理，它应在收到请求后三十天内作出改正或加以解释，解释应构成裁决的一部分。

（2）仲裁庭可以在作出裁决之日起三十天内主动改正本条第（1）款（A）项所指的类型的任何错误。

（3）除非当事各方另有协议，当事一方在收到裁决书后三十天内可以在通知当事他方后请求仲裁庭对已在仲裁程序中提出但在裁决书中遗漏的申诉事项作出追加裁决。如果仲裁庭认为其请求合理，仲裁庭在六十天内作出追加裁决。

（4）如果必要，仲裁庭可以将根据本条第（1）或第（2）款作出的改正、解释或追加裁决的期限，予以延长。

（5）第三十一条的规定应适用于裁决的改正或解释并适用于追加裁决。

第七章 对裁决的追诉

第三十四条 申请撤销作为对仲裁裁决唯一的追诉

（1）只有按照本条第（2）和第（3）款的规定申请撤销，才可以对仲裁裁决向法院追诉。

（2）仲裁裁决只有在下列情况下才可以被第六条规定的法院撤销：

（A）提出申请的当事一方提出证据证明：

（a）第七条所指的仲裁协议的当事一方欠缺行为能力；或根据当事各方所同意遵守的法律，或未认明有任何这种法律，则根据本国法律，上述协议是无效的；或

（b）未将有关指定仲裁员或仲裁程序的事情适当地通知提出申请的当事一方，或该方因其他理由未能陈述其案情；或

（c）裁决处理了不是提交仲裁的条款所考虑的或不是其范围以内的争议，或裁决包括有对提交仲裁以外的事项作出的决定，但如果对提交仲裁的事项所作的决定与对未提交仲裁的事项所作出的决定能分开的话，只可以撤销包括有对未提交仲裁的事项作出决定的那一部分裁决；或

（d）仲裁庭的组成或仲裁程序与当事各方的协议不一致，除非这种协议与当事各方不能背离的本法的规定相抵触，或当事各方并无此种协议，则与本法不符；或

（B）法院认为：

（a）根据本国的法律，争议的标的不能通过仲裁解决；或

（b）该裁决与本国的公共政策相抵触。

（3）提出申请的当事一方自收到裁决书之日起，三个月后不得申请撤销；如根据第33条提出了请求，则从该请求被仲裁庭处理完毕之日起三个月后不得申请撤销。

（4）法院被请求撤销裁决时，如果适当而且当事一方也要求暂时停止进行撤销程序，则可以在法院确定的一段期间内暂时停止进行，以便给予仲裁庭一个机会重新进行仲裁程序或采取仲裁庭认为能够消除请求撤销裁决的理由的其他行动。

第八章　裁决的承认和执行

第三十五条　承认和执行

（1）仲裁裁决不论在何国境内作出，均应承认具有约束力，而且经向主管法院提出书面申请，即应予以执行，但须服从本条和第36条的规定。

（2）援用裁决或申请予以执行的当事一方，应提供经正式认证的裁决书正本或经正式认证的裁决书副本以第7条所指的仲裁协议正本或经正式认证的仲裁协议副本。如果裁决或协议不是用本国的正式语文作成，则申请执行该裁决的当事一方应提供这些文件译成本国正式语文的经正式认证的文本。

第三十六条　拒绝承认或执行的理由

（1）只有在下列情况下才可拒绝承认或执行不论在何国作出的仲裁裁决：

（A）经根据裁决被提出要求的当事一方请求，如果该当事一方向被要求承认或执行裁决的主管法院提出证据证明：

（a）第七条所指的仲裁协议的当事一方欠缺行为能力，或根据当事各方所同意遵守的法律，或未订明有任何这种法律，则根据作出裁决的国家的法律，上述协议是无效的；或

（b）未将有关指定仲裁员或仲裁程序的事情适当地通知依据裁决被提出要求的当事一方，或该方因其他理由未能陈述其案情；或

（c）裁决处理了不是提交仲裁的条款所考虑的或不是其范围以内的争议，或裁决包括有对提交仲裁以外的事项作出的决定，但如果对提交仲裁的事项所作出的决定与对未提交仲裁的事项所作出的决定能分开的话，可以承认并执行包括有就提交仲裁的事项作决定的那一部分裁决；或

（d）仲裁庭的组成或仲裁程序与当事各方的协议不一致，或并无这种协议，则与仲裁所在国的法律不符；或

（e）裁决尚未对当事各方具有约束力，或作出裁决的国家的法院，或根据其法律作出裁决的国家的法院已将裁决撤销或中止；或

（B）如经法院认定：

（a）根据本国的法律，该争议的标的不能通过仲裁解决；或

（b）承认或执行该裁决与本国的公共政策相抵触。

（2）如已向本条第（1）款（A）项（f）目所指的法院申请撤销或中止

裁决，被请求承认或执行的法院如认为适当，可以暂停作出决定，而且如经要求承认或执行裁决的当事一方提出申请，还可以命令当事他方提供适当的担保。

二、中国仲裁法律制度

（一）关于我国加入《承认与执行外国仲裁裁决公约》的决定

关于我国加入《承认与执行外国仲裁裁决公约》的决定

（1986 年 12 月 2 日全国人民代表大会常务委员会通过）

第六届全国人民代表大会常务委员会第十八次会议决定：中华人民共和国加入《承认及执行外国仲裁裁决公约》，并同时声明：

（一）中华人民共和国只在互惠的基础上对在另一缔约国领土内作出的仲裁裁决的承认和执行适用该公约；

（二）中华人民共和国只对根据中华人民共和国法律认定为属于契约性和非契约性商事法律关系所引起的争议适用该公约。

（二）最高人民法院关于执行我国加入的《承认与执行外国仲裁裁决公约》的通知

《最高人民法院关于执行我国加入的〈承认与执行外国仲裁裁决公约〉的通知》

（1987 年 4 月 10 日）

全国地方各高、中级人民法院，各海事法院、铁路运输中级人民法院：

第六届全国人民代表大会常务委员会第十八次会议于 1986 年 12 月 2 日决定我国加入 1958 年在纽约通过的《承认及执行外国仲裁裁决公约》（以下简称《1958 年纽约公约》），该公约将于 1987 年 4 月 22 日对我国生效。各高、中级人民法院都应立即组织经济、民事审判人员、执行人员以及其他有关人员认真学习这一重要的国际公约，并且切实依照执行。现就执行该公约的几个问题通知如下：

一、根据我国加入公约时所作的互惠保留声明，我国对在另一缔约国领土内作出的仲裁裁决的承认和执行适用该公约。该公约与我国民事诉讼法（试行）有不同规定的，按该公约的规定办理。

对于在非缔约国领土内作出的仲裁裁决，需要我国法院承认和执行的，应按民事诉讼法（试行）第二百零四条的规定办理。

二、根据我国加入该公约时所作的商事保留声明，我国仅对按照我国法律属于契约性和非契约性商事法律关系所引起的争议适用该公约。所谓“契约性和非契约性商事法律关系”，具体的是指由于合同、侵权或者根据有关法律规定而产生的经济上的权利义务关系，例如货物买卖、财产租赁、工程承包、加工承揽、技术转让、合资经营、合作经营、勘探开发自然资源、保险、信贷、劳务、代理、咨询服务和海上、民用航空、铁路、公路的客货运输以及产品责任、环境污染、海上事故和所有权争议等，但不包括外国投资者与东道国政府之间的争端。

三、根据《1958 年纽约公约》第四条的规定，申请我国法院承认和执行在另一缔约国领土内作出的仲裁裁决，是由仲裁裁决的一方当事人提出的。对于当事人的申请应由我国下列地点的中级人民法院受理：

1. 被执行人为自然人的，为其户籍所在地或者居所地；

2. 被执行人为法人的，为其主要办事机构所在地；

3. 被执行人在我国无住所、居所或者主要办事机构，但有财产在我国境内的，为其财产所在地。

四、我国有管辖权的人民法院接到一方当事人的申请后，应对申请承认及执行的仲裁裁决进行审查，如果认为不具有《1958 年纽约公约》第五条第一、二两项所列的情形，应当裁定承认其效力，并且依照民事诉讼法（试行）规定的程序执行；如果认定具有第五条第二项所列的情形之一的，或者根据被执行人提供的证据证明具有第五条第一项所列的情形之一的，应当裁定驳回申请，拒绝承认及执行。

五、申请我国法院承认及执行的仲裁裁决，仅限于《1958 年纽约公约》对我国生效后在另一缔约国领土内作出的仲裁裁决。该项申请应当在民事诉讼法（试行）第一百六十九条规定的申请执行期限内提出。

特此通知，希遵照执行。

（三）中华人民共和国仲裁法

《中华人民共和国仲裁法》（2017年修订）

（1994年8月31日第八届全国人民代表大会常务委员会第九次会议通过　根据2009年8月27日第十一届全国人民代表大会常务委员会第十次会议《关于修改部分法律的决定》第一次修正　根据2017年9月1日第十二届全国人民代表大会常务委员会第二十九次会议《关于修改〈中华人民共和国法官法〉等八部法律的决定》第二次修正）

目　录

第一章　总则

第一条　为保证公正、及时地仲裁经济纠纷，保护当事人的合法权益，保障社会主义市场经济健康发展，制定本法。

第二条　平等主体的公民、法人和其他组织之间发生的合同纠纷和其他财产权益纠纷，可以仲裁。

第三条 下列纠纷不能仲裁：

（一）婚姻、收养、监护、扶养、继承纠纷；

（二）依法应当由行政机关处理的行政争议。

第四条 当事人采用仲裁方式解决纠纷，应当双方自愿，达成仲裁协议。没有仲裁协议，一方申请仲裁的，仲裁委员会不予受理。

第五条 当事人达成仲裁协议，一方向人民法院起诉的，人民法院不予受理，但仲裁协议无效的除外。

第六条 仲裁委员会应当由当事人协议选定。

仲裁不实行级别管辖和地域管辖。

第七条 仲裁应当根据事实，符合法律规定，公平合理地解决纠纷。

第八条 仲裁依法独立进行，不受行政机关、社会团体和个人的干涉。

第九条 仲裁实行一裁终局的制度。裁决作出后，当事人就同一纠纷再申请仲裁或者向人民法院起诉的，仲裁委员会或者人民法院不予受理。

裁决被人民法院依法裁定撤销或者不予执行的，当事人就该纠纷可以根据双方重新达成的仲裁协议申请仲裁，也可以向人民法院起诉。

第二章 仲裁委员会和仲裁协会

第十条 仲裁委员会可以在直辖市和省、自治区人民政府所在地的市设立，也可以根据需要在其他设区的市设立，不按行政区划层层设立。

仲裁委员会由前款规定的市的人民政府组织有关部门和商会统一组建。

设立仲裁委员会，应当经省、自治区、直辖市的司法行政部门登记。

第十一条 仲裁委员会应当具备下列条件：

（一）有自己的名称、住所和章程；

（二）有必要的财产；

（三）有该委员会的组成人员；

（四）有聘任的仲裁员。

仲裁委员会的章程应当依照本法制定。

第十二条 仲裁委员会由主任一人、副主任二至四人和委员七至十一人组成。

仲裁委员会的主任、副主任和委员由法律、经济贸易专家和有实际工作经验的人员担任。仲裁委员会的组成人员中，法律、经济贸易专家不得少于三分之二。

第十三条 仲裁委员会应当从公道正派的人员中聘任仲裁员。

仲裁员应当符合下列条件之一：

（一）通过国家统一法律职业资格考试取得法律职业资格，从事仲裁工作满八年的；

（二）从事律师工作满八年的；

（三）曾任法官满八年的；

（四）从事法律研究、教学工作并具有高级职称的；

（五）具有法律知识、从事经济贸易等专业工作并具有高级职称或者具有同等专业水平的。

仲裁委员会按照不同专业设仲裁员名册。

第十四条 仲裁委员会独立于行政机关，与行政机关没有隶属关系。仲裁委员会之间也没有隶属关系。

第十五条 中国仲裁协会是社会团体法人。仲裁委员会是中国仲裁协会的会员。中国仲裁协会的章程由全国会员大会制定。

中国仲裁协会是仲裁委员会的自律性组织，根据章程对仲裁委员会及其组成人员、仲裁员的违纪行为进行监督。

中国仲裁协会依照本法和民事诉讼法的有关规定制定仲裁规则。

第三章 仲裁协议

第十六条 仲裁协议包括合同中订立的仲裁条款和以其他书面方式在纠纷发生前或者纠纷发生后达成的请求仲裁的协议。

仲裁协议应当具有下列内容：

（一）请求仲裁的意思表示；

（二）仲裁事项；

（三）选定的仲裁委员会。

第十七条 有下列情形之一的，仲裁协议无效：

（一）约定的仲裁事项超出法律规定的仲裁范围的；

（二）无民事行为能力人或者限制民事行为能力人订立的仲裁协议；

（三）一方采取胁迫手段，迫使对方订立仲裁协议的。

第十八条 仲裁协议对仲裁事项或者仲裁委员会没有约定或者约定不明确的，当事人可以补充协议；达不成补充协议的，仲裁协议无效。

第十九条 仲裁协议独立存在，合同的变更、解除、终止或者无效，不影响仲裁协议的效力。

仲裁庭有权确认合同的效力。

第二十条 当事人对仲裁协议的效力有异议的，可以请求仲裁委员会作出决定或者请求人民法院作出裁定。一方请求仲裁委员会作出决定，另一方请求人民法院作出裁定的，由人民法院裁定。

当事人对仲裁协议的效力有异议，应当在仲裁庭首次开庭前提出。

第四章 仲裁程序

第一节 申请和受理

第二十一条 当事人申请仲裁应当符合下列条件：

（一）有仲裁协议；

（二）有具体的仲裁请求和事实、理由；

（三）属于仲裁委员会的受理范围。

第二十二条 当事人申请仲裁，应当向仲裁委员会递交仲裁协议、仲裁申请书及副本。

第二十三条 仲裁申请书应当载明下列事项：

（一）当事人的姓名、性别、年龄、职业、工作单位和住所，法人或者其他组织的名称、住所和法定代表人或者主要负责人的姓名、职务；

（二）仲裁请求和所根据的事实、理由；

（三）证据和证据来源、证人姓名和住所。

第二十四条 仲裁委员会收到仲裁申请书之日起五日内，认为符合受理条件的，应当受理，并通知当事人；认为不符合受理条件的，应当书面通知当事人不予受理，并说明理由。

第二十五条 仲裁委员会受理仲裁申请后，应当在仲裁规则规定的期限内将仲裁规则和仲裁员名册送达申请人，并将仲裁申请书副本和仲裁规则、仲裁员名册送达被申请人。

被申请人收到仲裁申请书副本后，应当在仲裁规则规定的期限内向仲裁委员会提交答辩书。仲裁委员会收到答辩书后，应当在仲裁规则规定的期限内将答辩书副本送达申请人。被申请人未提交答辩书的，不影响仲裁程序的进行。

第二十六条　当事人达成仲裁协议，一方向人民法院起诉未声明有仲裁协议，人民法院受理后，另一方在首次开庭前提交仲裁协议的，人民法院应当驳回起诉，但仲裁协议无效的除外；另一方在首次开庭前未对人民法院受理该案提出异议的，视为放弃仲裁协议，人民法院应当继续审理。

第二十七条　申请人可以放弃或者变更仲裁请求。被申请人可以承认或者反驳仲裁请求，有权提出反请求。

第二十八条　一方当事人因另一方当事人的行为或者其他原因，可能使裁决不能执行或者难以执行的，可以申请财产保全。

当事人申请财产保全的，仲裁委员会应当将当事人的申请依照民事诉讼法的有关规定提交人民法院。

申请有错误的，申请人应当赔偿被申请人因财产保全所遭受的损失。

第二十九条　当事人、法定代理人可以委托律师和其他代理人进行仲裁活动。委托律师和其他代理人进行仲裁活动的，应当向仲裁委员会提交授权委托书。

第二节　仲裁庭的组成

第三十条　仲裁庭可以由三名仲裁员或者一名仲裁员组成。由三名仲裁员组成的，设首席仲裁员。

第三十一条　当事人约定由三名仲裁员组成仲裁庭的，应当各自选定或者各自委托仲裁委员会主任指定一名仲裁员，第三名仲裁员由当事人共同选定或者共同委托仲裁委员会主任指定。第三名仲裁员是首席仲裁员。

当事人约定由一名仲裁员成立仲裁庭的，应当由当事人共同选定或者共同委托仲裁委员会主任指定仲裁员。

第三十二条　当事人没有在仲裁规则规定的期限内约定仲裁庭的组成方式或者选定仲裁员的，由仲裁委员会主任指定。

第三十三条　仲裁庭组成后，仲裁委员会应当将仲裁庭的组成情况书面通知当事人。

第三十四条 仲裁员有下列情形之一的，必须回避，当事人也有权提出回避申请：

（一）是本案当事人或者当事人、代理人的近亲属；

（二）与本案有利害关系；

（三）与本案当事人、代理人有其他关系，可能影响公正仲裁的；

（四）私自会见当事人、代理人，或者接受当事人、代理人的请客送礼的。

第三十五条 当事人提出回避申请，应当说明理由，在首次开庭前提出。回避事由在首次开庭后知道的，可以在最后一次开庭终结前提出。

第三十六条 仲裁员是否回避，由仲裁委员会主任决定；仲裁委员会主任担任仲裁员时，由仲裁委员会集体决定。

第三十七条 仲裁员因回避或者其他原因不能履行职责的，应当依照本法规定重新选定或者指定仲裁员。

因回避而重新选定或者指定仲裁员后，当事人可以请求已进行的仲裁程序重新进行，是否准许，由仲裁庭决定；仲裁庭也可以自行决定已进行的仲裁程序是否重新进行。

第三十八条 仲裁员有本法第三十四条第四项规定的情形，情节严重的，或者有本法第五十八条第六项规定的情形的，应当依法承担法律责任，仲裁委员会应当将其除名。

第三节 开庭和裁决

第三十九条 仲裁应当开庭进行。当事人协议不开庭的，仲裁庭可以根据仲裁申请书、答辩书以及其他材料作出裁决。

第四十条 仲裁不公开进行。当事人协议公开的，可以公开进行，但涉及国家秘密的除外。

第四十一条 仲裁委员会应当在仲裁规则规定的期限内将开庭日期通知双方当事人。当事人有正当理由的，可以在仲裁规则规定的期限内请求延期开庭。是否延期，由仲裁庭决定。

第四十二条 申请人经书面通知，无正当理由不到庭或者未经仲裁庭许可中途退庭的，可以视为撤回仲裁申请。

被申请人经书面通知，无正当理由不到庭或者未经仲裁庭许可中途退庭的，可以缺席裁决。

第四十三条 当事人应当对自己的主张提供证据。

仲裁庭认为有必要收集的证据，可以自行收集。

第四十四条 仲裁庭对专门性问题认为需要鉴定的，可以交由当事人约定的鉴定部门鉴定，也可以由仲裁庭指定的鉴定部门鉴定。

根据当事人的请求或者仲裁庭的要求，鉴定部门应当派鉴定人参加开庭。当事人经仲裁庭许可，可以向鉴定人提问。

第四十五条 证据应当在开庭时出示，当事人可以质证。

第四十六条 在证据可能灭失或者以后难以取得的情况下，当事人可以申请证据保全。当事人申请证据保全的，仲裁委员会应当将当事人的申请提交证据所在地的基层人民法院。

第四十七条 当事人在仲裁过程中有权进行辩论。辩论终结时，首席仲裁员或者独任仲裁员应当征询当事人的最后意见。

第四十八条 仲裁庭应当将开庭情况记入笔录。当事人和其他仲裁参与人认为对自己陈述的记录有遗漏或者差错的，有权申请补正。如果不予补正，应当记录该申请。

笔录由仲裁员、记录人员、当事人和其他仲裁参与人签名或者盖章。

第四十九条 当事人申请仲裁后，可以自行和解。达成和解协议的，可以请求仲裁庭根据和解协议作出裁决书，也可以撤回仲裁申请。

第五十条 当事人达成和解协议，撤回仲裁申请后反悔的，可以根据仲裁协议申请仲裁。

第五十一条 仲裁庭在作出裁决前，可以先行调解。当事人自愿调解的，仲裁庭应当调解。调解不成的，应当及时作出裁决。

调解达成协议的，仲裁庭应当制作调解书或者根据协议的结果制作裁决书。调解书与裁决书具有同等法律效力。

第五十二条 调解书应当写明仲裁请求和当事人协议的结果。调解书由仲裁员签名，加盖仲裁委员会印章，送达双方当事人。

调解书经双方当事人签收后，即发生法律效力。

在调解书签收前当事人反悔的，仲裁庭应当及时作出裁决。

第五十三条 裁决应当按照多数仲裁员的意见作出，少数仲裁员的不同意见可以记入笔录。仲裁庭不能形成多数意见时，裁决应当按照首席仲裁员的意见作出。

第五十四条 裁决书应当写明仲裁请求、争议事实、裁决理由、裁决结果、仲裁费用的负担和裁决日期。当事人协议不愿写明争议事实和裁决理由的，可以不写。裁决书由仲裁员签名，加盖仲裁委员会印章。对裁决持不同意见的仲裁员，可以签名，也可以不签名。

第五十五条 仲裁庭仲裁纠纷时，其中一部分事实已经清楚，可以就该部分先行裁决。

第五十六条 对裁决书中的文字、计算错误或者仲裁庭已经裁决但在裁决书中遗漏的事项，仲裁庭应当补正；当事人自收到裁决书之日起三十日内，可以请求仲裁庭补正。

第五十七条 裁决书自作出之日起发生法律效力。

第五章 申请撤销裁决

第五十八条 当事人提出证据证明裁决有下列情形之一的，可以向仲裁委员会所在地的中级人民法院申请撤销裁决：

（一）没有仲裁协议的；

（二）裁决的事项不属于仲裁协议的范围或者仲裁委员会无权仲裁的；

（三）仲裁庭的组成或者仲裁的程序违反法定程序的；

（四）裁决所根据的证据是伪造的；

（五）对方当事人隐瞒了足以影响公正裁决的证据的；

（六）仲裁员在仲裁该案时有索贿受贿，徇私舞弊，枉法裁决行为的。

人民法院经组成合议庭审查核实裁决有前款规定情形之一的，应当裁定撤销。

人民法院认定该裁决违背社会公共利益的，应当裁定撤销。

第五十九条 当事人申请撤销裁决的，应当自收到裁决书之日起六个月内提出。

第六十条 人民法院应当在受理撤销裁决申请之日起两个月内作出撤销裁决或者驳回申请的裁定。

第六十一条 人民法院受理撤销裁决的申请后，认为可以由仲裁庭重新仲裁的，通知仲裁庭在一定期限内重新仲裁，并裁定中止撤销程序。仲裁庭拒绝重新仲裁的，人民法院应当裁定恢复撤销程序。

第六章　执行

第六十二条　当事人应当履行裁决。一方当事人不履行的，另一方当事人可以依照民事诉讼法的有关规定向人民法院申请执行。受申请的人民法院应当执行。

第六十三条　被申请人提出证据证明裁决有民事诉讼法第二百一十三条第二款规定的情形之一的，经人民法院组成合议庭审查核实，裁定不予执行。

第六十四条　一方当事人申请执行裁决，另一方当事人申请撤销裁决的，人民法院应当裁定中止执行。

人民法院裁定撤销裁决的，应当裁定终结执行。撤销裁决的申请被裁定驳回的，人民法院应当裁定恢复执行。

第七章　涉外仲裁的特别规定

第六十五条　涉外经济贸易、运输和海事中发生的纠纷的仲裁，适用本章规定。本章没有规定的，适用本法其他有关规定。

第六十六条　涉外仲裁委员会可以由中国国际商会组织设立。

涉外仲裁委员会由主任一人、副主任若干人和委员若干人组成。

涉外仲裁委员会的主任、副主任和委员可以由中国国际商会聘任。

第六十七条　涉外仲裁委员会可以从具有法律、经济贸易、科学技术等专门知识的外籍人士中聘任仲裁员。

第六十八条　涉外仲裁的当事人申请证据保全的，涉外仲裁委员会应当将当事人的申请提交证据所在地的中级人民法院。

第六十九条　涉外仲裁的仲裁庭可以将开庭情况记入笔录，或者作出笔录要点，笔录要点可以由当事人和其他仲裁参与人签字或者盖章。

第七十条　当事人提出证据证明涉外仲裁裁决有民事诉讼法第二百五十八条第一款规定的情形之一的，经人民法院组成合议庭审查核实，裁定撤销。

第七十一条　被申请人提出证据证明涉外仲裁裁决有民事诉讼法第二百五十八条第一款规定的情形之一的，经人民法院组成合议庭审查核实，裁定不予执行。

第七十二条　涉外仲裁委员会作出的发生法律效力的仲裁裁决，当事人请求执行的，如果被执行人或者其财产不在中华人民共和国领域内，应当由当事人直接向有管辖权的外国法院申请承认和执行。

第七十三条 涉外仲裁规则可以由中国国际商会依照本法和民事诉讼法的有关规定制定。

第八章 附则

第七十四条 法律对仲裁时效有规定的，适用该规定。法律对仲裁时效没有规定的，适用诉讼时效的规定。

第七十五条 中国仲裁协会制定仲裁规则前，仲裁委员会依照本法和民事诉讼法的有关规定可以制定仲裁暂行规则。

第七十六条 当事人应当按照规定交纳仲裁费用。

收取仲裁费用的办法，应当报物价管理部门核准。

第七十七条 劳动争议和农业集体经济组织内部的农业承包合同纠纷的仲裁，另行规定。

第七十八条 本法施行前制定的有关仲裁的规定与本法的规定相抵触的，以本法为准。

第七十九条 本法施行前在直辖市、省、自治区人民政府所在地的市和其他设区的市设立的仲裁机构，应当依照本法的有关规定重新组建；未重新组建的，自本法施行之日起届满一年时终止。

本法施行前设立的不符合本法规定的其他仲裁机构，自本法施行之日起终止。

第八十条 本法自 1995 年 9 月 1 日起施行。

（四）《民事诉讼法》关于仲裁的规定（2017 年版）

民事诉讼法关于仲裁的规定

第二十六章 仲裁

第二百七十一条 涉外经济贸易、运输和海事中发生的纠纷，当事人在合同中订有仲裁条款或者事后达成书面仲裁协议，提交中华人民共和国涉外仲裁机构或者其他仲裁机构仲裁的，当事人不得向人民法院起诉。当事人在合同中没有订有仲裁条款或者事后没有达成书面仲裁协议的，可以向人民法院起诉。

第二百七十二条 当事人申请采取保全的，中华人民共和国的涉外仲裁机构应当将当事人的申请，提交被申请人住所地或者财产所在地的中级人民法院裁定。

第二百七十三条 经中华人民共和国涉外仲裁机构裁决的，当事人不得向人民法院起诉。一方当事人不履行仲裁裁决的，对方当事人可以向被申请人住所地或者财产所在地的中级人民法院申请执行。

第二百七十四条 对中华人民共和国涉外仲裁机构作出的裁决，被申请人提出证据证明仲裁裁决有下列情形之一的，经人民法院组成合议庭审查核实，裁定不予执行：

（一）当事人在合同中没有订有仲裁条款或者事后没有达成书面仲裁协议的；

（二）被申请人没有得到指定仲裁员或者进行仲裁程序的通知，或者由于其他不属于被申请人负责的原因未能陈述意见的；

（三）仲裁庭的组成或者仲裁的程序与仲裁规则不符的；

（四）裁决的事项不属于仲裁协议的范围或者仲裁机构无权仲裁的。

人民法院认定执行该裁决违背社会公共利益的，裁定不予执行。

第二百七十五条 仲裁裁决被人民法院裁定不予执行的，当事人可以根据双方达成的书面仲裁协议重新申请仲裁，也可以向人民法院起诉。

第二十七章 司法协助

第二百七十六条 根据中华人民共和国缔结或者参加的国际条约，或者按照互惠原则，人民法院和外国法院可以相互请求，代为送达文书、调查取证以及进行其他诉讼行为。

外国法院请求协助的事项有损于中华人民共和国的主权、安全或者社会公共利益的，人民法院不予执行。

第二百七十七条 请求和提供司法协助，应当依照中华人民共和国缔结或者参加的国际条约所规定的途径进行；没有条约关系的，通过外交途径进行。

外国驻中华人民共和国的使领馆可以向该国公民送达文书和调查取证，但不得违反中华人民共和国的法律，并不得采取强制措施。

除前款规定的情况外，未经中华人民共和国主管机关准许，任何外国机关或者个人不得在中华人民共和国领域内送达文书、调查取证。

第二百七十八条 外国法院请求人民法院提供司法协助的请求书及其所附文件，应当附有中文译本或者国际条约规定的其他文字文本。

人民法院请求外国法院提供司法协助的请求书及其所附文件，应当附有该国文字译本或者国际条约规定的其他文字文本。

第二百七十九条 人民法院提供司法协助，依照中华人民共和国法律规定的程序进行。外国法院请求采用特殊方式的，也可以按照其请求的特殊方式进行，但请求采用的特殊方式不得违反中华人民共和国法律。

第二百八十条 人民法院作出的发生法律效力的判决、裁定，如果被执行人或者其财产不在中华人民共和国领域内，当事人请求执行的，可以由当事人直接向有管辖权的外国法院申请承认和执行，也可以由人民法院依照中华人民共和国缔结或者参加的国际条约的规定，或者按照互惠原则，请求外国法院承认和执行。

中华人民共和国涉外仲裁机构作出的发生法律效力的仲裁裁决，当事人请求执行的，如果被执行人或者其财产不在中华人民共和国领域内，应当由当事人直接向有管辖权的外国法院申请承认和执行。

第二百八十一条 外国法院作出的发生法律效力的判决、裁定，需要中华人民共和国人民法院承认和执行的，可以由当事人直接向中华人民共和国有管辖权的中级人民法院申请承认和执行，也可以由外国法院依照该国与中华人民共和国缔结或者参加的国际条约的规定，或者按照互惠原则，请求人民法院承认和执行。

第二百八十二条 人民法院对申请或者请求承认和执行的外国法院作出的发生法律效力的判决、裁定，依照中华人民共和国缔结或者参加的国际条约，或者按照互惠原则进行审查后，认为不违反中华人民共和国法律的基本原则或者国家主权、安全、社会公共利益的，裁定承认其效力，需要执行的，发出执行令，依照本法的有关规定执行。违反中华人民共和国法律的基本原则或者国家主权、安全、社会公共利益的，不予承认和执行。

第二百八十三条 国外仲裁机构的裁决，需要中华人民共和国人民法院承认和执行的，应当由当事人直接向被执行人住所地或者其财产所在地的中级人民法院申请，人民法院应当依照中华人民共和国缔结或者参加的国际条约，或者按照互惠原则办理。

（五）最高人民法院关于适用《中华人民共和国仲裁法》若干问题的解释

《最高人民法院关于适用〈中华人民共和国仲裁法〉若干问题的解释》

（《最高人民法院关于适用〈中华人民共和国仲裁法〉若干问题的解释》，于2005年12月26日，由最高人民法院审判委员会第1375次会议通过，自2006年9月8日起开始施行。）

根据《中华人民共和国仲裁法》和《中华人民共和国民事诉讼法》等法律规定，对人民法院审理涉及仲裁案件适用法律的若干问题作如下解释：

第一条 仲裁法第十六条规定的“其他书面形式”的仲裁协议，包括以合同书、信件和数据电文（包括电报、电传、传真、电子数据交换和电子邮件）等形式达成的请求仲裁的协议。

第二条 当事人概括约定仲裁事项为合同争议的，基于合同成立、效力、变更、转让、履行、违约责任、解释、解除等产生的纠纷都可以认定为仲裁事项。

第三条 仲裁协议约定的仲裁机构名称不准确，但能够确定具体的仲裁机构的，应当认定选定了仲裁机构。

第四条 仲裁协议仅约定纠纷适用的仲裁规则的，视为未约定仲裁机构，但当事人达成补充协议或者按照约定的仲裁规则能够确定仲裁机构的除外。

第五条 仲裁协议约定两个以上仲裁机构的，当事人可以协议选择其中的一个仲裁机构申请仲裁；当事人不能就仲裁机构选择达成一致的，仲裁协议无效。

第六条 仲裁协议约定由某地的仲裁机构仲裁且该地仅有一个仲裁机构的，该仲裁机构视为约定的仲裁机构。该地有两个以上仲裁机构的，当事人可以协议选择其中的一个仲裁机构申请仲裁；当事人不能就仲裁机构选择达成一致的，仲裁协议无效。

第七条 当事人约定争议可以向仲裁机构申请仲裁也可以向人民法院起诉的，仲裁协议无效。但一方向仲裁机构申请仲裁，另一方未在仲裁法第二十条第二款规定期间内提出异议的除外。

第八条 当事人订立仲裁协议后合并、分立的，仲裁协议对其权利义务的继受人有效。

当事人订立仲裁协议后死亡的，仲裁协议对承继其仲裁事项中的权利义务的继承人有效。

前两款规定情形，当事人订立仲裁协议时另有约定的除外。

第九条 债权债务全部或者部分转让的，仲裁协议对受让人有效，但当事人另有约定、在受让债权债务时受让人明确反对或者不知有单独仲裁协议的除外。

第十条 合同成立后未生效或者被撤销的，仲裁协议效力的认定适用仲裁法第十九条第一款的规定。

当事人在订立合同时就争议达成仲裁协议的，合同未成立不影响仲裁协议的效力。

第十一条 合同约定解决争议适用其他合同、文件中的有效仲裁条款的，发生合同争议时，当事人应当按照该仲裁条款提请仲裁。

涉外合同应当适用的有关国际条约中有仲裁规定的，发生合同争议时，当事人应当按照国际条约中的仲裁规定提请仲裁。

第十二条 当事人向人民法院申请确认仲裁协议效力的案件，由仲裁协议约定的仲裁机构所在地的中级人民法院管辖；仲裁协议约定的仲裁机构不明确的，由仲裁协议签订地或者被申请人住所地的中级人民法院管辖。

申请确认涉外仲裁协议效力的案件，由仲裁协议约定的仲裁机构所在地、仲裁协议签订地、申请人或者被申请人住所地的中级人民法院管辖。

涉及海事海商纠纷仲裁协议效力的案件，由仲裁协议约定的仲裁机构所在地、仲裁协议签订地、申请人或者被申请人住所地的海事法院管辖；上述地点没有海事法院的，由就近的海事法院管辖。

第十三条 依照仲裁法第二十条第二款的规定，当事人在仲裁庭首次开庭前没有对仲裁协议的效力提出异议，而后向人民法院申请确认仲裁协议无效的，人民法院不予受理。

仲裁机构对仲裁协议的效力作出决定后，当事人向人民法院申请确认仲裁协议效力或者申请撤销仲裁机构的决定的，人民法院不予受理。

第十四条 仲裁法第二十六条规定的“首次开庭”是指答辩期满后人民法院

组织的第一次开庭审理，不包括审前程序中的各项活动。

第十五条 人民法院审理仲裁协议效力确认案件，应当组成合议庭进行审查，并询问当事人。

第十六条 对涉外仲裁协议的效力审查，适用当事人约定的法律；当事人没有约定适用的法律但约定了仲裁地的，适用仲裁地法律；没有约定适用的法律也没有约定仲裁地或者仲裁地约定不明的，适用法院地法律。

第十七条 当事人以不属于仲裁法第五十八条或者民事诉讼法第二百六十条规定的事由申请撤销仲裁裁决的，人民法院不予支持。

第十八条 仲裁法第五十八条第一款第一项规定的“没有仲裁协议”是指当事人没有达成仲裁协议。仲裁协议被认定无效或者被撤销的，视为没有仲裁协议。

第十九条 当事人以仲裁裁决事项超出仲裁协议范围为由申请撤销仲裁裁决，经审查属实的，人民法院应当撤销仲裁裁决中的超裁部分。但超裁部分与其他裁决事项不可分的，人民法院应当撤销仲裁裁决。

第二十条 仲裁法第五十八条规定的“违反法定程序”，是指违反仲裁法规定的仲裁程序和当事人选择的仲裁规则可能影响案件正确裁决的情形。

第二十一条 当事人申请撤销国内仲裁裁决的案件属于下列情形之一的，人民法院可以依照仲裁法第六十一条的规定通知仲裁庭在一定期限内重新仲裁：

（一）仲裁裁决所根据的证据是伪造的；

（二）对方当事人隐瞒了足以影响公正裁决的证据的。

人民法院应当在通知中说明要求重新仲裁的具体理由。

第二十二条 仲裁庭在人民法院指定的期限内开始重新仲裁的，人民法院应当裁定终结撤销程序；未开始重新仲裁的，人民法院应当裁定恢复撤销程序。

第二十三条 当事人对重新仲裁裁决不服的，可以在重新仲裁裁决书送达之日起六个月内依据仲裁法第五十八条规定向人民法院申请撤销。

第二十四条 当事人申请撤销仲裁裁决的案件，人民法院应当组成合议庭审理，并询问当事人。

第二十五条 人民法院受理当事人撤销仲裁裁决的申请后，另一方当事人申请执行同一仲裁裁决的，受理执行申请的人民法院应当在受理后裁定中止执行。

第二十六条 当事人向人民法院申请撤销仲裁裁决被驳回后，又在执行程序中以相同理由提出不予执行抗辩的，人民法院不予支持。

第二十七条 当事人在仲裁程序中未对仲裁协议的效力提出异议，在仲裁裁决作出后以仲裁协议无效为由主张撤销仲裁裁决或者提出不予执行抗辩的，人民法院不予支持。

当事人在仲裁程序中对仲裁协议的效力提出异议，在仲裁裁决作出后又以此为由主张撤销仲裁裁决或者提出不予执行抗辩，经审查符合仲裁法第五十八条或者民事诉讼法第二百一十七条、第二百六十条规定的，人民法院应予支持。

第二十八条 当事人请求不予执行仲裁调解书或者根据当事人之间的和解协议作出的仲裁裁决书的，人民法院不予支持。

第二十九条 当事人申请执行仲裁裁决案件，由被执行人住所地或者被执行的财产所在地的中级人民法院管辖。

第三十条 根据审理撤销、执行仲裁裁决案件的实际需要，人民法院可以要求仲裁机构作出说明或者向相关仲裁机构调阅仲裁案卷。

人民法院在办理涉及仲裁的案件过程中作出的裁定，可以送相关的仲裁机构。

第三十一条 本解释自公布之日起实施。

（六）最高人民法院关于人民法院处理与涉外仲裁及外国仲裁事项有关问题的通知

《最高人民法院关于人民法院处理与涉外仲裁及外国仲裁事项有关问题的通知》

1995年8月28日　法发［1995］18号

各省、自治区、直辖市高级人民法院，解放军军事法院：

为严格执行《中华人民共和国民事诉讼法》以及我国参加的有关国际公约的规定，保障诉讼和仲裁活动依法进行，现决定对人民法院受理具有仲裁协议的涉外经济纠纷案、不予执行涉外仲裁裁决以及拒绝承认和执行外国仲裁裁决等问题建立报告制度。为此，特作如下通知：

一、凡起诉到人民法院的涉外、涉港澳和涉台经济、海事海商纠纷案件，如果当事人在合同中订有仲裁条款或者事后达成仲裁协议，人民法院认为该仲裁条款或者仲裁协议无效、失效或者内容不明确无法执行的，在决定受理一方当事人起诉之前，必须报请本辖区所属高级人民法院进行审查；如果高级人民法院同意受理，应将其审查意见报最高人民法院。在最高人民法院未作答复前，可暂不予受理。

二、凡一方当事人向人民法院申请执行我国涉外仲裁机构裁决，或者向人民法院申请承认和执行外国仲裁机构的裁决，如果人民法院认为我国涉外仲裁机构裁决具有民事诉讼法第二百五十八条情形之一的，或者申请承认和执行的外国仲裁裁决不符合我国参加的国际公约的规定或者不符合互惠原则的，在裁定不予执行或者拒绝承认和执行之前，必须报请本辖区所属高级人民法院进行审查；如果高级人民法院同意不予执行或者拒绝承认和执行，应将其审查意见报最高人民法院。待最高人民法院答复后，方可裁定不予执行或者拒绝承认和执行。

（七）仲裁委员会登记暂行办法

《仲裁委员会登记暂行办法》

（1995 年 7 月 28 日国务院办公厅印发）

第一条 根据《中华人民共和国仲裁法》（以下简称仲裁法），制定本办法。

第二条 仲裁委员会的登记机关是省、自治区、直辖市的司法行政部门。

第三条 仲裁委员会可以在直辖市和省、自治区人民政府所在地的市设立，也可以根据需要在其他设区的市设立，不按行政区划层层设立。

设立仲裁委员会，应当向登记机关办理设立登记；未经设立登记的，仲裁裁决不具有法律效力。

办理设立登记，应当向登记机关提交下列文件：

（一）设立仲裁委员会申请书；

（二）组建仲裁委员会的市的人民政府设立仲裁委员会的文件；

（三）仲裁委员会章程；

（四）必要的经费证明；

（五）仲裁委员会住所证明；

（六）聘任的仲裁委员会组成人员的聘书副本；

（七）拟聘任的仲裁员名册。

第四条 登记机关应当在收到本办法第三条第三款规定的文件之日起10日内，对符合设立条件的件裁委员会予以设立登记，并发给登记证书；对符合设立条件，但所提供的文件不符合本办法第三条第三款规定的，在要求补正后予以登记；对不符合本办法第三条第一款规定的，不予登记。

第五条 仲裁委员会变更住所、组织人员，应当在变更后的10日内向登记机关备案，并向登记机关提交与变更事项有关的文件。

第六条 仲裁委员会决议终止的，应当向登汜机关办理注销登记。

仲裁委员会办理注销登记，应当向登记机关提交下列文件或者证书：

（一）注销登记申请书；

（二）组建仲裁委员会的市的人民政府同意注销该仲裁委员会的文件；

（三）有关机关确认的清算报告；

（四）仲裁委员会登记证书；

第七条 登记机关应当自到本办法第六条第二款规定的文件、证书之日起10日内，对符合终止条件的仲裁委员会予以注销登记，收回仲裁委员会登记证书。

第八条 登记机关对仲裁委员会的设立登记、注销登记，自作出登记之日起生效，予以公告，并报国务院司法行政部门备案。

仲裁委员会登记证书，由国务院司法行政部门负责印制。

第九条 仲裁法施行前在直辖市和省、自治区人民政府所在地的市以及其他设区的市设立的仲裁机构，应当依照仲裁法和国务院的有关规定重新组建，并依照本办法申请设立登记；未重新组建的，自仲裁法施行之日起届满1年时终止。

仲裁法施行前设立的不符合仲裁法规定的其他仲裁机构，自仲裁法施行之日起终止。

第十条 本办法自1995年9月1日起施行。

（八）仲裁委员会仲裁收费办法

《仲裁委员会仲裁收费办法》

（1995年7月28日国务院办公厅印发）

第一条 为了规范仲裁委员会的仲裁收费，制定本办法。

第二条 当事人申请仲裁，应当按照本办法的规定向仲裁委员会交纳仲裁费用，仲裁费用包括案件受理费和案件处理费。

第三条 案件受理费用于给付仲裁员报酬、维护仲裁委员会正常运转的必要开支。

第四条 申请人应当自收到仲裁委员会受理通知书之日起15日内，按照仲裁案件受理费表的规定预交案件受理费。被申请人在提出反请求的同时，应当按照仲裁案件受理费表的规定预交案件受理费。

仲裁案件受理费的具体标准由仲裁委员会在仲裁案件受理费表规定的幅度内确定，并报仲裁委员会所在地的省、自治区、直辖市人民政府物价管理部门核准。

第五条 仲裁案件受理费表中的争议金额，以申请人请求的数额为准；请求的数额与实际争议金额不一致的，以实际争议金额为准。

申请仲裁时争议金额未确定的，由仲裁委员会根据争议所涉及权益的具体情况确定预先收取的案件受理费数额。

第六条 当事人预交案件受理费确有困难的，由当事人提出申请，经仲裁委员会批准，可以缓交。

当事人在本办法第四条第一款规定的期限内不预交案件受理费，又不提出缓交申请的，视为撤回仲裁申请。

第七条 案件处理费包括：

（一）仲裁员因办理仲裁案件出差、开庭而支出的食宿费、交通费及其他合理费用；

（二）证人、鉴定人、翻译人员等因出庭而支出的食宿费、交通费、误工补贴；

（三）咨询、鉴定、勘验、翻译等费用；

（四）复制、送达案件材料、文书的费用；

（五）其他应当由当事人承担的合理费用。

本条款第（二）、（三）项规定的案件处理费，由提出申请的一方当事人预付。

第八条 案件处理费的收费标准按照国家有关规定执行；国家没有规定的，按照合理的实际支出收取。

第九条 仲裁费用原则上由败诉的当事人承担；当事人部分胜诉、部分败诉的，由仲裁庭根据当事人各方责任大小确定其各自应当承担的仲裁费用的比例。当事人自行和解或者经仲裁庭调解结案的，当事人可以协商确定各自承担的仲裁费用的比例。

仲裁庭应当在调解书或者裁决书中写明双方当事人最终应当支付的仲裁费用金额。

第十条 依照仲裁法第六十一条的规定，仲裁庭同意重新仲裁的，仲裁委员会不得再行收取案件受理费。

仲裁庭依法对裁决书中的文字、计算错误或者仲裁庭已经裁决但在裁决书中遗漏的事项作出补正，不得收费。

第十一条 申请人经书面通知，无正当理由不到庭或者未经仲裁庭许可中途退庭，可以视为撤回仲裁申请，案件受理费、处理费不予退回。

第十二条 仲裁委员会受理仲裁申请后，仲裁庭组成前，申请人撤回仲裁申请，或者当事人自行达成和解协议并撤回仲裁申请的，案件受理费应当全部退回。

仲裁庭组成后，申请人撤回仲裁申请或者当事人自行达成和解协议并撤回仲裁申请的，应当根据实际情况酌情退回部分案件受理费。

第十三条 本办法第五条、第十二条的规定同样适用于被申请人提出反请求的情形。

第十四条 仲裁委员会收取仲裁案件受理费，应当使用省、自治区、直辖市人民政府财政部门统一印制的收费票据，并按照国家有关规定，建立、健全财务核算制度，加强财务、收支管理，接受财政、审计、税务、物价等部门的监督。

第十五条 本办法自1995年9月1日起施行。

附：仲裁委员会仲裁案件受理费表

争议金额（人民币）	仲裁案件受理费（人民币）
1000 元以下的部分	40～100 元
1001 元至 50 000 元的部分	按 4%～5% 交纳
50 001 元至 100 000 元的部分	按 3%～4% 交纳
100 001 元至 200 000 元的部分	按 2%～3% 交纳
200 001 元至 500 000 元的部分	按 1%～2% 交纳
500 001 元至 1 000 000 元的部分	0.5%～1% 交纳
1 000 001 元以上的部分	按 0.25%～0.5% 交纳

（九）仲裁委员会章程示范文本

《仲裁委员会章程示范文本》

【法规名称】仲裁委员会章程示范文本

【颁布部门】国务院办公厅

【颁布时间】1995－07－28

【实施时间】1995－07－28

第一章　总则

第一条　为了规范本仲裁委员会的行为，保证公正、及时地仲裁经济纠纷，保护当事人的合法权益，根据《中华人民共和国仲裁法》（以下简称《仲裁法》），制定本章程。

第二条　平等主体的公民、法人和其他组织之间发生合同纠纷和其他财产权益纠纷，可以依法向本仲裁委员会申请仲裁。

本仲裁委员会不受理因劳动争议和农业集体经济组织内部的农业承包合同纠纷提出的仲裁申请。

第三条　本仲裁委员会（以下简称仲裁委员会）会址设在××市。

第二章 仲裁委员会

第四条 仲裁委员会由主任1人、副主任2至4人和委员7至11人组成。其中，驻会专职组成人员1至2人，其他组成人员均为兼职。

仲裁委员会组成人员名单报中国仲裁协会备案。

第五条 仲裁委员会每届任期3年。任期届满，更换1/3组成人员。

仲裁委员会任期届满的2个月前，应当完成下届仲裁委员会组成人员的更换；有特别情况不能完成更换的，应当在任期届满后3个月内完成更换。

上一届仲裁委员会履行职责到新一届仲裁委员会组成为止。

第六条 新一届仲裁委员会组成人员由上一届仲裁委员会主任会议商市人民政府有关部门、商会后提名，由市人民政府聘任。

第七条 仲裁委员会会议由主任或者主任委托的副主任主持。每次会议须有2/3以上的组成人员出席，方能举行。修改章程或者对仲裁委员会作出解散决议，须经全体组成人员的2/3以上通过，其他决议须经出席会议组成人员的2/3以上通过。

第八条 仲裁委员会会议的主要职责是：

（一）审议仲裁委员会的工作方针、工作计划等重要事项，并作出相应的决议；

（二）审议、通过仲裁委员会秘书长提出的年度工作报告和财务报告；

（三）决定仲裁委员会秘书长、专家咨询机构负责人人选；

（四）审议、通过仲裁委员会办事机构设置方案；

（五）决定仲裁员的聘任、解聘和除名；

（六）仲裁委员会主任担任仲裁员的，决定主任的回避；

（七）修改仲裁委员会章程；

（八）决议解散仲裁委员会；

（九）仲裁法、仲裁规则和本章程规定的其他职责。

第九条 仲裁委员会主任、副主任和秘书长组成主任会议，在仲裁委员会会议闭会期间，负责仲裁委员会的重要日常工作。

第十条 仲裁委员会可以根据需要设立专家咨询机构，为仲裁委员会和仲裁员提供对疑难问题的咨询意见。

专家咨询机构设负责人1人，由仲裁委员会副主任兼任。

第十一条 仲裁委员会会议作出解散决议并经市人民政府同意，仲裁委员会应当终止。

第三章 办事机构

第十二条 仲裁委员会下设办事机构。办事机构在仲裁委员会秘书长领导下负责处理仲裁委员会的日常工作。

办事机构的主要职责是：

（一）具体办理仲裁案件受理、仲裁文书送达、档案管理等程序性事务；

（二）收取和管理仲裁费用；

（三）办理仲裁委员会交办的其他事务。

第十三条 办事机构工作人员，由仲裁委员会主任会议决定聘用。

第四章 仲裁员

第十四条 仲裁员名单由仲裁委员会主任会议提出，经仲裁委员会会议审议通过后，由仲裁委员会聘任，发给聘书。

仲裁员的聘任期为3年，期满可以继续聘任。

第十五条 仲裁委员会按照不同专业设立仲裁员名册。

仲裁员名册报中国仲裁协会备案。

第十六条 仲裁员应当严格遵守仲裁规则的规定，保证当事人行使仲裁规则规定的权利。

第十七条 仲裁员应当平等对待双方当事人，不得代表或者偏袒任何一方当事人。

第十八条 仲裁员接受案件后，应当认真、详细审阅当事人提交的全部证据和材料，做好审理的准备工作。

第十九条 仲裁员开庭审理仲裁案件的，应当充分听取双方当事人的陈述，认真查明事实。

第二十条 仲裁员经仲裁庭或者仲裁委员会同意会见当事人、代理人，应当在仲裁委员会办公地点进行；未经仲裁庭或者仲裁委员会同意的，仲裁员不得私自会见任何一方当事人、代理人，不得单独接受一方当事人、代理人提供的证据、材料或者与一方当事人、代理人交谈有关仲裁案件的情况。

第二十一条 仲裁员应当在案件审理终结后及时进行合议，并按规定制作仲裁裁决书。

第二十二条 仲裁员应当严格保守仲裁秘密，不得对外界透露案件审理过程、仲裁庭合议情况、案件涉及的商业秘密等内容。

第二十三条 仲裁员有下列情形之一的，仲裁委员会应当予以解聘：

（一）隐瞒应当回避的情形，对案件审理产生不良影响的；

（二）无正当理由不到庭审理案件的；

（三）有不宜继续担任仲裁员的其他情形的。

第二十四条 仲裁员私自会见当事人、代理人，或者接受当事人、代理人的请客送礼，或者在仲裁案件时有索贿受贿，徇私舞弊，枉法裁决行为的，应当依法承担法律责任，仲裁委员会应当将其除名。

第五章 财务

第二十五条 仲裁委员会的财务实行独立核算。

第二十六条 仲裁委员会的经费来源是：

（一）政府的资助；

（二）当事人交纳的仲裁费；

（三）其他合法收入。

第二十七条 仲裁委员会终止，应当对财产进行清算。清算后，剩余财产归国家所有。

第六章 附则

第二十八条 本章程由仲裁委员会负责解释。

第二十九条 本章程自市人民政府批准之日起生效。

（十）仲裁委员会仲裁暂行规则示范文本

《仲裁委员会仲裁暂行规则示范文本》

（1995 年 7 月 28 日国务院办公厅发布）

目　录

第一章　总则

第一条　为了保证公正、及时地仲裁经济纠纷，保护当事人的合法权益，根据《中华人民共和国仲裁法》（以下简称仲裁法）和《中华人民共和国民事诉讼法》（以下简称民事诉讼法）的有关规定，制定本暂行规则。

第二条　平等主体的公民、法人和其他组织之间发生合同纠纷和其他财产权益纠纷，可以依法向本仲裁委员会申请仲裁。

本仲裁委员会不受理因劳动争议和农业集体经济组织内部的农业承包合同纠纷提出的仲裁申请。

第三条　当事人采用仲裁方式解决纠纷，应当双方自愿，达成仲裁协议。没有仲裁协议，一方申请仲裁的，本仲裁委员会不予受理。

第四条　仲裁协议包括合同中订立的仲裁条款和以其他书面方式在纠纷发生前或者纠纷发生后达成的请求仲裁的协议。

仲裁协议应当具有下列内容：

（一）请求仲裁的意思表示；

（二）仲裁事项；

（三）选定本仲裁委员会的意思表示。

第五条　仲裁协议独立存在，合同的变更、解除、终止或者无效，不影响仲裁协议的效力。

仲裁庭有权确认合同的效力。

第六条 当事人对仲裁协议的效力有异议的，可以请求本仲裁委员会作出决定或者请人民法院作出裁定。一方请求本仲裁委员会作出决定，另一方请求人民法院作出裁定的，由人民法院裁定。

当事人对仲裁协议的效力有异议，应当在仲裁首次开庭前提出；当事人协议不开庭的，应当在首次提交答辩书前提出。

第二章 申请和受理

第七条 当事人申请仲裁应当符合下列条件：

（一）有仲裁协议；

（二）有具体的仲裁请求和事实、理由；

（三）属于本仲裁委员会的受理范围。

第八条 申请人申请仲裁，应当向本仲裁委员会递交仲裁协议、仲裁申请书及副本。

第九条 仲裁申请书应当载明下列事项：

（一）申请人和被申请人的姓名、性别、年龄、职业、工作单位和住所，法人或者其他组织的名称、住所和法定代表人或者主要负责人的姓名、职务；

（二）仲裁请求和所根据的事实、理由；

（三）证据和证据来源、证人姓名和住所。

第十条 本仲裁委员会收到仲裁申请书之日起5日内，认为符合受理条件的，应当受理，并通知当事人，也可以当即受理，并通知当事人；认为不符合受理条件的，应当书面通知当事人不予受理，并说明理由。

本仲裁委员会收到仲裁申请书后，认为仲裁申请书不符合本暂行规则第九条规定的，可以要求当事人限期补正；逾期不补正的，视为未申请。

第十一条 本仲裁委员会受理仲裁申请后，应当在15日内将本暂行规则和仲裁员名册送达申请人，并将仲裁申请书副本和暂行规则、仲裁员名册送达被申请人。

被申请人收到仲裁申请书副本后，应当在15日内向仲裁委员会提交答辩书。仲裁委员会收到答辩书后，应当在15日内将答辩书副本送达申请人。被申请人未提交答辩书的，不影响仲裁程序的进行。

第十二条 申请人可以放弃或者变更仲裁请求。被申请人可以承认或者反驳仲裁请求，有权提出反请求。

本仲裁委员会应当在收到被申请人提出反请求申请书之日起15日内，将反请求申请书副本送达申请人。

申请人应当自收到反请求申请书之日起15日内向本仲裁委员会提出书面答辩；未提出书面答辩的，不影响仲裁程序的进行。

第十三条 一方当事人因另一方当中人的行为或者其他原因，可能使裁决不能执行或者难以执行的，可以申请财产保全。

当事人申请财产保全的，本仲裁委员应当将当事人的申请依照民事诉讼法的有关规定提交人民法院。

申请有错误的，申请人应当赔偿被申请人因财产保全遭受的损失。

第十四条 当事人、法定代理人可以委托律师和其他代理人进行仲裁活动。委托律师和其他代理人进行仲裁活动的，应当向本仲裁委员会提交授权委托书。

第三章 仲裁庭的组成

第十五条 仲裁庭可以由3名仲裁员或者1名仲裁员组成。由3名仲裁员组成的，设首席仲裁员。

第十六条 当事人约定由3名仲裁员组成仲裁庭的，应当各自选定或者各自委托本仲裁委员会主任指定1名仲裁员，第三名仲裁员由当事人共同选定或者共同委托本仲裁委员会主任指定。第三名仲裁员是首席仲裁员。

当事人约定由1名仲裁员成立仲裁庭的，应当由当事人共同选定或者共同委托本仲裁委员会主任指定仲裁员。

第十七条 当事人自收到受理仲裁通知之日起15日内没有约定仲裁庭的组成方式或者选定仲裁员的，由本仲裁委员会主任指定。

第十八条 仲裁庭组成后，由仲裁委员会应当自仲裁庭组成之日起5日内，将仲裁庭的组成情况书面通知当事人，也可以在仲裁庭组成当日将仲裁庭的组成情况书面通知当事人。

第十九条 仲裁员有下列情形之一的，必须回避，当事人也有权提出回避申请：

（一）是本案当事人或者当事人、代理人的近亲属；

（二）与本案有利害关系；

（三）与本案当事人、代理人有其他关系，可能影响公正仲裁的；

（四）私自会见当事人、代理人，或者接受当事人、代理人的请客送礼的。

第二十条 当事人提出回避申请，应当说明理由，在首次开庭前提出。回避事由在首次开庭后知道的，可以在最后一次开庭终结前提出。

第二十一条 仲裁员是否回避，由本仲裁委员会主任决定；仲裁委员会主任担任仲裁员时，由本仲裁委员会会议决定。

第二十二条 仲裁员因回避或者其他原因不能履行职责的，应当依照仲裁法和本暂行规则的规定重新选定或者指定仲裁员。

因回避而重新选定或者指定仲裁员后，当事人可以请求已进行的仲裁程序重新进行，是否准许，由仲裁庭决定；仲裁庭也可以自行决定已进行的仲裁程序是否重新进行。

第二十三条 仲裁员私自会见当事人、代理人，或者接受当事人、代理人请客送礼，情节严重的，或者仲裁员在仲裁案件时有索贿受贿，徇私舞弊，枉法裁决行为的，应当依法承担法律责任，本仲裁委员会应当将其除名。

第四章 开庭和裁决

第二十四条 仲裁应当开庭进行。当事人协议不开庭的，仲裁庭可以根据仲裁申请书、答辩书以及其他材料作出裁决。

第二十五条 仲裁不公开进行。当事人协议公开的，可以公开进行，但是涉及国家秘密的除外。

第二十六条 仲裁委员会应当在仲裁庭开庭10日前将开庭日期通知双方当事人；双方当事人经商仲裁庭同意，可以提前开庭。当事人有正当理由的，可以在开庭前7日内请求延期开庭；是否延期，由仲裁庭决定。

第二十七条 申请人经书面通知，无正当理由不到庭或者未经仲裁庭许可中途退庭的，可以视为撤回仲裁申请。

被申请人经书面通知，无正当理由不到庭或者未经仲裁庭许可中途退庭的，可以缺席裁决。

第二十八条 当事人应当对自己的主张提供证据。

仲裁庭认为有必要收集的证据，可以自行收集。

第二十九条 书证应当提交原件。物证应当提交原物。提交原件或者原物确有困难的，可以提交复制品、照片、副本、节录本。

提交外文书证，应当附有中文译本。

第三十条 仲裁庭对专门性问题认为需要鉴定的，可以交由当事人约定的鉴定部门鉴定，也可以由仲裁庭指定的鉴定部门鉴定。

根据当事人的请求或者仲裁庭的要求，鉴定部门应当派鉴定人参加开庭。当事人经仲裁庭许可，可以向鉴定人提问。

第三十一条 证据应当在开庭时出示，当事人可以互相质证。

第三十二条 在证据可能灭失或者以后难以取得的情况下，当事人可以申请证据保全。当事人申请证据保全的，本仲裁委员会应当将当事人的申请提交证据所在地的基层人民法院。

第三十三条 当事人在仲裁过程中有权进行辩论。辩论终结时，首席仲裁员或者独任仲裁员应当征询当事人的最后意见。

第三十四条 仲裁庭应当将开庭情况记入笔录。当事人和其他仲裁参与人认为对自己陈述的记录有遗漏或者差错的，有权申请补正；如果不予补正，应当记录该申请。

笔录由仲裁员、记录人员、当事人和其他仲裁参与人签名或者盖章。

第三十五条 当事人申请仲裁后，可以自行和解。达成和解协议的，可以请求仲裁庭根据和解协议作出裁决书，也可以撤回仲裁申请。

第三十六条 当事人达成和解协议，撤回仲裁申请后反悔的可以根据仲裁协议申请仲裁。

第三十七条 仲裁庭在作出裁决前，可以先行调解。当事人自愿调解，仲裁庭应当调解。调解不成的，仲裁庭应当及时作出裁决。

调解达成协议的，仲裁庭应当制作调解书或者根据协议的结果制作裁决书。调解书与裁决书具有同等法律效力。

第三十八条 调解书应当写明仲裁请求和当事人协议的结果。调解书由仲裁员签名，加盖仲裁委员会印章，送达双方当事人。

调解书经双方当事人签收后，即发生法律效力。

在调解书签收前当事人反悔的，仲裁庭应当及时作出裁决。

第三十九条 裁决应当按照多数仲裁员的意见作出，少数仲裁员的不同意见可以记入笔录。仲裁庭不能形成多数意见时，裁决应当按照首席仲裁员的意见作出。

第四十条 仲裁庭仲裁纠纷时，其中一部分事实已经清楚，可以就该部分先行裁决。

第四十一条 仲裁庭应当在仲裁庭组成后4个月内作出仲裁裁决。有特殊情况需要延长的，由首席仲裁员或者独任仲裁员报经本仲裁委员会主任批准，可以适当延长。

第四十二条 裁决书应当写明仲裁请求、争议事实、裁决理由、裁决结果、仲裁费用的负担和裁决日期。

当事人协议不愿写明争议事实和裁决理由的，可以不写。

裁决书由仲裁员签名。对裁决持不同意见的仲裁员，可以签名，也可以不签名。

第四十三条 裁决书经仲裁员签名后，仲裁委员会应当加盖本仲裁委员会印章。

第四十四条 裁决书自作出之日起发生法律效力。

第四十五条 对裁决书中的文字、计算错误或者对仲裁庭已经裁决但在裁决书中遗漏的事项，仲裁庭应当补正；当事人自收到裁决书之日起30日内，可以请求仲裁庭补正。

第四十六条 当事人提出证据证明裁决有下列情形之一的，可以自收到仲裁裁决书之日起6个月内向本仲裁委员会所在地的中级人民法院申请撤销裁决：

（一）没有仲裁协议的；

（二）裁决的事项不属于仲裁协议的范围或者仲裁委员会无权仲裁的；

（三）仲裁庭的组成或者仲裁的程序违反法定程序的；

（四）裁决所根据的证据是伪造的；

（五）对方当事人隐瞒了足以影响公正裁决的证据的；

（六）仲裁员在仲裁该案时有索贿受贿，徇私舞弊，枉法裁决行为的。

第四十七条 当事人应当在仲裁裁决书确定的期限内履行裁决。未确定履行期限的，当事人应当立即履行。

一方当事人不履行仲裁裁决的，另一方当事人可以依照民事诉讼法的有关规定向人民法院申请执行。

第五章 附则

第四十八条 法律对仲裁时效有规定的，从其规定；法律对仲裁时效没有规定的，适用诉讼时效的规定。

第四十九条 除当事人另有约定或者仲裁庭另有要求外，仲裁文书、通知、材料可以直接送达当事人、代理人，或者以邮寄、传真、电报等方式送达当事人、代理人。

第五十条 期间以时、日、月、年计算。期间开始的时和日，不计算在期间内。

期间届满的最后一日是节假日的，以节假日后的第一日为期间届满的日期。

期间不包括在途时间，仲裁文书、材料、通知在期满前交邮、交发的，不算过期。

第五十一条 当事人因不可抗拒的事由或者其他正当理由耽误期限的，在障碍消除后的10日内，可以申请顺延期限；是否准许，由本仲裁委员会或者仲裁庭决定。

第五十二条 仲裁员报酬由本仲裁委员会按照仲裁员办理仲裁案件的工作时间、难易程度、争议大小等情况确定。

仲裁员报酬从本仲裁委员会收取的仲裁案件受理费中支付。

第五十三条 本暂行规则自年月日起生效。

附录二

相关仲裁规则

一、国际商会仲裁规则

《国际商会仲裁规则》

（2017年3月1日起生效）

第一章　导言

第一条　国际仲裁院

（1）国际商会（商会）国际仲裁院（仲裁院）是附属于商会的仲裁机构。仲裁院的章程规定在附件一。仲裁院的成员由商会理事会任命。仲裁院的职能是按照本规则以仲裁方式解决国际性的商事争议。如果仲裁协议授权，则仲裁院也按照本规则以仲裁方式解决非国际性的商事争议。

（2）仲裁院本身并不解决争议。其职责是确保适用本规则并制定内部规章（附件二）。

（3）仲裁院主席或在主席缺席时或因其他原因并在其要求下由其中的一位副主席有权代表仲裁院作出紧急决定。但该项决定应在下次会上向仲裁院报告。

（4）按照仲裁院的内部规章，仲裁院可以授权一个或多个仲裁院成员组成委员会作出某种决定。但该决定应在下次会议上向仲裁院报告。

（5）在仲裁院秘书长（秘书长）领导下的仲裁院秘书处（秘书处）设在商会总部。

第二条　定义

根据本规则：

（1）依具体情况而定，仲裁庭包含一个或多个仲裁员。

（2）依具体情况而定，申请人包含一个或多个申请人和被申请人包含一个或多个被申请人。

（3）依具体情况而定，裁决包含特别是一项中间、部分或终局裁决。

第三条　书面通知或通讯；期限

（1）当事人提交的所有请求和书面通讯以及所附文件，均应有足额份数，以向每方当事人、每个仲裁员和秘书处各提供一份。仲裁庭应将其向当事人发出的任何通讯副本寄送秘书处。

（2）应当事人或适当的另一方当事人通知要求，凡秘书处和仲裁庭发出的通知或通讯应寄送到当事人或其代表的地址或最后为人所知的地址。该通知或通讯可以在交付时取得收据，以挂号邮件、专递、传真、电传、电报或能提供过投递企图记录的其他任何电子通讯手段进行投递。通知或通讯在当事人本人或其代表收到当天，或如果按照前款规定方式投递应当收到的，即应视为送达。

（3）本规则规定的期限应从通知或通讯根据前款视为送达的次日起计算。如按所在国规定通知或通讯视为送达的次日是公休日或非营业日，期限应从紧接着一个工作日开始计算。此后的公休假日和非营业日应一并计算在期限内。如果规则期限的最后一日在通知或通讯视为送达的所在国是一个休假日或非营业日，期限应于紧接着的第一个工作日结束止届满。

第二章　开始仲裁

第四条　仲裁申请

（1）当事人如愿按照本规则请求仲裁时，应向秘书处提交仲裁申请书（申请书），由秘书处向申请人和被申请人通知收到申请书和收到的日期。

（2）秘书处收到申请书的日期，在各方面应视为仲裁程序开始的日期。

（3）申请书应特别列明以下事项：

a. 对方当事人的全称、职业和地址；

b. 对产生索赔请求的争议性质和情况的说明；

c. 对提出包括尽可能列明请求金额在内的救济的陈述；

d. 有关协议，特别是仲裁协议；

e. 有关按照第八条、第九条和第十条规定确定仲裁员人数和选择仲裁员权利的全部详细情况和按照要求选定一个仲裁员的情况；及

f. 有关仲裁地点、适用法律规则和仲裁语言的意见。

（4）连同申请书一起，申请人应提交第三条第一款所规定的申请书副本份数并按照提交申请书时所施行的费用表（附件三）缴纳预付金。如果申请人不能符合这些要求中的任何一项，秘书处可以确定一个期限，要求申请人必须在该期限内符合，逾期不符，申请仲裁案卷应归档，但不影响申请人以后在另一个申请书中提出同样请求的权利。

（5）一旦秘书处收到足额份数的申请书和按要求缴纳的预付金，则应将一份申请书以及所附文件副本寄送被申请人，以便使被申请人答辩。

（6）当一方当事人提交的申请书涉及的法律关系与已经按照本规则正在进行当中的同样当事人之间的仲裁程序有关时，仲裁院应一方当事人的申请可以决定将申请书中的请求纳入正在进行的仲裁程序当中，但须以审理事项还未被签字或未被仲裁院批准为前提，而该请求只根据第十五条规定才可能被纳入正在进行的仲裁程序当中。

第五条　对申请书的答辩；反诉

（1）被申请人应从收到秘书处寄送的申请书起三十天内提交一份答辩，答辩应特别列明以下事项：

a. 其全称、职业和地址；

b. 对产生索赔请求的争议性质和情况的评论；

c. 对申请的救济提出自己的看法；

d. 对有关根据申请人建议和按照第八条、第九条和第十条规定确定仲裁员人数和选择仲裁员权利以及按照要求选定一个仲裁员的评论；及

e. 有关仲裁地点、适用法律规则和仲裁语言的意见。

（2）秘书处可以同意被申请人延期提交答辩。但被申请人提出该延期的申请中应有被申请人对仲裁员人数和选择仲裁员权利以及按照第八条、第九条和第十条规定选定一个仲裁员的评论。如果被申请人没有这样做，则仲裁院应按照本规则继续仲裁程序。

（3）答辩应交给秘书处，并应按照第三条第一款规定备具份数。

（4）秘书处应将答辩及所附文件副本寄送给申请人。

（5）被申请人的反诉应与其答辩一起提出并应列明：

a. 对产生反诉的争议性质和情况的说明；及

b. 对提出包括尽可能列明请求金额在内的救济的陈述。

（6）申请人应在收到秘书处寄送的反诉之日起三十天内对反诉提交一份答辩。秘书处可以同意申请人延期提交答辩。

第六条　仲裁协议的效力

（1）如果当事人约定按照商会仲裁规则进行仲裁，则应视为事实上接受在仲裁程序开始之日施行的仲裁规则。但当事人已约定接受在仲裁协议签订之日施行的仲裁规则，属例外。

（2）如果被申请人未按第五条规定提交答辩，或者任何一方就仲裁协议存在、有效性或范围提出一项或多项抗辩，则仲裁院在表面上根据商会仲裁规则确信仲裁协议可能存在但在不影响异议的可接受性或实质性的情况下可以决定仲裁程序继续进行。在此情况下，就仲裁庭的管辖权的决定应由该仲裁庭自行作出，如果仲裁院对仲裁协议的存在从表面上不能肯定，应通知当事人仲裁程序不能进行。在此情况下，任何一方均有权请求有管辖权的法院裁定是否存在一项具有约束力的仲裁协议。

（3）如果当事人的任何一方拒绝或不参加仲裁程序或仲裁的任何一个阶段，则不能因此而影响仲裁程序的继续进行。

（4）除非另有约定，只有仲裁庭认可仲裁协议有效，仲裁就不得因有人主张合同无效或不存在而终止管辖权。即使合同本身可能不存在或无效，仲裁庭仍应继续行使管辖权以便确定当事人各自的权利并对他们的请求和抗辩作出裁定。

第三章　仲裁庭

第七条　一般规定

（1）每个仲裁员必须独立于仲裁当事人。

（2）在指定或确认之前，已被指定的仲裁员应签署一份独立声明并以书面向秘书处披露任何可能引起当事人对仲裁员的独立性产生疑问的事实或情形。秘书处应以书面将该情况告诉当事人并给当事人确定一个提出评论的期限。

（3）仲裁员应立即以书面向秘书处和当事人披露任何可能在仲裁期间产生的

类似性质的事实或情形。

（4）仲裁院就仲裁员的指定、确认、回避或更换作出的决定应是终局的而且该决定的理由无需通知。

（5）一旦接受指定，仲裁员均得按照本规则履行职责。

（6）只有当事人无另外的规定，仲裁庭应按照第八条和第十条的规定组成。

第八条　仲裁员人数

（1）争议应由一名独任仲裁员或三名仲裁员决定。

（2）如果当事人没有约定仲裁员人数，仲裁院应指定一名独任仲裁员，除非仲裁院认为争议需要指定三名仲裁员。在指定三名仲裁员的情况下，申请人应在收到仲裁院决定通知的十五天期限内选定一名仲裁员，而被申请人应在收到申请人作出选定通知的十五天期限内选定一名仲裁员。

（3）如果当事人约定争议应由一名独任仲裁员解决，他们可以协议选定独任仲裁员报仲裁院确认。如果当事人在另一方收到申请人的申请书之日起三十天或在秘书处允许的额外期限内不能协议选定一名独任仲裁员，则该独任仲裁员应由仲裁院指定。

（4）凡争议提交三名仲裁员仲裁，每一方当事人均应各自在其申请书和答辩中选定一名仲裁员报仲裁院确认。如果一方不能选定仲裁员，则由仲裁院指定。担任仲裁庭首席仲裁员的第三仲裁员应由仲裁院指定，除非当事人约定另一种选定方式，但通过当事人约定方式选定的第三仲裁员应按照第九条以仲裁院确认为准。如果按照该约定方式并在当事人或仲裁院确定的期限内未能选定第三仲裁员，则应由仲裁院予以指定。

第九条　指定并确认仲裁员

（1）仲裁院在确认或指定仲裁员时应考虑已被提名的仲裁员的国籍、住所及同当事人或其他仲裁员所属国家的其他关系以及已被指定的仲裁员是否有时间和能力进行本规则的仲裁。这也适用于秘书长按照第九条第二款确认的仲裁员。

（2）秘书长可能确定当事人选定或根据他们的特别协议选定的人担任仲裁庭的仲裁员、独任仲裁员和首席仲裁员，但是要以他们已经提交了一份不合格的独立声明或一份合格的独立声明未引起异议作为前提。该确认应在下次会议上向仲裁院报告。如果秘书长认为一个仲裁庭的仲裁员、独任仲裁员或首席仲裁员不能得到确认，此事应提交仲裁院。

（3）仲裁院在指定一个仲裁庭的独任仲裁员或首席仲裁员时，应根据它认为合适的商会国家委员会的建议作出指定。如果仲裁院不接受该国家委员会的建议，或该国家委员会没有在仲裁院确定的期限内提出建议，则仲裁院可以重新提出请求，或请求它认为合适的另外一个国家委员会提出建议。

（4）如果任何一方当事人没有在仲裁院确定的期限内提出异议，仲裁院如认为情况需要，则可以从无国家委员会的国家中指定仲裁庭的独任仲裁员或首席仲裁员。

（5）仲裁庭的独任仲裁或首席仲裁员的国籍不应属于当事人国籍。但是，在适当的情况下，并在任何一方当事人均未在仲裁院确定的期限内提出异议的前提下，仲裁庭的独任仲裁员或首席仲裁员可以从任何一方当事人国家中选定。

（6）仲裁院为不选定仲裁员的一方当事人指定一名仲裁员，根据该当事人国家的国家委员会提出建议作出，如果仲裁院没有接受其提出的建议，或该国家委员会没有在仲裁院确定的期限提出建议，或该当事人国家无国家委员会，则仲裁院应自由选择其认为合适的任何人担任仲裁员。秘书处应将该选择告知该人国家委员会（如有的话）。

第十条　多方当事人

（1）在多方当事人时，无论申请人方面还是被申请人方面，而且争议提交三名仲裁员仲裁时，多方申请人和多方被申请人均应共同选定一名仲裁员，并按照第九条规定申请确定。

（2）在没有共同选定时，而且所有当事人就仲裁庭的组成方式不能达成协议时，仲裁院可以指定仲裁庭的每一位成员并任命其中的一人担任首席仲裁员。在此情况下，只要符合仲裁院认为合适的第九条规定，仲裁院应自由选择其认为合适的任何一人担任仲裁员。

第十一条　对仲裁员的回避请求

（1）无论因缺乏独立性还是其他原因，对一名仲裁员的回避请求均应以书面形式向秘书处提出，说明提出回避请求所依据的事实和情形。

（2）为了使提出的回避请求得到考虑接受，一方当事人应在该当事人收到仲裁员指定或确认通知之日起三十天内，或提出回避请求的当事人得知其提出回避所依据的事实和情形之日起三十天内，如果该得知的日期是在收到该通知之后，提出回避请求。

（3）仲裁院应在秘书处给予有关仲裁员，另一方当事人或双方当事人和仲裁庭其他仲裁员在适当期限内提出书面评论后，就回避请求的可接受性，同时在必要的情况下还就回避请求的实质问题作出决定。该评论应告知双方当事人和仲裁员。

第十二条　更换仲裁员

（1）因仲裁员死亡、仲裁院接受仲裁员辞呈、仲裁院接受回避请求或根据所有当事人的请求，则该仲裁员应被更换。

（2）如果仲裁院自行决定仲裁员在法律上、事实上不能履行其职责、或者不按照本规则或不在规定的期限内履行其职责，则该仲裁员也应被更换。

（3）仲裁院依据其注意到的情况考虑适用第十二条第二款时，应在有关仲裁员、当事人和其他仲裁庭成员有机会在适当的期限内书面提出评论后就此事项作出决定。该评论应告知所有当事人和仲裁员。

（4）在更换仲裁员时，仲裁院有权决定是否按原指定程序指定仲裁员，一旦重新组庭并已经请当事人作出评论后，仲裁庭则应决定是否在何种程度上重新进行原先的程序。

（5）在程序结束后，在没有更换已经死亡的或仲裁院按照第十二条第一款和第二款免职仲裁员的情况下，仲裁院认为适当时可以决定其余不变的仲裁员应继续仲裁。仲裁院在作出这一决定时应考虑到其余的仲裁员和当事人提出的意见以及其在某种情形下认为合适的其他事项。

第四章　仲裁程序

第十三条　将案卷移交给仲裁庭

只要秘书处在此阶段要求预缴的费用已经缴纳，则秘书处应在仲裁庭组成后即将案卷移交给它。

第十四条　仲裁地点

（1）除非当事人约定，否则仲裁地点应由仲裁院确定。

（2）除非当事人另有约定，否则仲裁庭可以与当事人协商后决定在其认为合适的地点进行开庭审理和会面。

（3）仲裁庭可以在其认为合适的任何地点进行合议。

第十五条　有关程序的规则

（1）仲裁庭进行仲裁的程序应遵循本规则，本规则没有规定的，则应遵循当事人约定的或在当事人没有约定时则由仲裁庭确定的规则，在此情况下，是否要援引仲裁所适用的某一国内法中的程序规则。

（2）在任何情况下，仲裁庭应公正合理并确保每一方当事人都有合理的机会陈述其案情。

第十六条　仲裁语言

在当事人无约定时，仲裁庭应在适当考虑包括合同文字在内的所有有关情况确定一种或几种仲裁语言。

第十七条　适用法律规则

（1）当事人应自由约定由仲裁庭适用于争议实体的法律规则。在无此约定时，仲裁庭应适用其认为适当的法律规则。

（2）在所有情况下，仲裁庭均应考虑合同条款和有关的贸易惯例。

（3）只有当事人协议给予仲裁庭以友好调解之权力或以公平合理原则决定争议时，仲裁庭才有此权力。

第十八条　审理事项；程序进行日程表

（1）一旦仲裁庭收到秘书处的案卷，即应根据文件或在当事人出席的情况下和按照当事人最近提交的文件草拟一份定为仲裁庭审理事项的文件。这份文件应包括以下内容：

a. 当事人双方的全称和职业；

b. 仲裁过程中通知和通讯可以送达双方当事人的地址；

c. 当事人各自的请求和救济摘要，并尽可能说明请求或反诉金额；

d. 除非仲裁庭认为不当，提出一份待确定的问题清单；

e. 仲裁员的全称、职业和地址；

f. 仲裁地点；及

g. 可适用的程序规则的细节，以及为此而授予仲裁员担任友好调解人或按公平合理原则决定争议的权力范围。

（2）审理事项应由双方当事人和仲裁庭签字。在仲裁案卷移交给仲裁庭之日起两个月内，仲裁应将其当事人签字的审理事项提交给仲裁院。仲裁院可以根据仲裁庭的合理请求或在其认为有必要自行延长期限。

（3）如果当事人的任何一方拒绝参加拟订审理事项或拒绝签字，该审理事项应报仲裁院批准。在审理事项获得仲裁院批准时，仲裁庭应进行仲裁审理程序。

（4）仲裁庭在草拟审理事项时或尽可能在此之后，应商双方当事人另行书面确定其计划进行仲裁审理的暂定日程表并通知仲裁院和当事人，以后对暂定日程表如有变动，应通知仲裁院和当事人。

第十九条　新的请求

在审理事项得到签字或经仲裁院批准后，任何一方当事人均不得提出超出审理事项范围的新请求或反诉，除非仲裁庭在考虑此新请求或反诉性质、仲裁审理阶段以及其他有关情形后授权提出。

第二十条　确定案情

（1）仲裁庭应在尽可能短的时间内采用一切适当的方式审理并确定案件事实。

（2）仲裁庭应在研究当事人提交的书面陈述和所依据的全部文件后，如有当事人一方请求听取双方陈述，或无此请求时，仲裁庭自行决定听取双方陈述。

（3）仲裁庭可以在当事人在场时或经适当通知但不到场时决定听取当事人指定的证人、专家或任何其他人的陈述。

（4）仲裁庭可以商当事人指定一名或多名专家，规定其工作范围并接受其报告。经当事人一方申请，应给予当事人双方机会在开庭时向仲裁庭指定的任何一名专家提问题。

（5）在进行仲裁程序的任何时候，仲裁庭可以要求任何一方当事人提供补充证据。

（6）除非当事人的任何一方请求开庭，否则仲裁庭可以只按照双方提供的文件决定案件。

（7）仲裁庭可以采取措施保护商业秘密和机密资料。

第二十一条　开庭

（1）决定开庭时，仲裁庭应给予当事人以合理的通知，要求当事人在其确定的日期和地点出席开庭。

（2）如果当事人的任何一方，虽经适当传唤，但仍无故缺席，则仲裁庭有权继续开庭审理。

（3）仲裁庭应主持开庭，所有当事人应有权出席。除经仲裁庭和当事人双方批准，任何与仲裁程序无关的人员不得参加出庭。

（4）当事人可以亲自或适当授权代表出席。此外，当事人可以由顾问协助。

第二十二条　结束仲裁程序

（1）仲裁庭在认为当事人已经获得合理的机会陈述其案情时，应宣布结束仲裁程序。之后，除非经仲裁庭要求或授权，否则不得提出进一步书面意见或辩论或提交进一步证据。

（2）仲裁庭应在宣布仲裁程序结束时向秘书处报告其按第二十七条将裁决草案提交仲裁院核准的适当日期，对该日期的延期，应由仲裁庭通知秘书处。

第二十三条　保全和临时措施

（1）除非当事人另有约定，否则一旦案卷移交给仲裁庭，仲裁庭经一方当事人申请，可以采取其认为合适的任何临时性或保全措施。仲裁庭可以在申请方提供适当保证金的前提下采取这种措施。这种措施可以以裁定的形式作出并附具理由，或以仲裁庭认为合适的裁决形式作出。

（2）在案卷移交给仲裁庭之前和甚至移交之后的合适的情况下，当事人可以申请任何有管辖权的法院作出临时性或保全措施。一方当事人向法院申请作出这种措施或执行仲裁庭作出的该措施，但不是视为违反或放弃仲裁协议，也不得影响留给仲裁庭有关权力。任何一项申请和法院采取的任何措施必须立即告知秘书处。秘书处应将此通知仲裁庭。

第五章　裁决

第二十四条　作出裁决的期限

（1）仲裁庭必须作出裁决的期限为六个月。该期限应从仲裁庭或当事人最后签署审理事项之日或在第十八条第三款的情况下由秘书处将仲裁院批准审理事项告知仲裁庭之日起算。

(2) 根据仲裁庭的合理要求或仲裁院自行决定有必要时，仲裁院可以延长此期限。

第二十五条　裁决的作出

（1）在仲裁庭由一名以上的仲裁员组成时，裁决以多数意见作出。未获得多数意见时，裁决应由首席仲裁员一人作出。

（2）裁决应说明裁决所依据的理由。

（3）裁决应视在仲裁地点和裁决书上写明的日期作出。

第二十六条　和解协议

如果当事人双方在案卷根据第十三条移交给仲裁庭后达成和解，应当事人申请并经仲裁庭同意，和解应以当事人同意的裁决形式作成记录。

第二十七条　仲裁院对裁决的核阅

仲裁庭应于签署裁决前将裁决草案提交仲裁院。仲裁院可以就裁决形式提出修改，并在不影响仲裁庭裁决权的情况下，也可以就裁决的实体问题提起仲裁庭的注意。仲裁院未就裁决形式批准之前，仲裁庭不得作出裁决。

第二十八条　裁决的通知、说明和可执行性

（1）一旦作出裁决，秘书处应将仲裁庭签署的裁决文本通知当事人，但一直以当事人双方或一方已经向仲裁院全部缴纳仲裁费为前提条件。

（2）由秘书处证明无误的裁决副本，应当事人请求可以随时向当事人提供，但不得向其他人提供。

（3）裁决已按本条第一款规定通知的，当事人不得另行要求仲裁庭用任何其他形式的通知或说明。

（4）根据本规则作出的每份裁决正本应存放在秘书处。

（5）仲裁庭和秘书处应协助当事人办理可能的必要的任何其他手续。

（6）每一项裁决均应对当事人有约束力。当事人将争议提交规则仲裁时应承担立即执行任何裁决的义务并视为放弃可以有效放弃的任何其他形式的上诉权利。

第二十九条　裁决的更正和解释

（1）仲裁庭可以自行更正裁决书中的书写、计算、打印上的错误或其他类似性质的错误，但以该更正在裁决之日起三十天内提交仲裁院核准为条件。

（2）一方申请更正第二十条第一款中所述的错误或解释裁决的必须由该当事人收到裁决之日起三十天内向秘书处提出。该申请的副本应根据第三条第一款中提供给仲裁庭和另一方当事人。仲裁庭应给予另一方当事人在收到该申请后通常不超过三十天的短期限提出任何评论。如果仲裁庭决定对裁决作更正或解释，则应于收到另一方当事人提出评论的期限届满后不晚于三十天或仲裁院可能决定的其他期限内将其决定以草案形式提交仲裁院。

（3）裁决更正或解释的决定应与以补充形式作出并构成裁决的一部分。第二十五条、第二十八条规定应适用于已作必要修改的部分。

第六章　费用

第三十条　预付仲裁费

（1）在收到仲裁申请后，秘书长可以要求申请人在审理事项草拟完之前临时预付一笔仲裁费用。

（2）只要实际可行，仲裁院应根据当事人提出的仲裁请求和反诉确定一笔可能用以补偿仲裁员费用和部分仲裁行政管理费用的预付金。此项预付金额可能在整个仲裁期间要进行调整。除了仲裁请求外，当事人提出反诉，仲裁院可能对仲裁请求和反诉分别确定仲裁费预付金。

（3）仲裁院确定的仲裁费预付金应由申请人和被申请人各半支付。根据第三十条第一款支付的临时预付金被视为仲裁费预付的一部分。如果当事人一方不支付应支付的部分，则另一方可以支付仲裁请求或反请求的全部仲裁费预付金。仲裁院根据第三十条第二款分别确定仲裁费预付金的，每一方当事人应按其相应的请求支付各自的仲裁费预付金。

（4）在不能按要求支付仲裁费预付金时并商仲裁庭后，秘书长可以指示仲裁庭中止工作并确定期限，该期限必须不少于十五天，逾期仍不支付，则有关的仲裁请求或反诉应视为撤回。如果当事人对此措施有异议，必须在前述期限内请求仲裁院对此作出决定。该当事人在以后的另一仲裁程序中是不能因撤回而被阻止重新提出同样的仲裁请求或反诉。

（5）如果当事人的一方请求有权撤销仲裁请求或反诉，只要当事人要求仲裁庭考虑额外事项，则应在确定支付仲裁费预付金时将这种抵销与作出分别的仲裁请求一样加以考虑。

第三十一条　仲裁费用

（1）仲裁费用应包括仲裁院按仲裁程序开始时实施的费用表确定的仲裁员费用开支和商会仲裁行政管理费用以及仲裁庭聘请的专家费用开支和当事人因仲裁而支付的合理的法律费用和其他费用。

（2）在特殊情况下，仲裁庭认为有必要时可以以高于或低于适用的有关费用确定仲裁员费用数额。有关仲裁院确定的费用外的费用可以由仲裁庭在整个仲裁程序进行期间作出决定。

（3）终局裁决应确定仲裁费用并决定由哪一方当事人负担费用或当事人双方应按什么比例分担费用。

第七章　其他规定

第三十二条　变更期限

（1）当事人双方可以协议约定缩短规则规定的各种期限。双方在仲裁庭组成后达成的任何协议应经仲裁庭批准后有效。

（2）为了使仲裁庭或仲裁院履行本规则项下的职责，仲裁院认为必要时可以自行延长按第三十三条第一款已经作过变更的任何期限。

第三十三条　放弃

一方当事人对本规则的条款或适用于仲裁程序的其他规则，仲裁庭作出之指令或仲裁协议中关于组成仲裁庭或进行仲裁程序的要求未被遵守的情形不提出异议而是继续参加仲裁程序的，视为放弃其提出异议的权利。

第三十四条　免责

无论是仲裁员，仲裁院及其成员，商会及其雇员，还是商会国家委员会，对任何人在仲裁中的任何作为或不作为均不承担责任。

第三十五条　一般规则

凡本规则未明确规定的一切事项，仲裁院和仲裁庭应本着本规则的精神处理并尽力保证裁决能依法强制执行。

附件一　国际商会国际仲裁院章程

1. 职能

国际商会国际仲裁院（仲裁院）的职能是保证适用国际商会的仲裁规则和调解规则。为此，仲裁院拥有一切必要的权力。

作为一个自治机构，仲裁院履行这些职能时完全独立于国际商会及其部门。它的成员独立于国际商会国家委员会。

2. 仲裁院的组成

仲裁院设有一名主席，若干副主席和成员和后补成员（统称成员）。仲裁院由其秘书处（国际商会国际仲裁院秘书处）协助工作。

3. 任命

主席由国际商会理事会根据商会执行局推荐任命。

商会理事会从仲裁院的成员或其他领域任命仲裁院副主席。

它的成员由国际商会理事会根据国家委员会提议任命，每个国家委员会有一名成员。

根据仲裁院主席的提议，理事会可以任命候补成员。

成员任期为三年。如果一名成员不能履行其职能，由理事会任命其继承人在剩余的任期内任职。

4. 仲裁院全体会议

仲裁院的全体会议由主席主持，在其缺席时，由其指定一名副主席主持。会议至少六名成员出席时，所进行的研究讨论有效。决议由多数通过，在赞同与反对票数相同时，主席拥有决定性投票权。

5. 委员会

仲裁院可以设立一个或多个委员会并规定其职能和体制。

6. 保密性

仲裁院的工作具有保密性质，凡参与该工作的人，无论以何种身份均予以保密。仲裁院对能参加仲裁院及其委员会会议以及有权接触到向仲裁院及其秘书处提交的材料的人制定有关规则。

7. 仲裁规则之修改

仲裁院就规则修改的任何建议在报到国际商会执行局和理事会批准之前先向国际仲裁委员会提出。

附件二　国际仲裁院内部规章

国际仲裁院工作的保密性

第一条　国际商会国际仲裁院（仲裁院）举行的会议，无论是全体会议，或是仲裁院委员会的会议，只有它的成员和秘书处才能参加。但是在特别的情形下，仲裁院主席可以邀请其他人参加。这些人必须对仲裁院工作性质予以保密。

第二条　在仲裁程序进行过程中，向仲裁院提交的或由仲裁院起草的文件只告知仲裁院成员和秘书处以及仲裁院主席授权参加仲裁院会议的人员。

仲裁院主席或秘书长可以授权负责国际贸易法科学研究工作者了解裁决书和带有共性的其他文件，但当事人在仲裁程序当中提交的备忘录、记录、书面陈述和文件属于例外。

除非研究工作者作为受益人员有义务对接触到的文件予以保密并在事先未将其文本提交仲裁院秘书长批准之前不能对此公开发表，否则不予授权。

第三条　秘书处将对每一个按国际商会仲裁规则进行仲裁的案件所涉及的裁决、审理事项、仲裁院决定以及有关秘书处往来函件的副本作案卷归档。

当事人或仲裁员提交的任何文件、通知或往来函件可以销毁，除非一方当事人或一名仲裁员在秘书处规定的期限内书面要求其提交的文件退还，费用由其承担。

国际仲裁院成员与国际商会仲裁

第四条 仲裁院主席和秘书处成员不能在提交国际商会仲裁的案件中担任仲裁员或顾问。

仲裁院不得指定仲裁院副主席或成员担任仲裁庭的仲裁员、独任仲裁员或首席仲裁员。然而，他们可以由当事人一方或几方根据双方当事人同意的任何其他方式提议担任上述仲裁员，但须经仲裁院的确认。

第五条 只要仲裁院主席、副主席或成员或秘书处成员，无论以何种身份涉及正在办理的仲裁案件中，他必须在其知道之日立即向仲裁院秘书长报告。

他不得参加仲裁院对此案进行的讨论或决定。只要讨论此案，他必须离开仲裁院会议室。他不得接收有关此案程序的任何实质性文件或信息。

仲裁院成员与国际商会国家委员会间的关系

第六条 以身份而言，仲裁院的成员独立于向国际商会理事会提议任命他们为成员的国际商会国家委员会。而且他们必须为其作为仲裁院成员的身份而获悉有关案件的任何信息予以保密，不得向其自己的国家委员会透露，他因仲裁院主席或秘书长的要求而向其自己的国家委员会告知具体情况者属例外。

仲裁院的委员会

第七条 按照国际商会仲裁规则第一条第四款和仲裁院章程（附件一）第五条规定，仲裁院特此成立一个委员会。

第八条 委员会的成员由一名主席和至少两名其他成员组成。仲裁院的主席担任委员会的主席。他可以任命仲裁院的一名副主席或在特别情形下仲裁院的另一名成员接替他。

委员会的其他两名成员由仲裁院从仲裁院副主席或其他成员当中任命。在每次全体会议时，仲裁院任命其成员参加下次全体会议之前举行的委员会会议。

第九条 委员会由其主席召集开会。两名成员构成一个法定人数。

第十条

（1）仲裁院应对委员会可能作出的决定发出指示。

（2）委员会的决定一致作出。

（3）当委员会不能作出决定或认为不作决定更好时应将此情况呈下次全体会议，并提出其认为合适的建议。

（4）委员会的决定应在下次全体会议向仲裁院报告。

仲裁院秘书处

第十一条 秘书长不在时可以授权总顾问和副秘书长根据国际商会仲裁规则第九条第二款、第二十八条第二款和第三十条第一款的有关规定分别确认仲裁员，证明裁决书副本正确无误并要求支付一笔临时性的仲裁费预付金。

经仲裁院批准，秘书处为当事人和仲裁员了解情况或有必要使仲裁程序正常进行，可以提供记录和其他文件。

仲裁裁决书的核阅

第十二条 仲裁院按照国际商会仲裁规则核阅裁决书草案时，尽可能考虑适用的仲裁程序法所规定的形式要求。

二、中国国际经济贸易仲裁委员会仲裁规则

《中国国际经济贸易仲裁委员会仲裁规则》（2015年版）

（2014年11月4日中国国际贸易促进委员会、中国国际商会修订并通过，自2015年1月1日起施行）

第一章 总则

第一条 仲裁委员会

（一）中国国际经济贸易仲裁委员会（以下简称“仲裁委员会”），原名中国国际贸易促进委员会对外贸易仲裁委员会、中国国际贸易促进委员会对外经济贸易仲裁委员会，同时使用“中国国际商会仲裁院”名称。

（二）当事人在仲裁协议中订明由中国国际贸易促进委员会/中国国际商会仲

裁，或由中国国际贸易促进委员会/中国国际商会的仲裁委员会或仲裁院仲裁的，或使用仲裁委员会原名称为仲裁机构的，均视为同意由中国国际经济贸易仲裁委员会仲裁。

第二条　机构及职责

（一）仲裁委员会主任履行本规则赋予的职责。副主任根据主任的授权可以履行主任的职责。

（二）仲裁委员会设有仲裁院，在授权的副主任和仲裁院院长的领导下履行本规则规定的职责。

（三）仲裁委员会设在北京。仲裁委员会设有分会或仲裁中心（本规则附件一）。仲裁委员会的分会/仲裁中心是仲裁委员会的派出机构，根据仲裁委员会的授权，接受仲裁申请，管理仲裁案件。

（四）分会/仲裁中心设仲裁院，在分会/仲裁中心仲裁院院长的领导下履行本规则规定由仲裁委员会仲裁院履行的职责。

（五）案件由分会/仲裁中心管理的，本规则规定由仲裁委员会仲裁院院长履行的职责，由仲裁委员会仲裁院院长授权的分会/仲裁中心仲裁院院长履行。

（六）当事人可以约定将争议提交仲裁委员会或仲裁委员会分会/仲裁中心进行仲裁；约定由仲裁委员会进行仲裁的，由仲裁委员会仲裁院接受仲裁申请并管理案件；约定由分会/仲裁中心仲裁的，由所约定的分会/仲裁中心仲裁院接受仲裁申请并管理案件。约定的分会/仲裁中心不存在、被终止授权或约定不明的，由仲裁委员会仲裁院接受仲裁申请并管理案件。如有争议，由仲裁委员会作出决定。

第三条　受案范围

（一）仲裁委员会根据当事人的约定受理契约性或非契约性的经济贸易等争议案件。

（二）前款所述案件包括：

1. 国际或涉外争议案件；

2. 涉及香港特别行政区、澳门特别行政区及台湾地区的争议案件；

3. 国内争议案件。

第四条　规则的适用

（一）本规则统一适用于仲裁委员会及其分会/仲裁中心。

（二）当事人约定将争议提交仲裁委员会仲裁的，视为同意按照本规则进行仲裁。

（三）当事人约定将争议提交仲裁委员会仲裁但对本规则有关内容进行变更或约定适用其他仲裁规则的，从其约定，但其约定无法实施或与仲裁程序适用法强制性规定相抵触者除外。当事人约定适用其他仲裁规则的，由仲裁委员会履行相应的管理职责。

（四）当事人约定按照本规则进行仲裁但未约定仲裁机构的，视为同意将争议提交仲裁委员会仲裁。

（五）当事人约定适用仲裁委员会专业仲裁规则的，从其约定，但其争议不属于该专业仲裁规则适用范围的，适用本规则。

第五条　仲裁协议

（一）仲裁协议指当事人在合同中订明的仲裁条款或以其他方式达成的提交仲裁的书面协议。

（二）仲裁协议应当采取书面形式。书面形式包括合同书、信件、电报、电传、传真、电子数据交换和电子邮件等可以有形地表现所载内容的形式。在仲裁申请书和仲裁答辩书的交换中，一方当事人声称有仲裁协议而另一方当事人不做否认表示的，视为存在书面仲裁协议。

（三）仲裁协议的适用法对仲裁协议的形式及效力另有规定的，从其规定。

（四）合同中的仲裁条款应视为与合同其他条款分离的、独立存在的条款，附属于合同的仲裁协议也应视为与合同其他条款分离的、独立存在的一个部分；合同的变更、解除、终止、转让、失效、无效、未生效、被撤销以及成立与否，均不影响仲裁条款或仲裁协议的效力。

第六条　对仲裁协议及/或管辖权的异议

（一）仲裁委员会有权对仲裁协议的存在、效力以及仲裁案件的管辖权作出决定。如有必要，仲裁委员会也可以授权仲裁庭作出管辖权决定。

（二）仲裁委员会依表面证据认为存在有效仲裁协议的，可根据表面证据作出仲裁委员会有管辖权的决定，仲裁程序继续进行。仲裁委员会依表面证据作出的管辖权决定并不妨碍其根据仲裁庭在审理过程中发现的与表面证据不一致的事实及/或证据重新作出管辖权决定。

（三）仲裁庭依据仲裁委员会的授权作出管辖权决定时，可以在仲裁程序进行中单独作出，也可以在裁决书中一并作出。

（四）当事人对仲裁协议及/或仲裁案件管辖权的异议，应当在仲裁庭首次开庭前书面提出；书面审理的案件，应当在第一次实体答辩前提出。

（五）对仲裁协议及/或仲裁案件管辖权提出异议不影响仲裁程序的继续进行。

（六）上述管辖权异议及/或决定包括仲裁案件主体资格异议及/或决定。

（七）仲裁委员会或经仲裁委员会授权的仲裁庭作出无管辖权决定的，应当作出撤销案件的决定。撤案决定在仲裁庭组成前由仲裁委员会仲裁院院长作出，在仲裁庭组成后，由仲裁庭作出。

第七条　仲裁地

（一）当事人对仲裁地有约定的，从其约定。

（二）当事人对仲裁地未作约定或约定不明的，以管理案件的仲裁委员会或其分会/仲裁中心所在地为仲裁地；仲裁委员会也可视案件的具体情形确定其他地点为仲裁地。

（三）仲裁裁决视为在仲裁地作出。

第八条　送达及期限

（一）有关仲裁的一切文书、通知、材料等均可采用当面递交、挂号信、特快专递、传真或仲裁委员会仲裁院或仲裁庭认为适当的其他方式发送。

（二）上述第（一）款所述仲裁文件应发送当事人或其仲裁代理人自行提供的或当事人约定的地址；当事人或其仲裁代理人没有提供地址或当事人对地址没有约定的，按照对方当事人或其仲裁代理人提供的地址发送。

（三）向一方当事人或其仲裁代理人发送的仲裁文件，如经当面递交收件人或发送至收件人的营业地、注册地、住所地、惯常居住地或通讯地址，或经对方当事人合理查询不能找到上述任一地点，仲裁委员会仲裁院以挂号信或特快专递或能提供投递记录的包括公证送达、委托送达和留置送达在内的其他任何手段投递给收件人最后一个为人所知的营业地、注册地、住所地、惯常居住地或通讯地址，即视为有效送达。

（四）本规则所规定的期限，应自当事人收到或应当收到仲裁委员会仲裁院向其发送的文书、通知、材料等之日的次日起计算。

第九条　诚实信用

仲裁参与人应遵循诚实信用原则，进行仲裁程序。

第十条　放弃异议

一方当事人知道或理应知道本规则或仲裁协议中规定的任何条款或情事未被遵守，仍参加仲裁程序或继续进行仲裁程序而且不对此不遵守情况及时地、明示地提出书面异议的，视为放弃其提出异议的权利。

第二章　仲裁程序

第一节　仲裁申请、答辩、反请求

第十一条　仲裁程序的开始

仲裁程序自仲裁委员会仲裁院收到仲裁申请书之日起开始。

第十二条　申请仲裁当事人依据本规则申请仲裁时应：

（一）提交由申请人或申请人授权的代理人签名及/或盖章的仲裁申请书。仲裁申请书应写明：

1. 申请人和被申请人的名称和住所，包括邮政编码、电话、传真、电子邮箱或其他电子通讯方式；

2. 申请仲裁所依据的仲裁协议；

3. 案情和争议要点；

4. 申请人的仲裁请求；

5. 仲裁请求所依据的事实和理由。

（二）在提交仲裁申请书时，附具申请人请求所依据的证据材料以及其他证明文件。

（三）按照仲裁委员会制定的仲裁费用表的规定预缴仲裁费。

第十三条　案件的受理

（一）仲裁委员会根据当事人在争议发生之前或在争议发生之后达成的将争议提交仲裁委员会仲裁的仲裁协议和一方当事人的书面申请，受理案件。

（二）仲裁委员会仲裁院收到申请人的仲裁申请书及其附件后，经审查，认为申请仲裁的手续完备的，应将仲裁通知、仲裁委员会仲裁规则和仲裁员名册各一份发送给双方当事人；申请人的仲裁申请书及其附件也应同时发送给被申请人。

（三）仲裁委员会仲裁院经审查认为申请仲裁的手续不完备的，可以要求申请人在一定的期限内予以完备。申请人未能在规定期限内完备申请仲裁手续的，视同申请人未提出仲裁申请；申请人的仲裁申请书及其附件，仲裁委员会仲裁院不予留存。

（四）仲裁委员会受理案件后，仲裁委员会仲裁院应指定一名案件秘书协助仲裁案件的程序管理。

第十四条　多份合同的仲裁

申请人就多份合同项下的争议可在同一仲裁案件中合并提出仲裁申请，但应同时符合下列条件：

1. 多份合同系主从合同关系；或多份合同所涉当事人相同且法律关系性质相同；

2. 争议源于同一交易或同一系列交易；

3. 多份合同中的仲裁协议内容相同或相容。

第十五条　答辩

（一）被申请人应自收到仲裁通知后 45 天内提交答辩书。被申请人确有正当理由请求延长提交答辩期限的，由仲裁庭决定是否延长答辩期限；仲裁庭尚未组成的，由仲裁委员会仲裁院作出决定。

（二）答辩书由被申请人或被申请人授权的代理人签名及/或盖章，并应包括下列内容及附件：

1. 被申请人的名称和住所，包括邮政编码、电话、传真、电子邮箱或其他电子通讯方式；

2. 对仲裁申请书的答辩及所依据的事实和理由；

3. 答辩所依据的证据材料以及其他证明文件。

（三）仲裁庭有权决定是否接受逾期提交的答辩书。

（四）被申请人未提交答辩书，不影响仲裁程序的进行。

第十六条　反请求

（一）被申请人如有反请求，应自收到仲裁通知后 45 天内以书面形式提交。被申请人确有正当理由请求延长提交反请求期限的，由仲裁庭决定是否延长反请求期限；仲裁庭尚未组成的，由仲裁委员会仲裁院作出决定。

（二）被申请人提出反请求时，应在其反请求申请书中写明具体的反请求事项及其所依据的事实和理由，并附具有关的证据材料以及其他证明文件。

（三）被申请人提出反请求，应按照仲裁委员会制定的仲裁费用表在规定的时间内预缴仲裁费。被申请人未按期缴纳反请求仲裁费的，视同未提出反请求申请。

（四）仲裁委员会仲裁院认为被申请人提出反请求的手续已完备的，应向双方当事人发出反请求受理通知。申请人应在收到反请求受理通知后 30 天内针对被申请人的反请求提交答辩。申请人确有正当理由请求延长提交答辩期限的，由仲裁庭决定是否延长答辩期限；仲裁庭尚未组成的，由仲裁委员会仲裁院作出决定。

（五）仲裁庭有权决定是否接受逾期提交的反请求和反请求答辩书。

（六）申请人对被申请人的反请求未提出书面答辩的，不影响仲裁程序的进行。

第十七条　变更仲裁请求或反请求

申请人可以申请对其仲裁请求进行变更，被申请人也可以申请对其反请求进行变更；但是仲裁庭认为其提出变更的时间过迟而影响仲裁程序正常进行的，可以拒绝其变更请求。

第十八条　追加当事人

（一）在仲裁程序中，一方当事人依据表面上约束被追加当事人的案涉仲裁协议可以向仲裁委员会申请追加当事人。在仲裁庭组成后申请追加当事人的，如果仲裁庭认为确有必要，应在征求包括被追加当事人在内的各方当事人的意见后，由仲裁委员会作出决定。

仲裁委员会仲裁院收到追加当事人申请之日视为针对该被追加当事人的仲裁开始之日。

（二）追加当事人申请书应包含现有仲裁案件的案号，涉及被追加当事人在内的所有当事人的名称、住所及通讯方式，追加当事人所依据的仲裁协议、事实和理由，以及仲裁请求。

当事人在提交追加当事人申请书时，应附具其申请所依据的证据材料以及其他证明文件。

（三）任何一方当事人就追加当事人程序提出仲裁协议及/或仲裁案件管辖权异议的，仲裁委员会有权基于仲裁协议及相关证据作出是否具有管辖权的决定。

（四）追加当事人程序开始后，在仲裁庭组成之前，由仲裁委员会仲裁院就仲裁程序的进行作出决定；在仲裁庭组成之后，由仲裁庭就仲裁程序的进行作出决定。

（五）在仲裁庭组成之前追加当事人的，本规则有关当事人选定或委托仲裁委员会主任指定仲裁员的规定适用于被追加当事人。仲裁庭的组成应按照本规则第二十九条的规定进行。

在仲裁庭组成后决定追加当事人的，仲裁庭应就已经进行的包括仲裁庭组成在内的仲裁程序征求被追加当事人的意见。被追加当事人要求选定或委托仲裁委员会主任指定仲裁员的，双方当事人应重新选定或委托仲裁委员会主任指定仲裁员。仲裁庭的组成应按照本规则第二十九条的规定进行。

（六）本规则有关当事人提交答辩及反请求的规定适用于被追加当事人。被追加当事人提交答辩及反请求的期限自收到追加当事人仲裁通知后起算。

（七）案涉仲裁协议表面上不能约束被追加当事人或存在其他任何不宜追加当事人的情形的，仲裁委员会有权决定不予追加。

第十九条　合并仲裁

（一）符合下列条件之一的，经一方当事人请求，仲裁委员会可以决定将根据本规则进行的两个或两个以上的仲裁案件合并为一个仲裁案件，进行审理。

1. 各案仲裁请求依据同一个仲裁协议提出；

2. 各案仲裁请求依据多份仲裁协议提出，该多份仲裁协议内容相同或相容，且各案当事人相同、各争议所涉及的法律关系性质相同；

3. 各案仲裁请求依据多份仲裁协议提出，该多份仲裁协议内容相同或相容，且涉及的多份合同为主从合同关系；

4. 所有案件的当事人均同意合并仲裁。

（二）根据上述第（一）款决定合并仲裁时，仲裁委员会应考虑各方当事人的意见及相关仲裁案件之间的关联性等因素，包括不同案件的仲裁员的选定或指定情况。

（三）除非各方当事人另有约定，合并的仲裁案件应合并至最先开始仲裁程序的仲裁案件。

（四）仲裁案件合并后，在仲裁庭组成之前，由仲裁委员会仲裁院就程序的进行作出决定；仲裁庭组成后，由仲裁庭就程序的进行作出决定。

第二十条　仲裁文件的提交与交换

（一）当事人的仲裁文件应提交至仲裁委员会仲裁院。

（二）仲裁程序中需发送或转交的仲裁文件，由仲裁委员会仲裁院发送或转交仲裁庭及当事人，当事人另有约定并经仲裁庭同意或仲裁庭另有决定者除外。

第二十一条　仲裁文件的份数

当事人提交的仲裁申请书、答辩书、反请求书和证据材料以及其他仲裁文件，应一式五份；多方当事人的案件，应增加相应份数；当事人提出财产保全申请或证据保全申请的，应增加相应份数；仲裁庭组成人数为一人的，应相应减少两份。

第二十二条　仲裁代理人

当事人可以授权中国及/或外国的仲裁代理人办理有关仲裁事项。当事人或其仲裁代理人应向仲裁委员会仲裁院提交授权委托书。

第二十三条　保全及临时措施

（一）当事人依据中国法律申请保全的，仲裁委员会应当依法将当事人的保全申请转交当事人指明的有管辖权的法院。

（二）根据所适用的法律或当事人的约定，当事人可以依据《中国国际经济贸易仲裁委员会紧急仲裁员程序》（本规则附件三）向仲裁委员会仲裁院申请紧急性临时救济。紧急仲裁员可以决定采取必要或适当的紧急性临时救济措施。紧急仲裁员的决定对双方当事人具有约束力。

（三）经一方当事人请求，仲裁庭依据所适用的法律或当事人的约定可以决定采取其认为必要或适当的临时措施，并有权决定由请求临时措施的一方当事人提供适当的担保。

第二节　仲裁员及仲裁庭

第二十四条　仲裁员的义务

仲裁员不代表任何一方当事人，应独立于各方当事人，平等地对待各方当事人。

第二十五条　仲裁庭的人数

（一）仲裁庭由一名或三名仲裁员组成。

（二）除非当事人另有约定或本规则另有规定，仲裁庭由三名仲裁员组成。

第二十六条　仲裁员的选定或指定

（一）仲裁委员会制定统一适用于仲裁委员会及其分会/仲裁中心的仲裁员名册；当事人从仲裁委员会制定的仲裁员名册中选定仲裁员。

（二）当事人约定在仲裁委员会仲裁员名册之外选定仲裁员的，当事人选定的或根据当事人约定指定的人士经仲裁委员会主任确认后可以担任仲裁员。

第二十七条　三人仲裁庭的组成

（一）申请人和被申请人应各自在收到仲裁通知后十五天内选定或委托仲裁委员会主任指定一名仲裁员。当事人未在上述期限内选定或委托仲裁委员会主任指定的，由仲裁委员会主任指定。

（二）第三名仲裁员由双方当事人在被申请人收到仲裁通知后 15 天内共同选定或共同委托仲裁委员会主任指定。第三名仲裁员为仲裁庭的首席仲裁员。

（三）双方当事人可以各自推荐一至五名候选人作为首席仲裁员人选，并按照上述第（二）款规定的期限提交推荐名单。双方当事人的推荐名单中有一名人选相同的，该人选为双方当事人共同选定的首席仲裁员；有一名以上人选相同的，由仲裁委员会主任根据案件的具体情况在相同人选中确定一名首席仲裁员，该名首席仲裁员仍为双方共同选定的首席仲裁员；推荐名单中没有相同人选时，由仲裁委员会主任指定首席仲裁员。

（四）双方当事人未能按照上述规定共同选定首席仲裁员的，由仲裁委员会主任指定首席仲裁员。

第二十八条　独任仲裁庭的组成

仲裁庭由一名仲裁员组成的，按照本规则第二十七条第（二）、（三）、（四）款规定的程序，选定或指定独任仲裁员。

第二十九条　多方当事人仲裁庭的组成

（一）仲裁案件有两个或两个以上申请人及/或被申请人时，申请人方及/或被申请人方应各自协商，各方共同选定或共同委托仲裁委员会主任指定一名仲裁员。

（二）首席仲裁员或独任仲裁员应按照本规则第二十七条第（二）、（三）、（四）款规定的程序选定或指定。申请人方及/或被申请人方按照本规则第二十七条第（三）款的规定选定首席仲裁员或独任仲裁员时，应各方共同协商，提交各方共同选定的候选人名单。

（三）如果申请人方及/或被申请人方未能在收到仲裁通知后 15 天内各方共同选定或各方共同委托仲裁委员会主任指定一名仲裁员，则由仲裁委员会主任指定仲裁庭三名仲裁员，并从中确定一人担任首席仲裁员。

第三十条　指定仲裁员的考虑因素

仲裁委员会主任根据本规则的规定指定仲裁员时，应考虑争议的适用法律、仲裁地、仲裁语言、当事人国籍，以及仲裁委员会主任认为应考虑的其他因素。

第三十一条　披露

（一）被选定或被指定的仲裁员应签署声明书，披露可能引起对其公正性和独立性产生合理怀疑的任何事实或情况。

（二）在仲裁程序中出现应披露情形的，仲裁员应立即书面披露。

（三）仲裁员的声明书及/或披露的信息应提交仲裁委员会仲裁院并转交各方当事人。

第三十二条　仲裁员的回避

（一）当事人收到仲裁员的声明书及/或书面披露后，如果以披露的事实或情况为理由要求该仲裁员回避，则应于收到仲裁员的书面披露后 10 天内书面提出。逾期没有申请回避的，不得以仲裁员曾经披露的事项为由申请该仲裁员回避。

（二）当事人对被选定或被指定的仲裁员的公正性和独立性产生具有正当理由的怀疑时，可以书面提出要求该仲裁员回避的请求，但应说明提出回避请求所依据的具体事实和理由，并举证。

（三）对仲裁员的回避请求应在收到组庭通知后 15 天内以书面形式提出；在此之后得知要求回避事由的，可以在得知回避事由后 15 天内提出，但应不晚于最后一次开庭终结。

（四）当事人的回避请求应当立即转交另一方当事人、被请求回避的仲裁员及仲裁庭其他成员。

（五）如果一方当事人请求仲裁员回避，另一方当事人同意回避请求，或被请求回避的仲裁员主动提出不再担任该仲裁案件的仲裁员，则该仲裁员不再担任仲裁员审理本案。上述情形并不表示当事人提出回避的理由成立。

（六）除上述第（五）款规定的情形外，仲裁员是否回避，由仲裁委员会主任作出终局决定并可以不说明理由。

（七）在仲裁委员会主任就仲裁员是否回避作出决定前，被请求回避的仲裁员应继续履行职责。

第三十三条　仲裁员的更换

（一）仲裁员在法律上或事实上不能履行职责，或没有按照本规则的要求或在本规则规定的期限内履行应尽职责时，仲裁委员会主任有权决定将其更换；该仲裁员也可以主动申请不再担任仲裁员。

（二）是否更换仲裁员，由仲裁委员会主任作出终局决定并可以不说明理由。

（三）在仲裁员因回避或更换不能履行职责时，应按照原选定或指定仲裁员的方式在仲裁委员会仲裁院规定的期限内选定或指定替代的仲裁员。当事人未选定或指定替代仲裁员的，由仲裁委员会主任指定替代的仲裁员。

（四）重新选定或指定仲裁员后，由仲裁庭决定是否重新审理及重新审理的范围。

第三十四条 多数仲裁员继续仲裁程序

最后一次开庭终结后，如果三人仲裁庭中的一名仲裁员因死亡或被除名等情形而不能参加合议及/或作出裁决，另外两名仲裁员可以请求仲裁委员会主任按照第三十三条的规定更换该仲裁员；在征求双方当事人意见并经仲裁委员会主任同意后，该两名仲裁员也可以继续进行仲裁程序，作出决定或裁决。仲裁委员会仲裁院应将上述情况通知双方当事人。

第三节 审理

第三十五条 审理方式

（一）除非当事人另有约定，仲裁庭可以按照其认为适当的方式审理案件。在任何情形下，仲裁庭均应公平和公正地行事，给予双方当事人陈述与辩论的合理机会。

（二）仲裁庭应开庭审理案件，但双方当事人约定并经仲裁庭同意或仲裁庭认为不必开庭审理并征得双方当事人同意的，可以只依据书面文件进行审理。

（三）除非当事人另有约定，仲裁庭可以根据案件的具体情况采用询问式或辩论式的庭审方式审理案件。

（四）仲裁庭可以在其认为适当的地点以其认为适当的方式进行合议。

（五）除非当事人另有约定，仲裁庭认为必要时可以就所审理的案件发布程序令、发出问题单、制作审理范围书、举行庭前会议等。经仲裁庭其他成员授权，首席仲裁员可以单独就仲裁案件的程序安排作出决定。

第三十六条 开庭地

（一）当事人约定了开庭地点的，仲裁案件的开庭审理应当在约定的地点进行，但出现本规则第八十二条第（三）款规定的情形的除外。

（二）除非当事人另有约定，由仲裁委员会仲裁院或其分会/仲裁中心仲裁院管理的案件应分别在北京或分会/仲裁中心所在地开庭审理；如仲裁庭认为必要，经仲裁委员会仲裁院院长同意，也可以在其他地点开庭审理。

第三十七条　开庭通知

（一）开庭审理的案件，仲裁庭确定第一次开庭日期后，应不晚于开庭前二十天将开庭日期通知双方当事人。当事人有正当理由的，可以请求延期开庭，但应于收到开庭通知后五天内提出书面延期申请；是否延期，由仲裁庭决定。

（二）当事人有正当理由未能按上述第（一）款规定提出延期开庭申请的，是否接受其延期申请，由仲裁庭决定。

（三）再次开庭审理的日期及延期后开庭审理日期的通知及其延期申请，不受上述第（一）款期限的限制。

第三十八条　保密

（一）仲裁庭审理案件不公开进行。双方当事人要求公开审理的，由仲裁庭决定是否公开审理。

（二）不公开审理的案件，双方当事人及其仲裁代理人、仲裁员、证人、翻译、仲裁庭咨询的专家和指定的鉴定人，以及其他有关人员，均不得对外界透露案件实体和程序的有关情况。

第三十九条　当事人缺席

（一）申请人无正当理由开庭时不到庭的，或在开庭审理时未经仲裁庭许可中途退庭的，可以视为撤回仲裁申请；被申请人提出反请求的，不影响仲裁庭就反请求进行审理，并作出裁决。

（二）被申请人无正当理由开庭时不到庭的，或在开庭审理时未经仲裁庭许可中途退庭的，仲裁庭可以进行缺席审理并作出裁决；被申请人提出反请求的，可以视为撤回反请求。

第四十条　庭审笔录

（一）开庭审理时，仲裁庭可以制作庭审笔录及/或影音记录。仲裁庭认为必要时，可以制作庭审要点，并要求当事人及/或其代理人、证人及/或其他有关人员在庭审笔录或庭审要点上签字或盖章。

（二）庭审笔录、庭审要点和影音记录供仲裁庭查用。

（三）应一方当事人申请，仲裁委员会仲裁院视案件具体情况可以决定聘请速录人员速录庭审笔录，当事人应当预交由此产生的费用。

第四十一条　举证

（一）当事人应对其申请、答辩和反请求所依据的事实提供证据加以证明，对其主张、辩论及抗辩要点提供依据。

（二）仲裁庭可以规定当事人提交证据的期限。当事人应在规定的期限内提交证据。逾期提交的，仲裁庭可以不予接受。当事人在举证期限内提交证据材料确有困难的，可以在期限届满前申请延长举证期限。是否延长，由仲裁庭决定。

（三）当事人未能在规定的期限内提交证据，或虽提交证据但不足以证明其主张的，负有举证责任的当事人承担因此产生的后果。

第四十二条　质证

（一）开庭审理的案件，证据应在开庭时出示，当事人可以质证。

（二）对于书面审理的案件的证据材料，或对于开庭后提交的证据材料且当事人同意书面质证的，可以进行书面质证。书面质证时，当事人应在仲裁庭规定的期限内提交书面质证意见。

第四十三条　仲裁庭调查取证

（一）仲裁庭认为必要时，可以调查事实，收集证据。

（二）仲裁庭调查事实、收集证据时，可以通知当事人到场。经通知，一方或双方当事人不到场的，不影响仲裁庭调查事实和收集证据。

（三）仲裁庭调查收集的证据，应转交当事人，给予当事人提出意见的机会。

第四十四条　专家报告及鉴定报告

（一）仲裁庭可以就案件中的专门问题向专家咨询或指定鉴定人进行鉴定。专家和鉴定人可以是中国或外国的机构或自然人。

（二）仲裁庭有权要求当事人、当事人也有义务向专家或鉴定人提供或出示任何有关资料、文件或财产、实物，以供专家或鉴定人审阅、检验或鉴定。

（三）专家报告和鉴定报告的副本应转交当事人，给予当事人提出意见的机会。一方当事人要求专家或鉴定人参加开庭的，经仲裁庭同意，专家或鉴定人应参加开庭，并在仲裁庭认为必要时就所作出的报告进行解释。

第四十五条　程序中止

（一）双方当事人共同或分别请求中止仲裁程序，或出现其他需要中止仲裁程序的情形的，仲裁程序可以中止。

（二）中止程序的原因消失或中止程序期满后，仲裁程序恢复进行。

（三）仲裁程序的中止及恢复，由仲裁庭决定；仲裁庭尚未组成的，由仲裁委员会仲裁院院长决定。

第四十六条　撤回申请和撤销案件

（一）当事人可以撤回全部仲裁请求或全部仲裁反请求。申请人撤回全部仲裁请求的，不影响仲裁庭就被申请人的仲裁反请求进行审理和裁决。被申请人撤回全部仲裁反请求的，不影响仲裁庭就申请人的仲裁请求进行审理和裁决。

（二）因当事人自身原因致使仲裁程序不能进行的，可以视为其撤回仲裁请求。

（三）仲裁请求和反请求全部撤回的，案件可以撤销。在仲裁庭组成前撤销案件的，由仲裁委员会仲裁院院长作出撤案决定；仲裁庭组成后撤销案件的，由仲裁庭作出撤案决定。

（四）上述第（三）款及本规则第六条第（七）款所述撤案决定应加盖“中国国际经济贸易仲裁委员会”印章。

第四十七条　仲裁与调解相结合

（一）双方当事人有调解愿望的，或一方当事人有调解愿望并经仲裁庭征得另一方当事人同意的，仲裁庭可以在仲裁程序中对案件进行调解。双方当事人也可以自行和解。

（二）仲裁庭在征得双方当事人同意后可以按照其认为适当的方式进行调解。

（三）调解过程中，任何一方当事人提出终止调解或仲裁庭认为已无调解成功的可能时，仲裁庭应终止调解。

（四）双方当事人经仲裁庭调解达成和解或自行和解的，应签订和解协议。

（五）当事人经调解达成或自行达成和解协议的，可以撤回仲裁请求或反请求，也可以请求仲裁庭根据当事人和解协议的内容作出裁决书或制作调解书。

（六）当事人请求制作调解书的，调解书应当写明仲裁请求和当事人书面和解协议的内容，由仲裁员署名，并加盖“中国国际经济贸易仲裁委员会”印章，送达双方当事人。

（七）调解不成功的，仲裁庭应当继续进行仲裁程序并作出裁决。

（八）当事人有调解愿望但不愿在仲裁庭主持下进行调解的，经双方当事人同意，仲裁委员会可以协助当事人以适当的方式和程序进行调解。

（九）如果调解不成功，任何一方当事人均不得在其后的仲裁程序、司法程序和其他任何程序中援引对方当事人或仲裁庭在调解过程中曾发表的意见、提出的观点、作出的陈述、表示认同或否定的建议或主张作为其请求、答辩或反请求的依据。

（十）当事人在仲裁程序开始之前自行达成或经调解达成和解协议的，可以依据由仲裁委员会仲裁的仲裁协议及其和解协议，请求仲裁委员会组成仲裁庭，按照和解协议的内容作出仲裁裁决。除非当事人另有约定，仲裁委员会主任指定一名独任仲裁员成立仲裁庭，由仲裁庭按照其认为适当的程序进行审理并作出裁决。具体程序和期限，不受本规则其他条款关于程序和期限的限制。

第三章　裁决

第四十八条　作出裁决的期限

（一）仲裁庭应在组庭后 6 个月内作出裁决书。

（二）经仲裁庭请求，仲裁委员会仲裁院院长认为确有正当理由和必要的，可以延长该期限。

（三）程序中止的期间不计入上述第（一）款规定的裁决期限。

第四十九条　裁决的作出

（一）仲裁庭应当根据事实和合同约定，依照法律规定，参考国际惯例，公平合理、独立公正地作出裁决。

（二）当事人对于案件实体适用法有约定的，从其约定。当事人没有约定或其约定与法律强制性规定相抵触的，由仲裁庭决定案件实体的法律适用。

（三）仲裁庭在裁决书中应写明仲裁请求、争议事实、裁决理由、裁决结果、仲裁费用的承担、裁决的日期和地点。当事人协议不写明争议事实和裁决理由的，以及按照双方当事人和解协议的内容作出裁决书的，可以不写明争议事实和裁决理由。仲裁庭有权在裁决书中确定当事人履行裁决的具体期限及逾期履行所应承担的责任。

（四）裁决书应加盖“中国国际经济贸易仲裁委员会”印章。

（五）由三名仲裁员组成的仲裁庭审理的案件，裁决依全体仲裁员或多数仲裁员的意见作出。少数仲裁员的书面意见应附卷，并可以附在裁决书后，该书面意见不构成裁决书的组成部分。

（六）仲裁庭不能形成多数意见的，裁决依首席仲裁员的意见作出。其他仲裁员的书面意见应附卷，并可以附在裁决书后，该书面意见不构成裁决书的组成部分。

（七）除非裁决依首席仲裁员意见或独任仲裁员意见作出并由其署名，裁决书应由多数仲裁员署名。持有不同意见的仲裁员可以在裁决书上署名，也可以不署名。

（八）作出裁决书的日期，即为裁决发生法律效力的日期。

（九）裁决是终局的，对双方当事人均有约束力。任何一方当事人均不得向法院起诉，也不得向其他任何机构提出变更仲裁裁决的请求。

第五十条　部分裁决

（一）仲裁庭认为必要或当事人提出请求并经仲裁庭同意的，仲裁庭可以在作出最终裁决之前，就当事人的某些请求事项先行作出部分裁决。部分裁决是终局的，对双方当事人均有约束力。

（二）一方当事人不履行部分裁决，不影响仲裁程序的继续进行，也不影响仲裁庭作出最终裁决。

第五十一条　裁决书草案的核阅

仲裁庭应在签署裁决书之前将裁决书草案提交仲裁委员会核阅。在不影响仲裁庭独立裁决的情况下，仲裁委员会可以就裁决书的有关问题提请仲裁庭注意。

第五十二条　费用承担

（一）仲裁庭有权在裁决书中裁定当事人最终应向仲裁委员会支付的仲裁费和其他费用。

（二）仲裁庭有权根据案件的具体情况在裁决书中裁定败诉方应补偿胜诉方因办理案件而支出的合理费用。仲裁庭裁定败诉方补偿胜诉方因办理案件而支出的费用是否合理时，应具体考虑案件的裁决结果、复杂程度、胜诉方当事人及/或代理人的实际工作量以及案件的争议金额等因素。

第五十三条　裁决书的更正

（一）仲裁庭可以在发出裁决书后的合理时间内自行以书面形式对裁决书中的书写、打印、计算上的错误或其他类似性质的错误作出更正。

（二）任何一方当事人均可以在收到裁决书后 30 天内就裁决书中的书写、打印、计算上的错误或其他类似性质的错误，书面申请仲裁庭作出更正；如确有错误，仲裁庭应在收到书面申请后 30 天内作出书面更正。

（三）上述书面更正构成裁决书的组成部分，应适用本规则第四十九条第（四）至（九）款的规定。

第五十四条　补充裁决

（一）如果裁决书中有遗漏事项，仲裁庭可以在发出裁决书后的合理时间内自行作出补充裁决。

（二）任何一方当事人可以在收到裁决书后 30 天内以书面形式请求仲裁庭就裁决书中遗漏的事项作出补充裁决；如确有漏裁事项，仲裁庭应在收到上述书面申请后 30 天内作出补充裁决。

（三）该补充裁决构成裁决书的一部分，应适用本规则第四十九条第（四）至（九）款的规定。

第五十五条　裁决的履行

（一）当事人应依照裁决书写明的期限履行仲裁裁决；裁决书未写明履行期限的，应立即履行。

（二）一方当事人不履行裁决的，另一方当事人可以依法向有管辖权的法院申请执行。

第四章　简易程序

第五十六条　简易程序的适用

（一）除非当事人另有约定，凡争议金额不超过人民币 500 万元，或争议金额超过人民币 500 万元但经一方当事人书面申请并征得另一方当事人书面同意的，或双方当事人约定适用简易程序的，适用简易程序。

（二）没有争议金额或争议金额不明确的，由仲裁委员会根据案件的复杂程度、涉及利益的大小以及其他有关因素综合考虑决定是否适用简易程序。

第五十七条　仲裁通知

申请人提出仲裁申请，经审查可以受理并适用简易程序的，仲裁委员会仲裁院应向双方当事人发出仲裁通知。

第五十八条　仲裁庭的组成

除非当事人另有约定，适用简易程序的案件，依照本规则第二十八条的规定成立独任仲裁庭审理案件。

第五十九条　答辩和反请求

（一）被申请人应在收到仲裁通知后 20 天内提交答辩书及证据材料以及其他证明文件；如有反请求，也应在此期限内提交反请求书及证据材料以及其他证明文件。

（二）申请人应在收到反请求书及其附件后 20 天内针对被申请人的反请求提交答辩。

（三）当事人确有正当理由请求延长上述期限的，由仲裁庭决定是否延长；仲裁庭尚未组成的，由仲裁委员会仲裁院作出决定。

第六十条　审理方式

仲裁庭可以按照其认为适当的方式审理案件，可以在征求当事人意见后决定只依据当事人提交的书面材料和证据进行书面审理，也可以决定开庭审理。

第六十一条　开庭通知

（一）对于开庭审理的案件，仲裁庭确定第一次开庭日期后，应不晚于开庭前 15 天将开庭日期通知双方当事人。当事人有正当理由的，可以请求延期开庭，但应于收到开庭通知后 3 天内提出书面延期申请；是否延期，由仲裁庭决定。

（二）当事人有正当理由未能按上述第（一）款规定提出延期开庭申请的，是否接受其延期申请，由仲裁庭决定。

（三）再次开庭审理的日期及延期后开庭审理日期的通知及其延期申请，不受上述第（一）款期限的限制。

第六十二条　作出裁决的期限

（一）仲裁庭应在组庭后 3 个月内作出裁决书。

（二）经仲裁庭请求，仲裁委员会仲裁院院长认为确有正当理由和必要的，可以延长该期限。

（三）程序中止的期间不计入上述第（一）款规定的裁决期限。

第六十三条　程序变更

仲裁请求的变更或反请求的提出，不影响简易程序的继续进行。经变更的仲裁请求或反请求所涉争议金额分别超过人民币 500 万元的案件，除非当事人约定或仲裁庭认为有必要变更为普通程序，继续适用简易程序。

第六十四条　本规则其他条款的适用

本章未规定的事项，适用本规则其他各章的有关规定。

第三章　国内仲裁的特别规定

第六十五条　本章的适用

（一）国内仲裁案件，适用本章规定。

（二）符合本规则第五十六条规定的国内仲裁案件，适用第四章简易程序的规定。

第六十六条　案件的受理

（一）收到仲裁申请书后，仲裁委员会仲裁院认为仲裁申请符合本规则第十二条规定的受理条件的，应当在5天内通知当事人；认为不符合受理条件的，应书面通知当事人不予受理，并说明理由。

（二）收到仲裁申请书后，仲裁委员会仲裁院经审查认为申请仲裁的手续不符合本规则第十二条规定的，可以要求当事人在规定的期限内予以完备。

第六十七条　仲裁庭的组成

仲裁庭应按照本规则第二十五条、第二十六条、第二十七条、第二十八条、第二十九条和第三十条的规定组成。

第六十八条　答辩和反请求

（一）被申请人应在收到仲裁通知后20天内提交答辩书及所依据的证据材料以及其他证明文件；如有反请求，也应在此期限内提交反请求书及所依据的证据材料以及其他证明文件。

（二）申请人应在收到反请求书及其附件后20天内针对被申请人的反请求提交答辩。

（三）当事人确有正当理由请求延长上述期限的，由仲裁庭决定是否延长；仲裁庭尚未组成的，由仲裁委员会仲裁院作出决定。

第六十九条　开庭通知

（一）对于开庭审理的案件，仲裁庭确定第一次开庭日期后，应不晚于开庭前15天将开庭日期通知双方当事人。当事人有正当理由的，可以请求延期开庭，但应于收到开庭通知后3天内提出书面延期申请；是否延期，由仲裁庭决定。

（二）当事人有正当理由未能按上述第（一）款规定提出延期开庭申请的，是否接受其延期申请，由仲裁庭决定。

（三）再次开庭审理的日期及延期后开庭审理日期的通知及其延期申请，不受上述第（一）款期限的限制。

第七十条　庭审笔录

（一）仲裁庭应将开庭情况记入笔录。当事人和其他仲裁参与人认为对自己陈述的记录有遗漏或有差错的，可以申请补正；仲裁庭不同意其补正的，应将该申请记录在案。

（二）庭审笔录由仲裁员、记录人员、当事人和其他仲裁参与人签名或盖章。

第七十一条　作出裁决的期限

（一）仲裁庭应在组庭后 4 个月内作出裁决书。

（二）经仲裁庭请求，仲裁委员会仲裁院院长认为确有正当理由和必要的，可以延长该期限。

（三）程序中止的期间不计入上述第（一）款规定的裁决期限。

第七十二条　本规则其他条款的适用

本章未规定的事项，适用本规则其他各章的有关规定。本规则第六章的规定除外。

第六章　香港仲裁的特别规定

第七十三条　本章的适用

（一）仲裁委员会在香港特别行政区设立仲裁委员会香港仲裁中心。本章适用于仲裁委员会香港仲裁中心接受仲裁申请并管理的仲裁案件。

（二）当事人约定将争议提交仲裁委员会香港仲裁中心仲裁或约定将争议提交仲裁委员会在香港仲裁的，由仲裁委员会香港仲裁中心接受仲裁申请并管理案件。

第七十四条　仲裁地及程序适用法

除非当事人另有约定，仲裁委员会香港仲裁中心管理的案件的仲裁地为香港，仲裁程序适用法为香港仲裁法，仲裁裁决为香港裁决。

第七十五条　管辖权决定的作出

当事人对仲裁协议及/或仲裁案件管辖权的异议，应不晚于第一次实体答辩前提出。仲裁庭有权对仲裁协议的存在、效力以及仲裁案件的管辖权作出决定。

第七十六条　仲裁员的选定或指定

仲裁委员会现行仲裁员名册在仲裁委员会香港仲裁中心管理的案件中推荐使用，当事人可以在仲裁委员会仲裁员名册外选定仲裁员。被选定的仲裁员应经仲裁委员会主任确认。

第七十七条　临时措施和紧急救济

（一）除非当事人另有约定，应一方当事人申请，仲裁庭有权决定采取适当的临时措施。

（二）在仲裁庭组成之前，当事人可以按照《中国国际经济贸易仲裁委员会紧急仲裁员程序》（本规则附件三）申请紧急性临时救济。

第七十八条　裁决书的印章

裁决书应加盖“中国国际经济贸易仲裁委员会香港仲裁中心”印章。

第七十九条　仲裁收费

依本章接受申请并管理的案件适用《中国国际经济贸易仲裁委员会仲裁费用表（三）》（本规则附件二）。

第八十条　本规则其他条款的适用

本章未规定的事项，适用本规则其他各章的有关规定，本规则第五章的规定除外。

第七章　附则

第八十一条　仲裁语言

（一）当事人对仲裁语言有约定的，从其约定。当事人对仲裁语言没有约定的，以中文为仲裁语言。仲裁委员会也可以视案件的具体情形确定其他语言为仲裁语言。

（二）仲裁庭开庭时，当事人或其代理人、证人需要语言翻译的，可由仲裁委员会仲裁院提供译员，也可由当事人自行提供译员。

（三）当事人提交的各种文书和证明材料，仲裁庭或仲裁委员会仲裁院认为必要时，可以要求当事人提供相应的中文译本或其他语言译本。

第八十二条　仲裁费用及实际费用

（一）仲裁委员会除按照制定的仲裁费用表向当事人收取仲裁费外，还可以向当事人收取其他额外的、合理的实际费用，包括仲裁员办理案件的特殊报酬、差旅费、食宿费、聘请速录员速录费，以及仲裁庭聘请专家、鉴定人和翻译等费用。仲裁员的特殊报酬由仲裁委员会仲裁院在征求相关仲裁员和当事人意见后，参照《中国国际经济贸易仲裁委员会仲裁费用表（三）》（本规则附件二）有关仲裁员报酬和费用标准确定。

（二）当事人未在仲裁委员会规定的期限内为其选定的仲裁员预缴特殊报酬、差旅费、食宿费等实际费用的，视为没有选定仲裁员。

（三）当事人约定在仲裁委员会或其分会/仲裁中心所在地之外开庭的，应预缴因此而发生的差旅费、食宿费等实际费用。当事人未在仲裁委员会规定的期限内预缴有关实际费用的，应在仲裁委员会或其分会/仲裁中心所在地开庭。

（四）当事人约定以两种或两种以上语言为仲裁语言的，或根据本规则第五十六条的规定适用简易程序的案件但当事人约定由三人仲裁庭审理的，仲裁委员会可以向当事人收取额外的、合理的费用。

第八十三条　规则的解释

（一）本规则条文标题不用于解释条文含义。

（二）本规则由仲裁委员会负责解释。

第八十四条　规则的施行

本规则自2015年1月1日起施行。本规则施行前仲裁委员会及其分会/仲裁中心管理的案件，仍适用受理案件时适用的仲裁规则；双方当事人同意的，也可以适用本规则。

三、中国国际经济贸易仲裁委员会国际投资争端仲裁规则

《中国国际经济贸易仲裁委员会国际投资争端仲裁规则》（试行）

（中国国际贸易促进委员会中国国际商会，2017年9月12日通过，2017年10月1日起施行）

第一章　一般规定

第一条　目的

为公正高效解决国际投资争端，平等保护当事人合法权益，特制定《中国国际经济贸易仲裁委员会国际投资争端仲裁规则》（以下简称“本规则”）。

第二条　受案范围与管辖依据

中国国际经济贸易仲裁委员会（以下简称“仲裁委员会”）根据当事人之间

的仲裁协议，受理基于合同、条约、法律法规或其他文件提起的，一方当事人为投资者，另一方当事人为国家或政府间组织、经政府授权的或其行为可归责于国家的其他任何机构、部门和其他实体（以下统称“政府”）的国际投资争端。

当事人之间解决国际投资争端的仲裁协议可以规定在合同、条约、法律法规或其他文件中。一方当事人通过合同、条约、法律法规或其他文件作出了提交仲裁委员会仲裁或按照本规则仲裁的意思表示，另一方当事人通过提起仲裁或以其他方式予以接受的，视为达成仲裁协议。

第三条　规则的适用

（一）当事人约定适用本规则解决国际投资争端的，视为同意将争议提交仲裁委员会仲裁。

（二）当事人约定将国际投资争端提交仲裁委员会仲裁的，视为同意适用本规则。

（三）当事人约定将国际投资争端提交仲裁委员会依据本规则进行仲裁，但对本规则有关内容进行修改的或约定适用其他仲裁规则的，从其约定，但其约定无法实施或与仲裁程序适用法强制性规范相抵触的除外；当事人约定适用其他仲裁规则的，由仲裁委员会履行相应的管理职责。

（四）当事人约定依据本规则将国际投资争端提交仲裁，视为当事人放弃对仲裁管辖的豁免权。

（五）本规则不妨碍应予适用的强制性法律规范。

第四条　机构及职责

（一）仲裁委员会主任履行本规则规定的职责。副主任根据主任的授权履行主任的职责。

（二）仲裁委员会仲裁院院长履行本规则规定的职责。

（三）仲裁委员会在北京设有中国国际经济贸易仲裁委员会投资争端解决中心（以下简称“投资争端解决中心”），接受仲裁申请，管理仲裁案件。仲裁委员会在香港特别行政区设立的中国国际经济贸易仲裁委员会香港仲裁中心（以下简称“香港仲裁中心”），根据仲裁委员会的授权，接受仲裁申请，管理仲裁案件。

（四）当事人约定提交仲裁委员会仲裁的，由投资争端解决中心接受仲裁申请并管理案件；仲裁地在香港或者约定由香港仲裁中心仲裁的，由香港仲裁中心接受仲裁申请并管理案件。约定不明的，由投资争端解决中心接受仲裁申请并管理案件。如有争议，由仲裁委员会决定。

第五条　送达及期限

（一）有关仲裁的一切文书、通知、材料等均可采用当面递交、挂号信、特快专递、传真、电子邮件等能够提供投递记录的任何方式送达。

（二）上述第（一）款所述仲裁文件应发送当事人或其仲裁代理人自行提供的或当事人约定的地址；当事人或其仲裁代理人没有提供地址或当事人对地址没有约定的，按照对方当事人或其仲裁代理人提供的地址发送。

（三）仲裁文件的发送，如经当面递交收件人或发送至收件人的营业地、注册地、住所地、惯常居住地或通讯地址，或经当事人合理查询不能找到上述任一地点，以挂号信、特快专递或能提供投递记录的包括公证送达、委托送达和留置送达在内的其他任何手段投递给收件人最后一个为人所知的营业地、注册地、住所地、惯常居住地或通讯地址，即视为有效送达。

（四）根据第（一）至（三）款发送或递交仲裁文件，均应被视为在发送或递交当日即为已经送达。以电子方式发送仲裁文件的，仲裁文件发出的日期视为仲裁文件的送达日期，但以电子方式发送启动仲裁通知书除外。启动仲裁通知书的送达日期，是其抵达收件人电子地址的日期。

（五）本规则所规定的期限，应自当事人收到或应当收到向其发送的文书、通知、材料等之日的次日起计算。在计算期间时，期间内的法定假期或非工作日应计入期间内。如果期间的届满日为收件人地的法定假期或非工作日，则期间届满日将顺延至之后的第一个工作日。

（六）除本规则另有规定外，当事人提交的有关仲裁文书、材料等，应发送或递交仲裁庭、其他当事人，并同时提交管理案件的投资争端解决中心或香港仲裁中心。仲裁庭可以规定仲裁文件的交换及送达方式等事项。

第六条　诚实信用

仲裁参与人应遵循诚实信用原则，进行仲裁程序。

第七条　放弃异议

一方当事人知道或理应知道本规则或仲裁协议中规定的任何条款或情事未被遵守，仍参加仲裁程序或继续进行仲裁程序而且不对此不遵守情况及时地、明示地提出书面异议的，视为放弃提出异议的权利。

第二章 开始仲裁

第八条 启动仲裁通知书

（一）根据本规则提起仲裁的一方当事人（以下简称“申请人”）应向管理案件的投资争端解决中心或香港仲裁中心提交启动仲裁通知书。启动仲裁通知书应列明以下内容：

1. 将争议提交仲裁的书面意思表示；

2. 当事人及其代理人的名称、国籍和住所，包括邮政编码、电话、传真、电子邮箱或其他电子通讯方式；

3. 申请仲裁所依据的仲裁协议；

4. 与争议有关的合同、条约、法律法规和其他文件及其相关条款；

5. 关于当事人与有关国家、政府间组织或政府实体之间关系及其性质的简要说明，以及仲裁协议约束当事人的理由（如适用）；

6. 关于争议事项的性质和引发争议事项的简要说明，包括仲裁请求的救济事项，并尽可能对索赔金额进行初步量化；

7. 当事人双方之间是否事先就仲裁庭人数、组成方式和仲裁程序等事项作出约定，或者申请人的相关建议；

8. 关于按照本规则规定选定的仲裁员或提出的人选建议；

9. 关于适用法律规则的意见；

10. 关于仲裁语言的意见；

11. 申请人认为其他必要的内容。

（二）启动仲裁通知书也可包含第二十一条仲裁申请书列明的内容。

（三）申请人应按照仲裁委员会制定的《中国国际经济贸易仲裁委员会国际投资争端仲裁费用表》（以下简称“《费用表》”）（附件一）的规定缴纳案件登记费。

（四）仲裁程序自管理案件的投资争端解决中心或香港仲裁中心收到启动仲裁通知书之日开始。当事人申请仲裁手续完备的，管理案件的投资争端解决中心或香港仲裁中心将向双方当事人发出受理通知。

如果启动仲裁通知书不完整或未缴纳案件登记费，管理案件的投资争端解决中心或香港仲裁中心可以要求申请人在合理期限内予以完备。申请人在规定的期限内完备申请仲裁手续的，仲裁程序应视为在管理案件的投资争端解决中心或香港仲裁中心第一次收到第（一）款规定的启动仲裁通知书之日开始。申请人未能在规定期限内完备申请仲裁手续的，视为申请人未有效提出启动仲裁通知书，仲裁程序尚未根据第（一）款开始。本款规定不影响申请人此后再次提出相同请求的启动仲裁通知书的权利。

（五）申请人在向管理案件的投资争端解决中心或香港仲裁中心提交启动仲裁通知书的同时，应向被申请人发送启动仲裁通知书，并向管理案件的投资争端解决中心或香港仲裁中心说明向被申请人发送启动仲裁通知书的日期和方式，附具送达证明。

（六）启动仲裁通知书应使用当事人约定的仲裁语言。当事人未有约定的，则为中文或英文。

（七）受理案件后，管理案件的投资争端解决中心或香港仲裁中心应指定案件秘书协助仲裁案件的程序管理。

第九条　对启动仲裁通知书的答复

（一）被申请人应自收到启动仲裁通知书之日起30日内向管理案件的投资争端解决中心或香港仲裁中心提交书面答复，该答复应列明以下内容：

1. 当事人及其代理人的名称、国籍和住所，包括邮政编码、电话、传真、电子邮箱或其他电子通讯方式；

2. 对仲裁案件管辖权的异议（如有）；

3. 确认或否认全部或者部分仲裁请求；

4. 被申请人提出反请求的，应简述反请求的性质和相关情形，列明反请求的救济事项，并尽可能对反请求事项的索赔金额进行初步量化；

5. 对依据第八条第（一）款提交的启动仲裁通知书中的任何陈述提出意见，或对该条所包含的事项提出意见；

6. 关于按照本规则选定的仲裁员或提出的人选建议。

（二）如果启动仲裁通知书包含了第二十一条仲裁申请书列明的内容，则该答复也可包含第二十二条仲裁答辩书列明的内容。

（三）就反请求按照《费用表》（附件一）的规定缴纳仲裁费。

（四）被申请人向管理案件的投资争端解决中心或香港仲裁中心递交答复的同时，应向申请人发送答复，并向管理案件的投资争端解决中心或香港仲裁中心说明向申请人发送答复的日期和方式，附具送达证明。

（五）对启动仲裁通知书的答复应使用当事人约定的仲裁语言。当事人未有约定的，则为中文或英文。

第三章 仲裁庭的组成

第十条 仲裁庭的人数

（一）当事人可以约定仲裁庭由一名、三名或其他任意奇数仲裁员组成。

（二）除非当事人另有约定，仲裁庭由三名仲裁员组成。

第十一条 仲裁员的选定或指定

（一）仲裁委员会制定《中国国际经济贸易仲裁委员会国际投资争端仲裁员名册》，当事人应从该名册中选择仲裁员。当事人也可以约定在该名册之外选定仲裁员，但该仲裁员应满足第（二）款所规定的资格要求并经仲裁委员会主任确认。

（二）仲裁员应道德高尚，在法律、投资等专业领域具备公认的能力，善于进行独立裁判。

（三）除非当事人另有约定或共同选定，独任仲裁员、首席仲裁员和仲裁庭的多数成员不得与当事人具有相同的国籍。

（四）仲裁委员会主任根据本规则规定指定仲裁员的，应考虑争议所适用的法律、仲裁地、仲裁语言、当事人国籍和仲裁员国籍以及其他应予考虑的适当因素。

（五）仲裁员委员会主任应在可能的范围内尽快指定仲裁员。

第十二条 三人仲裁庭

（一）仲裁庭由三名仲裁员组成的，申请人和被申请人应在被申请人收到启动仲裁通知书之日起30日内各自选定或委托仲裁委员会主任指定一名仲裁员。当事人未在上述期限内选定或委托仲裁委员会主任指定仲裁员的，由仲裁委员会主任指定。

（二）第三名仲裁员由双方当事人在被申请人收到启动仲裁通知书之日起30日内共同选定或共同委托仲裁委员会主任指定。第三名仲裁员为首席仲裁员。

（三）当事人未在上述期限内选定或委托仲裁委员会主任指定首席仲裁员的，由仲裁委员会主任指定。

（四）除非当事人另有约定，仲裁委员会主任应按照以下方式指定首席仲裁员：

1. 仲裁委员会主任应将至少列有五名人选的相同名单发送双方当事人；

2. 自收到名单之日起 30 日内，每一方当事人可删除其反对的一名或数名人选并将名单上剩余的人选按优先顺序排列后，将名单发回管理案件的投资争端解决中心或香港仲裁中心；

3. 仲裁委员会主任应从发回名单上获得当事人认可的人选中，依据当事人的选择顺序指定一人为首席仲裁员；

4. 无法按照上述程序指定首席仲裁员的，仲裁委员会主任可以指定其认为适当的首席仲裁员。

第十三条　独任仲裁员

（一）仲裁庭由独任仲裁员组成的，双方当事人应在被申请人收到启动仲裁通知书之日起 30 日内共同选定或共同委托仲裁委员会主任指定。

（二）双方当事人未能在上述期限内共同选定或共同委托仲裁委员会主任指定独任仲裁员的，由仲裁委员会主任指定。

（三）除非当事人另有约定，仲裁委员会主任按照第十二条第（四）款的规定指定独任仲裁员。

第十四条　三人以上仲裁庭

（一）仲裁庭由三名以上仲裁员组成的，除非当事人另有约定，首席仲裁员之外的仲裁庭其他成员的指定，申请人和被申请人应在被申请人收到启动仲裁通知书之日起 30 日内选定或委托仲裁委员会主任指定相等人数的仲裁员。当事人未在上述期限内选定或委托仲裁委员会主任指定的，由仲裁委员会主任指定。

（二）首席仲裁员按照第十二条的规定选定或指定。

第十五条　多方当事人仲裁庭的组成

（一）仲裁案件有两名或两名以上申请人或被申请人的，申请人或被申请人应各自协商共同选定或共同委托仲裁委员会主任指定仲裁员。

（二）首席仲裁员或独任仲裁员应按照第十二条第（二）（三）（四）款、第十三条规定的程序选定或指定。申请人或被申请人按照第十二条第（四）款规定选定首席仲裁员或独任仲裁员的，应共同协商，提交全部当事人共同选定的人选名单。

（三）仲裁庭由三名或三名以上仲裁员组成的，如果申请人或被申请人未能在被申请人收到启动仲裁通知书之日起30日内共同选定或共同委托仲裁委员会主任指定仲裁员，则由仲裁委员会主任指定仲裁庭全部成员，并从中确定一人担任首席仲裁员。

第十六条　披露

（一）被选定或被指定的仲裁员应签署声明书，披露可能引起对其公正性和独立性产生合理怀疑的任何事实或情况。

（二）在仲裁程序中出现应披露情形的，仲裁员应立即书面披露。

（三）仲裁员的声明书或书面披露应提交管理案件的投资争端解决中心或香港仲裁中心并转交各方当事人及仲裁庭其他成员。

第十七条　仲裁员的回避

（一）当事人收到仲裁员的声明书或书面披露后，如果以披露的事实或情况为理由要求该仲裁员回避，则应于收到仲裁员的书面披露后30日内书面提出。逾期没有申请回避的，不得以仲裁员曾经披露的事项为由申请该仲裁员回避。

（二）当事人对被选定或被指定的仲裁员的公正性和独立性产生具有正当理由的怀疑的，可以书面提出要求该仲裁员回避的请求，但应说明提出回避请求所依据的具体事实和理由，并举证。当事人对其选定的仲裁员，仅得以其在选定仲裁员后得知的回避事由，提出回避申请。

（三）当事人申请仲裁员回避，另一当事人同意的，或被申请回避的仲裁员主动提出不再担任仲裁员的，该仲裁员不再担任仲裁员。上述情形并不表示当事人提出回避的理由成立。

（四）除第（三）款规定的情形外，仲裁员是否回避，由仲裁委员会主任在综合考虑各种相关情形后作出决定。该决定是终局的。除非当事人另有约定，决定应说明理由。

（五）仲裁委员会主任对仲裁员回避作出决定前，被申请回避的仲裁员应继续履行职责。

第十八条　仲裁员的更换

（一）仲裁员在法律上或事实上不能履行职责，或没有遵守本规则的要求或没有在本规则规定的期限内履行应尽职责的，仲裁委员会主任有权主动决定将其更换；该仲裁员也可以主动申请不再担任仲裁员。

（二）是否更换仲裁员，由仲裁委员会主任作出决定。该决定是终局的。仲裁委员会主任主动决定更换仲裁员的，在更换仲裁员前，应征询当事人和包括该仲裁员在内的仲裁庭成员的意见。仲裁庭尚未组成的，应征询所有已被指定或选定的仲裁员意见。

（三）在仲裁员因回避或更换不能履行职责时，应按照原选定或指定该仲裁员的方式在管理案件的投资争端解决中心或香港仲裁中心规定的期限内选定或指定替代的仲裁员。

（四）重新选定或指定仲裁员后，由仲裁庭决定是否重新审理及重新审理的范围。

第十九条　多数仲裁员继续仲裁程序

仲裁庭宣布审理终结后，仲裁员因死亡或被除名等情形而不能参加合议或作出裁决的，其他多数仲裁员可以请求仲裁委员会主任按照第十八条的规定替换该仲裁员；或在征求双方当事人意见后并经仲裁委员会主任同意，其他多数仲裁员也可以继续仲裁程序，作出决定或裁决。管理案件的投资争端解决中心或香港仲裁中心应将上述情况通知双方当事人。

第四章　仲裁程序

第二十条　审理方式

（一）除非当事人另有约定或适用法律另有规定，仲裁庭可以按照其认为适当的方式审理案件。在任何情形下，仲裁庭均应公平和公正地行事，给予双方当事人陈述与辩论的合理机会。

（二）仲裁庭有权决定证据的关联性、有效性和可采性。

（三）除非当事人另有约定，仲裁庭认为必要时可以就所审理的案件发布程序令、发出问题清单、制作审理范围书、举行庭前会议等。经仲裁庭授权，首席仲裁员可以单独就仲裁案件的程序安排作出决定。

（四）仲裁庭可以在其认为适当的地点以其认为适当的方式进行合议。

（五）对于本规则未明确规定的事项，仲裁委员会、仲裁庭、当事人和其他仲裁参与人均应按照本规则的精神行事，并应尽合理努力确保仲裁裁决能有效执行。

第二十一条　仲裁申请书

除非申请人将启动仲裁通知书作为仲裁申请书，申请人应在仲裁庭规定的期限内提交仲裁申请书，详细列明如下内容：

1. 仲裁请求所依据的事实与理由；

2. 任何支持其请求的证据；

3. 请求的救济以及索赔金额。

第二十二条　仲裁答辩书

（一）除非被申请人将对启动仲裁通知书的答复作为答辩书，被申请人应在仲裁庭规定的期限内提交仲裁答辩书，详细列明如下内容：

1. 答辩所依据的事实与理由；

2. 任何支持其答辩的证据。

（二）仲裁庭有权决定是否接受逾期提交的答辩书。

（三）被申请人未提交答辩书，不影响仲裁程序的进行。

第二十三条　反请求书

（一）被申请人有反请求的，应在仲裁庭规定的期限内提出，详细列明如下内容：

1. 请求所依据的事实与理由；

2. 任何支持其请求的证据；

3. 请求的救济以及索赔金额。

（二）仲裁庭有权决定是否接受逾期提交的反请求书。

第二十四条　对请求或反请求的修改

在仲裁程序中，当事人可变更或补充其仲裁请求或反请求。但是存在下述情形的，仲裁庭可以驳回当事人的修改请求：

1. 当事人提出修改的时间过迟，如接受请求将影响仲裁程序正常进行或对其他当事人带来不合理的负担；

2. 仲裁庭认为其他不宜接受当事人修改请求的情形。

第二十五条　管辖权

（一）仲裁庭有权对仲裁协议是否存在、仲裁协议的效力以及本规则的可适用性等事项作出决定。

（二）在仲裁庭组成前，当事人提出管辖权异议的，仲裁委员会可以根据表面证据作出决定。仲裁委员会认定没有管辖权的，仲裁程序终止。仲裁委员会认定有管辖权或有部分管辖权的，仲裁程序继续进行；仲裁庭有权根据审理过程中发现的事实或证据另行作出管辖权决定。

（三）无论仲裁条款规定于合同、条约、法律法规还是其他文件中，该条款均独立于上述文件，仲裁庭对上述文件效力的认定不影响仲裁条款的效力。

（四）当事人对管辖权有异议的，应最迟在其提交答辩书或对反请求的答复时书面提出。当事人指定或参与指定仲裁员的，不妨碍其提出管辖权异议。在仲裁程序中，当事人认为仲裁庭超越管辖权的，应在其知道或者理应知道仲裁庭超越管辖权的事实发生后30日内书面提出。当事人逾期提出管辖权异议的，除非仲裁庭认为该延迟具有正当理由，否则不予受理。

（五）当事人的管辖权异议应提交至管理案件的投资争端解决中心或香港仲裁中心，同时发送其他当事人和仲裁庭，并向管理案件的投资争端解决中心或香港仲裁中心说明送达日期和方式，附具送达证明。

（六）除第二十六条规定的情形外，仲裁庭对管辖权的决定，可以在仲裁程序进行中单独作出，也可以在裁决书中一并作出。

（七）上述管辖权异议或决定包括仲裁案件当事人的主体资格异议或决定。

第二十六条　对仲裁请求或反请求的先期驳回

（一）当事人可以以仲裁请求或反请求明显缺乏法律依据或明显超出仲裁庭的管辖范围为由申请先期驳回全部或部分仲裁请求或反请求。

（二）当事人应以书面形式提出先期驳回请求，并说明其事实和法律依据。

（三）当事人应尽可能及早提交先期驳回请求，除仲裁庭另有规定，以明显缺乏法律依据为理由的先期驳回请求最迟应不晚于提交答辩书或对反请求的答复时提出。

（四）在征询双方当事人意见后，仲裁庭有权对先期驳回请求作出受理决定。

（五）仲裁庭应在先期驳回请求提出之日起90日内对该请求作出裁决，并附具理由。经仲裁庭请求，仲裁委员会仲裁院院长认为确有正当理由和必要的，可以适当延长该期限。

（六）仲裁庭裁决支持或部分支持先期驳回请求的，应终止对相关仲裁申请或者反请求的审理，该裁决不影响仲裁庭对其他仲裁请求和反请求的继续审理。

第二十七条　第三方资助

（一）在本规则中，“第三方资助”是指当事人以外的自然人或实体协议承担参与争议的一方当事人在仲裁程序中的全部或部分费用的情形。

（二）获得第三方资助的当事人应在签署资助协议后，毫不迟延地将第三方资助安排的事实、性质、第三方的名称与住址，书面告知对方当事人、仲裁庭及管理案件的投资争端解决中心或香港仲裁中心。仲裁庭也有权命令获得第三方资助的当事人披露相关情况。

（三）在就仲裁费用和其他相关费用作出裁决时，仲裁庭可以考虑是否存在第三方资助的情形，以及当事人是否遵守第（二）款的规定。

第二十八条　仲裁地

（一）当事人对仲裁地作出约定的，从其约定。

（二）当事人对仲裁地未作约定的，以管理案件的投资争端解决中心或香港仲裁中心所在地为仲裁地；仲裁庭也可视案件的具体情形确定其他地点为仲裁地，但该仲裁地通常应该位于《承认及执行外国仲裁裁决的公约》的成员国内。

（三）仲裁裁决视为在仲裁地作出。

第二十九条　仲裁语言

（一）当事人对仲裁语言作出约定的，从其约定。当事人对仲裁语言没有约定的，由仲裁庭视案件的具体情形确定仲裁语言。

（二）当事人提交的各种文书和证明材料，仲裁庭或管理案件的投资争端解决中心或者香港仲裁中心认为必要的，可以要求当事人提供仲裁语言或其他适当语言的译本。

第三十条　仲裁代理人

（一）当事人可以授权仲裁代理人办理有关仲裁事项。当事人或其仲裁代理人应向其他当事人、仲裁庭及管理案件的投资争端解决中心或香港仲裁中心提交授权委托书。

（二）仲裁庭组成后，当事人变更或者增加仲裁代理人的，应毫不延迟地书面通知其他当事人、仲裁庭和管理案件的投资争端解决中心或香港仲裁中心。

第三十一条　合并仲裁

（一）当根据本规则进行的两个或两个以上仲裁案件涉及共同的法律或事实问题，并且源于同一事件或情况，任何一方当事人可以提出将上述案件合并仲裁的请求。

（二）当事人申请合并仲裁的，应向管理案件的投资争端解决中心或香港仲裁中心、仲裁庭和所有其他当事人发出书面申请，该申请书应写明：

1. 合并仲裁涉及的所有当事人的名称和地址;

2. 申请合并仲裁所依据的事实和理由。

(三) 自收到合并仲裁申请之日起30日内,仲裁委员会认为申请理由正当的,应依据第三章规定组成仲裁庭。除非合并仲裁涉及的所有当事人另有约定。

(四) 如果依据本条组成的仲裁庭认为两个或两个以上仲裁案件的仲裁请求涉及共同的法律或事实问题,并源于同一事件或情况,为保证仲裁程序公正高效进行,在征询当事人意见后,仲裁庭可以决定:

1. 合并审理并对所有或部分仲裁请求作出裁决;或

2. 审理一项或多项仲裁请求并作出裁决,但应以仲裁庭认为其裁决有助于其他仲裁请求事项的解决。

(五) 如果依据本条组成的仲裁庭已经开始审理案件,除非该仲裁庭另有决定,则被合并案件的原仲裁庭对该仲裁庭审理的仲裁请求不再具有管辖权。

(六) 应一方当事人申请,根据本条组成的仲裁庭在依据第(四)款作出决定时,有权要求被合并案件的原仲裁庭中止其仲裁程序,除非原仲裁庭已经中止其仲裁程序。

第三十二条　开庭审理

(一) 除非当事人另有约定或仲裁庭另有决定,开庭审理公开进行。当事人在庭审中使用机密信息或其他受保护信息的,应提前通知仲裁庭。仲裁庭应采取适当措施以保护该信息不被泄漏。

(二) 不公开审理的案件,除非本规则另有规定或当事人另有约定,双方当事人及其代理人、仲裁员、证人、翻译、仲裁庭指定的专家和鉴定人,以及其他有关人员,均不得对外界透露案件实体和程序的有关情况。

第三十三条　开庭地点

(一) 除非当事人另有约定,仲裁庭应在管理案件的投资争端解决中心或香港仲裁中心所在地开庭审理。经仲裁委员会仲裁院院长同意,仲裁庭也可以在其认为适当的其他地点开庭审理。

(二) 当事人约定在管理案件的投资争端解决中心或香港仲裁中心所在地之外开庭的,应预缴仲裁庭、案件秘书等因此发生的差旅费、食宿费等实际费用。当事人未在规定的期限内预缴有关实际费用的,应在管理案件的投资争端解决中心或香港仲裁中心所在地开庭审理。

第三十四条　开庭通知

（一）开庭审理的案件，仲裁庭在征询当事人意见后，应不晚于开庭前30日将开庭日期和地点通知双方当事人。

（二）当事人有正当理由的，可以申请延期开庭，但最迟应于收到开庭通知之日起5日内提交；是否准许，由仲裁庭决定。

当事人有正当理由未能按照本款规定提出延期开庭申请的，是否准许，由仲裁庭决定。

（三）再次开庭审理的日期及延期后开庭审理日期的通知，不受第（一）款规定期限的限制。

第三十五条　缺席审理

（一）申请人无正当理由拒不到庭的，或未经仲裁庭许可中途退庭的，可以视为撤回仲裁申请。被申请人提出反请求的，不影响仲裁庭就反请求进行审理，并作出裁决。

（二）被申请人无正当理由拒不到庭的，或未经仲裁庭许可中途退庭的，仲裁庭可以缺席审理并作出裁决；被申请人提出反请求的，可以视为撤回反请求，但不影响对申请人的仲裁请求进行审理并作出裁决。

（三）一方当事人缺席或者不提交陈述的，不应被视为承认另一方当事人的主张。

第三十六条　庭审笔录

开庭审理的，仲裁庭应制作庭审笔录及/或影音记录。仲裁庭认为必要时，可以制作庭审要点，并要求当事人及/或其代理人、证人及/或其他仲裁参与人在庭审笔录或庭审要点上签字或盖章。

第三十七条　仲裁庭调查取证

（一）仲裁庭认为必要时，可以调查事实，收集证据。仲裁庭应确定调查取证的范围或主题、期限、遵循的程序和其他事项等。

（二）仲裁庭调查事实、收集证据时，可以通知当事人到场。经通知，一方或双方当事人不到场的，不影响仲裁庭调查事实和收集证据。

（三）仲裁庭调查收集的证据，应转交当事人，给予提出意见的机会。

第三十八条　证人

（一）当事人有权向仲裁庭提出将任何对争议有了解或有专门知识的人作为

证人或专家证人。当事人应在仲裁庭规定的期限内提交有关证人的书面声明，包括证人身份、证明事项，以及尽可能包括该证人经认证的或采取其他形式的书面证词。

（二）仲裁庭有权决定是否接受证人证言以及以何种形式对证人证言进行质证。

第三十九条　仲裁庭指定的专家及鉴定人

（一）仲裁庭可以就案件中的专门问题向指定专家咨询或指定鉴定人进行鉴定。

（二）仲裁庭有权要求当事人、当事人也有义务向仲裁庭指定专家或鉴定人提供或出示任何有关资料、文件或财产、实物，以供专家或鉴定人审阅、检验或鉴定。

（三）专家报告和鉴定意见的副本应转交当事人，并给予当事人提出意见的机会。一方当事人要求专家或鉴定人出席庭审的，经仲裁庭同意，专家或鉴定人应出席，并在仲裁庭认为必要时就所作出的报告和出具的意见进行解释。

第四十条　临时措施

（一）根据适用的法律或当事人的约定，当事人可以依据《中国国际经济贸易仲裁委员会国际投资争端紧急仲裁员程序》（附件二）向管理案件的投资争端解决中心或香港仲裁中心申请紧急性临时救济。紧急仲裁员可以决定采取必要或适当的紧急性临时救济措施。

（二）经一方当事人请求，仲裁庭依据所适用的法律或当事人的约定可以决定采取其认为必要和适当的临时措施，并有权决定由申请采取临时措施的一方当事人提供适当的担保。

（三）上述程序不影响当事人依据所适用的法律向有管辖权的法院请求采取临时措施的权利。

第四十一条　程序中止

（一）双方当事人共同或分别请求中止仲裁程序，或出现其他需要中止仲裁程序的情形的，仲裁程序可以中止。

（二）中止程序的原因消失或中止程序期满后，仲裁程序恢复进行。

（三）仲裁程序的中止及恢复，由仲裁庭决定；仲裁庭尚未组成的，由仲裁委员会仲裁院院长决定。

第四十二条　撤回请求和撤销案件

（一）当事人可以撤回全部仲裁请求或全部仲裁反请求。申请人撤回全部仲裁请求的，不影响仲裁庭就被申请人的仲裁反请求进行审理和裁决。被申请人撤回全部仲裁反请求的，不影响仲裁庭就申请人的仲裁请求进行审理和裁决。

（二）因当事人自身原因导致仲裁程序不能继续进行的，可以视为撤回仲裁请求。

（三）一方当事人撤回仲裁请求或反请求、或者存在第（二）款、第三十五条规定的视为撤回仲裁请求的情形的，如就该请求或反请求的审理已经终结且对方当事人不同意的，仲裁庭有权决定对该请求或反请求作出裁决。

（四）仲裁请求和反请求全部撤回的，案件可以撤销。在仲裁庭组成前撤销案件的，由仲裁委员会仲裁院院长作出撤案决定；仲裁庭组成后撤销案件的，由仲裁庭作出撤案决定。

第四十三条　仲裁与调解相结合

（一）双方当事人有调解愿望的，或一方当事人有调解愿望并经仲裁庭征得另一方当事人同意的，仲裁庭可以在仲裁程序中对案件进行调解。

（二）仲裁庭在征得双方当事人同意后可以按照其认为适当的方式进行调解。调解过程应保密。

（三）调解过程中，任何一方当事人提出终止调解或仲裁庭认为已无调解成功的可能性时，仲裁庭应终止调解。

（四）双方当事人经仲裁庭调解达成和解或自行和解的，应签订和解协议。

（五）当事人经调解达成或自行达成和解协议的，可以撤回仲裁请求或反请求，也可以请求仲裁庭根据当事人和解协议的内容作出裁决书。

（六）除非当事人另有约定，调解不成功的，仲裁庭应继续进行仲裁程序并作出裁决。双方当事人共同请求更换仲裁员的，则应按照原选定或指定该仲裁员的方式选定或指定替代的仲裁员，由此增加的费用由当事人承担。

（七）当事人有调解愿望但不愿在仲裁庭主持下进行调解的，经双方当事人同意，仲裁委员会可以协助当事人以适当的方式和程序进行调解。

（八）如果调解不成功，任何一方当事人均不得在其后的仲裁程序、司法程序和其他任何程序中援引对方当事人或仲裁庭在调解过程中曾发表的意见、提出的观点、作出的陈述、表示认同或否定的建议或主张作为其请求、答辩或反请求的依据。

第四十四条　第三方提交书面意见

（一）在依据投资条约提起的仲裁案件中，当事人之外的投资条约缔约方（以下简称“非争议缔约方”）可以在书面通知管理案件的投资争端解决中心或香港仲裁中心和双方当事人后，向仲裁庭提交有关案件所涉投资条约解释的书面意见。仲裁庭也可以根据双方当事人的意见，并考虑案件的具体情况，邀请非争议缔约方提交有关案件所涉投资条约解释的书面意见。

（二）当事人和非争议缔约方之外的个人或实体（以下简称“非争议方”）、非争议缔约方，可以在书面通知管理案件的投资争端解决中心或香港仲裁中心和双方当事人后，向仲裁庭提交与案件所涉争议范围内某一事项有关的书面意见。仲裁庭也可以根据双方当事人的意见，并考虑案件的具体情况，邀请非争议缔约方或非争议方提交与案件所涉争议范围内某一事项有关的书面意见。

（三）非争议方向仲裁庭提交的书面意见中应列明其组织成员和法律地位（如公司、贸易协会或其他非政府组织）、一般目标、活动性质以及上级组织（包括任何直接或间接控制该非争议方的组织）。书面意见应披露该非争议方是否与当事人存在任何直接或间接的关系，以及在其准备书面意见过程中向其提供财务资助或其他任何协助的政府、组织或个人。

（四）仲裁庭在决定是否接受第（二）款的书面意见时，除应考虑当事人的意见外，还应考虑该书面意见是否包含不同于争议双方的观点、专业知识或意见，从而有助于仲裁庭解决与仲裁案件有关的法律或事实认定问题，该书面意见是否与仲裁案件所涉争议范围内的事项相关，非争议方是否与仲裁案件有重大利益关系，以及允许非争议方提交书面意见是否会影响当事人的信息保密等权利。

（五）非争议缔约方或非争议方向仲裁庭递交书面意见的，视为同意接受仲裁委员会依据本规则管理。

（六）仲裁庭可以决定第（一）款和第（二）款的书面意见需满足一定的形式和内容要求。

（七）双方当事人有权就该书面意见陈述意见。

（八）经一方当事人请求或仲裁庭认为必要，仲裁庭可以开庭听取非争议缔约方或非争议方陈述其书面意见。

（九）如有必要，仲裁庭可以决定是否需要非争议缔约方或非争议方进一步提交书面意见，仲裁庭应确定此类提交的期限和范围。

（十）如确有必要，为便于非争议缔约方或非争议方参与仲裁，仲裁庭可以决定向其提供与仲裁程序相关的文件。

（十一）仲裁庭应确保任何非争议缔约方或非争议方提交的陈述不得影响仲裁程序的进行，并应确保双方当事人不会由此承受额外的不合理负担或遭受不公平的损害。

（十二）仲裁庭可以参考或依据非争议缔约方或非争议方的书面意见发布命令、作出决定或裁决。

第五章 裁决

第四十五条 作出裁决的期限

（一）经征询当事人的意见后，如仲裁庭认为不再需要当事人提交进一步的陈述或者实质性的证据，仲裁庭有权尽快宣布审理终结。仲裁庭宣布审理终结的，应通知当事人和管理案件的投资争端解决中心或香港仲裁中心。如确有必要，在作出最终裁决前，仲裁庭可以决定重新开启审理程序，并通知当事人和管理案件的投资争端解决中心或香港仲裁中心。

（二）仲裁庭应自宣布审理终结之日起6个月内作出裁决书。

（三）经仲裁庭请求，仲裁委员会仲裁院院长认为确有正当理由和必要的，可以延长上述期限。

（四）程序中止的期间不计入作出裁决的期限。

第四十六条 准据法

（一）当事人对案件实体应予适用的法律或法律规则作出约定的，从其约定。当事人没有约定或其约定与法律强制性规定相抵触的，由仲裁庭决定案件实体应予适用的法律或法律规则，包括有关国家的国内法、可适用的国际法律规则和商业惯例。

（二）除非当事人明确授权，仲裁庭不得依据公允善良原则作出裁决。

第四十七条 裁决的作出

（一）裁决应以书面形式作出，并写明裁决作出日期及仲裁地。除非当事人另有约定，裁决书应说明裁决理由。裁决书加盖仲裁委员会印章；由香港仲裁中心管理的案件，裁决书加盖香港仲裁中心印章。

（二）仲裁庭由一名以上仲裁员组成的，裁决依全体仲裁员或多数仲裁员意见作出；未形成多数意见的，裁决应依首席仲裁员的意见作出。少数仲裁员的书面意见应附卷，并可以附在裁决书后，该书面意见不构成裁决书的组成部分。

（三）除非裁决依首席仲裁员意见或独任仲裁员意见作出并由其署名，裁决书应由多数仲裁员署名。持有不同意见的仲裁员可以在裁决书上署名，也可以不署名。

（四）裁决是终局的，对双方当事人均具有约束力。任何一方当事人均不得向法院起诉，也不得向其他任何机构提出变更仲裁裁决的请求。

第四十八条　部分裁决

（一）仲裁庭认为必要或当事人提出请求并经仲裁庭同意的，仲裁庭可以在作出最终裁决之前，就当事人的某些请求事项先行作出部分裁决。部分裁决是终局的，对双方当事人均有约束力。

（二）当事人应履行部分裁决。一方当事人不履行部分裁决，不影响仲裁程序的继续进行，也不影响仲裁庭作出最终裁决。

第四十九条　裁决书草案的核阅

仲裁庭应在签署裁决书之前将裁决书草案提交仲裁委员会核阅。在不影响仲裁庭独立裁决的情况下，仲裁委员会可以就裁决书的有关问题提请仲裁庭注意。

第五十条　裁决书的更正与解释

（一）仲裁庭可以在发出裁决书后的合理时间内自行以书面形式对裁决书中的书写、打印、计算上的错误或其他类似性质的错误作出更正。

（二）任何一方当事人均可以自收到裁决书之日起 30 日内就裁决书中的书写、打印、计算上的错误或其他类似性质的错误，书面申请仲裁庭作出更正；如确有错误，仲裁庭应自收到书面申请之日起 30 日内作出书面更正。

（三）任何一方当事人自收到裁决书之日起 30 日内，经书面通知管理案件的投资争端解决中心或香港仲裁中心和其他当事人，可以请求仲裁庭就裁决书的内容进行解释。仲裁庭认为请求理由正当的，应自收到请求之日起 45 日内对裁决书内容作出书面解释。

（四）书面更正与解释均构成裁决书的组成部分，应适用第四十七条的相关规定。

第五十一条　补充裁决

（一）如果裁决书中有遗漏事项，仲裁庭可以在发出裁决书后合理时间内自行作出补充裁决。

（二）任何一方当事人可以自收到裁决书之日起30日内以书面形式请求仲裁庭就裁决书中遗漏的事项作出补充裁决；如确有漏裁事项，仲裁庭应自收到上述书面申请之日起45日内作出补充裁决。

（三）补充裁决构成裁决书的一部分，应适用第四十七条的相关规定。

第五十二条　仲裁费用

（一）在本规则中，仲裁费用包括：

1. 仲裁庭报酬及费用；

2. 紧急仲裁员报酬及费用；

3. 仲裁庭指定的专家费用，以及仲裁庭需要其他合理协助而产生的费用；

4. 案件登记费、机构管理费及其他费用。

当事人应依据仲裁程序开始时适用的《费用表》（附件一）和本规则规定缴纳仲裁费用。

（二）仲裁委员会可以根据案件情况确定预缴仲裁费用金额。申请人和被申请人应按照规定各预缴百分之五十的仲裁费用，仲裁委员会另有决定的除外。

（三）在仲裁程序进行中，仲裁委员会可以要求当事人进一步预缴仲裁费用。

（四）当事人对仲裁费用的支付承担连带责任。任何一方当事人未支付其应预缴的仲裁费用的，另一方当事人可自愿支付全部的预缴仲裁费用。

（五）当事人未按规定全部或部分预缴仲裁费用的，

1. 仲裁庭有权中止工作，管理案件的投资争端解决中心或香港仲裁中心也有权全部或部分中止仲裁程序管理工作；

2. 管理案件的投资争端解决中心或香港仲裁中心经征询仲裁庭的意见后，有权确定新的付款期限并催告当事人付款。在该期限届满后仍未支付的，应视为当事人撤回相关的仲裁请求或者反请求，但不影响该当事人另行启动仲裁程序。

（六）预缴仲裁费用应支付给管理案件的投资争端解决中心或香港仲裁中心，并由管理案件的投资争端解决中心或香港仲裁中心保管。预缴仲裁费用孳生的利息由仲裁委员会所有。

第五十三条　费用承担

（一）除非当事人另有约定，仲裁庭应在裁决书中确定仲裁费用的金额，并决定各方当事人承担仲裁费用的比例。

（二）仲裁庭确定的仲裁费用金额低于预缴的仲裁费用的，应按照当事人约定的返还比例予以返还；当事人未约定比例的，则按照支付预缴仲裁费用的相同比例予以返还。

（三）仲裁庭有权根据案件的具体情况在裁决书中裁定败诉方应补偿胜诉方因办理案件而支出的合理费用。仲裁庭裁定败诉方应补偿胜诉方因办理案件而支出的合理费用是否合理时，应具体考虑案件的裁决结果、复杂程度、败诉方当事人和/或代理人的实际工作量以及案件的争议金额等因素。

第六章　其他规定

第五十四条　免责

（一）仲裁委员会、仲裁委员会主任、仲裁院院长、仲裁委员会其他成员和雇员、投资争端解决中心或香港仲裁中心及其成员和雇员、仲裁庭、紧急仲裁员、仲裁庭指定的专家和案件秘书不就依照本规则进行的任何与仲裁有关的行为（包括作为和不作为）向任何人承担任何责任，除非仲裁所适用的法律另有规定。

（二）当事人不得要求第（一）款所述人员在任何与依据本规则由仲裁委员会管理的仲裁案件有关的其他法律程序中担任证人。

第五十五条　资料公开

（一）除非当事人另有约定，当事人同意将争议提交仲裁委员会依据本规则仲裁的，视为同意仲裁委员会公开仲裁程序中的相关资料。

（二）第（一）款中可公开的资料包括：

1. 启动仲裁通知书；
2. 对启动仲裁通知书的答复；
3. 仲裁申请书；
4. 仲裁反请求申请书；
5. 仲裁答辩书；
6. 当事人的书面陈述；
7. 非争议缔约方和非争议方提交的书面意见；
8. 庭审笔录，如有；
9. 仲裁庭的命令、决定和裁决。

（三）本条规定不得解释为要求当事人公开机密信息和其他受保护的信息。

第五十六条　规则的解释

（一）本规则条文标题不用于解释条文含义。

（二）本规则的附件构成规则的一部分。

（三）本规则由仲裁委员会负责解释。

（四）仲裁委员会可以发布本规则实务指引。

第五十七条　规则的正式文本

仲裁委员会公布的本规则的中文、英文以及其他语言文本，均为正式文本。

第五十八条　规则的施行

本规则自2017年10月1日起施行。

附件一　中国国际经济贸易仲裁委员会国际投资争端仲裁费用表

一、案件登记费

申请人向管理案件的投资争端解决中心或香港仲裁中心提交仲裁申请时，应同时支付案件登记费人民币25 000元整，用于对仲裁申请的形式审核、案件登记、案卷管理及人工费用等。案件登记费收取后不予退还。

二、机构管理费

1. 机构管理费用表

争议金额（人民币）	机构管理费（人民币）
500 000元以下	24 000元
500 001元至1 000 000元	24 000元+争议金额500 000元以上部分的0.78%
1 000 001元至5 000 000元	27 900元+争议金额1 000 000元以上部分的0.65%
5 000 001元至10 000 000元	53 900元+争议金额5 000 000元以上部分的0.38%
10 000 001元至20 000 000元	72 900元+争议金额10 000 000元以上部分的0.22%
20 000 001元至40 000 000元	94 900元+争议金额20 000 000元以上部分的0.15%
40 000 001元至80 000 000元	124 900元+争议金额40 000 000元以上部分的0.12%
80 000 001元至200 000 000元	172 900元+争议金额80 000 000元以上部分的0.09%
200 000 001元至400 000 000元	280 900元+争议金额200 000 000元以上部分的0.07%
400 000 001元以上	420 900元

2. 机构管理费包含管理案件的投资争端解决中心或香港仲裁中心指定的案件秘书的工作报酬以及使用仲裁委员会开庭室的费用。

3. 在确定争议金额时，仲裁请求和仲裁反请求的金额应合并计算。争议金额不能确定或情况特殊的，由仲裁委员会结合案件具体情况确定机构管理费。

4. 除按照机构管理费用表收取机构管理费外，仲裁委员会可以按照本规则的有关规定收取其他额外的、合理的实际开支，包括但不限于翻译和笔录费用以及在仲裁委员会办公地之外开庭所产生的场地费用。

5. 收取的案件登记费、机构管理费为外币时，管理案件的投资争端解决中心或香港仲裁中心按照机构管理费用表的规定收取与人民币等值的外币。

三、仲裁员报酬和费用

（一）仲裁员报酬和费用（以争议金额为基础）

1. 仲裁员报酬表

争议金额	仲裁员报酬（每位仲裁员　人民币）	
（人民币）	最低	最高
500 000 元以下	15 000 元	60 000 元
500 001 元至 1 000 000 元	15 000 元 + 争议金额 500 000 元以上部分的 2.30%	60 000 元 + 争议金额 500 000 元以上部分的 8.50%
1 000 001 元至5 000 000 元	26 500 元 + 争议金额 1 000 000 元以上部分的 0.80%	102 500 元 + 争议金额 1 000 000 元以上部分的 4.3%
5 000 001 元至 10 000 000 元	58 500 元 + 争议金额 5 000 000 元以上部分的 0.60%	274 500 元 + 争议金额 5 000 000 元以上部分的 2.30%
10 000 001 元至 20 000 000 元	88 500 元 + 争议金额 10 000 000 元以上部分的 0.35%	389 500 元 + 争议金额 10 000 000 元以上部分的 1.00%
20 000 001 元至 40 000 000 元	123 500 元 + 争议金额 20 000 000 元以上部分的 0.20%	489 500 元 + 争议金额 20 000 000 元以上部分的 0.65%
40 000 001 元至 80 000 000 元	163 500 元 + 争议金额 40 000 000 元以上部分的 0.07%	619 500 元 + 争议金额 40 000 000 元以上部分的 0.35%
80 000 001 元至 200 000 000 元	191 500 元 + 争议金额 80 000 000 元以上部分的 0.05%	759 500 元 + 争议金额 80 000 000 元以上部分的 0.25%
200 000 001 元至 400 000 000 元	251 500 元 + 争议金额 200 000 000 元以上部分的 0.03%	1 059 500 元 + 争议金额 200 000 000 元以上部分的 0.15%

续表

争议金额	仲裁员报酬（每位仲裁员 人民币）	
（人民币）	最低	最高
400 000 001 元至 600 000 000 元	311 500 元 + 争议金额 400 000 000 元以上部分的 0.02%	1 359 500 元 + 争议金额 400 000 000 元以上部分的 0.12%
600 000 001 元至 750 000 000 元	351 500 元 + 争议金额 600 000 000 元以上部分的 0.01%	1 599 500 元 + 争议金额 600 000 000 元以上部分的 0.10%
750 000 001 元至 1 000 000 000 元	366 500 元 + 争议金额 750 000 000 元以上部分的 0.08%	1 749 500 元 + 争议金额 750 000 000 元以上部分的 0.06%
1 000 000 001 元至 1 500 000 000 元	386 500 元 + 争议金额 1 000 000 000 元以上部分的 0.007%	1 899 500 元 + 1 000 000 000 元以上部分的 0.05%
1 500 000 001 元至 2 000 000 000 元	416 500 元 + 争议金额 1 500 000 000 元以上部分的 0.006%	2 149 500 元 + 1 500 000 000 元以上部分的 0.04%
2 000 000 001 以上	536 500 元	2 349 500 元 +2 000 000 000 元以上部分 0.03%，最高不超过 10 000 000 元

2. 除非本仲裁员报酬表另有规定，仲裁员的报酬，由仲裁委员会根据案件的具体情况按照该表确定并由管理案件的投资争端解决中心或香港仲裁中心收取；仲裁员的费用包括仲裁员在从事仲裁活动时产生的全部的合理的实际开支。

3. 当事人各方书面同意或仲裁委员会在特殊情况下另行决定的，仲裁员的报酬可以高于本仲裁员报酬表的最高限额。

4. 当事人应向管理案件的投资争端解决中心或香港仲裁中心预付仲裁委员会确定的仲裁员报酬和费用；经管理案件的投资争端解决中心或香港仲裁中心同意，当事人可以依适当比例分期支付仲裁员的报酬和费用。各方当事人对支付仲裁员报酬和费用承担连带责任。

5. 在确定争议金额时，仲裁请求和仲裁反请求的金额应合并计算。争议金额不能确定或情况特殊的，由仲裁委员会结合案件具体情况确定仲裁员报酬。

（二）仲裁员报酬和费用（以小时费率为基础）

1. 当事人各方书面约定仲裁员报酬和费用以小时费率为基础收取的，从其约定；仲裁员就其为仲裁合理付出的所有工作获得按小时费率计算的报酬；仲裁员的费用包括仲裁员在从事仲裁活动时产生的全部的合理的实际开支。

2. 当事人依据仲裁地法律申请启动紧急仲裁员程序的，紧急仲裁员的报酬以小时费率为基础收取。

3. 一方当事人选定的仲裁员，其小时费率由该当事人与被选定的仲裁员商定；独任仲裁员和首席仲裁员的小时费率由该仲裁员与各方当事人商定；仲裁员小时费率无法商定的，或仲裁员由仲裁委员会主任代为指定的，该仲裁员的小时费率由仲裁委员会确定；紧急仲裁员的小时费率由仲裁委员会确定。

4. 仲裁员小时费率不得超出仲裁程序开始之日仲裁委员会公布在仲裁委员会及其香港仲裁中心网站上的费率上限；当事人各方书面同意或仲裁委员会在特殊情况下另行决定的，仲裁员可以高于确定的小时费率上限收取报酬。

5. 当事人应向管理案件的投资争端解决中心或香港仲裁中心预付仲裁员报酬和费用，预付金额由仲裁委员会决定。当事人各方对支付仲裁员报酬和费用承担连带责任。

（三）其他事项

1. 管理案件的投资争端解决中心或香港仲裁中心有权根据仲裁庭的决定留置仲裁裁决，以确保当事人付清仲裁员的报酬和所有应缴付的费用。当事人共同或由任何一方缴清上述报酬和费用后，管理案件的投资争端解决中心或香港仲裁中心根据仲裁庭的决定将仲裁裁决发送当事人。

2. 收取的仲裁员的报酬和费用为外币时，管理案件的投资争端解决中心或香港仲裁中心按照本费用表的规定收取与人民币等值的外币。

附件二　中国国际经济贸易仲裁委员会国际投资争端紧急仲裁员程序

第一条　紧急仲裁员程序的申请

（一）当事人需要紧急性临时救济的，可以依据所适用的法律或双方当事人的约定申请紧急仲裁员程序。

（二）申请紧急仲裁员程序的当事人（以下称“申请人”）应在仲裁庭组成之前，向管理案件的投资争端解决中心或香港仲裁中心提交紧急仲裁员程序申请书。

（三）紧急仲裁员程序申请书应包括如下内容：

1. 所涉及的当事人名称及基本信息；

2. 引发申请的基础争议及申请紧急性临时救济的理由；

3. 申请的紧急性临时救济措施及有权获得紧急救济的理由；

4. 申请紧急性临时救济所需要的其他必要的信息；

5. 对紧急仲裁员程序的适用法律和语言的意见。

申请人提交申请书时应附具申请所依据的证据材料以及其他证明文件，包括但不限于仲裁协议和引发基础争议的有关协议。

（四）申请人应预缴紧急仲裁员程序费用。

（五）当事人已就仲裁语言作出约定的，紧急仲裁员程序语言应为当事人约定的仲裁语言。当事人未作出约定的，则为中文或英文，除非紧急仲裁员另有决定。

第二条　申请的受理及紧急仲裁员的指定

（一）根据申请人提交的申请书、仲裁协议及相关证据，管理案件的投资争端解决中心或香港仲裁中心经初步审查决定是否适用紧急仲裁员程序。如果决定适用紧急仲裁员程序，仲裁委员会仲裁院院长应在收到申请书及申请人预付的紧急仲裁员程序费用后 1 日内指定紧急仲裁员。

（二）在仲裁委员会仲裁院院长指定紧急仲裁员后，管理案件的投资争端解决中心或香港仲裁中心应立即将受理通知及申请人的申请材料一并移交给指定的紧急仲裁员及被申请采取紧急性临时救济措施的当事人，并同时将受理通知抄送给其他各方当事人及仲裁委员会主任。

第三条　紧急仲裁员的披露及回避

（一）紧急仲裁员不代表任何一方当事人，应独立于各方当事人，平等地对待各方当事人。

（二）紧急仲裁员应在接受指定的同时签署声明书，向管理案件的投资争端解决中心或香港仲裁中心披露可能引起对其公正性和独立性产生合理怀疑的任何事实或情况。在紧急仲裁员程序中出现其他应予披露情形的，紧急仲裁员应立即予以书面披露。

（三）紧急仲裁员的声明书及/或披露的信息由管理案件的投资争端解决中心或香港仲裁中心转交各方当事人。

（四）当事人收到紧急件裁员的声明书及/或书面披露后，如果以紧急仲裁员披露的事实或情况为理由要求该仲裁员回避，则应于收到紧急仲裁员的书面披露后 2 日内书面提出。逾期没有申请回避的，不得以紧急仲裁员曾经披露的事项为由申请回避。

（五）当事人对被指定的紧急仲裁员的公正性和独立性产生合理怀疑时，可以书面提出要求该紧急仲裁员回避的申请，但应说明提出回避申请所依据的具体事实和理由，并举证。

（六）对紧急仲裁员的回避请求应在收到受理通知后 2 日内以书面形式提出；

在此之后得知要求回避事由的，可以在得知回避事由后 2 日内提出，但应不晚于仲裁庭组庭时。

（七）紧急仲裁员是否回避，由仲裁委员会仲裁院院长决定。如果决定紧急仲裁员予以回避，仲裁委员会仲裁院院长应在作出回避决定后 1 日内重新指定紧急仲裁员，并将决定抄送仲裁委员会主任。在就紧急仲裁员是否回避做出决定前，被请求回避的紧急仲裁员应继续履行职责。

披露和回避程序同样适用于重新指定的紧急仲裁员。

（八）除非当事人另有约定，紧急仲裁员不得接受选定或指定担任所涉案件仲裁庭的组成人员。

第四条　紧急仲裁员程序所在地

除非当事人另有约定，案件仲裁地即为紧急仲裁员程序所在地。

第五条　紧急仲裁员程序

（一）紧急仲裁员应尽可能在接受指定后 2 日内，制定一份紧急仲裁员程序事项安排。紧急仲裁员应结合紧急救济的类型及紧迫性，采用其认为合理的方式进行有关程序，并确保给予有关当事人合理的陈述机会。

（二）紧急仲裁员可以要求申请紧急救济的当事人提供适当的担保作为实施救济的前提条件。

（三）紧急仲裁员的权力以及紧急仲裁员程序至仲裁庭组庭之日终止。

（四）紧急仲裁员程序不影响当事人依据所适用的法律向有管辖权的法院请求采取临时措施的权利。

第六条　紧急仲裁员的决定

（一）紧急仲裁员有权作出必要的紧急性临时救济的决定，并应尽合理努力确保做出的决定合法有效。

（二）紧急仲裁员决定应在紧急仲裁员接受指定后 15 日内作出。如果紧急仲裁员提出延长作出决定期限请求的，仲裁委员会仲裁院院长仅在其认为合理的情况下予以批准。

（三）紧急仲裁员的决定应写明采取紧急救济措施的理由，由紧急仲裁员署名，加盖仲裁委员会印章。由香港仲裁中心管理的案件，紧急仲裁员决定加盖香港仲裁中心印章。

（四）紧急仲裁员决定对双方当事人具有约束力。如果当事人提出请求并说明理由，紧急仲裁员或组成后的仲裁庭有权修改、中止或终止紧急仲裁员的决定。

（五）如果紧急仲裁员认为存在不必采取紧急性临时救济措施或因各种原因无法采取紧急性临时救济措施等情形，可以决定驳回申请人的申请并终止紧急仲裁员程序。

（六）紧急仲裁员的决定在下列情况下不再具有效力：

1. 紧急仲裁员或仲裁庭终止紧急仲裁员决定的；

2. 仲裁委员会仲裁院院长作出紧急仲裁员应予回避决定的；

3. 仲裁庭作出最终裁决，除非仲裁庭认为紧急仲裁员的决定继续有效；

4. 在作出裁决书之前申请人撤回全部仲裁请求的；

5. 仲裁庭未能在紧急仲裁员决定作出后 90 日内组成的。该期限可以由当事人协议延长，仲裁委员会仲裁院也可以在其认为适当的情形下，延长该期限；

6. 仲裁庭组成后，仲裁程序中止持续 60 日的。

第七条　紧急仲裁员程序费用承担

（一）当事人向管理案件的投资争端解决中心或香港仲裁中心申请紧急性临时救济的，按照《费用表》（附件一）的规定预付紧急仲裁员程序费用。仲裁委员会可以要求申请人预付其他额外的、合理的实际费用。

（二）各方当事人应承担的紧急仲裁员程序费用的比例，由紧急仲裁员在决定中一并作出，但不影响仲裁庭应一方当事人的请求就此费用的分摊作出最终决定。

（三）紧急仲裁员程序在作出决定之前终止的，仲裁委员会有权决定向申请人退还的紧急仲裁员程序费用数额。

第八条　其他

仲裁委员会对本紧急仲裁员程序拥有解释权。

四、示范仲裁条款

示范仲裁条款

（一）

凡因本合同引起的或与本合同有关的任何争议，均应提交中国国际经济贸易仲裁委员会，按照申请仲裁时该会现行有效的仲裁规则进行仲裁。仲裁裁决是终局的，对双方均有约束力。

（二）

凡因本合同引起的或与本合同有关的任何争议，均应提交中国国际经济贸易仲裁委员会——分会（仲裁中心），按照申请仲裁时该会现行有效的仲裁规则进行仲裁。仲裁裁决是终局的，对双方均有约束力。

附录一

北京仲裁委员会案件受理费收费办法

（2003年9月16日
第三届北京仲裁委员会第五次会议修订并通过
自2004年3月1日起施行）

北京仲裁委员会仲裁案件受理费收费标准

争议金额（人民币）	收费标准	案件受理费（人民币）
1千元以下部分（含1千元）		100元
1千元至5万元（含5万元）	5%	100元加争议金额1000元以上部分的5%
5万元至10万元（含10万元）	4%	2550元加争议金额50 000元以上部分的4%
10万元至20万元（含20万元）	3%	4550元加争议金额100 000元以上部分的3%
20万元至50万元（含50万元）	2%	7550元加争议金额200 000元以上部分的2%
50万元至100万元（含100万元）	1%	13 550元加争议金额500 000元以上部分的1%
100万元以上	0.3%	18 550元加争议金额1 000 000元以上部分的0.3%

争议金额以申请人请求的金额为准，请求的金额与争议金额不一致的，以实际争议金额为准。

争议金额未确定的，受理费收费标准由北京仲裁委员会办公室制定。

附录二

北京仲裁委员会案件处理费收费办法

（2003年9月16日第三届北京仲裁委员会第五次会议修订并通过
自2004年3月1日起施行）

北京仲裁委员会仲裁案件处理费收费标准

争议金额（人民币）	收费标准	案件处理费（人民币）
20万元以下（含20万元）		5000元
20万元至50万元（含50万元）	2%	5000元加争议金额20万元以上部分的2%
50万元至100万元（含100万元）	1%	11 000元加争议金额50万元以上部分的1%
100万元至500万元（含500万元）	0.4%	16 000元加争议金额100万元以上部分的0.4%
500万元至1000万元（含1000万元）	0.3%	32 000元加争议金额500万元以上部分的0.3%
1000万元至2000万元（含2000万元）	0.25%	47 000元加争议金额1000万元以上部分的0.25%
2000万元至4000万元（含4000万元）	0.2%	72 000元加争议金额2000万元以上部分的0.2%
4000万元以上	0.1%	112 000元加争议金额4000万元以上部分的0.1%

争议金额以申请人请求的金额为准，请求的金额与争议金额不一致的，以实际争议金额为准。

争议金额未确定的，处理费收费标准由北京仲裁委员会办公室制定。

附录三

国际商事仲裁案件收费办法

第一条【适用范围】国际商事仲裁案件，当事人约定适用本收费办法的，本收费办法予以适用。

第二条【立案费】申请仲裁时，当事人应按照每一仲裁案件10 000元人民币的标准向本会缴付立案费。未能在规定时间内缴付立案费的，本会将不再继续进行仲裁程序。立案费不予退还。

第三条【管理费】当事人应当按照以下标准向本会预交案件管理费：

争议金额（人民币）	收费标准	案件管理费（人民币）
20万元以下（含20万元）		5000元
20万元至50万元（含50万元）	2%	5000元加争议金额20万元以上部分的2%
50万元至100万元（含100万元）	1%	11 000元加争议金额50万元以上部分的1%
100万元至500万元（含500万元）	0.4%	16 000元加争议金额100万元以上部分的0.4%
500万元至1000万元（含1000万元）	0.3%	32 000元加争议金额500万元以上部分的0.3%
1000万元至2000万元（含2000万元）	0.25%	47 000元加争议金额1000万元以上部分的0.25%
2000万元至4000万元（含4000万元）	0.2%	72 000元加争议金额2000万元以上部分的0.2%
4000万元以上	0.1%	112 000元加争议金额4000万元以上部分的0.1%

第四条【争议金额的确定】本会将按照仲裁请求加上反请求的金额确定争议金额，争议金额不明确的，本会将根据案件情况确定争议金额或管理费用。

第五条【其他合理费用】本会可以按照仲裁规则的有关规定收取其他额外的、合理的实际开支。

第六条【仲裁员报酬】仲裁员报酬按照以下方式之一确定：

（一）按照小时费率计算仲裁员的报酬；

1. 当事人选定的仲裁员，其适用费率由仲裁员和选定该仲裁员的当事人协商确定；

2. 独任仲裁员或首席仲裁员适用费率由仲裁员和各方当事人协商确定；

3. 如当事人未能协商确定仲裁员适用费率，可由本会确定；

4. 无论通过何种方式确定，仲裁员小时费率原则上不得超过 5000 元人民币。

（二）以争议金额为基础按照下表计算仲裁员的报酬：

争议金额（人民币）	仲裁员收费（人民币）
400 000 元以下	争议金额的 11.000%
400 001 元至 800 000 元	44 000 元 + 争议金额 400 000 元以上部分的 10.000%
800 001 元至 4 000 000 元	84 000 元 + 争议金额 800 000 元以上部分的 5.300%
4 000 001 元至 8 000 000 元	253 600 元 + 争议金额 4 000 000 元以上部分的 3.780%
8 000 001 元至 16 000 000 元	404 800 元 + 争议金额 8 000 000 元以上部分的 1.730%
16 000 001 元至 40 000 000 元	543 200 元 + 争议金额 16 000 000 元以上部分的 1.060%
40 000 001 元至 80 000 000 元	797 600 元 + 争议金额 40 000 000 元以上部分的 0.440%
80 000 001 元至 240 000 000 元	973 600 元 + 争议金额 80 000 000 元以上部分的 0.250%
240 000 001 元至 400 000 000 元	1 373 600 元 + 争议金额 240 000 000 元以上部分的 0.228%
400 000 001 元至 600 000 000 元	1 738 400 元 + 争议金额 400 000 000 元以上部分 0.101%
600 000 001 元至 800 000 000 元	1 940 400 元 + 争议金额 600 000 000 元以上部分的 0.067%
800 000 001 元至 4 000 000 000 元	2 074 400 元 + 争议金额 800 000 000 元以上部分的 0.044%
超过 4 000 000 000 元	3 482 400 元 + 争议金额 4 000 000 000 元以上部分的 0.025% 最高为 12 574 000 元

1. 上表为一位仲裁员的报酬计算方法，仲裁庭由三位仲裁员组成的，仲裁庭报酬的最高额为依照上表计算出金额的三倍。

2. 争议金额按照仲裁请求和反请求的金额相加计算，争议金额不明确的，本会将根据案件情况确定争议金额或仲裁员报酬。

（三）当事人应当协商确定仲裁员报酬的计算方法，如未能自被申请人收到答辩通知之日起 45 日内确定计算方法，则依据上述第（二）款计算仲裁员报酬。

第七条【费用及报酬支付】

（一）立案费由申请人在申请仲裁时向本会预交；

（二）管理费和仲裁员报酬可由双方协商确定比例向本会预交，未能在本会确定的期限内协商一致的，由本会确定如何预交并通知当事人。

（三）各方当事人就仲裁员报酬负连带责任，无论仲裁员由哪方指定。

（四）当事人未能按照本会通知预交管理费或仲裁员报酬的，本会或仲裁庭可根据案件具体情况决定是否继续仲裁程序。

第八条【其他事项】本收费办法未尽事宜，由双方协商确定。未能协商确定的，由本会根据案件具体情况确定。

附录四

关于指定紧急仲裁员及申请临时措施的费用表

当事人依据仲裁规则第六十三条规定向本会申请指定紧急仲裁员及当事人向该紧急仲裁员提出临时措施申请的，收费标准如下：

临时措施的申请	收费金额（人民币）
一项临时措施	10 000 元
多项临时措施	10 000 元 +（n－1）×2000 元

（n 指当事人申请的临时措施项数）

附录三

相关仲裁文书

仲裁申请书

申请人名称：

地址：

通讯号码：

被申请人名称：

地址：

通讯号码：

仲裁协议内容：

案情和争议要点：

申请人的请求：

事实和证据：

此致

×××仲裁委员会

申请人：×××（签章）

代理人：×××（签章）

××××年×月×日

附：1. 本申请书副本×份；

2. 物证×份；

3. 书证×份；

4. 证人姓名、单位、地址及通讯号码。

声　明

××××仲裁委员会：

根据××××仲裁委员会仲裁规则第×条的规定，本申请人特指定×××为仲裁员或委托×××仲裁委员会主任指定×××为仲裁员。

本申请人按照××××仲裁委员会制定的仲裁费用表的规定，已经预交仲裁费人民币××××元。

申请人：×××（签章）

代理人：×××（签章）

××××年×月×日

（二）实例

仲裁申请书（实例）

申请人：×××省物资贸易公司

地址：×××市清河路15号

法定代表人：李××　　职务：总经理

委托代理人：杨××，　×××律师事务所律师

被申请人：×××市×××贸易公司

地址：×××市正义路135号

法定代表人：王××　　职务：经理

案由：购销合同货款纠纷

仲裁请求：

1. 付清所欠货款×××万元

2. 赔偿申请人经济损失××万元

事实和理由：

××××年×月×日申请人和被申请人签订了一份钢材购销合同，合同中对钢材的规格、数量、品名、价款、交货地点、付款方式和期限等都有明确的约定（详见合同）。合同签订后，申请人按照合同的约定向被申请人交付×吨钢材，总货款×万元，被申请人收货后仅付货款×万元，尚欠×万元。申请人多次催要，被申请人以经济效益不好为借口，至今未付清所欠货款。由于被申请人的违约行为，严重影响了申请人正常的经营活动，给申请人造成了巨大的经济损失。

为维护申请人的合法权益，根据双方的仲裁协议特向委员会申请仲裁。

证据和证据来源：

××××年×月×日申请人与被申请人签订的钢材购销合同；××××年×月×日被申请人向申请人支付的银行汇票一张。

此致

×××仲裁委员会

申请人：××省物资贸易公司

法定代表人：李××

委托代理人：（签名、盖章）

××××年×月×日

附：1. 钢材购销合同一份；

2. 银行汇票一张；

3. 本申请人副本×份。

指定仲裁员函

×××仲裁委员会在×××贸易公司与×××物业公司因仓储保管合同争议案件仲裁中，我方指定×××仲裁委员会仲裁员×××为仲裁庭组成人员，特此函告。

××贸易公司（盖章）

××××年×月×日

仲裁答辩书

答辩人（被申请人）名称：

地址：

通讯号码：

仲裁代理人姓名：

单位：

地址：

通讯号码：

被答辩人（申请人）名称：

地址：

通讯号码：

案由：

答辩意见：

答辩人的要求：

答辩人：×××（签章）
法定代表人：×××（签章）
代理人：×××（签章）
××××年×月×日

附：附件的份数及名称。

回避申请书

申请人：

被申请人：

请求事项：

事实和理由：

此致

×××仲裁委员会

申请人（签名、盖章）

××××年×月×日

回避申请书（实例）

申请人：×××市×××贸易公司

地址：×××市长江路319号

法定申请人：李××　　职务：经理

被申请人：王××，女，35岁，汉族，×××律师事务所律师

请求事项：请求被申请人退出本案的仲裁活动

事实和理由：

申请人与×××市×××有限责任公司电子产品购销合同争议已向×××仲裁委员会申请仲裁，并组成仲裁庭进行审理。因×××市×××有限责任公司业务经理刘××系×××仲裁委员会指定的仲裁员洪××的丈夫，洪××参与审理本案可能会影响案件公正审理和裁决。

为维护申请人的合法权益，防止不公正仲裁，特依法向贵仲裁委员会申请该仲裁员回避，并另行指定仲裁员审理本案。

此致

×××仲裁委员会

申请人：×××市×××贸易公司（盖章）

法定代表人：李××（签名）

××××年×月×日

附：相关证据材料。

仲裁答辩书

答辩人：

法定代表人：

委托代理人：

答辩人就申请人因与答辩人之间发生的争议，向你会提出的仲裁申请请求，作出如下的答辩意见：

1. ……

2. ……

3. ……

此致

×××仲裁委员会

答辩人：×××（盖章）

法定代表人：×××（签名）

委托代理人：×××（签名）

××××年×月×日

附件：1. 答辩书副本×份；

2. 其他证据材料×份。

仲裁答辩书（实例）

答辩人：×××市×××贸易公司

地址：×××市清河路××号

法定代表人：李××　　职务：总经理

委托代理人：杨××，×××市××律师事务所律师

答辩人就申请人因与答辩人之间发生的购销合同货款争议向你会提出的仲裁请求提出答辩如下：

答辩人与申请人××××年×月×日签订的钢材购销合同，合同对钢材的规格、数量、质量、品名、付款方式及期限作了明确约定。合同签订后，申请人虽然按照合同约定的期限向答辩人交付×吨钢材，答辩人验收时发现该批钢材有×吨规格和品名与合同的约定不相符合，且有质量问题。答辩人按照合同的约定的期限向申请人支付了合格部分的钢材货款×万，同时，要求申请人严格履行双方订立的钢材购销合同，向答辩人提供符合合同约定的钢材，但申请人至今未能向答辩人提供符合约定的钢材。

综上所述，申请人所提的要求和事实不符合双方实际履行合同的状况。答辩人对不符合合同规定的钢材拒绝支付货款合法有据，履行合同过程中无违约行为，依法不承担申请人的经济损失。故提请仲裁委员会驳回申请人的仲裁请求。

此致

×××仲裁委员会

答辩人：××市××贸易公司（盖章）
法定代表人：（签名、盖章）
委托人：（签名、盖章）
××××年×月×日

附：1. 钢材购销合同一份；
2. 质检报告书；
3. 本答辩书副本×份。

仲裁反申请书

反申请人（本案被申请人）：

被反申请人（本案申请人）：

案由：

反请求事项：

事实与理由：

此致

×××仲裁委员会

反申请人：
××××年×月×日

附：1. 证据×份；
2. 本反申请书副本×份。

仲裁反申请书（实例）

反申请人（本案被申请人）：××市××贸易公司

地址：××市大明路29号

法定代表人：李××　　职务：经理

委托代理人：张××，××律师事务所律师

被反申请人（本案申请人）：××省物资贸易中心

地址：××市清河路15号

法定代表人：张××　　职务：总经理

委托代理人：杨××，×××律师事务所律师

案由：购销合同纠纷

反请求事项：

1. 继续履行×年×月×日双方签订的钢材购销合同；

2. 赔偿反申请人经济损失×万元。

事实和理由：

××××年×月×日反请求人与被反请求人签订了钢材购销合同一份，合同中对钢材的规格、数量、质量、品名、价格、交货地点、付款方式和期限等作了明确的约定（详见合同）。合同签订后，被申请人向反申请人交付了×吨钢材，但反申请人验收时发现，该批钢材有×吨规格、品名与合同不相符合，且有质量问题。反申请人要求被反申请人严格履行双方订立的合同，继续向反申请人提供合同约定的钢材，但被反申请人未履行合同约定的供货义务。被反申请人的违约行为给反申请人造成了较大的经济损失。

为维护反申请人的合法权益，请求贵仲裁委员会依法评断，裁决被反申请人继续履行××××年×月×日双方签订的钢材购销合同，并赔偿反申请人的经济损失×万元。

此致

×××仲裁委员会

反申请人：××市××贸易公司（盖章）

法定代表人：（签名、盖章）

××××年×月×日

附：1. 钢材购销合同一份；

2. 质检报告书；

3. 证据×份；

4. 反申请书副本×份。

财产保全申请书

申请人：

法定代表人

委托代理人

被申请人：

法定代表人：

因×××一案，申请人已经向贵仲裁委员会申请仲裁，现正在审理之中。申请人为了保证将来仲裁裁决书得以顺利执行，鉴于被申请人有转移、隐匿其财产的可能，根据《仲裁法》第28条的规定，特提出如下的财产保全请求：

1. 请求冻结被申请人在某银行的存款×××万元，账号为×××；

2. 如果被申请人银行存款不足，请求查封被申请人在×××地的不足存款部分的财产。

申请人愿意为此保全申请提供担保，保证人为×××公司，详见担保合同。

此致

×××仲裁委员会

申请人：×××

法定代表人：×××

委托代理人：×××

××××年×月×日

附件：1. 担保合同一份；

2. 被申请人拟被保全的财产的相关证据。

仲裁财产保全申请书（实例）

申请人：××省物资贸易中心

地址：××市清河路15号

法定代表人：张××　　职务：总经理

被申请人：××市××贸易公司

地址：××市大明路29号

法定代表人：李××　　职务：经理

请求事项：

1. 请求冻结被申请人银行存款×万元或查封扣押被申请人等值财产。

2. 财产保全费用由被申请人承担。

事实和理由：

申请人与被申请人因钢材购销合同货款纠纷争议，申请人已向贵仲裁委员会申请仲裁，现正在审理中。申请人为保证将来仲裁裁决得以顺利执行，鉴于被申请人有恶意转移其财产的可能。根据《仲裁法》第28条规定，特向你会申请对被申请人财产采取保全措施，请求冻结被申请人银行存款×万元，或查封扣押被申请人等值财产。

如因申请人申请错误造成或被申请人的经济损失，申请人愿意承担赔偿责任，并承担采取保全措施的全部费用。

此致

×××仲裁委员会

申请人：××省物资贸易中心

法定代表人：张××

××××年×月×日

附：财产保全有关证据。

证据保全申请书

申请人：

法定代表人：

委托代理人：

申请的理由：

根据《仲裁法》第46条的规定，特申请证据保全。请你会提请有关人民法院及时采取证据保全措施，以保存证据的证明力。

此致

×××仲裁委员会

申请人：×××（盖章）

法定代表人：×××（签名）

委托代理人：×××（签名）

××××年×月×日

××××仲裁委员会
调解书

（ ）字第××号

申请人名称：

地址：

通讯号码：

被申请人名称：

地址：

通讯号码：

争议事项及仲裁或调解要求：

仲裁员或调解员的选定及其工作情况：

和解协议的内容：

调解费金额的分担：

调解书份数及分持情况：

本调解书与裁决书具有同等法律效力。

首席仲裁员：×××（签字）

仲裁员：×××（签字）

仲裁员：×××（签字）

××××年×月×日于××（地名）

（×××仲裁委员会盖章）

×××仲裁委员会
裁决书

（ ）字第××号

申请人名称：

地址：

通讯号码：

被申请人名称：

地址：

通讯号码

受案根据：

仲裁庭的组成情况：

仲裁庭审理情况：

本案案情：

仲裁庭的意见：

仲裁庭的裁决：

本裁决为终局裁决。

首席仲裁员：×××（签字）

仲裁员：×××（签字）

仲裁员：×××（签字）

××××年×月×日于××（地名）

（×××仲裁委员会章）

附件：

1. 仲裁申请书副本×份；

2. 仲裁协议书副本一份；

3. 其他相关的证据材料×份。

申请执行书

申请人：

法定代表人：

委托代理人：

被申请执行人：

法定代表人：

申请执行事项：

申请执行的事实及理由：

为维护申请执行人的合法权益，依据《中华人民共和国仲裁法》和《中华人民共和国民事诉讼法》的有关规定，特向贵院提出申请，请予以执行。

此致

××市×××人民法院

申请人：×××

法定代表人：×××

委托代理人：×××

××××年×月× 日

附：

1. ××市×××仲裁委员会（××××）第××号仲裁裁决书一份；

2. 相关证据材料。

申请执行书（实例）

申请执行人：×××省物资贸易公司

地址：××清河路15号

法定代表人：张××　　职务：总经理

被申请执行人：××市××贸易公司

地址：××市大明路29号

法定代表人：李××　　职务：经理

请求事项：

1. 强制被申请执行人支付钢材款×万元；

2. 强制被申请执行人赔偿经济损失×万元；

3. 申请执行费用由申请执行人承担。

事实和理由：

申请执行人与被申请执行人因钢材购销合同货款争议向×××仲裁委员会申请仲裁。×××仲裁委员会于××××年×月×日作出裁决：××市××贸易公司于裁决生效后一个月内付清申请执行人钢材款×万元，并一次性赔偿申请执行人经济损失×万元。但被申请执行人至今未按仲裁裁决书履行给付货款和赔偿经济损失的义务。为维护申请执行人的合法权益，依据《中华人民共和国仲裁法》和《中华人民共和国民事诉讼法》的有关规定，向贵院提出申请，请求依法予以强制执行。

此致

×××市×××人民法院

申请执行人：×××省物资贸易公司（盖章）

法定代表人：张××

××××年×月×日

附：×××仲裁委员会（××××）第×××号仲裁裁决书

撤销仲裁裁决申请书

申请人：

法定代表人：

委托代理人：

申请撤销的事实和理由：

根据《仲裁法》第58条第1款的规定，特向×××市中级人民法院提出申请，请求撤销×××仲裁委员会的仲裁裁决。

此致

×××市中级人民法院

申请人：×××

法定代表人：×××

委托代理人：×××

××××年×月×日

附：仲裁裁决书副本一份。

撤销仲裁裁决申请书（实例）

申请人：××市××贸易公司

地址：××市大明路29号

法定代表人：李××　　职务：经理

申请撤销事项：

请求人民法院依法撤销不符合《仲裁法》规定的×××仲裁委员会（19××）第×号仲裁裁决。

事实和理由：

申请人和××省物资中心于××××年×月×日签订了钢材购销合同一份，在履行合同过程中发生争议。双方按照仲裁协议的约定向×××仲裁委员会申请仲裁。×××仲裁委员会于××××年×月×日作出（19××）第×号仲裁裁决。在仲裁程序进行中，申请人依法指定盛××为本案仲裁庭组成人员，但审理本案的仲裁庭人员并没有申请人所指定的仲裁员。为此，请求人民法院依法裁定撤销该仲裁裁决。

证据：

××××年×月×日申请人向仲裁委员会提交的指定仲裁员函。

此致

×××中级人民法院

申请人：××市××贸易公司（盖章）

法定代表人：李××

××××年×月×日

附：1. ×××仲裁委员会（××××）第×号仲裁裁决书；
2. ××××年×月×日提交的指定仲裁员函；
3. 申请书副本×份。

×××仲裁委员会
关于撤销××争议仲裁案的决定

（　）字第××号

申请人名称：
地址：
通讯号码：
被申请人名称：
地址：
通讯号码
受案根据：
仲裁庭的组成情况：
案件审理结果：
撤案请求与撤案决定：
仲裁费用的数额及分担：

首席仲裁员：×××（签字）
仲裁员：×××（签字）
仲裁员：×××（签字）
××××年×月×日于××（地名）
（×××仲裁委员会章）

参考文献

（一）主要书目

1. 全国人大常委会法制工作委员会民法室、中国国际经济贸易仲裁委员会秘书局编著：《中华人民共和国仲裁法全书》1995 年版。

2. 中国国际经济贸易仲裁委员会、中国海事仲裁委员会、中国国际商会仲裁研究所主办：《仲裁与法律》第 98～102 期。

3. 中国国际经济贸易仲裁委员会主办：《中国仲裁与司法》2001～2006 年。

4. 郭成伟、张培田主编：《仲裁实用全书》，中国政法大学出版社 1993 年版。

5. 唐德华、孙秀君主编：《仲裁法及配套规定新释新解》，人民法院出版社 2003 年版。

6. 高菲编译：《仲裁法和惯例辞典》，中国政法大学出版社 2000 年版。

7. 谭兵主编：《中国仲裁制度研究》，法律出版社 1995 年版。

8. 何山、肖冰：《仲裁法概要》，中国法制出版社 1995 年版。

9. 李汉生等编：《仲裁法释论》，中国法制出版社 1995 年版。

10. 姜宪明、李乾贵主编：《中国仲裁法学》，东南大学出版社 1996 年版。

11. 高言、刘璐主编：《仲裁法理解适用与案例评析》，人民法院出版社 1996 年版。

12. 肖峋主编：《仲裁制度、仲裁程序与仲裁实例分析》，中国法制出版社 1997 年版。

13. 刘景一、乔世明：《仲裁法理论与适用》，人民法院出版社 1997 年版。

14. 肖永平：《中国仲裁法教程》，武汉大学出版社 1997 年版。

15. 李井杓：《仲裁协议与裁决法理研究》，中国政大学出版社 2000 年版。

16. 常英主编：《仲裁法学》，中国政法大学出版社 2001 年版。

17. 韩一夫主编：《经济仲裁案件律师办案指引》，中国检察出版社 2001 年版。

18. 中国海事仲裁委员会秘书处编：《海事仲裁入门指南》，中国政法大学出版社 2001 年版。

19. 乔世明主编：《仲裁实务与案例评析》，人民法院出版社 2001 年版。

20. 刘敏、陈爱武主编：《现代仲裁制度》，中国人民公安大学出版社 2002 年版。

21. 张斌生主编：《仲裁法新论》，厦门大学出版社 2002 年版。

22. 黄进、宋连斌、徐前权：《仲裁法学》，中国政法大学出版社 2002 年版。

23. 中国国际经济贸易仲裁委员会域名争议解决中心编写：《中国国际经济贸易仲裁委员会域名争议解决中心裁决书汇编》，法律出版社 2003 年版。

24. 苏国良编著：《统一域名争议解决政策案例与评析》，法律出版社 2003 年版。

25. 杨荣新主编：《仲裁法学案例教程》，知识产权出版社 2004 年版。

26. 乔欣主编：《比较商事仲裁》，法律出版社 2004 年版。

27. 莫石、郑若华编著：《香港仲裁实用指南》，法律出版社 2004 年版。

28. ［英］施米托夫著，对外经济贸易大学对外贸易系译：《出口贸易——国际贸易的法律与实务》，对外贸易教育出版社 1985 年版。

29. ［美］汉斯·斯密特主编，刘歌、姜凤纹、白仁杰译：《国际合同》，中国社会科学出版社 1988 年版。

30. 程德均、王生长主编：《涉外仲裁与法律》（第一辑），中国人民大学出版社 1992 年版。

31. 丁建忠编著：《外国仲裁法与实践》，中国对外经济贸易出版社 1992 年版。

32. 程德均、王生长主编：《涉外仲裁与法律》（第二辑），中国人民大学出版社 1994 年版。

33. 黄进主编：《国际私法与国际商事仲裁》，武汉大学出版社 1994 年版。

34. 李玉泉主编：《国际民事诉讼与国际商事仲裁》，武汉大学出版社 1994 年版。

35. 赵威主编：《国际仲裁法理论与实务》，中国政法大学出版社 1995 年版。

36. 杨良宜：《国际商务仲裁》，中国政法大学出版社 1997 年版。

37. 高菲：《中国海事仲裁的理论与实践》，中国人民大学出版社 1998 年版。

38. 陈治东：《国际商事仲裁法》，法律出版社 1998 年版。

39. 赵秀文主编：《国际商事仲裁案例评析》，中国法制出版社 1999 年版。

40. 朱克鹏：《国际商事仲裁的法律适用》，法律出版社 1999 年版。

41. 赵健：《国际商事仲裁的司法监督》，法律出版社 2000 年版。

42. 宋航：《国际商事仲裁裁决的承认与执行》，法律出版社 2000 年版。

43. 宋连斌：《国际商事仲裁管辖权研究》，法律出版社 2000 年版。

44. 韩健主编：《现代国际商事仲裁法的理论与实践》，法律出版社 2000 年版。

45. 宋连斌、林一飞编译：《国际商事仲裁新资料选编》，武汉出版社 2001 年版。

46. 中国海事仲裁委员会秘书处编著：《海事仲裁入门指南》，中国政法大学出版社 2001 年版。

47. 刘想树：《中国涉外仲裁裁决制度与学理研究》，法律出版社 2001 年版。

48. 赵秀文：《国际商事仲裁及其适用法律研究》，北京大学出版社 2002 年版。

49. 李圣敬主编：《国际经贸仲裁法实务》，吉林人民出版社 2003 年版。

50. 石育斌：《国际商事仲裁研究（总论篇）》，华东理工大学出版社 2004 年版。

51. 韩健主编：《涉外仲裁司法审查》，法律出版社 2006 年版。

52. 杨良宜、莫世杰、杨大明：《仲裁法——从 1996 年英国仲裁法到国际商务仲裁》，法律出版社 2006 年版。

53. 李乾贵、朱建军：《仲裁法学新论》（现代仲裁与法制研究系列丛书之一），中国教育文化出版社 2006 年版。

54. 邓杰：《商事仲裁法》，清华大学出版社 2008 年版。

55. 石育斌：《国际商事仲裁第三人制度比较》，上海人民出版社 2008 年版。

56. 杜新丽主编：《国际民事诉讼与商事仲裁》（普通高等教育“十一五”国家规划教材），中国政法大学出版社 2009 年版。

57. 杜新丽：《国际商事仲裁理论与实践专题研究》，中国政法大学出版社 2009 年版。

58. 杨良宜、莫世杰、杨大明：《仲裁法——从开庭审理到裁决书的作出与执行》，法律出版社 2010 年版。

59. 赵秀文：《国际商事仲裁法原理与案例教程》，法律出版社 2010 年版。

60. 张斌生主编：《仲裁法新论》（第四版），厦门大学出版社 2010 年版。

61. 宋连斌主编：《仲裁法》，武汉大学出版社 2010 年版。

62. 马占军：《仲裁法修改新论》，法律出版社 2011 年版。

63. 李广辉、王瀚：《仲裁法》，对外经济贸易大学出版社 2011 年版。

64. 江伟主编：《仲裁法》（第二版），中国人民大学出版社 2012 年版。

65. 杨玲：《仲裁法专题研究》，上海三联书店 2013 年版。

66. 国务院法制办公室编：《中华人民共和国仲裁法注解与配套》（第三版），中国法制出版社 2014 年版。

67. 芮安牟著，陈星楠译：《浅谈香港仲裁法》，法律出版社 2014 年版。

68. 马德才：《仲裁法案例研究》，世界图书出版公司 2015 年版。

69. 朱宣烨：《仲裁法实务精要与案例指引》，中国法制出版社 2015 年版。

70. ［美］博恩著，白麟等译：《国际仲裁：法律与实践》，商务印书馆 2015 年版。

71. 沈四宝主编：《中国仲裁年度报告》（2013～2014），法律出版社 2016 年版。

72. 陈燕红：《“非内国化”理论及其对国际商事仲裁一体化的影响》，中国政法大学出版社 2016 年版。

73. ［英］维杰·K. 巴蒂亚等编，林玫、潘苏悦译：《国际商事仲裁中的话语与实务：问题、挑战与展望》，北京大学出版社 2016 年版。

74. 林一飞：《商事仲裁实务精要》，北京大学出版社 2016 年版。

75. 刘晓红：《仲裁“一裁终局”制度之困境及本位回归》，法律出版社 2016 年版。

76. 张艾清：《国际商事仲裁中反垄断争议的可仲裁性问题研究》，法律出版社 2016 年版。

77. 樊堃：《仲裁在中国：法律与文化分析》，法律出版社 2016 年版。

78. 高菲、徐国建：《中国临时仲裁实务指南》，法律出版社 2017 年版。

（二）相关论文

1. 李乾贵：《关于仲裁时效制度的探讨》，载《行政与法制》1997 年第 1 期。

2. 李乾贵：《仲裁当事人违反仲裁法的法律责任》，载《法制日报》1998 年 2 月 9 日，第 8 版。

3. 李乾贵：《仲裁机构违反仲裁法的法律责任》，载《法制日报》1998 年 3 月 2 日，第 8 版。

4. 李乾贵：《仲裁员违反仲裁法的法律责任》，载《法制日报》1998 年 3 月 9 日，第 8 版。

5. 李乾贵：《仲裁法学理论初探》，载《江苏社会科学》1998 年第 3 期；转载于人大复印报刊资料：《诉讼法学、司法制度》1998 年第 10 期；1999 年获江苏省哲学社会科学优秀成果三等奖。

6. 李乾贵：《试论我国仲裁法学的研究对象》，载《行政与法制》1998 年第 1 期；转载于人大复印报刊资料：《诉讼法学、司法制度》1998 年第 4 期。

7. 李乾贵、石保学：《论中国仲裁法律制度的改革与完善》，载《中国行政管理》2003 年第 12 期。

8. 李乾贵、徐柯柯、陈琳：《仲裁法修改的有关问题探讨》，载《法学杂志》2004 年增刊（上）。

9. 李乾贵、徐柯柯、杨巧：《临时仲裁在中国的法制思考》，载《中国行政管理》2005 年第 12 期。

10. 李乾贵：《中国建立临时仲裁制度之我见》，载中国仲裁网《仲裁研究》栏目，2006 年 5 月 21 日。

11. 李乾贵、朱建军：《临时仲裁制度研究》，载《国际商事仲裁比较与改革》论文集 2006 年版。

12. 吕振宝、李乾贵、白雪：《临时仲裁制度研究》，载《第一届中国仲裁与司法论坛暨中国仲裁法学研究会 2006 年年会会议论文集》2006 年版。

13. 白雪、李乾贵：《我国临时仲裁的现状及构建模式探究》，载《中国仲裁与司法》2006 年第 3 期，第 34 ~40 页。

14. 赵维加：《商事仲裁员刑事责任研究》，载《上海财经大学学报》2010 年第 3 期。

15. 张维平：《WTO 框架下中国国际商事仲裁的改革发展和创新》，载《经济前沿》2004 年第 7 期。

16. 王晓霞：《我国在国际商事仲裁法律适用中的问题与重构》，载《商品与质量》2012 年第 5 期。

17. 陈兆：《论我国国际商事仲裁制度的改革与完善》，载《法制与社会》2009 年第 16 期。

18. 王琼妮：《关于仲裁员行为规范的探讨》，载《仲裁研究》2005 年第 2 期。

19. 黄铭宇：《论我国的仲裁员责任制度——从设立枉法仲裁罪视角探析》，载《中国商界（下半月）》2009 年第 8 期。

20. 王桥：《港澳台及内地仲裁员责任的比较研究》，载《中国商界（下半月）》2010 年第 11 期。

21. 王琼妮：《关于仲裁员行为规范的探讨》，载《仲裁研究》2005 年第 2 期。

22. 李乾贵：《临时仲裁在中国的法律适用研究》，载韩健主编：《涉外仲裁司法审查》，法律出版社 2006 年版。

23. 万学忠：《国际商事仲裁发展的新挑战》，载《法制日报》2006 年 10 月 16 日，第 6 版。

24. 李芳芳：《中国成为主要国际商事仲裁中心》，载《人民日报》（海外版）2006 年 11 月 28 日，第 5 版。

25. 谢新胜：《国际商事仲裁裁决撤销制度存在的意义》，载《人民法院报》2008 年 1 月 23 日。

26. 陈永辉：《促进国际商事仲裁事业的发展》，载《人民法院报》2008 年 12 月 13 日。

27. 赵秀文：《论仲裁规则的性质与仲裁法之间的关系》，载《河北法学》2008 年第 6 期。

28. 李乾贵、郑囿君：《航空知识产权的可仲裁性探讨》，载《北京航空航天大学学报》（社会科学版）2012 年第 4 期。

29. 张圣翠：《仲裁员与调解员身份互换规范的比较与借鉴》，载《政治与法律》2012 年第 8 期。

30. 朱伟东：《法国最新仲裁法评析》，载《仲裁研究》2013 年第 3 期。

31. 刘晓红：《非内国仲裁裁决的理论与实证论析》，载《法学杂志》2013 年第 5 期。

32. 王倩：《国际商事仲裁裁决撤销制度研究》，甘肃政法学院 2015 年硕士学位论文。

33. 王琳：《国际商事仲裁第三方资助法律问题研究》，载《法制博览》2016年第31期。

34. 张圣翠：《仲裁程序争议司法审查制度比较与借鉴》，载《上海财经大学学报》2017年第2期。

35. 李乾贵、陈晔：《新西兰航空仲裁之我见》，载新西兰《先驱报》（中文版）2017年06月15日，第D02版。

36. 卢云华：《关于中国仲裁基础理论和发展方向的两点意见》，载法制日报－法制网，2018年1月8日。

37. 陈晔、李乾贵：《航空航天知识产权争端解决的仲裁机制研究》，载《航空法评论》（第7辑），法律出版社2018年版。

后 记

当今中国特色的社会主义仲裁事业，经过二十多年的艰苦努力，已经取得了显著成就，我国的仲裁事业正处在跨越式发展的阶段。目前，全国的仲裁研究也有了更多更新的创建与发展，如中国政法大学仲裁研究院、西南政法大学中国仲裁学院、西北政法大学仲裁法研究咨询中心、华东政法大学航空仲裁研究院、上海大学 ADR 与仲裁研究院、常州大学国际仲裁学院和世界仲裁交流中心等相关仲裁研究机构已经相继成立。全国的仲裁研究形势喜人，人们研究兴趣盎然，学术机构层出不穷，专家学者人丁兴旺，研究成果硕果累累。同时，全国的仲裁研究也形势逼人，日益催人奋进。最近，我国仲裁界正在热议“一带一路”和自贸区纠纷解决等诸多问题。对此，深入研究仲裁作为社会普遍盛行、及时有效解决商事纠纷这一重要方式的有效性、时效性和实用性，全面研究我国仲裁的基础理论与发展方向，加紧研究我国仲裁法的修改创新和为“一带一路”保驾护航，也成为我国仲裁界和仲裁人当前迫切需要研究与解决的课题。

在此背景下，编写出版《现代仲裁法学研究》一书，正是笔者长期耕耘于仲裁法的教学研究与仲裁实务、对仲裁法学的研究情有独钟和浓厚兴趣所致，也是笔者力求推广世界仲裁事业和培养现代化仲裁人才之责任使然。同时，为适应当今世界仲裁的国际化发展和我国仲裁法为“一带一路”发展保驾护航的形势需要，也迫切要求编写出版一本体系比较全面、内容比较实用的现代仲裁法学研究新作。这样，既能适合仲裁法教学，又适合仲裁员培训，既有仲裁法理论体系又有仲裁法实务内容，以及中外仲裁法律制度的相关规定，又有国际通行的仲裁惯例与规则，既能充分反映世界仲裁的民间化，又能充分体现世界仲裁的国际化，而本书的编写出版即实现了笔者的这一夙愿。

后　记

《现代仲裁法学研究》一书，共分三编。第一编由李乾贵撰写，第二编由李乾贵、胡弘撰写，第三编由李乾贵、吕振宝撰写。全书由李乾贵统稿、审阅、校对、修改和定稿。

《现代仲裁法学研究》一书，作为世界仲裁文库系列研究丛书之一，它的编写出版，得到了众多仲裁专家学者的大力支持与帮助，也得益于我们长期从事仲裁法学研究的合作者——原《中国仲裁法学》第一主编的姜宪明教授（东南大学前法律系主任）和原《仲裁法学新论》第二作者的朱建军律师（江苏名仁律师事务所主任）的友好协作与合作成果。特别值得一提的是，国际知名的国际仲裁员、中国法学会副会长、中国仲裁法学研究会副会长、中国政法大学校长、教授、博士生导师、中国政法大学仲裁研究院理事长黄进先生，国际商会中国国家委员会（ICC CHINA）仲裁委员会主席、中国法学会国际经济法研究会会长、中国国际经济贸易仲裁委员会委员、副主席、国际资深仲裁员、对外经济贸易大学国际商法研究所所长、上海大学法学院院长、ADR与仲裁研究院院长、教授、博士生导师沈四宝先生，英国皇家御准仲裁员协会特许仲裁员、世界知识产权组织仲裁中心仲裁员、中国国际经济贸易仲裁委员会国际资深仲裁员、中国人民大学法学院教授、博士生导师赵秀文女士，中国国际经济贸易仲裁委员会副主任兼秘书长、中国国际经济贸易仲裁院院长、国际资深仲裁员、中国仲裁法学研究会副会长王承杰先生，中国国际经济贸易仲裁委员会资深仲裁员、中国贸促会新疆分会法律部部长浦雷先生，香港仲裁司学会前任会长、香港国际仲裁中心前任秘书长、香港大律师公会仲裁及调解事宜委员会（ADR）主席、大中华仲裁论坛（GCAF）主席、香港执业大律师、香港大学客席教授苏国良先生，英国皇家特许仲裁员学会院士、特许仲裁员、新西兰仲裁员及调解员学会院士、新西兰仲裁院前主席、梅西大学争端解决中心主任罗杰·匹兹佛斯教授（Roger. Pitchforth），山东大学法学院院长、教授、博士生导师、上海东方学者特聘教授、博士生导师、纽约大学法学院全球法学教授沈伟先生等中外仲裁法专家，在百忙之中拨冗题词、书写序言和为本书提出宝贵意见与建议。这是对我们研究仲裁法学暨世界仲裁文库系列丛书研究的支持、鼓励和热情帮助，同时他们也对我们研究仲裁法学提出了殷切的希望和要求。在此，我们谨表示衷心的感谢与敬意！

同时，我们要由衷地感谢中国驻新西兰大使馆及驻奥克兰总领馆对其领区范围内法律工作者和法律研究者们的亲切关怀与指导，我们还要鸣谢湖北藻上好生物科技有限公司、新西兰鸿鹄律师楼、新西兰新中了解协会、新西兰湖北商业总会、美国世界仲裁中心等单位对本书出版的大力支持与资助。

中国政法大学出版社第六编辑部主任编辑刘海光副编审和张阳编辑，为本书提供了具体的策划、编辑、校对等大量的工作和意见，付出了许多有益的和艰辛的劳动，我们对他们也表示诚挚的谢意。

本书是在中外学者诸多相关研究成果的基础上编著而成，对于他（她）们的卓越研究及其成果，谨表示我们由衷的敬佩与感谢！

由于笔者水平的局限，对于现代仲裁法学的研究尚有不少欠缺，还有待与中外仲裁法学专家学者一起共同深入研究和全面完善之。书中不足之处，敬请读者原谅并提出宝贵意见。

李乾贵　胡　弘　吕振宝

2018 年 5 月 15 日